全国经济专业技术资格考试辅导教材

十年真题研究手册

人力资源管理
专业知识和实务

高顿教育研究院　编著

SPM 南方传媒 | 广东经济出版社

·广州·

图书在版编目（CIP）数据

十年真题研究手册．人力资源管理专业知识和实务 / 高顿教育研究院编著．—广州：广东经济出版社，2022.8
ISBN 978-7-5454-8438-0

Ⅰ．①十… Ⅱ．①高… Ⅲ．①人力资源管理—资格考试—题解 Ⅳ．① F23-44

中国版本图书馆 CIP 数据核字（2022）第 142133 号

策 划 人：王春蕊
责任编辑：刘 燕 李沁怡 王春蕊
封面设计：汤惟惟

十年真题研究手册 人力资源管理专业知识和实务
SHINIAN ZHENTI YANJIU SHOUCE RENLI ZIYUAN GUANLI ZHUANYE ZHISHI HE SHIWU

出版人	李 鹏
出 版 发 行	广东经济出版社（广州市环市东路水荫路 11 号 11～12 楼）
经 销	全国新华书店
印 刷	上海普顺印刷包装有限公司 （上海市宝山区沪太路 5553 号—丙号 3 幢）
开 本	787 毫米 ×1092 毫米 1/16
印 张	21.25
字 数	556 千字
版 次	2022 年 8 月第 1 版
印 次	2022 年 8 月第 1 次
书 号	ISBN 978-7-5454-8438-0
定 价	58.00 元

图书营销中心地址：广州市环市东路水荫路 11 号 11 楼
电话：（020）87393830 邮政编码：510075
如发现印装质量问题，影响阅读，请与本社联系
广东经济出版社常年法律顾问：胡志海律师

前　言

刷题十页，不如深入研究真题一题。

真题的价值和意义是很多练习题、模拟题都无法媲美的，它充分体现了命题者的意图、考查重点、考查方向，甚至考查偏好。因此，我们应该在做题的时候对真题充满敬畏之心，找到做真题的正确方法。

高顿教育研究院的老师们在多年一对一辅导的过程中，收集了考生在学习中碰到的各式各样的问题。

经济基础知识：

——考试范围广，章节数量多，重点在哪里？考点在哪里？

——四个选项我都看得懂，就是不知道该选哪个！

——多选题，总是错怎么办？

——曲线好多啊，头疼！根本不理解啊！

专业知识与实务：

——水平多元化、垂直多元化和同心型多元化战略的区别在哪里？

——激励理论、领导行为理论、生命周期理论……，这么多理论，哪些是重点？

——现值、终值、利率互换、期权套利、货币乘数、存款乘数怎么算？

——这么多税种，对应的应纳税所得额怎么算？

总结下来，参加中级经济师职称考试的考生遇到的问题主要是：

1. 同时备考两科，要考的内容多，但是工作忙，时间少，来不及准备；

2. 学习时抓不住应试重点和考查方向；

3. 知识点庞杂，内容覆盖面广，知识不成体系、没有框架，难以记忆；

4. 做题思路不清，细节把握不准，难以做对题目。

针对这些问题的解决方法，是“研究”真题，摸清出题套路，把握出题规律。不同于市面上其他教辅资料，中级经济师职称考试系列由高顿教育研究院近百位一对一辅导私教老师精心研究，悉心整理而成：从考生提出的近十万个高频问题入手，结合老师自身复习备考、应试冲刺的经验，筛选了2012—2021年十年经典真题，逐一深度解读。

本丛书致力于为所有参加2022年中级经济师职称考试的考生提供一套有效的方法，让过去深受“看不懂、没思路、易丢分”三大问题困扰的考生实现“做会一道题，会做一类题”，迅速转变为

“会审题、会分析、巧得分”的考霸。

本书三大板块使用攻略：

1. 本章考情 Q&A：以问答的形式，对近十年真题考点和题型分布进行分析、梳理，有助于考生对章节重点形成更直观的认识，迅速抓住考核的重点。

2. 经典例题：编者选取了历年考试中最具代表性的题目，分析此类经典真题的考试套路。不同于市面上传统真题集简单分析正确选项的解析方式，编者结合了每一个选项中常见的理解误区及考查陷阱，逐一深入解析。另外，针对考生“不会审题、审了不会做题”的实际困难，本书更具独创性地在案例分析题中加入了“审题过程”这个模块，逐字逐句带考生审题，帮助考生更精准地切入真题，抓住最为关键的题干信息，轻松做对题，快速拿高分。

3. 真题演练：本丛书汇总整理了 2012—2021 年十年的中级经济师职称考试经典真题，除了例题精讲部分，每章最后还设置了真题演练模块，为考生留出了充足的练习空间，有助于考生形成“训练—总结—反思—升华”的做题习惯，能做对真题，也能做透真题，从而更大地发挥出真题的价值。

本书可作为指导考生复习备考之用，历年真题一直是中级经济师职称备考中最宝贵的题目资源，值得考生反复练习，以熟练掌握考点和解题技巧。

“路虽远，行则将至；事虽难，做则必成。”我们衷心希望编者提炼出的这套深度应试方法论，能够帮助广大考生披荆斩棘，顺利通过 2022 年中级经济师职称考试。

高顿教育研究院

如在使用过程中发现错误，欢迎扫描右方二维码，向我们反馈您认为需要勘误的信息。我们将尽快核实并给您回复，感谢您的反馈！

目　录

第一部分　组织行为学

第二部分　人力资源管理

第一部分

组织行为学

第一章　组织激励

本章考情 Q&A

Q：本章的重要性和难度如何？

A：本章属于**重点章节**，学好本章可以为后续章节的学习打好基础。本章难度较低，重点是对激励理论内容的理解，建议在学习过程中借助思维导图。从历年真题来看，每年考查的分值为 8~9 分。

Q：本章在考试中通常以什么形式出现？

A：从历年真题看，本章内容在单项选择题、多项选择题和案例题中均有涉及。案例分析题的考查较为综合，单项选择题及多项选择题的考查主要涉及概念的分类，比如：内源性动机与外源性动机、双因素理论中的保健因素与激励因素、需要层次理论与 ERG 理论的观点等。

Q：本章 2022 年的内容有改动么？

A：本章内容无实质性改动。

Q：本章考点在历年考试中的分布情况如何？

A：以下是老师们的统计：

考点	2021 年	2020 年	2019 年	2018 年	2017 年	2016 年	2015 年	2014 年	2013 年	2012 年
动机	√	√	√	√	√		√		√	
需要层次理论				√	√			√		√
双因素理论	√	√	√						√	√
ERG 理论	√	√			√	√	√	√		√
三重需要理论	√			√		√			√	
公平理论			√					√	√	√
期望理论								√	√	√
参与管理	√	√	√		√	√	√		√	√

经典例题

考点一 动机

【例题·2021 年·单项选择题】属于内源性动机的是（　　）。

A. 工作机会　　B. 社会地位　　C. 晋升　　D. 表扬

【答案】A

【解析】本题考查动机的含义、要素及分类。动机是指人们从事某种活动、为某一目标付出努力的意愿，这种意愿取决于目标能否以及在多大程度上能够满足人的需要。动机分为内源性动机（又称内在动机）和外源性动机（又称外在动机）。**内源性动机**是指人做出某种行为是因为**行为本身**，因为这种行为可以带来成就感，或者个体认为这种行为是有价值的，如寻求挑战性的工作机会，获得为工作和组织多做贡献的机会以及充分体现个体潜力的机会。因此，本题选项 A 正确。

私教点拨

历年真题对动机的分类、动机三要素的考查，主要涉及单项选择题、多项选择题和案例分析题。动机要素的区分关键在于区分行为的产生是源于**工作本身**还是**工作以外**的内容，具体如表 1－1 所示。

表 1－1　内源性动机与外源性动机及动机要素

动机及要素	具体内容
内源性动机	看重**工作本身**：如寻求挑战性的工作机会，获得为工作和组织多做贡献的机会以及充分发挥个体潜力的机会
外源性动机	看重**工作以外**的内容：如工资、奖金、表扬、社会地位等
要素	决定人行为的**方向**、**努力**的水平、**坚持**的水平

考点二 需要层次理论

【例题 1·2017 年·单项选择题】马斯洛把人的需要划分为五种类型，不在其中的是（　　）。

A. 安全需要

B. 归属和爱的需要

C. 生理需要

D. 权力需要

【答案】D

【解析】本题考查马斯洛的需要层次理论的内容。美国社会心理学家马斯洛认为人的需要的强度并不都是相等的，他将人的需要由低到高分为五种类型，包括生理需要、安全需要、归属和爱的需要、尊重的需要、自我实现的需要。因此，本题选项 D 正确。

私教点拨

历年真题对马斯洛**需要层次理论**的考查，不仅会涉及理论的**内容**，而且会涉及理论的**观点**，具体如表 1－2 所示。

表 1－2　需要层次理论的内容及观点

内容及观点	具体内容
内容	(1) **生理需要**，指对食物、水、居住场所、睡眠、性等身体方面的需要。 (2) **安全需要**，主要针对身体安全（如脱离危险的工作环境）和经济安全（如不解雇的承诺，或是舒适的退休计划）的需要，以免身心受到伤害。 (3) **归属和爱的需要**，包括情感、归属、被接纳、友谊等需要（如获得友好和睦的同事关系）。 (4) **尊重的需要**，包括内在的尊重的需要（如自尊心、自主权、成就感等）和外在的尊重的需要（如地位、认同、受重视等）。 (5) **自我实现的需要**，包括个人成长、发挥个人潜能、实现个人理想的需要
观点	(1) 需要层次理论认为人**都有**这**五种需要**，只是**不同时期**表现出来的各种需要的**强烈程度不同**而已。 (2) **未被满足的需要**是行为的主要**激励源**，已获得基本满足的需要不再具有激励作用。 (3) 马斯洛需要层次模型呈三角形，级别由下及上逐层提高，当下一层次的需要在相当程度上得到满足后，个体才会追求上一层次的需要。 (4) 五种需要分为两大类：基本需要和高级需要。生理需要、安全需要、归属和爱的需要属于**基本需要**，尊重的需要、自我实现的需要属于**高级需要**，因为满足**基本需要**主要靠**外部的条件和因素**，而满足**高级需要**主要靠**内在因素**

【例题 2 · 2018 年 · 单项选择题】关于需要层次理论在管理上的应用的说法，错误的是（　　）。

A. 管理者不需要考虑每位员工的特殊需要，而应考虑全体员工的共性需要

B. 管理者需要考虑员工不同层次的需要，并针对每个层次的需要设计相应的激励措施

C. 组织用于满足员工低层次需要的投入是效益递减的

D. 要想激励员工，首先需要知道员工哪个层次的需要现在占主导地位

【答案】A

【解析】本题考查马斯洛的需要层次理论在管理上的应用。

选项 A，管理者需要考虑不同层次的需要，并为每个层次的需要设计相应的激励措施。因此，选项 A 错误。

选项 B，管理者需要考虑不同层次的需要，并为每个层次的需要设计相应的激励措施。因此，选项 B 正确。

选项 C，该理论表明，组织用于满足低层次需要的投入效益是递减的。当员工低层次的需要得到一定程度的满足后，公司仍以原来的方式激励员工，效果会很微弱；但如果着眼于满足员工更高层次的需要，对员工的激励就可以使组织绩效得到明显的提高。因此，选项 C 正确。

选项D，管理者需要考虑每个员工的特殊需要，因为不同人的需要是不同的。如果想要激励一个人，就需要知道现在他在哪个层次的需要占主导地位，从而相应地为该层次需要的满足提供条件。因此，选项D正确。

因此，本题选项A当选。

私教点拨

历年真题对马斯洛需要层次理论在管理上的应用与评价的考查较为细致，考生要注意理解，具体如表1-3所示。

表1-3 需要层次理论在管理上的应用与评价

管理上的应用	评价
(1) 管理者需要**考虑**员工**不同层次的需要**，并为每个层次的需要设计相应的激励措施。 (2) 管理者需要**考虑**每个**员工的特殊需要**，因为不同人的需要是不同的。如果想要激励一个人，就需要知道现在他在哪个层次的需要占主导地位，从而相应地为该层次需要的满足提供条件。 (3) 该理论还表明，组织用于**满足低层次需要**的**投入效益**是**递减**的。当员工低层次的需要得到一定程度的满足后，公司仍以原来的方式来激励员工，效果会很微弱；但如果着眼于满足员工更高层次的需要，对员工的激励就可以使组织绩效得到明显的提高	(1) 五种层次的需要并**不严格呈阶梯关系**。 (2) 不是某种层次的需要得到满足后就不再具有激励作用。 (3) 不是只有当低级需要都得到满足后高一级的需要才具有激励作用。 (4) 从某种程度上说，马斯洛的需要层次理论较为**呆板**，不完全适用于复杂多变的实际环境

考点三 双因素理论

【例题·2021年·单项选择题】根据双因素理论，下列属于激励因素的是（　　）。

A. 工作性质　　B. 人际关系　　C. 监督方式　　D. 组织政策

【答案】A

【解析】本题考查双因素理论的主要内容。由心理学家赫茨伯格提出的双因素理论，又称为“激励-保健因素理论”。**激励因素**是指**成就感**、**别人的认可**、**工作性质**、**责任**和**晋升**等因素；**保健因素**是指**组织政策**、**监督方式**、**人际关系**、**工作环境**和**工资**等因素。因此选项BCD属于保健因素。因此，本题选项A正确。

私教点拨

历年真题对双因素理论的考查，主要为双因素理论的内容及其在管理上的应用，具体如表1-4所示。

表1-4 双因素理论表

因素	具备	缺失	具体内容
激励因素	满意	没有满意	**激励因素**是指成就感、别人的认可、工作性质、责任和晋升等因素。具备这些因素可以令员工满意，但不具备这些因素也不会招致员工的不满

续表

因素	具备	缺失	具体内容
保健因素	没有不满	不满	**保健因素**是指组织政策、监督方式、人际关系、工作环境和工资等因素。具备这些因素只能使员工不产生不满情绪，但不能起到激励的作用
观点			**满意**的反面是**没有满意**，**不满意**的反面是**没有不满意**

考点四 ERG理论

【例题·2017年·多项选择题】关于奥尔德弗的ERG理论的说法，正确的是（　　）。

A. 它认为低层次需要的满足是高层次需要产生的先决条件

B. 它是对马斯洛的五种需要层次的简单分类

C. 它把需要分为基本需要和高级需要

D. 它比马斯洛的需要层次理论更为灵活变通

E. 它认为各种需要可以同时具有激励作用

【答案】DE

【解析】本题考查ERG理论与马斯洛需要层次理论的关系。

选项A，认为低层次需要的满足是高层次需要产生的先决条件，属于马斯洛需要层次理论的观点。因此，选项A错误。

选项B，ERG理论并不只是简单地把马斯洛的五种需要层次简化为三大类，该理论的独特之处在于：它认为，各种需要可以同时具有激励作用，这与马斯洛需要层次理论主张的“低层次需要的满足是高层次需要的先决条件”有所不同。同时，奥尔德弗提出了“挫折-退化”的观点，认为如果较高层次的需要不能得到满足的话，对满足低层次需要的欲望就会加强。因此，选项B错误。

选项C，ERG理论认为人有三种核心需要：生存需要（existence）、关系需要（relation）、成长需要（growth）。因此，选项C错误。

选项D，ERG理论更为灵活变通，不是僵化地对待各种层次的需要，而是很好地补充了马斯洛需要层次理论的不足，更全面地反映了社会现实：人们可以同时追求各种层次的需要，或者在某些限制下，在各种需要之间进行转化。因此，选项D正确。

选项E，ERG理论认为各种需要可以同时具有激励作用，与马斯洛的需要层次理论主张的“低层次需要的满足是高层次需要的先决条件”有所不同。因此，选项E正确。

因此，本题选项DE均正确。

私教点拨

历年真题对ERG理论内容的考查，主要涉及三大核心需要与马斯洛需要层次理论之间的对比，具体如表1-5所示。

表1-5 ERG理论

类别	具体内容
三需要	(1) **生存需要**（existence）指个体的生理需要和物质需要，或个体维持生存的物质条件。这些需要大体与马斯洛需要层次理论中**全部“生理需要”和部分“安全需要”**相对应。 (2) **关系需要**（relation）指个体维持重要人际关系的需要。这与马斯洛需要层次理论中**部分“安全需要”、全部“归属和爱的需要”和部分“尊重的需要”**相对应。 (3) **成长需要**（growth）指个体追求自我发展的内在欲望。这与马斯洛需要层次理论中**部分“尊重的需要”和全部“自我实现的需要”**相对应
评价	ERG理论并不只是简单地把马斯洛的五种需要层次简化为三大类，该理论的**独特**之处在于，它认为各种需要可以同时具有激励作用，这与马斯洛需要层次理论主张的“低层次需要的满足是高层次需要的先决条件”有所不同。同时，奥尔德弗提出了**“挫折—退化”**的观点，认为如果较高层次的需要不能得到满足的话，对满足低层次需要的欲望就会加强

考点五 三重需要理论

【例题·2016年·单项选择题】关于麦克利兰三重需要理论的说法，错误的是（　　）。

A. 管理上过分强调良好关系的维持通常会干扰正常的工作程序

B. 成就需要高的人常常勇于挑战自我，选择高风险的目标

C. 成就需要高的人通常只关心自己的工作业绩，但不一定能使别人干得出色，所以并不一定能成为一名优秀的管理者

D. 权力需要高的人喜欢竞争，希望通过出色的成绩来匹配他们渴望的地位

【答案】B

【解析】本题考查麦克利兰三重需要理论的主要内容。三重需要理论认为人有三种重要的需要，即成就需要、权力需要和亲和需要。

选项A，许多出色的经理的亲和需要相对较弱，因为亲和需要强的管理者虽然可以建立合作的工作环境，能与员工真诚愉快地工作，但是在管理上过分强调良好关系的维持通常会干扰正常的工作程序。因此，选项A正确。

选项B，成就需要指个体追求优越感的驱动力，或者参照某种标准去追求成就感、寻求成功的欲望。成就需要高的人有一些突出特点，其中之一是选择适度的风险。因此，选项B错误。

选项C，研究表明，成就需要与工作绩效之间有很高的相关性，高成就需要者在创造性的活动中更容易获得成功。因为成就需要高的人通常只关心自己的工作业绩，而不关心如何影响他人使其做出优秀的业绩。他们自己可以干得很出色，但不一定也使别人干得出色。因此，他们可以是好职员、好业务员，但不一定是好经理。因此，选项C正确。

选项 D，权力需要是指促使别人顺从自己意志的欲望。权力需要高的人喜欢竞争，他们会追求出色的成绩，因为这样才能与他们所具有的或所渴望的地位或权力相称，杰出的管理者往往都有较强的权力欲望。通常而言，一个人在组织中的地位越高，其权力需要也越强，越希望得到更高的职位。因此，选项 D 正确。

因此，本题选项 B 当选。

私教点拨

历年真题对三重需要理论的考查，主要为三重需要理论的内容及其特点，具体如表 1－6 所示。

表 1－6　三重需要理论的内容

类别	内容及其特点
成就需要	是指个体追求优越感的驱动力，或者参照某种标准去追求成就感、寻求成功的欲望。 成就需要高的人有一些突出的特点： （1）第一个特点是选择适度的风险； （2）第二个特点是责任感较强； （3）第三个特点是希望能够得到及时的反馈
权力需要	是指促使别人顺从自己意志的欲望。通常而言，一个人在组织中的地位越高，其权力需要也越强，越希望得到更高的职位
亲和需要	是指寻求与别人建立友善且亲近的人际关系的欲望。这样的人在组织中容易与他人形成良好的人际关系，易被别人影响，因而往往在组织中充当被管理者的角色。许多出色的经理的亲和需要相对较弱，因为亲和需要强的管理者虽然可以建立合作的工作环境，能与员工真诚愉快地工作，但是在管理上过分强调良好关系的维持通常会干扰正常的工作程序

考点六　公平理论

【例题·2014 年·多项选择题】关于亚当斯公平理论的说法，正确的是（　　）。

A. 人们不仅关心自己的绝对报酬，而且关心自己和他人工作报酬上的相对关系

B. 员工倾向于将自己的产出投入比与他人的产出投入比相比较

C. 员工所作的比较都是纵向的，即与除组织以外的其他人比较

D. 辞职是感到不公平的员工恢复平衡的方式之一

E. 对于有不公平感的员工应予以及时引导或调整报酬

【答案】ABDE

【解析】本题对公平理论进行综合考查，主要涉及公平理论的主要内容、恢复公平的方法及公平理论在管理上的应用。

亚当斯的公平理论指出：人们不仅关心自己的绝对报酬，而且关心自己和他人在工作和报酬上的相对关系；员工倾向于将自己的产出与投入的比率与他人（对照者）的产出与投入的比率相比较，

来进行公平判断。需要注意的是，员工比较的是其对投入、产出的自我知觉，而非投入、产出的客观测量结果。因此，选项 AB 正确。

选项 C，员工进行公平比较时既可能是纵向的又可能是横向的。纵向比较既包括组织内自我比较，也包括组织外自我比较；横向比较包括组织内他比，也包括组织外他比。因此，选项 C 错误。

选项 D，感到不公平的员工可能采用以下几种方式来恢复平衡：①改变自己的投入或产出；②改变对照者的投入或产出；③改变对投入或产出的知觉；④改变参照对象；⑤辞职。因此，选项 D 正确。

选项 E，在管理上的应用：①根据员工对工作和组织的投入来判断是否给予更多报酬，并确保不同员工的投入产出比大致相同，以保持员工的公平感；②因为公平感是员工的主观感受，应注意经常了解员工的公平感，对于有不公平感的员工应予以及时的引导或调整报酬。因此，选项 E 正确。

因此，本题选项 ABDE 均正确。

私教点拨

历年真题对公平理论的主要内容、恢复公平的方法、公平理论在管理上的应用等知识点的考查较为综合，考生要注意理解运用，具体如表 1－7 所示。

表 1－7 公平理论

内容	恢复公平的方法	管理上的应用
人们不仅关心自己的**绝对报酬**，而且关心自己和他人在工作和报酬上的**相对关系**；员工倾向于将自己的产出与投入的比率与他人（成为对照者）产出与投入的比率相比较，来进行公平判断。需要注意的是，员工比较的是其对投入、产出的**自我知觉**，而**非投入、产出的客观测量结果**	(1) 改变自己的投入或产出； (2) 改变对照者的投入或产出； (3) 改变对投入或产出的知觉； (4) 改变参照对象； (5) 辞职	(1) 根据员工对工作和组织的投入来判断是否给予更多报酬，并确保不同员工的投入产出比大致相同，以保持员工的公平感； (2) 因为公平感是员工的主观感受，应注意经常了解员工的公平感，对于有不公平感的员工应予以及时的引导或调整报酬

考点七 期望理论

【例题 · 2019 年 · 单项选择题】根据弗罗姆的期望理论，决定动机的三种因素不包括（　　）。

A. 情景　　B. 工具性　　C. 效价　　D. 期望

【答案】A

【解析】本题考查期望理论的主要内容。弗罗姆提出的期望理论认为，人们之所以采取某种行动（如努力工作），是因为他觉得这种行为可以在一定概率上达到某种结果，并且这种结果可以带来他认为重要的报酬。该理论认为动机是三种因素共同作用的产物：效价×期望×工具性＝动机。因此，本题选项 A 正确。

私教点拨

历年真题对期望理论动机三要素的考查，容易在单项选择题中出概念性题目，具体如表 1-8 所示。

表 1-8 期望理论

要素	具体内容
效价	是指个体对所获报酬的偏好程度，它是对个体得到**报酬的愿望的数量**表示
期望	是指员工对努力工作能够完成任务的**信念强度**。期望是员工对自己所付出的努力可以在多大程度上决定绩效的估计值，用概率表示
工具性	是指员工对一旦完成任务就可以获得报酬的**信念**

考点八 参与管理

【例题·2020 年·单项选择题】关于参与管理的说法，错误的是（　　）。

A. 职位越高的管理人员越容易接受参与管理理念

B. 参与管理符合双因素理论的主张

C. 参与管理符合 ERG 理论的主张

D. 参与管理是激励理论在实践中的一种应用

【答案】A

【解析】本题考查参与管理的具体运用。

选项 A，从实践的角度看，法国、荷兰、日本、以色列等国家，参与管理都有很坚实的基础。而在美国，参与管理却发展得相对缓慢一些，主要原因是各级管理者反对这样的制度："与经理人分享权力"的理念与许多美国人的权威性格和阶层意识相冲突。越是居于高位的管理者，越不容易接受参与管理的理念。因此，选项 A 错误。

选项 B，参与管理符合双因素理论的主张，即提高工作本身的激励作用，给予员工成长、承担责任和参与决策的机会。因此，选项 B 正确。

选项 C，参与管理符合 ERG 理论的主张，也有助于满足员工对责任感、成就感、认同感、成长以及自尊的需要。因此，选项 C 正确。

选项 D，参与管理是激励理论在实践中的一种应用，除此之外还有目标管理和绩效薪金制。因此，选项 D 正确。

因此，本题选项 A 当选。

私教点拨

参与管理就是让下属实际**分享**上级的**决策权**。参与管理在具体考查的过程中，还应区分推行有效参与管理需要符合的条件以及参与管理的具体形式，具体如表 1-9 所示。

表 1-9 参与管理的相关内容

本质	具体形式	有效推行参与管理的条件
参与管理就是让下属实际**分享**上级的**决策权**	共同设定目标、集体解决问题、直接参与工作决策、参加咨询委员会、参加政策制定小组、参与新员工甄选等。**质量监督小组**是一种常见的参与管理的模式	(1) 员工应有充裕的时间参与; (2) 员工参与的问题必须与其自身利益相关; (3) 员工必须具有参与的能力，如智力、知识技术、沟通技巧等; (4) 参与不应使员工和管理者的地位和权力受到威胁; (5) 组织文化必须支持员工参与; (6) 员工的参与需要

案例分析题专练

【例题·2019 年·案例分析题】

某公司为一家通信企业，经过多年发展，拥有了庞大的固定电话、宽带客户资源，完善的基础网络设施和底蕴深厚的企业文化。该企业的福利待遇比较满意，离职率很低。孙先生从基层员工做起，已经在该公司连续工作了近十年时间，对公司情况十分了解。今年年初，孙先生被提拔为市场部经理。市场部下设家庭客户部、个人客户部、政企客户部等，员工近百人。孙先生上任后，发现下属部门之间存在一些问题，比如同一项目的预算可能有两个部门在做，之后采用哪个部门的预算没有详细规定；更为严重的是部分员工消极怠工，未能全身心地投入工作，经常擅自离岗。为了提高部门业绩与员工的工作积极性，孙先生采取了一系列措施[2]。一是为了强化员工的工作动机设立了新的关键绩效指标，完成指标的员工将获得多方面的奖励[1]；二是实施了部门目标管理[3]工作，推行一段时间后，部门的业绩稍有提高；三是在奖金方面，设置了新的绩效薪金制[4]规则，除了原有的工作奖金等，年度部门业绩前三的员工还得到了更优的奖励。	**【审题过程】** [1] 考查动机的分类： 内源性动机：看重工作本身。 外源性动机：看重工作带来的报偿。 [2] 考查需要层次理论的观点： (1) 人都有五种需要，不同时期需要的强烈程度不同。 (2) 未被满足的需要是行为的主要激励源，已获得基本满足的需要不再具有激励作用。 (3) 级别由下至上，下一层次的需要在相当程度上得到满足后个体才会追求上一层次的需要。 (4) 下面三个层次为基本需要，主要靠外部条件或因素满足；上面两个层次为高级需要，主要靠内在因素满足。 [3] 考查目标管理四个要素：目标具体化、参与决策、限期完成、绩效反馈。 [4] 考查绩效薪金制的优点： 可以减少管理者的工作量，因为员工为了获得更高的薪金会自发地努力工作，而不需要管理者的监督。

根据以上资料，回答下列问题：

1. 孙先生设立的关键绩效指标，并对完成指标的员工提供多方面奖励，在其实施的下列奖励中，属于由外源性动机激发的是（　　）。

A. 提供具有挑战性的工作机会　　B. 提高工资

C. 发放奖金　　D. 晋升职务

2. 根据孙先生新采取的一系列措施产生的积极效果，基于需要层次理论可以推断出，市场部员工的需要处于（　　）层次。

A. 安全需要　　B. 归属和爱的需要　　C. 尊重的需要　　D. 生理需要

3. 孙先生在部门中实施了目标管理，目标管理的要素包括（　　）。

A. 团队管理　　B. 期限完成　　C. 目标具体化　　D. 过程评价

4. 孙先生在市场部实施的绩效薪金制的优点是（　　）。

A. 减少管理者的工作量　　B. 减少员工间的竞争

C. 增加了管理者的监督　　D. 提高员工工作积极性

	【答案解读】 本题对激励理论及实践进行综合考查。
1. **【答案】** BCD **【解析】** 外源性动机是指人为了获得物质或社会报酬，比如工资、奖金、表扬、社会地位等，或为了避免惩罚而做出某种行为。因此，选项 BCD 正确。	[1] 考查内源性动机与外源性动机的区分： 内源性动机：看重工作本身，如寻求挑战性的工作机会、获得为工作和组织多做贡献的机会以及充分体现个人潜力的机会。 外源性动机：看重工作带来的报偿，如工资、奖金、表扬、社会地位等。
2. **【答案】** AD **【解析】** 从孙先生采取的措施来看，主要是通过提高工资和发放奖金激发员工的外源性动机，满足员工的基本需要。孙先生的这些激励措施取得了积极的效果，表明市场部员工的需要处于需要层次理论中的第一个和第二个层次，即生理需要和安全需要。因此，选项 AD 正确。	[2] 考查需要层次理论观点： 马斯洛需要层次模型呈三角形，级别由下及上逐层提高，当下一层次的需要在相当程度上得到满足后，个体才会追求上一层次的需要。案例中孙先生主要采取提高工资和发放奖金的措施来激励员工，属于安全需要中的经济安全，所以第一层次的生理安全需要已经在很大程度上得到满足。
3. **【答案】** BC **【解析】** 目标管理有四个要素：目标具体化、参与决策、限期完成、绩效反馈。因此，选项 BC 正确。	[3] 考查目标管理四要素：目标具体化、参与决策、限期完成、绩效反馈。
4. **【答案】** AD **【解析】** 绩效薪金制的主要优点在于它可以减少管理者的工作量，因为员工为了获得更高的薪金会自发地努力工作，而不需要管理者的监督。因此，选项 AD 正确。	[4] 考查绩效薪金制的优点： 减少管理者的工作量，因为员工为了获得更高的薪金会自发地努力工作，而不需要管理者的监督。

真题演练

一、单项选择题

1.（2020 年）按照组织行为学有关理论，内源性动机包括（　　）。

A. 社会地位　　B. 挑战性工作　　C. 工资　　D. 表扬

2.（2020 年）在双因素理论中，属于保健因素的是（　　）。

A. 晋升　　B. 成就感　　C. 责任感　　D. 人际关系

3.（2019 年）不属于动机的三要素的是（　　）。

A. 决定人行为的方向　　B. 坚持的水平　　C. 努力的水平　　D. 行为的特点

4.（2019 年）关于有效推行参与管理的条件的说法，错误的是（　　）。

A. 组织文化必须支持员工参与

B. 不应使员工和管理者的地位和权力受到威胁

C. 员工参与的问题必须与其自身利益无关

D. 在行动前要让员工有充裕的时间参与

5.（2018 年）美国心理学家麦克利兰提出的三重需要理论认为，人的需要不包括（　　）。

A. 权力需要　　B. 生存需要

C. 亲和需要　　D. 成就需要

6.（2016 年）“如果较高层次的需要不能得到满足的话，对低层次需要的欲望就会加强”，这一说法代表的观点属于（　　）。

A. 马斯洛的需要层次理论　　B. 赫兹伯格的双因素理论

C. 奥尔德弗的“挫折—退化”观点　　D. 麦克利兰的三重需要理论

7.（2014 年）根据马斯洛需求层次理论，获得友好和睦的同事关系属于（　　）。

A. 安全需要　　B. 归属和爱的需要

C. 尊重的需要　　D. 成长的需要

8.（2014 年）根据 ERG 理论，下列说法错误的是（　　）。

A. 各种需要可以同时具有激励作用

B. 如果较高层次的需要得不到满足的话，较低层次的需要就会增强

C. 高层次需要满足的前提是低层次需要的满足

D. ERG 理论认为人有生存需要、关系需要和成长需要

9.（2014 年）根据（　　），人们之所以努力工作，是因为他觉得这种行为可以在一定程度上达到某种结果，并且这种结果可以带来他认为重要的报酬。

A. 强化理论　　B. 公平理论　　C. 期望理论　　D. 需要理论

10.（2013 年）根据双因素理论，员工感到不满的主要原因是（　　）。

A. 激励因素缺乏　　B. 保健因素缺乏

C. 激励因素充足　　D. 保健因素充足

11. （2012 年）根据弗罗姆的期望理论，员工对一旦完成任务就可以获得报酬的信念称为（ ）。

A. 效价 B. 期望 C. 工具性 D. 动机

12. （2012 年）质量监督小组这种管理模式属于（ ）的一种形式。

A. 参与管理 B. 目标管理

C. 绩效薪金制管理 D. 计件工资管理

二、多项选择题

1. （2020 年）ERG 理论认为，人的核心需要有（ ）。

A. 成就需要 B. 生存需要 C. 权力需要 D. 关系需要

E. 成长需要

2. （2019 年）按照组织激励的公平理论，感到不公平的员工用来恢复平衡的方式有（ ）。

A. 改变自己的投入 B. 增加自己的产出

C. 改变参照对象 D. 改变对产出的知觉

E. 辞职

3. （2018 年）目标管理的要素包括（ ）。

A. 技能薪酬 B. 不限期完成 C. 参与决策 D. 绩效反馈

E. 目标具体化

4. （2015 年）关于参与管理的说法，正确的有（ ）。

A. 若想成为质量监督小组的成员，需具备分析和解决质量问题的能力

B. 参与管理有共同设定目标，集体解决问题，直接参与工作决策等形式

C. 参与管理可以提供工作的内在奖励，使工作显得更有趣，更有意义

D. 参与管理适用于任何组织和任何群体

E. 参与管理可以让下属人员分享上级的决策权

5. （2013 年）关于亲和需要的说法，正确的有（ ）。

A. 亲和需要是 ERG 理论强调的三种核心需要之一

B. 亲和需要的一个重要目标是建立良好的人际关系

C. 亲和需要强的人在组织中更容易受他人影响

D. 亲和需要的一个重要特点是不在乎别人的感受

E. 对于出色的管理者而言，亲和需要太强未必是件好事

三、案例分析题

（2015 年）A 公司董事长每年年底都会与员工谈话，目的是了解员工过去一年的工作状况、对公司的态度以及未来的打算。在今年的谈话中，员工小李说，自己很喜欢公司的工作环境，跟大部分同事的关系也很好。但是自己工作非常努力，也不被领导认可，升职希望渺茫；而同办公室的小王工作没有自己努力，却总被领导夸奖，上个月还涨了工资，这让自己深受打击，工作动力没有以

前那么足了，甚至萌生了辞职的念头。董事长询问小李原因。小李认为，这是由公司为员工设置的工作目标不合理造成的，领导给小王设置的工作目标比自己的容易达到，所以即使自己非常努力，领导也不认可。然而，工作目标是领导设定的，自己没有发言权。董事长听后，表示在今后公司管理工作中会考虑小李的意见。

根据以上材料，回答下列问题：

1. 根据马斯洛的需要层次理论，小李在工作中没有得到满足的需要是（　　）。

A. 生理需要　　B. 安全需要

C. 尊重需要　　D. 自我实现需要

2. 根据双因素理论，让小李感到不满的主要因素是（　　）。

A. 工作目标设定的政策　　B. 晋升

C. 别人的认可　　D. 人际关系

3. 小李在感到不公平时所采用的恢复平衡的方式是（　　）。

A. 改变自己的投入或产出　　B. 改变对投入或产出的知觉

C. 改变参照对象　　D. 寻求社会兼职

4. 小李所反映的不公平问题，表明目标管理中的（　　）要素出现了问题。

A. 目标具体化　　B. 参与决策　　C. 限期完成　　D. 绩效反馈

真题演练答案及解析

一、单项选择题

1. **【答案】**B

【解析】本题考查内源性动机与外源性动机的区分。内源性动机是指人做出某种行为是因为行为本身，因为这种行为可以带来成就感，或者个体认为这种行为是有价值的，因此，出于内源性动机的员工看重的是工作本身，如寻求挑战性的工作机会，获得为工作和组织多做贡献的机会以及充分体现个人潜力的机会。因此，本题选项 B 正确。

2. **【答案】**D

【解析】本题考查双因素理论中激励因素与保健因素的区分。由心理学家赫茨伯格提出的双因素理论，又称为“激励–保健因素理论”。激励因素是指成就感、别人的认可、工作性质、责任和晋升等因素；保健因素是指组织政策、监督方式、人际关系、工作环境和工资等因素。选项 ABC 属于激励因素。因此，本题选项 D 正确。

3. **【答案】**D

【解析】本题考查动机的三要素。动机有三个要素：**决定人行为的方向**，即选择做出什么样的行为；**努力的水平**，即行为的实施程度；**坚持的水平**，即遇到阻碍时为了坚持自己的行为付出多大努力。因此，本题选项 D 正确。

4. **【答案】**C

【解析】本题考查有效推行参与管理需要符合的条件。若要有效推行参与管理就必须符合以下几个方面的条件：①员工应有充裕的时间参与；②员工参与的问题必须与其自身利益相关；③员工必须具有参与的能力，如智力、知识技术、沟通技巧等；④参与不应使员工和管理者的地位和权力受到威胁；⑤组织文化必须支持员工参与；⑥员工的参与需要。因此，本题选项 C 当选。

5. **【答案】**B

【解析】本题考查麦克利兰的三重需要理论的内容。社会心理学家麦克利兰提出了三重需要理论，认为人有三种重要的需要，即成就需要、权力需要和亲和需要。因此，本题选项 B 正确。

6. **【答案】**C

【解析】本题考查奥尔德弗 ERG 理论的观点。奥尔德弗提出了“挫折—退化”的观点，认为如果较高层次的需要不能得到满足的话，对满足低层次需要的欲望就会加强。因此，本题选项 C 正确。

7. **【答案】**B

【解析】本题考查马斯洛需要层次理论的主要内容。美国社会心理学家马斯洛认为人类需要的强度并不都是相等的，他将人的需要由低到高分为五种类型。①生理需要，指对食物、水、居住场所、睡眠、性等身体方面的需要。②安全需要，主要针对身体安全（如脱离危险的工作环境）和经济安全（如不解雇的承诺，或是舒适的退休计划）的需要，以免身心受到伤害。③归属和爱的需要，包括情感、归属、被接纳、友谊等需要（如获得友好和睦的同事关系）。④尊重的需要，包括内在的尊重的需要（如自尊心、自主权、成就感等）和外在的尊重的需要（如地位、认同、受重视等）。⑤自我实现的需要，包括个人成长、发挥个人潜能、实现个人理想的需要。因此，本题选项 B 正确。

8. **【答案】**C

【解析】本题考查 ERG 理论相较于马斯洛的需要层次理论的独特之处。行为学家奥尔德弗对马斯洛的需要层次理论进行了修订，提出了 ERG 理论，认为人有三种核心需要：生存需要、关系需要、成长需要。ERG 理论并不只是简单地把马斯洛的五种需要层次简化为三大类，该理论的独特之处在于：它认为，各种需要可以同时具有激励作用，这与马斯洛需要层次理论主张的“低层次需要的满足是高层次需要的先决条件”有所不同。同时，奥尔德弗提出了“挫折—退化”的观点，认为如果较高层次的需要不能得到满足的话，对满足低层次需要的欲望就会加强。因此，本题选项 C 当选。

9. **【答案】**C

【解析】本题考查期望理论的概念。弗罗姆的期望理论认为，人们之所以采取某种行动（如努力工作），是因为他觉得这种行为可以在一定概率上达到某种结果，并且这种结果可以带来他认为重要的报酬。因此，本题选项 C 正确。

10. **【答案】**B

【解析】本题考查双因素理论的主要内容。由心理学家赫茨伯格提出的双因素理论，又称为“激励—保健因素理论”。激励因素是指成就感、别人的认可、工作性质、责任和晋升等因素，具备这些因素可以令员工满意，但不具备这些因素也不会招致员工的不满；保健因素是指组织政策、监督方式、人际关系、工作环境和工资等因素，具备这些因素只能使员工不产生不满情绪，但不能起到激励的作用。因此让员工感到不满的主要原因是保健因素的缺乏。因此，本题选项 B 正确。

11. **【答案】**C

【解析】本题考查期望理论的内容。

弗罗姆提出的期望理论认为，人们之所以采取某种行动（如努力工作），是因为他觉得这种行为可以在一定概率上达到某种结果，并且这种结果可以带来他认为重要的报酬。该理论认为动机是三种因素共同作用的产物。三种因素的关系可以用此公式来表达：效价×期望×工具性=动机。

（1）**效价**是指个体对所获报酬的偏好程度，它是对个体得到报酬的愿望的数量表示。

（2）**期望**是指员工对努力工作能够完成任务的信念强度。期望是员工对自己所付出的努力可以在多大程度上决定绩效的估计值，用概率表示。

（3）**工具性**是指员工对一旦完成任务就可以获得报酬的信念。

因此，本题选项 C 正确。

12. **【答案】**A

【解析】本题考查参与管理的形式。在具体运用上，参与管理有许多形式，如共同设定目标、集体解决问题、直接参与工作决策、参加咨询委员会、参加政策制定小组、参与新员工甄选等。质量监督小组是一种常见的参与管理的模式。因此，本题选项 A 正确。

二、多项选择题

1. **【答案】**BDE

【解析】本题考查 ERG 理论的三种核心需要。行为学家奥尔德弗对马斯洛的需要层次理论进行了修订，使之与实证研究结果一致化，提出了 ERG 理论，认为人有三种核心需要：生存需要、关系需要、成长需要。因此，本题选项 BDE 均正确。

2. **【答案】**ACDE

【解析】本题考查恢复公平的方法。感到不公平的员工可能采用以下几种方式来恢复平衡：①改变自己的投入或产出；②改变对照者的投入或产出；③改变对投入或产出的知觉；④改变参照对象；⑤辞职。因此，本题选项 ACDE 均正确。

3. **【答案】**CDE

【解析】本题考查目标管理的四个要素。

目标管理有四个要素：

（1）目标具体化：指要求明确、具体地描述预期的结果。

（2）参与决策：指在制定工作目标时，要求涉及目标的所有群体共同制定目标，并共同规定如何衡量目标的实现程度，而不是由上级单方面指定下级的工作目标。

（3）限期完成：指规定目标完成的时间期限，以及每一阶段任务完成的期限。

（4）绩效反馈：指不断地给予员工关于目标实现程度或接近目标程度的反馈，使员工能及时地了解工作的进展，掌握工作的进度，从而及时地进行自我督促和行为矫正，最终如期完成目标。

因此，本题选项 CDE 均正确。

4. **【答案】**ABCE

【解析】本题考查参与管理的内容。

选项 A，质量监督小组是一种常见的参与管理的模式。作为小组成员的前提条件是必须具备分析和解决质量问题的能力，还要擅长与他人沟通并宣传各种策略。因此，选项 A 正确。

选项 B，在具体运用上，参与管理有许多形式，如共同设定目标、集体解决问题、直接参与工作决策、参加咨询委员会、参加政策制定小组、参与新员工甄选等。质量监督小组是一种常见的参与管理的模式。因此，选项 B 正确。

选项 C，实施参与管理不仅可以发挥员工的专长，提高其对工作的兴趣，而且可以促进管理者和员工的沟通，有利于决策的执行。参与管理可以提供工作的内在奖励，使工作显得更有趣，更有意义。因此，选项 C 正确。

选项 D，参与管理不是放之任何组织、任何工作群体而皆准的法则，若要有效推行参与管理就必须符合以下几个方面的条件：①员工应有充裕的时间参与；②员工参与的问题必须与其自身利益相关；③员工必须具有参与的能力，如智力、知识技术、沟通技巧等；④参与不应使员工和管理者的地位和权力受到威胁；⑤组织文化必须支持员工参与；⑥员工的参与需要。因此，选项 D 错误。

选项 E，参与管理就是让下属实际分享上级的决策权。因此，选项 E 正确。

因此，本题选项 ABCE 均正确。

5. **【答案】**BCE

【解析】本题考查三重需要理论的亲和需要。

选项 A，亲和需要是麦克利兰提出的三重需要理论的三种重要需要之一，包括成就需要、权力需要和亲和需要。因此，选项 A 错误。

选项 B，亲和需要是指寻求与别人建立友善且亲近的人际关系的欲望。因此，选项 B 正确。

选项 C，亲和需要强的人在组织中容易与他人形成良好的人际关系，易被别人影响，因而往往在组织中充当被管理的角色。因此，选项 C 正确。

选项 D，亲和需要强的人往往重视被别人接受和喜欢，他们追求友谊和合作。因此，选项 D 错误。

选项 E，许多出色的经理的亲和需要相对较弱，因为亲和需要强的管理者虽然可以建立合作的工作环境，能与员工真诚愉快地工作，但是在管理上过分强调良好关系的维持通常会干扰正常的工作程序。因此，选项 E 正确。

因此，本题选项 BCE 均正确。

三、案例分析题

1. **【答案】**C **【解析】**材料中，小李指出公司为员工设置的目标不合理，即使自己非常努力也得不到领导的认可，加之工作目标是领导设定的，自己没有发言权，这与尊重的需要相匹配，即内在尊重的需要（如自尊心、自主权、成就感等）和外在尊重的需要（如地位、认同、受重视等）没有得到满足，选项 C 正确。	**【答案解读】** 本题考查激励理论的综合运用。 [1] 考查马斯洛需要层次理论的具体运用。 马斯洛需要层次包含：①生理需要；②安全需要；③归属和爱的需要；④尊重的需要；⑤自我实现的需要。

2.【答案】A 【解析】由于保健因素会引发员工的不满，晋升与别人的认可属于激励因素，因此选项 BC 排除。根据材料可知，小李的不满主要在于工作目标设定不合理且员工没有发言权，属于对工作目标设定的政策，选项 A 正确。	[2] 考查对双因素理论的实质的理解。 激励因素：具备可令员工满意，不具备不会招致不满。 保健因素：具备只能使员工不产生不满情绪，不具备会引起员工不满。
3.【答案】A 【解析】根据案例材料可知，小李深受打击，工作动力没有以前那么大了，甚至萌生了辞职的念头。结合公平理论中恢复公平的方法可知，小李采取的方式包括改变自己的投入或产出、离职。选项 A 正确。	[3] 考查材料与恢复公平方法的具体结合。 恢复公平的方法：①改变自己的投入或产出；②改变对照者的投入或产出；③改变对投入或产出的知觉；④改变参照对象；⑤辞职。
4.【答案】B 【解析】由材料可知，小李的抱怨在于公司为员工设置的工作目标不合理，而工作目标是由领导设定的，自己没有发言权，没有参与到目标的制定过程中，属于目标管理要素中的参与决策，选项 B 正确。	[4] 考查目标管理四要素与案例的具体结合。 (1) 目标具体化：指要求明确、具体地描述预期的结果。 (2) 参与决策：指在制定工作目标时，要求涉及目标的所有群体共同制定目标，并共同规定如何衡量目标的实现程度，而不是由上级单方面指定下级的工作目标。 (3) 限期完成：指规定目标完成的时间期限，以及每一阶段任务完成的期限。 (4) 绩效反馈：指不断地给予员工关于目标实现程度或接近目标程度的反馈，使员工能及时地了解工作的进展，掌握工作的进度，从而及时地进行自我督促和行为矫正，最终如期完成目标。

第二章　领导行为

本章考情 Q&A

Q：本章的重要性和难度如何？

A：本章属于**重点章节**，学好本章可以为前后章节的学习打好基础。本章学习有一定难度，尤其是领导理论、领导技能与风格等内容较为抽象，理解起来有一定难度，建议学习过程中不仅要自己画出思维导图，而且要将不同理论的观点进行对比。从历年真题来看，每年考查的分值为 9~10 分。

Q：本章在考试中通常以什么形式出现？

A：从历年真题看，本章内容在单项选择题、多项选择题和案例分析题中均有涉及，2014 年与 2018 年出过案例分析题，近几年单项选择题与多项选择题的分值逐渐增加。本章的内容考查方式较为灵活，可以与第一章中“激励理论的内容”结合来考查，也可以与第三章“组织设计与组织文化”的内容结合来考查，还可以结合第十三章“人力资本投资理论”中的“劳动力流动”等内容进行考查。

Q：本章 2022 年的内容有改动么？

A：本章内容无实质性改动。

Q：本章考点在历年考试中的分布情况如何？

A：以下是老师们的统计：

考点	2021 年	2020 年	2019 年	2018 年	2017 年	2016 年	2015 年	2014 年	2013 年	2012 年
交易型领导和变革型领导理论			√				√	√	√	√
魅力型领导理论	√	√	√				√		√	
路径—目标理论	√	√		√	√			√	√	√
权变理论	√	√		√	√	√	√			
经典研究理论得出的领导风格		√	√					√		
俄亥俄与密歇根模式	√			√			√	√		√
管理方格图	√		√						√	√
生命周期理论		√	√					√		√
领导技能	√	√				√		√		

续表

考点	2021年	2020年	2019年	2018年	2017年	2016年	2015年	2014年	2013年	2012年
决策过程		√	√				√	√		
决策模型				√	√	√			√	√
决策风格			√			√		√		

经典例题

考点一　交易型领导和变革型领导理论

【例题·2019年·单项选择题】根据美国心理学家伯恩斯的观点，属于交易型领导特征的是（　　）。

A. 魅力　　B. 差错管理　　C. 智慧型刺激　　D. 个性化关怀

【答案】B

【解析】本题考查交易型领导的特征。

交易型领导的特征包括：

（1）奖励：承诺为努力提供奖励，为高绩效提供奖励，赏识成就；

（2）差错管理（积极型）：观察和寻找对于标准的背离，采取修正行动；

（3）差错管理（消极型）：仅在背离标准时进行干涉；

（4）放任：放弃责任，避免做出决策。

因此，本题选项B正确。

私教点拨

历年真题对交易型和变革型领导理论的考查，尤其是对交易型领导特征的考查较为频繁。管理心理学家伯恩斯把领导分为两种类型：交易型领导和变革型领导。具体如表2-1所示。

表2-1　交易型领导和变革型领导的特征

<table>
<tr><th>类型</th><th>特征</th></tr>
<tr><td rowspan="2">交易型领导</td><td>强调的是个人在组织中的与位置相关的权威性和合法性，强调任务的明晰度、工作的标准和产出，他们很关注任务的完成以及员工的顺从，这些领导更多依靠组织的奖励和惩罚来影响员工的绩效</td></tr>
<tr><td>（1）奖励：承诺为努力提供奖励，为高绩效提供奖励，赏识成就；
（2）差错管理（积极型）：观察和寻找对于标准的背离，采取修正行动；
（3）差错管理（消极型）：仅在背离标准时进行干涉；
（4）放任：放弃责任，避免做出决策</td></tr>
</table>

续表

类型	特征
变革型领导	通过更高的理想和组织价值观来激励他的追随者们。变革型领导能够为组织制定明确的愿景，他们更多地通过自己的领导风格来影响员工（如增强员工的动机）和团队（如调解团队内部的冲突）的绩效
	（1）**魅力**：提供任务的愿景，潜移默化的自豪感，获得尊敬和信任； （2）**激励**：持续的高期望，鼓励努力，用简单的手段表达重要的意图； （3）**智慧型刺激**：提升智慧，理性和谨慎地解决问题； （4）**个性化关怀**：给予个人关注，个性化地对待每名员工，对其进行培训和提出建议

考点二 魅力型领导理论

【例题·2021 年·单项选择题】魅力型领导的道德特征不包括（　　）。

A. 使用权力为他人服务

B. 从危机中思考与学习

C. 激励下属独立思考

D. 提升自己的个人愿景

【答案】D

【解析】本题考查魅力型领导的道德特征和非道德特征。**魅力型领导的特征**主要包括：使用权力为他人服务（选项 A 正确）；使追随者的需要和志向与愿望相结合；从危机中思考和学习（选项 B 正确）；激励下属独立思考（选项 C 正确）；双向沟通；培训、指导并且支持下属，与他人分享；用内在道德标准行事。提升自己的个人愿景属于魅力型领导的非道德特征，选项 D 错误。因此，本题选项 D 当选。

私教点拨

历年真题对魅力型领导理论的考查，主要涉及概念及其研究结论。最近一两年开始考查魅力型领导的道德特征和非道德特征，要注意相关知识点，具体如表 2 - 2 所示。

表 2 - 2 魅力型领导理论

类别	内容
定义	是指具有自信并且信任下属、对下属有高度的期望、有理想化的愿景和个性化风格的领导
研究结果	魅力型领导将促使追随者产生高于期望的绩效以及强烈的归属感。 当追随者显示出高水平的自我意识和自我管理时，魅力型领导的效果会得到进一步强化
魅力归因的领导特质	自信、印象管理、社会敏感性和共情能力

续表

类别	内容
提升影响力的情境	面临**剧烈变革**的组织环境/组织中对现状非常**不满的追随者的激增**
道德特征	（1）使用权力为**他人**服务； （2）使追随者的需要和志向与愿望相结合； （3）从危机中**思考和学习**； （4）**激励**下属独立思考； （5）**双向**沟通； （6）培训、指导并且支持下属，与他人**分享**； （7）用**内在**道德标准行事
非道德特征	（1）为**个人**利益使用权力； （2）提升**自己**的个人愿景； （3）指责或**批评相反**的观点； （4）要求**自己**的决定被无条件接受； （5）**单向**沟通； （6）对追随者的需要感觉迟钝； （7）遵循**外在**道德标准

考点三 路径—目标理论

【例题·2021年·多项选择题】关于路径—目标理论的说法，正确的有（　　）。

A. 路径—目标理论认为不同的领导行为适合于不同的环境因素和个人特征

B. 路径—目标理论假定领导不具有变通性

C. 路径—目标理论认为参与式领导会主动征求并采纳下属的意见

D. 路径—目标理论认为指导式领导常常很关心下属的要求

E. 路径—目标理论是由罗伯特·豪斯提出来的

【答案】ACE

【解析】本题考查路径—目标理论的相关内容。路径—目标理论是由罗伯特·豪斯提出的（选项E正确）。豪斯假定领导具有变通性，能够根据不同的情况而表现出不同的领导行为（选项B错误）。不同的领导行为适合于不同的环境因素和个人特征（选项A正确）。参与式领导会主动征求并采纳下属的意见（选项C正确）；指导式领导会让员工明确别人对他的期望、成功绩效的标准和工作程序（选项D错误）；支持型领导会努力建立舒适的工作环境，亲切友善，关心下属的要求；成就取向式领导会设定挑战性目标，鼓励下属展现自己的最佳水平。因此，本题选项ACE正确。

私教点拨

历年真题对路径—目标理论的考查，主要涉及领导类型的分类及各个类型的具体内容，要注意区分，具体如表 2-3 所示。

表 2-3 路径—目标理论

分类	内容
指导式领导	让员工**明确**别人对他的期望、成功绩效的标准和工作程序
支持型领导	努力建立舒适的工作环境，亲切友善，**关心下属**的要求
参与式领导	**主动征求**并**采纳下属的意见**
成就取向式领导	设定挑战性目标，**鼓励下属**展现自己的最佳水平

考点四 权变理论

【例题 1 · 2021 年 · 单项选择题】 费德勒提出的权变理论中，情境因素不包括（　　）。

A. 领导与下属的关系　　B. 工作结构

C. 职权　　D. 工作环境

【答案】 D

【解析】 本题考查费德勒权变理论中情境性因素的三个维度。费德勒权变理论中情境性因素的三个维度主要包括：领导与下属的关系、工作结构、职权。因此，本题选项 D 正确。

私教点拨

历年真题对权变理论的考查，主要为权变理论中情境性因素的三个维度，具体如表 2-4 所示。

表 2-4 权变理论

维度	内容
领导与下属的关系	主要指的是下属对领导信任、信赖和尊重的程度
工作结构	主要指的是工作程序化、规范化的程度
职权	主要指的是领导在甄选、培训、激励、处分等人事工作方面有多大的影响力和权力

【例题 2 · 2017 年 · 多项选择题】 依据领导权变理论的观点，能使工作取向型领导风格绩效高的情境有（　　）。

A. 上下级关系坏、工作结构低、领导者职权小

B. 上下级关系好、工作结构高、领导者职权大

C. 上下级关系坏、工作结构高、领导者职权大

D. 上下级关系好、工作结构低、领导者职权大

E. 上下级关系好、工作结构低、领导者职权小

【答案】ABD

【解析】本题考查费德勒权变理论三个维度相互组合产生的八种不同情境。具体如表 2-5 所示。

表 2-5 不同领导风格在不同情境下的效能

情境类型		一	二	三	四	五	六	七	八
情境维度	上下级关系	好	好	好	好	坏	坏	坏	坏
	工作结构	高	高	低	低	高	高	低	低
	职权	大	小	大	小	大	小	大	小
领导风格	**关系取向**	低			**高**		一般		低
	工作取向	**高**			低		一般		**高**

能使工作取向型领导风格绩效高的情境为情境类型一、情境类型二、情境类型三、情境类型八。因此，本题选项 ABD 均正确。

私教点拨

对于费德勒的权变理论，要注意区分在八种情境下，哪些情境能使关系取向型领导风格的绩效高，哪些情境能使工作取向型领导风格的绩效高。

关键影响因素有三个：一是领导与下属之间的关系；二是工作结构的程序化程度；三是职权。

领导风格分为两种：一种是关系取向，一种是工作取向。如果该领导对他最不喜欢的工作伙伴也用肯定性的形容词去描绘，说明他乐于和同事形成良好的人际关系，属于**关系取向型**；反之，则认为该领导主要关心生产，属于**工作取向型**。

适合于关系取向型的领导情境主要包括两种。一种是上下级的关系好，工作的程序化程度低，也就是工作需要领导的指导，领导的职权较小，那就不能强制给员工安排工作，所以关系型领导更适合；第二种情况是工作程序化程度高，员工可以自行完成工作，领导职权较大的情况下，上下级良好的关系会促进绩效的提高。

在对领导者有利和最不利的环境类型下，如情境类型一、情境类型二、情境类型三、情境类型八，采用**任务导向型**效果最好；在对领导者环境条件一般的情况下，采用**关系导向型**比较有效。具体的情境要具体分析。

举例：

一架即将着陆的飞机，整个机组任务明确，机组内上下级关系融洽、职权充分，属于情境类型一。这时机长只要下命令就可以了，不用征询机组人员是否要降落，如何降落。

一位司机走出驾驶室来指挥混乱的交通，他既不认识其他司机，也没有职位权力，如何疏解堵塞又没有特定程序，属于最不利的情境类型八。那位司机只能果断指挥，如果向大家征询下一步该如何办，而每位司机都希望自己的车先开走，那结果就可想而知了。

一个外调来的新任厂长，虽然职权很大，任务明确，但没有良好的上下级关系，属于情境类型五。这位厂长最明智的选择是先以关系导向来处理问题，不要一上来就发号施令。

所以本知识点在记忆过程中，可以选择记住能使**关系取向型**的领导风格绩效高的情境：**好低小、坏高大**。

考点五 经典研究理论得出的领导风格

【例题·2020 年·多项选择题】按照组织行为学中的领导风格理论，以员工为中心的领导风格强调（ ）。

A. 督导　　B. 支持　　C. 民主　　D. 参与

E. 产出

【答案】BCD

【解析】本题考查经典研究理论得出的领导风格。以员工为中心的领导风格属于 Y 理论，强调民主、员工中心、关怀、人际关系、支持、参与。因此，本题选项 BCD 正确。

私教点拨

历年真题对经典研究理论得出的领导风格相关知识点的考查，主要涉及以管理者为中心和以员工为中心两类，具体如表 2-6 所示。

表 2-6 从领导的经典研究和理论得出的领导风格小结

管理者中心		员工中心
X 理论	⟷	Y 理论
独裁	⟷	民主
生产中心	⟷	员工中心
产出	⟷	关怀
任务驱动	⟷	人际关系
督导	⟷	支持
指导	⟷	参与

考点六 俄亥俄与密歇根模式

【例题·2021 年·单项选择题】领导研究中的俄亥俄模式将领导行为聚焦在（ ）维度上。

A. 民主和关怀　　B. 指导和支持

C. 人际关系和参与管理　　D. 关心人和工作管理

【答案】D

【解析】本题考查俄亥俄与密歇根模式的相关内容。俄亥俄模式将领导行为聚焦在关心人和工作管理两个维度上。因此，本题选项 D 正确。

私教点拨

历年真题对俄亥俄与密歇根模式相关知识点的考查，主要涉及两种理论的维度，具体如表 2－7 所示。

表 2－7 俄亥俄与密歇根模式

模式	维度
俄亥俄模式	**关心人**：是指领导注重人际关系，尊重和关心下属的建议与情感，更愿意建立相互信任的工作关系。**高度人际取向**的领导帮助下属解决个人问题，友善而平易近人，公平对待每一个下属，关心下属的生活、健康、地位和满意度
	工作管理：是指领导为了完成目标而在规定或确定自己与下属的角色时所从事的行为活动，包括组织工作任务、工作关系、工作目标。**高度工作取向**的领导关注员工的工作，要求维持一定的绩效水平，并强调工作的最后期限
密歇根模式	**员工取向**：领导关注人际关系，主动了解并积极满足员工需要。员工取向的领导风格与团体高绩效和员工高满足感相关
	生产取向：领导强调工作技术和任务进度，关心工作目标的完成情况。生产取向的领导风格和团体低绩效、员工低满足感相关

考点七 管理方格图

【例题 · 2021 年 · 单项选择题】根据管理方格理论，位于坐标（5，5）的属于（　　）领导风格。

A. 乡村俱乐部　　B. 无为而治　　C. 中庸式　　D. 任务

【答案】C

【解析】本题考查布莱克和默顿的管理方格理论。管理方格理论把领导风格画成一个二维坐标方格，方格的纵坐标是“关心人”，横坐标是“关心任务”，形成了 5 种基本风格。

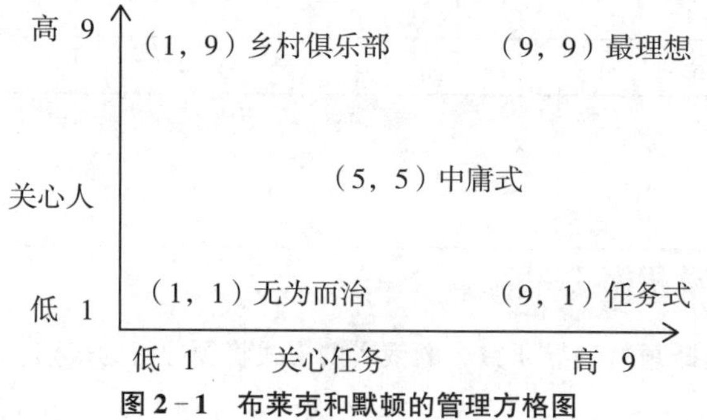

图 2－1 布莱克和默顿的管理方格图

因此，本题选项 C 正确。

私教点拨

对于布莱克和默顿的管理方格图，要注意区分不同的坐标代表的基本类型及特点，具体如表 2-8 所示。

表 2-8 管理方格图

坐标	特点
(1，1)	领导风格：**“无为而治”**。 管理者既不关心任务，又不关心人；投入最少量的努力使必要的工作完成和维持合适的组织成员关系
(1，9)	领导风格：**“乡村俱乐部”**。 对人极端关注，更关心人的需要，通过建立良好的关系来创造一种友好、舒适的组织氛围
(5，5)	领导风格：**“中庸式”**。 组织绩效的取得来自于在完成工作的需要以及将其保持在一个满意水平之间求得平衡
(9，1)	领导风格：**“任务式”**。 对任务极端关注，工作效率来自于对工作条件进行布置，使人的因素的影响尽可能小
(9，9)	领导风格：**最理想的领导风格**。 既关心任务又关心人，工作的完成依靠高承诺的员工，实现组织目标过程中的相互依赖促成相互信任和相互尊重的人际关系

考点八 生命周期理论

【例题·2020 年·单项选择题】根据生命周期理论，低工作、高关系的领导风格称为（　　）。

A. 授权式　　B. 指导式

C. 推销式　　D. 参与式

【答案】D

【解析】本题考查保罗·赫塞和布兰查德的生命周期理论。生命周期理论将工作取向和关系取向两个维度结合，得出四种领导风格：

（1）指导式（高工作、低关系）：领导规定工作任务、角色职责，指示员工做什么、如何做。

（2）推销式（高工作、高关系）：领导不仅表现出指导行为，而且富于支持行为。

（3）参与式（低工作、高关系）：领导与下属共同决策，领导提供便利条件和沟通。

（4）授权式（低工作、低关系）：领导提供较少的指导或支持，让下属自主决定。

因此，本题选项 D 正确。

私教点拨

历年真题对生命周期理论的考查，主要涉及影响领导风格的因素及领导风格的分类，具体如表2-9所示。

表2-9 生命周期理论

类别	内容
影响因素	生命周期理论认为影响领导风格选择的一个重要因素是下属的**成熟程度**
	工作成熟度：是指一个人的知识和技能水平。工作成熟度越高，表示员工执行任务的能力越强，越不需要他人的指挥；反之，则需要对其工作进行指导
	心理成熟度：是指从事工作的意愿或动机。心理成熟度越高，表示员工自觉性越高，越不需要外力推动；反之，则要规定员工的工作任务和角色职责
领导风格	**指导式**（高工作、低关系）：领导规定工作任务、角色职责，指示员工做什么、如何做
	推销式（高工作、高关系）：领导不仅表现出指导行为，而且富于支持行为
	参与式（低工作、高关系）：领导与下属共同决策，领导提供便利条件和沟通
	授权式（低工作、低关系）：领导提供较少的指导或支持，让下属自主决定

考点九 领导技能

【例题·2021年·单项选择题】关于领导技能的说法，正确的是（　　）。

A. 管理职位越高，对概念技能的要求越低

B. 人际技能是指在人际关系中操纵他人的能力

C. 技术技能是领导技能的一种

D. 概念技能主要涉及的是人

【答案】C

【解析】本题考查领导技能。

选项A，在越高的管理职位上，概念技能也就越重要。因此，选项A错误。

选项B，人际技能是有效地与他人共事和建立团队合作的能力，并不是操纵他人的能力。因此，选项B错误。

选项D，概念技能处理的是观点、思想，而人际技能关心的是人。因此，选项D错误。

因此，本题选项C正确。

私教点拨

历年真题对领导技能的考查，主要涉及三种技能的区分、不同层级领导对领导技能的要求，具体如表 2－10 所示。

表 2－10 领导的三种技能

技能	内容
技术技能	是一个人对于某种类型的程序或技术的掌控能力。对于操作人员和专业技术人员，技术技能是工作绩效的主要依据
人际技能	是有效地与他人共事和建立团队合作的能力。组织中任何层次的领导都不能逃避有效人际技能的要求，这是领导行为的重要部分之一
概念技能	是按照模型、框架和广泛联系进行思考的能力，如制定长期计划就需要用到概念技能。在越高的管理职位上，概念技能的作用也就越重要
成功的领导依赖于合适的**行为**、**技能**和**行动**，领导的三种主要技能是**技术技能**、**人际技能**和**概念技能**	

考点十 决策过程

【例题 1 · 2020 年 · 单项选择题】 在西蒙的决策过程理论中，探索、研究和分析时能发生的行为系列属于（　　）。

A. 设计活动阶段　　B. 制定活动阶段

C. 智力活动阶段　　D. 选择活动阶段

【答案】 A

【解析】 本题考查西蒙的决策过程。管理心理学家赫伯特 · 西蒙认为决策过程可以分为三个阶段：

（1）**智力活动阶段**：决策工作包括对环境进行分析，确定决策的情境。

（2）**设计活动阶段**：决策工作包括探索、研究和分析可能发生的行为系列。

（3）**选择活动阶段**：决策工作是在上一阶段可能发生的行为系列中选择一个行为。

因此，本题选项 A 正确。

私教点拨

对决策过程这个知识点，历年真题常将西蒙和明茨伯格的决策过程混合进行考查，要注意区分，具体如表 2－11 所示。

表 2－11 决策过程

决策过程	具体内容
西蒙的决策过程	（1）**智力**活动阶段：决策工作包括对环境进行分析，确定决策的情境； （2）**设计**活动阶段：决策工作包括探索、研究和分析可能发生的行为系列； （3）**选择**活动阶段：决策工作是在上一阶段可能发生的行为系列中选择一个行为

续表

决策过程	具体内容
明茨伯格的决策过程	（1）**确认**阶段：认知到问题或机会的产生，进行诊断； （2）**发展**阶段：个体搜寻现有的标准程序或者解决方案，或者设计全新的、量身定做的解决方案的过程； （3）**选择**阶段：确定最终的方案

【例题 2·2020 年·多项选择题】明茨伯格认为，在决策过程的选择阶段，确定最终方案的方法一般有（　　）。

A. 在决策者经验或者知觉的基础上进行判断

B. 完全理性决策

C. 决策成员之间相互权衡

D. 有限理性决策

E. 在逻辑和系统的基础上对备选方案进行分析

【答案】ACE

【解析】本题考查明茨伯格决策过程的第三阶段——选择阶段。

一般有三种选择方法：

（1）在决策者经验或者知觉的基础上进行判断；

（2）在逻辑和系统的基础上对备选方案进行分析；

（3）决策成员之间相互权衡。

因此，本题选项 ACE 均正确。

私教点拨

明茨伯格第三阶段一般有三种选择方法。关于明茨伯格的决策过程，考试中考查得较为细致，需要多加把握，具体如表 2－12 所示。

表 2－12　明茨伯格选择阶段的选择方法

方法	内容
一	在决策者经验或者知觉的基础上进行判断
二	在逻辑和系统的基础上对备选方案进行分析
三	决策成员之间相互权衡

考点十一　决策模型

【例题·2018 年·单项选择题】关于决策模型的说法，正确的是（　　）。

A. 社会模型认为人类可以在无意识的需求驱动下进行有效的理性决策

B. 社会模型将人们存在的坚持错误决策的倾向称为投入的减少

C. 有限理性模型认为决策者追求的是满意而非最大化

D. 经济理性模型认为决策者无法知道所有备选方案

【答案】 C

【解析】 本题考查决策模型中理性模型、有限理性模型及社会模型的知识点。

选项A，根据弗洛伊德的理论，人类的行为主要是由无意识的需求来驱动的，人类没有办法进行有效的理性决策。虽然大多数组织行为学研究者不同意弗洛伊德对人类行为的描述，但是都同意心理对人的决策行为会产生重要影响。因此，选项A错误。

选项B，有一部分决策者认为人们存在坚持错误决策的倾向，他们称其为投入的增加。因此，选项B错误。

选项C，有限理性模型采用的是满意原则而非最大化原则。因此，选项C正确。

选项D，经济理性模型认为决策者可以知道所有备选方案。因此，选项D错误。

因此，本题选项C正确。

私教点拨

要区分决策模型中涉及的理性模型、有限理性模型、社会模型的特点，具体如表2－13所示。

表2－13　决策模型

模型	具体内容
理性模型	决策者在任何方面都是完全理性的，具备以下特征： （1）从目标意义上分析，决策完全理性； （2）存在完整和一致的偏好系统，使决策者在不同的备选方案中进行选择； （3）**决策者可以知道所有的备选方案**； （4）对计算复杂性无限制，可以通过计算选择出最佳备选方案； （5）对于概率的计算不存在任何困难
有限理性模型	相对于理性模型而言，西蒙的有限理性模型更加接近现实，该模型认为： （1）在选择备选方案时，决策者试图使自己满意，或者寻求令人满意的结果； （2）决策者所认知的世界是真实世界的简化模型； （3）由于采用的是**满意原则**而**非最大化原则**，决策者在进行选择的时候不必知道所有方案； （4）由于决策者认知的是简化的世界，可以用相对简单的经验启发式原则或者商业窍门以及一些习惯来进行决策。这些技术不要求非常高的思维和计算能力
社会模型	有一部分决策者认为人们有坚持错误决策的倾向，他们称其为投入的增加。产生这种现象的原因主要有四个： （1）**项目的特点**：例如，投资回报的延期以及临时问题的处理，都有可能使决策者坚持或增加错误的行为； （2）**心理决定因素**：一旦管理者做出了错误的决策，他就可能存在信息加工错误。同时，由于决策者置身其中，负面信息被忽略，自身防御机制启动； （3）**社会压力**：对于决策者来说，存在着同伴压力，以及需要维护自己的面子，所以，可能会继续维持或增加错误行为； （4）**组织决定因素**：不仅项目和任务的特点可能导致决策者固执己见，组织中沟通体系的失效、体系的破坏以及拒绝变革等都会造成同样的结果

考点十二 决策风格

【例题·2019年·单项选择题】决策风格常常被分为指导型、分析型、概念型、行为型，其中具有分析型决策风格的决策者的特征是（　　）。

A. 较低的模糊耐受性水平、倾向于关注人

B. 较高的模糊耐受性水平、倾向于关注人

C. 较高的模糊耐受性水平、倾向于关注任务

D. 较低的模糊耐受性水平、倾向于关注任务

【答案】C

【解析】本题考查四种决策风格。具有分析型决策风格的决策者具有较高的模糊耐受性水平，以及很强的任务和技术取向，因此，本题选项C正确。

私教点拨

对决策风格的考查，一般会涉及单项选择题、案例分析题，考生要注意区分不同类型风格的特征，具体如表2-14所示。

表2-14 决策模型

维度与风格	具体内容
维度	**价值取向**是指决策者关心的是任务和技术本身，还是人和社会的因素
	模糊耐受性是指测量到的决策者需要的结构和控制的程度（低模糊耐受性），以及是否有能力在不确定的环境中工作（高模糊耐受性）
风格	**指导型**决策者具有较低的模糊耐受性水平，倾向于关注任务和技术本身
	分析型决策者具有较高的模糊耐受性水平以及很强的任务和技术取向
	概念型决策者具有较高的模糊耐受性水平，并且倾向于对人和社会的关注
	行为型决策者具有较低的模糊耐受性水平，倾向于对人和社会的关注

案例分析题专练

【例题·2018年·案例分析题】

某公司是一家成立于2016年的生鲜创业公司。该公司在很短的时间内在北京等大城市拥有了超过500家直营及联营门店，注册用户超过300万。随着店铺数量的增加，公司运作开始出现问题，客户投诉增多，主要反映水果不新鲜。为了减轻各区域总经理的工作量，公司	**【审题过程】** [1] 考查魅力型领导理论的相关内容： 魅力型领导的追随者认同他们的领导及其安排的任务，表现出对领导的高度忠诚和信心，效法其价值观和行为，并且从自身与领导的关系中获得自尊。

急需在各区域内部提拔副总经理。曾先生为华东地区的区域总经理，有丰富的创业经历，加入公司时从上一家公司带来了不少得力骨干。他善于从危机中思考和学习，并且愿意发展和支持下属，因此和他共事的人都对他有极高的信任感与忠诚度。[1] 目前，曾先生有两个比较中意的副总经理人选，一位是曾先生从上一家公司带来的得力助手小刘，他善于通过更高的理想和价值观来激励身边的同事；另一位则是一直在该公司工作的小李，他做事非常关注任务的明晰度、标准和产出。[2] 两人的工作效率都很高且优点突出。曾先生最初感到很难选择，最终，还是决定任命小李为区域副总经理。[3] 由于本区域员工的能力、产能存在差异，有的店铺下午六点下班，有的晚上八点半下班。曾先生和小李需要决定是否对员工的下班时间做出统一规定。小李表示，这件事情的关键问题是统一下班时间后，原本工作效率低的店铺如何提高工作效率，以及为了提高员工的效率，公司需要提供的资源及相应的成本。[4]	[2] 考查交易型领导的特征： 交易型领导强调的是个人在组织中的与位置相关的权威性和合法性，强调任务的明晰度、工作的标准和产出，他们很关注任务的完成以及员工的顺从，这些领导更多依靠组织的奖励和惩罚来影响员工的绩效。 [3] 考查领导技能： 管理层级越高的管理者，其在工作中技术技能所占的比例越小，而概念技能所占的比例越大。组织中任何层次的领导都不能逃避有效人际技能的要求，这是领导行为的重要组成部分之一。 [4] 考查四种不同决策风格的具体运用： (1) 指导型决策者，具有较低的模糊耐受性水平，倾向于关注任务和技术本身，解决问题的时候一般是有效的、合乎逻辑的、程序化的和系统的。这样的决策者喜欢关注事实，迅速完成工作；同时也是行动取向的，关注近期效果，喜欢使用权力，喜欢有控制感。 (2) 分析型决策者，具有较高的模糊耐受性水平以及很强的任务和技术取向。喜欢对情境进行分析，倾向于过度分析事物。他们比指导型决策者评估更多的信息和备选方案，使用更多的时间进行决策，对新的、不确定的情境的反应比较好。 (3) 概念型决策者，具有较高的模糊耐受性水平，并且倾向于对人和社会的关注。在解决问题的时候视角开阔，喜欢考虑不同的选择以及将来的可能性。他们为了收集尽可能多的信息而与尽可能多的人进行讨论，然后根据直觉进行决策。同时，他们喜欢冒险，擅长使用创新的方法解决问题。 (4) 行为型决策者，具有较低的模糊耐受性水平，倾向于对人和社会的关注。这类决策者可以与他人进行很好的合作，喜欢公开交换意见的环境。他们乐于接受建议并提供支持和帮助，更喜欢口头而非书面的信息。他们倾向于避免冲突，力争使每个人都感到快乐。

根据以上资料，回答下列问题。

1. 曾先生的领导风格属于（ ）。

A. 目标型 B. 魅力型 C. 权变型 D. 发展型

2. 小李被任命为区域副总经理，他的领导风格属于（ ）。

A. 变革型 B. 交易型 C. 专制型 D. 民主型

3. 小李现在需要承担的主要职责是统筹管理整个大区的整体运营，因此小李需要拥有或亟待提高的技能有（ ）。

A. 技术能力 B. 人际技能 C. 概念技能 D. 专业知识

4. 在决定是否统一下班时间的问题上，小李的决策风格属于（ ）。

A. 指导型 B. 分析型 C. 概念型 D. 行为型

1.【答案】B 【解析】材料中，曾先生善于从危机中思考和学习，并且愿意发展和支持下属，因此和他共事的人都对他有极高的信任感和忠诚度，符合魅力型领导理论的描述，选项 B 正确。	【答案解读】 本题对领导行为进行综合考查。 [1] 考查魅力型领导理论的相关内容： 魅力型领导的追随者认同他们的领导及其安排的任务，表现出对领导的高度忠诚和信心，效法其价值观和行为，并且从自身与领导的关系中获得自尊。
2.【答案】B 【解析】根据材料可知，小李做事情非常关注任务的明晰度、标准和产出，符合交易型领导的特征，选项 B 正确。	[2] 考查交易型领导的特征： 交易型领导强调的是个人在组织中的与位置相关的权威性和合法性，强调任务的明晰度、工作的标准和产出，他们很关注任务的完成以及员工的顺从，这些领导更多依靠组织的奖励和惩罚来影响员工的绩效。
3.【答案】BC 【解析】组织中任何层次的领导者都不能逃避有效人际技能的要求。越高的管理职位，概念技能的作用越大。管理层级越高，工作中技术技能所占的比例越小，而概念技能所占的比例越大。根据材料可知，小李目前为区域副总经理，因此需要的领导技能包括人际技能和概念技能，选项 BC 正确。	[3] 考查领导技能： 管理层级越高的管理者，其在工作中技术技能所占的比例越小，而概念技能所占的比例越大。组织中任何层次的领导都不能逃避有效人际技能的要求，这是领导行为的重要部分之一。

4.【答案】B 【解析】由材料可知，小李在与曾先生决定是否对员工下班时间做出统一规定的问题上，小李认为，这件事情的关键问题是统一下班时间后，原本工作效率低的店铺如何提高工作效率，以及为了提高员工的效率，公司需要提供的资源以及相应的成本。小李更加关注任务本身而不是人或社会，所以应该为指导型或分析型决策型风格。通过小李的分析可知，在解决是否对员工下班时间做出统一规定的问题上，提出了更多信息，因此属于分析型决策者。选项B正确。	[4] 考查四种不同决策风格： (1) 指导型决策者，具有较低的模糊耐受性水平，倾向于关注任务和技术本身，解决问题的时候一般是有效的、合乎逻辑的、程序化的和系统的。这样的决策者喜欢关注事实，迅速完成工作；同时也是行动取向的，关注近期效果，喜欢使用权力，喜欢有控制感。 (2) 分析型决策者，具有较高的模糊耐受性水平以及很强的任务和技术取向。喜欢对情境进行分析，倾向于过度分析事物。他们比指导型决策者评估更多的信息和备选方案，使用更多的时间进行决策，对新的、不确定的情境的反应比较好。 (3) 概念型决策者，具有较高的模糊耐受性水平，并且倾向于对人和社会的关注。在解决问题的时候视角开阔，喜欢考虑不同的选择以及将来的可能性。他们为了收集尽可能多的信息而与尽可能多的人进行讨论，然后根据直觉进行决策。同时，他们喜欢冒险，擅长使用创新的方法解决问题。 (4) 行为型决策者，具有较低的模糊耐受性水平，倾向于对人和社会的关注。这类决策者可以与他人进行很好的合作，喜欢公开交换意见的环境。他们乐于接受建议并提供支持和帮助，更喜欢口头而非书面的信息。他们倾向于避免冲突，力争使每个人都感到快乐。

真题演练

一、单项选择题

1.（2020年）根据权变理论，如果一个领导人对他最不喜欢的工作伙伴也用肯定性的形容词去描述，说明他属于（　　）。

A. 关系取向型　　B. 权威取向型

C. 社会取向型　　D. 工作取向型

2.（2020 年）根据生命周期理论，不仅表现出指导行为，而且富于支持行为的领导属于（　　）。

A. 参与式领导　　B. 推销式领导

C. 指导式领导　　D. 授权式领导

3.（2020 年）根据路径—目标理论，主动征求并采纳下属意见的领导属于（　　）。

A. 成就取向式领导　　B. 参与式领导

C. 支持型领导　　D. 指导式领导

4.（2020 年）对于操作人员和专业人员，工作绩效的主要依据是（　　）。

A. 技术技能　　B. 概念技能

C. 领导技能　　D. 人际技能

5.（2019 年）领导者的生命周期理论将工作取向和关系取向两个维度相结合，高工作、高关系的领导风格是（　　）。

A. 指导式　　B. 推销式　　C. 参与式　　D. 授权式

6.（2018 年）关于研究领导行为的俄亥俄模式的说法，错误的是（　　）。

A. 工作管理是指领导者为了达成目标而在规定自己与下属的角色时所从事的行为活动

B. 关心人是指领导者注重人际关系，尊重和关心下属的建议与情感

C. 高度人际取向的领导者帮助下属解决个人问题

D. 高度工作取向的领导者更加友善而平易近人，公平地对待每一个下属

7.（2017 年）与豪斯的路径—目标理论不相符合的是（　　）。

A. 领导者能够根据不同情况表现出不同的领导行为

B. 不同的领导行为适用于不同的环境因素和个人特征

C. 对于能力强的下属，指导式领导可以带来更高的业绩和满意度

D. 领导者的主要任务是帮助下属达成目标并提供必要的支持和指导

8.（2017 年）西蒙的有限理性模型认为，决策者在决策时依据的是（　　）原则。

A. 最大化　　B. 经济　　C. 满意　　D. 简化

9.（2016 年）费德勒的权变理论认为，领导者与情境因素之间是否搭配，对团队绩效有着重要的影响，在费德勒提出的情境因素中不包括（　　）。

A. 领导与下属关系　　B. 工作结构

C. 职权　　D. 工作环境

10.（2016 年）关于领导者技能的说法，错误的是（　　）。

A. 领导者不一定需要熟练掌握他所管理的团队的技术技能

B. 管理层级越高，越需要制定长期计划，工作中概念技能所占的比例也就越大

C. 组织中较低层次的领导只要带领下属完成工作目标即可，不需要人际技能

D. 领导技能可以通过培训、工作设计、行为管理等组织行为来发展

11.（2016 年）小张发现，他的领导在做决策时收集尽可能多的信息，与尽可能多的人进行讨论，而且擅长使用创新的方法解决问题，这种决策风格属于（　　）。

A. 概念型　　B. 指导型　　C. 分析型　　D. 行为型

12. （2015 年）有些领导者自信并且信任下属，对下属有高度的期望，有理想化的愿景，并具有个性化风格，这种类型的领导属于（　　）。

A. 魅力型领导　　B. 交易型领导

C. 支持型领导　　D. 成就取向式领导

13. （2014 年）伯恩斯把领导分为两种类型，这两种类型是（　　）。

A. 交易型和合作型　　B. 交易型和变革型

C. 合作型和指导型　　D. 改变型和指导型

14. （2014 年）根据保罗·赫塞的领导者生命周期理论，员工的知识技能水平决定（　　）。

A. 心理成熟度　　B. 能力成熟度

C. 技能成熟度　　D. 工作成熟度

15. （2014 年）决策者具有较高的模糊耐受性以及很强的任务和技术取向，属于（　　）。

A. 指导型　　B. 分析型　　C. 概念型　　D. 行为型

16. （2013 年）根据管理方格理论，“乡村俱乐部”领导风格的特点是（　　）。

A. 管理者既不关心任务，也不关心人

B. 管理者既关心任务，也关心人

C. 管理者极端关注人

D. 管理者极端关注任务

二、多项选择题

1. （2021 年）密歇根模式的领导行为的维度包括（　　）。

A. 员工取向　　B. 生产取向　　C. 技能管理　　D. 关心人

E. 工作管理

2. （2020 年）魅力型领导的道德特征包括（　　）。

A. 遵循外在道德标准　　B. 提升自己的个人愿景

C. 双向沟通　　D. 从危机中思考与学习

E. 使用权力为他人服务

3. （2019 年）美国心理学家赫伯特·西蒙认为，决策过程可以分为（　　）。

A. 智力活动　　B. 情感活动　　C. 意志活动　　D. 选择活动

E. 设计活动

4. （2019 年）以管理者为中心的领导风格强调（　　）。

A. 参与　　B. 支持　　C. 独裁　　D. 督导

E. 关怀

5. （2018 年）罗伯特·豪斯在路径—目标理论中确定的领导行为包括（　　）。

A. 支持型领导　　B. 参与式领导　　C. 成就取向式领导　　D. 指导式领导

E. 权变型领导

6. （2015 年）交易型领导的特征包括（　　）。

A. 放任　　B. 激励　　C. 差错管理　　D. 奖励

E. 魅力

7. （2014 年）明茨伯格及其同伴所提出的决策阶段包括（　　）。

A. 发展阶段　　B. 确认阶段　　C. 整合阶段　　D. 选择阶段

E. 设计阶段

8. （2013 年）关于有限理性模型内容的说法，正确的是（　　）。

A. 决策者乐意知道所有的可能方案

B. 决策者可以通过计算选出最佳的方案

C. 决策者的目标是找到令人满意的结果

D. 存在完整和一致的偏好系统，使决策者在备选方案中进行选择

E. 决策者认知的是真实世界的简化模型

9. （2012 年）关于交易型和变革型领导的说法，正确的有（　　）。

A. 交易型领导强调任务的明晰度、工作的标准和产出

B. 交易型领导很关注任务的完成及员工的顺从

C. 变革型领导更多依靠组织的奖励和惩罚来影响员工的绩效

D. 变革型领导能为组织制定明确的愿景

E. 变革型领导更多地通过自己的领导风格来影响员工和团队的绩效

三、案例分析题

（2014 年）小张是某个工程设计公司从资深工程师团队中选拔上来的一位主管。他原来是公司的技术骨干，在业务上总能拔得头筹。但是转到管理岗位后感觉压力很大，抱怨下属不支持自己的工作，工作满意明显降低，而很多下属员工也抱怨小张不通人情。此外，小张采用的仍然是十五年前制定的管理流程，并没有随着市场和时间的变化而调整。管理的风格与公司现在的业务不符，公司领导决定与小张进行深入分析，解决这些问题，同时聘请专业讲师来提升他的技能。

根据以上材料，回答下列问题：

1. 从领导技能看，小张缺乏的是（　　）。

A. 技术技能　　B. 人际技能　　C. 概念技能　　D. 统筹技能

2. 关于领导技能的说法，错误的是（　　）。

A. 领导者可以依靠下属的技术技能

B. 组织中任何层次的领导者都必须满足有效人际技能的要求

C. 不同层次的领导者需要的技能的相对比例是不同的

D. 领导层次越高，需要的技术技能越高

3. 领导者的成功取决于他的（　　）。

A. 合适的行为　　B. 技能　　C. 行动　　D. 背景

真题演练答案及解析

一、单项选择题

1.【答案】A

【解析】本题考查费德勒权变理论的两种领导方式，主要包括工作取向和关系取向两类。如果该领导对他最不喜欢的工作伙伴也用肯定性的形容词去描绘，说明他乐于和同事形成良好的人际关系，属于关系取向型；反之，则认为该领导主要关心生产，属于工作取向型。因此，本题选项 A 正确。

2.【答案】B

【解析】本题考查生命周期理论的四种领导风格。

生命周期理论将工作取向和关系取向两个维度相结合，得出四种领导风格：

(1) 指导式（高工作、低关系）：领导规定工作任务、角色职责，指示员工做什么、如何做。

(2) 推销式（高工作、高关系）：领导不仅表现出指导行为，而且富于支持行为。

(3) 参与式（低工作、高关系）：领导与下属共同决策，领导提供便利条件和沟通。

(4) 授权式（低工作、低关系）：领导提供较少的指导或支持，让下属自主决定。

因此，本题选项 B 正确。

3.【答案】B

【解析】本题考查路径—目标理论的四种领导行为。主动征求并采纳下属的意见的领导属于参与式领导。因此，本题选项 B 正确。

4.【答案】A

【解析】本题考查领导技能。对于操作人员和专业技术人员，技术技能是工作绩效的主要依据。因此，本题选项 A 正确。

5.【答案】B

【解析】本题考查领导者的生命周期理论的四种领导风格。

生命周期理论将工作取向和关系取向两个维度相结合，得出四种领导风格：

(1) 指导式（高工作、低关系）：领导规定工作任务、角色职责，指示员工做什么、如何做。

(2) 推销式（高工作、高关系）：领导不仅表现出指导行为，而且富于支持行为。

(3) 参与式（低工作、高关系）：领导与下属共同决策，领导提供便利条件和沟通。

(4) 授权式（低工作、低关系）：领导提供较少的指导或支持，让下属自主决定。

因此，本题选项 B 正确。

6.【答案】D

【解析】本题考查俄亥俄模式相关内容。高度人际取向的领导者帮助下属解决个人问题，友善而平易近人，公平对待每一个下属，关心下属的生活、健康、地位和满意度。选项 D 错误。因此，本题选项 D 当选。

7.【答案】C

【解析】本题考查豪斯的路径—目标理论内容。

选项 A，豪斯假定领导具有变通性，能够根据不同的情况而表现出不同的领导行为。因此，选项 A 正确。

选项 B，不同的领导行为适用于不同的环境因素和个人特征。若下属的工作是结构化的，则支持型的领导可以带来高的绩效和满意度；而对于能力强或经验丰富的下属，指导式的领导则可能被视为是多余的；相信自己能够控制命运的内控型下属对参与式的领导更为满意，而外控型下属对指导式的领导更为满意。因此，选项 B 正确。

选项 C，对于能力强或经验丰富的下属，指导式的领导则可能被视为是多余的。因此，选项 C 错误。

选项 D，路径–目标理论认为，领导的主要任务是帮助下属完成他们的目标，并提供必要的支持和指导以确保下属的目标与群体或组织的目标相互配合。因此，选项 D 正确。

因此，本题选项 C 当选。

8. **【答案】**C

【解析】本题考查西蒙有限理性模型的观点。

相对于理性模型而言，西蒙的有限理性模型更加接近现实，该模型认为：

（1）在选择备选方案时，决策者试图使自己满意，或者寻求令人满意的结果。满意的标准可以是足够的利润、市场份额、合适的价格等。

（2）决策者所认知的世界是真实世界的简化模型。他们满意于这样的简化，因为他们相信真实世界绝大部分是虚无的。

（3）由于采用的是满意原则而非最大化原则，决策者在进行选择的时候不必知道所有方案。

（4）由于决策者认知的是简化的世界，可以用相对简单的经验启发式原则或者商业窍门以及一些习惯来进行决策。这些技术不要求非常高的思维和计算能力。

因此，本题选项 C 正确。

9. **【答案】**D

【解析】本题考查费德勒权变理论的情境因素。费德勒认为情境性的因素可以分为三个维度：①**领导与下属的关系**，主要指的是下属对领导的信任、依赖和尊重的程度；②**工作结构**，主要指的是工作程序化、规范化的程度；③**职权**，主要指的是领导在甄选、培训、激励、处分等人事工作方面有多大的影响力和权力。所以工作环境不属于费德勒提出的情境因素。因此，本题选项 D 正确。

10. **【答案】**C

【解析】本题考查领导技能的内容。

成功的领导依赖于合适的行为、技能和行动，领导的三种主要技能是技术技能、人际技能和概念技能。

选项 A，作为经理，他们更加依靠的是下属的技术技能；在许多情况下，他们基本上不参与他们所管理团队的技术技能实践。实际上，许多企业的高层领导对企业生产的技术细节并不熟悉。因此，选项 A 正确。

选项 B，概念技能是按照模型、框架和广泛联系进行思考的能力，如制订长期计划就需要用到概念技能。在越高的管理职位上，概念技能的作用也就越重要。因此，选项 B 正确。

选项 C，人际技能是有效地与他人共事和建立团队合作的能力。组织中任何层次的领导都不能逃避有效人际技能的要求，这是领导行为的重要部分之一。因此，选项C错误。

选项D，领导技能可以通过培训、工作设计、行为管理等组织行为来发展。因此，选项D正确。

因此，本题选项C当选。

11. **【答案】**A

【解析】本题考查决策风格的内容。

通过价值取向与模糊耐受性两个维度，组合起来，可以得到四类决策风格：

（1）**指导型**决策者，具有较低的模糊耐受性水平，倾向于关注任务和技术本身。解决问题的时候一般是有效的、合乎逻辑的、程序化的和系统的。这样的决策者喜欢关注事实，迅速完成工作；同时也是行动取向的，关注近期效果，喜欢使用权力，喜欢有控制感。

（2）**分析型**决策者，具有较高的模糊耐受性水平以及很强的任务和技术取向。喜欢对情境进行分析，倾向于过度分析事物。他们比指导型决策者评估更多的信息和备选方案，使用更多的时间进行决策，对新的、不确定的情境的反应比较好。

（3）**概念型**决策者，具有较高的模糊耐受性水平，并且倾向于对人和社会的关注。在解决问题的时候视角开阔，喜欢考虑不同的选择以及将来的可能性。他们为了收集尽可能多的信息而与尽可能多的人进行讨论，然后根据直觉进行决策。同时，他们喜欢冒险，擅长使用创新的方法解决问题。

（4）**行为型**决策者，具有较低的模糊耐受性水平，倾向于对人和社会的关注。这类决策者可以与他人进行很好的合作，喜欢公开交换意见的环境。他们乐于接受建议并提供支持和帮助，更喜欢口头而非书面的信息。他们倾向于避免冲突，力争使每个人都感到快乐。

因此，本题选项A正确。

12. **【答案】**A

【解析】本题考查魅力型领导的定义。魅力型领导是指具有自信并且信任下属，对下属有高度的期望，有理想化的愿景和个性化风格的领导。因此，本题选项A正确。

13. **【答案】**B

【解析】本题考查交易型和变革型领导理论。

管理心理学家伯恩斯把领导分为两种类型：交易型领导和变革型领导。

交易型领导强调的是个人在组织中的与位置相关的权威性和合法性，强调任务的明晰度、工作的标准和产出，他们很关注任务的完成以及员工的顺从，这些领导更多依靠组织的奖励和惩罚来影响员工的绩效。

变革型领导通过更高的理想和组织价值观来激励他的追随者们。变革型领导能够为组织制定明确的愿景，他们更多地通过自己的领导风格来影响员工和团队的绩效。

因此，本题选项B正确。

14. **【答案】**D

【解析】本题考查生命周期理论影响领导风格的因素。

生命周期理论认为，影响领导风格选择的一个重要因素是下属的成熟程度。在他们看来，成熟度是指个体对自己的行为负责任的能力与意愿，包括两个方面：

（1）工作成熟度。是指一个人的知识和技能水平。工作成熟度越高，表示员工执行任务的能力越强，越不需要他人的指挥；反之，则需要对其工作进行指导。

（2）心理成熟度。是指从事工作的意愿或动机。心理成熟度越高，表示员工自觉性越高，越不需要外力推动；反之，则要规定员工的工作任务和角色职责。

因此，本题选项 D 正确。

15. **【答案】** B

【解析】 本题考查决策风格的内容。

将价值取向与模糊耐受性两个维度组合起来，可以得到四类决策风格：

（1）**指导型**决策者，具有较低的模糊耐受性水平，倾向于关注任务和技术本身。

（2）**分析型**决策者，具有较高的模糊耐受性水平以及很强的任务和技术取向。

（3）**概念型**决策者，具有较高的模糊耐受性水平，并且倾向于对人和社会的关注。

（4）**行为型**决策者，具有较低的模糊耐受性水平，倾向于对人和社会的关注。

因此，本题选项 B 正确。

16. **【答案】** C

【解析】 本题考查管理方格图。“乡村俱乐部”型的领导风格的主要特点为：对人极端关注，更关心人的需要，通过建立良好的关系来创造一种友好、舒适的组织氛围。

因此，本题选项 C 正确。

二、多项选择题

1. **【答案】** AB

【解析】 本题考查密歇根模式相关内容。通过测验、非结构化访谈等方法，密歇根模式得到两个描述领导行为的维度，即员工取向和生产取向。因此，本题选项 AB 均正确。

2. **【答案】** CDE

【解析】 本题考查魅力型领导的道德特征和非道德特征。魅力型领导的特征主要包括：使用权力为他人服务（选项 E 正确）；使追随者的需要和志向与愿望相结合；从危机中思考和学习（选项 D 正确）；激励下属独立思考；双向沟通（选项 C 正确）；培训、指导并且支持下属，与他人分享；用内在道德标准行事（选项 A 错误）。提升自己的个人愿景属于魅力型领导的非道德特征，选项 B 错误。因此，本题选项 CDE 均正确。

3. **【答案】** ADE

【解析】 本题考查赫伯特 · 西蒙的决策过程。管理心理学家赫伯特 · 西蒙认为决策过程可以分为三个阶段：

（1）**智力**活动阶段：在智力活动阶段的决策工作包括对环境进行分析，确定决策的情境。

（2）**设计**活动阶段：在设计活动阶段的决策工作包括探索、研究和分析可能发生的行为系列。

（3）**选择**活动阶段：在选择活动阶段的决策工作是在上一阶段可能发生的行为系列中选择一个行为。

因此，本题选项 ADE 均正确。

4.【答案】CD

【解析】本题考查以管理者为中心的领导风格。该领导风格强调独裁、生产中心、产出、任务驱动、督导、指导。因此，本题选项 CD 均正确。

5.【答案】ABCD

【解析】本题考查罗伯特·豪斯路径—目标理论的四种领导行为。

路径—目标理论认为，领导的主要任务是帮助下属完成他们的目标，并提供必要的支持和指导以确保下属的目标与群体或组织的目标相互配合。为此，豪斯确定了四种领导行为：

（1）**指导式**领导：让员工**明确**别人对他的期望、成功绩效的标准和工作程序。

（2）**支持型**领导：努力建立舒适的工作环境，亲切友善，**关心**下属的要求。

（3）**参与式**领导：主动征求并**采纳**下属的意见。

（4）**成就取向式**领导：设定**挑战**性目标，鼓励下属展现自己的最佳水平。

因此，本题选项 ABCD 均正确。

6.【答案】ACD

【解析】本题考查交易型领导的特征。交易型领导的特征包括：

（1）奖励：承诺为努力提供奖励，为高绩效提供奖励，赏识成就；

（2）差错管理（积极型）：观察和寻找对于标准的背离，采取修正行动；

（3）差错管理（消极型）：仅在背离标准时进行干涉；

（4）放任：放弃责任，避免做出决策。

因此，本题选项 ACD 均正确。

7.【答案】ABD

【解析】本题考查明茨伯格及其同伴所提出的决策阶段。决策主要包括三个阶段：

（1）**确认**阶段：认知到问题或机会的产生，进行诊断。

（2）**发展**阶段：个体搜寻现有的标准程序或者解决方案，或者设计全新的、量身定做的解决方案的过程。

（3）**选择**阶段：确定最终的方案。

因此，本题选项 ABD 均正确。

8.【答案】CE

【解析】本题考查有限理性模型的内容。相对于理性模型而言，西蒙的有限理性模型更加接近现实，该模型认为：

（1）在选择备选方案时，决策者试图使自己满意，或者寻求令人满意的结果。

（2）决策者所认知的世界是真实世界的简化模型。

（3）由于采用的是满意原则而非最大化原则，决策者在进行选择的时候不必知道所有方案。

（4）由于决策者认知的是简化的世界，可以用相对简单的经验启发式原则或者商业窍门以及一些习惯来进行决策。这些技术不要求非常高的思维和计算能力。

因此，本题选项 CE 均正确。

9.【答案】ABDE

【解析】本题考查交易型和变革型领导的特征。

管理心理学家伯恩斯把领导分为两种类型：交易型领导和变革型领导。

交易型领导强调的是个人在组织中的与位置相关的权威性和合法性，强调任务的明晰度、工作的标准和产出，他们很关注任务的完成以及员工的顺从，这些领导更多依靠组织的奖励和惩罚来影响员工的绩效。

变革型领导通过更高的理想和组织价值观来激励他的追随者们。变革型领导能够为组织制定明确的愿景，他们更多地通过自己的领导风格来影响员工和团队的绩效。

因此，本题选项 ABDE 均正确。

三、案例分析题

	【答案解读】 本题考查领导技能的相关内容。
1.【答案】BC 【解析】根据案例，小张转到管理岗位后感觉压力很大，抱怨下属不支持自己的工作，工作满意度明显降低。而很多下属员工也抱怨小张不通人情，所以，小张缺乏的是人际技能。此外，小张采用的仍然是十五年前制定的管理流程，并没有随着市场和时间的变化而进行调整，管理的风格与公司现在的业务不符。所以小张的概念技能也需要加强。选项 BC 正确。	[1] 本题考查领导技能分析： 管理层级越高的管理者，其在工作中技术技能所占的比例越小，而概念技能所占的比例越大。组织中任何层次的领导都不能逃避有效人际技能的要求，这是领导行为的重要部分之一。
2.【答案】D 【解析】选项 A，作为经理，他们更加依靠的是下属的技术技能，所以表述正确。 选项 B，组织中任何层次的领导都不能逃避有效人际技能的要求，这是领导行为的重要部分之一，所以表述正确。 选项 C，管理层级越高的管理者，其在工作中技术技能所占的比例越小，而概念技能所占的比例越大，所以选项 C 表述正确，选项 D 表述错误。 因此，本题选项 D 当选。	[2] 本题考查领导的三种技能： (1) 作为经理，他们更加依靠的是下属的技术技能；在许多情况下，他们基本上不参与他们所管理团队的技术技能实践。 (2) 管理层级越高的管理者，其在工作中技术技能所占的比例越小，而概念技能所占的比例越大。 (3) 组织中任何层次的领导都不能逃避有效人际技能的要求，这是领导行为的重要部分之一。
3.【答案】ABC 【解析】成功的领导依赖于合适的行为、技能和行动，选项 ABC 正确。	[3] 本题考查领导技能的概念： 成功的领导依赖于合适的行为、技能和行动，领导的三种主要技能是技术技能、人际技能和概念技能。

第三章　组织设计与组织文化

本章考情 Q&A

Q：本章的重要性和难度如何？

A：本章属于**重点章节**，学好本章可以为后续章节的学习打好基础。本章难度较低，建议学习过程中借助思维导图，对组织设计的类型及组织文化进行区分。从历年真题来看，每年考查的分值为9~10分。

Q：本章在考试中通常以什么形式出现？

A：从历年真题看，本章内容在单项选择题、多项选择题和案例题中均有涉及。案例题目的考查较为综合，组织设计的类型以及组织文化的区分容易考查案例，要注意对不同的组织类型、不同的组织文化进行区分。

Q：本章 2022 年的内容有改动么？

A：本章内容无实质性改动。

Q：本章考点在历年考试中的分布情况如何？

A：以下是老师们的统计：

考点	2021 年	2020 年	2019 年	2018 年	2017 年	2016 年	2015 年	2014 年	2013 年	2012 年
组织设计概述	√	√	√	√	√	√		√	√	√
组织设计的类型	√	√	√	√		√	√	√	√	√
组织文化的结构	√	√	√			√			√	
组织文化的类型	√	√				√	√		√	√
组织发展	√	√	√		√					

经典例题

考点一　组织设计概述

【例题 1 · 2021 年 · 单项选择题】关于古典组织设计理论的说法，正确的是（　　）。

A. 它同时关注组织结构设计和运行制度设计两个方面的研究

B. 它只关注组织结构设计方面的研究

C. 它是动态的

D. 它只关注运行制度设计方面的研究

【答案】B

【解析】本题考查组织设计的基本内容。组织设计从形式上可以分为静态设计和动态设计，只对组织结构进行的设计称为静态组织设计，同时对组织结构和运行制度进行的设计称为动态设计。古典的组织设计理论是静态的，只关注组织结构设计方面的研究；现代的组织设计理论是动态的，同时关注组织结构设计和运行制度设计两个方面的研究。因此，本题选项B正确。

私教点拨

历年真题对组织设计基本内容的考查较为宽泛，组织设计是对企业的组织结构及其运行方式所进行的设计，基本内容如表3－1所示。

表3－1 组织设计概述

<table>
<tr><th>组织结构设计</th><th>保障组织正常运行的各项组织管理制度和方法设计</th></tr>
<tr><td rowspan="2">一是对新建企业的组织结构设计，它是依据企业的战略和目标，对组织结构进行的全新设计；
二是对现有企业的组织结构设计，它是根据企业的变化和发展目标，对企业原有组织结构进行的再设计，即组织结构的变革</td><td>这类设计包括对组织结构运行过程中的横向协调、管理规范、绩效评估制度、激励体系、人员配备、培训与开发体系等方面的设计</td></tr>
<tr><td>组织设计从形式上可以分为静态设计和动态设计。只对组织结构进行的设计称为静态组织设计，同时对组织结构和运行制度进行的设计称为动态设计。古典的组织设计理论是静态的，只关注组织结构设计方面的研究；现代的组织设计理论是动态的，同时关注组织结构设计和运行制度设计两个方面的研究</td></tr>
</table>

【例题2·2021年·单项选择题】组织的横向结构是（　　）。

A. 职能结构　　B. 职权结构　　C. 层级结构　　D. 部门结构

【答案】D

【解析】本题考查组织结构的定义。

部门结构是指各管理部门的构成，又称组织的横向结构。因此，本题选项D正确。

私教点拨

历年真题对组织结构的定义的考查较为广泛，涉及内涵、结构体系及三要素，具体如表3－2所示。

表3－2 组织结构的定义

类别	具体内容
内涵	定义包含了三方面的内容： （1）组织结构的**本质**是企业员工的分工协作关系； （2）组织结构的**目的**是实现组织的目标，组织结构是实现组织目标的一种手段； （3）组织结构的**内涵**是企业员工在职、权、责三方面的结构体系

续表

类别	具体内容
结构体系	主要内容有以下四个方面： （1）**职能结构**是达到企业目标所需完成的各项业务工作及其比例和关系； （2）**层次结构**是各管理层次的构成，又称组织的纵向结构； （3）**部门结构**是各管理部门的构成，又称组织的横向结构； （4）**职权结构**是各管理层次、部门在权力和责任方面的分工和相互关系
三要素	（1）**复杂性**，指任务分工的层次、细致程度； （2）**规范性**，指使用规则和标准处理方式规范工作行为的程度； （3）**集权度**，指决策权的集中程度

【例题 3 · 2020 年 · 单项选择题】关于组织结构特征因素之中的管理层次的说法，错误的是（　　）。

A. 管理层次也称组织层次

B. 管理层次的多少表明了组织结构的纵向复杂程度

C. 管理层次是指从组织最高一级到最低一级管理组织的各个组织等级

D. 管理层次决定了组织的管理幅度，起主导作用

【答案】D

【解析】本题考查组织特征因素中的管理层次与管理幅度的相关内容。

选项 A，管理层次也称组织层次，它是描述组织纵向结构特征的一个概念，因此选项 A 正确。

选项 B，每个组织等级就是一个管理层次，一个组织的管理层次的多少，表明其组织结构的纵向复杂程度，因此选项 B 正确。

选项 C，管理层次是指从组织最高一级管理组织到最低一级管理组织的各个组织等级，因此选项 C 正确。

选项 D，管理幅度也称为管理跨度，它是指一名领导直接领导的下级人员的数量。管理层次与管理幅度的关系密切：首先，两者存在负相关的数量关系；其次，管理幅度与管理层次是相互制约的，其中管理幅度起主导作用。因此选项 D 错误。

因此，本题选项 D 当选。

私教点拨

历年真题对组织结构设计的主要参数进行考查，主要是区分特征因素和权变因素两个类别，具体如表 3 - 3 所示。

表 3 - 3　组织结构设计的主要参数

因素	内容
特征因素	组织结构的**特征因素**主要包括以下十个方面： 管理层次和管理幅度、专业化程度、地区分布、分工形式、关键职能、集权程度、规范化程度、制度化程度、职业化程度、人员结构

续表

因素	内容
权变因素	组织结构的**权变因素**具体如下： 组织环境、组织战略、组织技术、人员素质、组织规模、组织生命周期等

考点二 组织设计的类型

【例题·2021 年·单项选择题】行政层级式组织形式在（　　）环境中最有效。

A. 简单/静态　　B. 简单/动态　　C. 复杂/静态　　D. 复杂/动态

【答案】C

【解析】本题考查行政层级式的适用范围。

行政层级式组织形式在复杂/静态环境中最为有效。复杂/静态环境是相对稳定不变的，管理者了解自己所面临问题的性质和可供选择的解决办法。行政层级式的组织可以保证高度集权、强调等级的管理能够顺利执行，所制定的规章和程序也不需要频繁改动。因此，本题选项 C 正确。

私教点拨

历年真题对组织设计的类型的考查，在单项选择题、多项选择题及案例分析题中均有涉及，考生要注意理解并区分不同组织类型，具体如表 3-4 所示。

表 3-4　组织结构类型

类型	内容
行政层级式组织形式	马克斯·韦伯认为，理想的组织形式就是科层（官僚）制，强调权威与等级、规章与规范。 行政层级式的**决定因素**：权力等级、分工、规章、程序规范、非个人因素、技术能力。 适用**范围**：复杂/静态
职能制结构/法约尔模型	职能制的**主要特点**：职能分工、直线—参谋制、管理权力高度集中。 职能制的**优点**：①按职能划分的组织形式有**明确的任务和确定的职责**，并且由于从事类似工作、面临类似问题的人们在一起工作，相互影响和相互支持的机会较多；②职能形式可以避免设备以及劳动力的重复，**最充分地利用资源**，这种形式也有利于专门设备的开发和对专家的培养；③各部门和各类人员实行专业分工，有利于管理者注重并熟练掌握本职工作所需的技能，有利于**强化专业管理，提高工作效率**；④每一个管理者都固定地属于一个职能机构，专门从事某一项职能工作，在此基础上建立起来的部门间的联系能够长期不变，这就**使整个组织有较高的稳定性**；⑤**管理权力高度集中**，便于最高领导层对整个企业实施严格的控制。 职能制的**缺点**：①狭隘的职能观念；②横向协调性差；③适应性差；④企业领导负担重；⑤不利于培养具有全面素质、能够经营整个企业的管理人才。 适用**范围**：简单/静态

续表

类型	内容
矩阵组织形式	主要**特点**：①一名员工有两位领导；②组织内部有两个层次的协调；③产品部门（或项目小组）所形成的横向联系灵活多样。 矩阵制组织形式的**优点**：①有利于加强各职能部门之间的协作配合；②有利于顺利完成规划项目，提高企业的适应性；③有利于减轻高层管理者的负担；④有利于职能部门与产品部门相互制约，保证企业整体目标的实现。 矩阵制组织形式的**缺点**：①组织的稳定性较差；②双重领导的存在，容易产生责任不清、多头指挥的混乱现象；③机构相对臃肿，用人较多。 适用**范围**：复杂/动态
事业部制组织形式	主要**特点**：把企业的生产经营活动，按产品或地区分别建立经营事业部，实行集中决策指导下的分散经营。 事业部制组织形式的**优点**：①有利于总公司的高层管理者摆脱具体管理事务，集中精力进行战略决策和长远规划；②增强企业的活力；③有利于把联合化和专业化结合起来，提高生产效率。 事业部制组织形式的**缺点**：①容易使各事业部只顾自身的利益，削弱整个公司的协调一致性；②公司和各个事业部的职能机构重复，会增加运营费用和管理成本。 适用**范围**：产品种类多且产品之间工艺差别大，或市场分布范围广且市场情况变化快、要求适应性强的大型联合企业或公司
团队结构形式	团队已成为目前组织工作活动最流行的方式。 团队结构形式的**主要特点**：打破部门界限并把决策权下放到工作团队成员手中
虚拟组织形式	虚拟组织是一种规模较小、但可以发挥主要职能的核心组织，它的决策集中化程度高，但部门化程度低或根本就不存在。 虚拟组织也被称为哑铃型组织，即两头（营销、研发与技术设计）大，中间（生产制造）小
无边界组织形式	无边界组织形式设计所寻求的是通过组织扁平化来减少指挥链，对管理幅度不加限制，减少或取消各种职能部门，代之以授权的团队

考点三 组织文化的结构

【例题·2020 年·多项选择题】关于组织文化制度层的说法，正确的有（　　）。

A. 它也称组织文化的外层

B. 它制约和规范着物质层和精神层的建设

C. 它是组织文化的核心和灵魂

D. 它是组织文化的中间层

E. 它集中体现在组织中的各种行动准则或规章制度

【答案】BDE

【解析】本题考查组织文化的结构—制度层的主要内容。

选项 A，组织文化的外层为物质层。因此，选项 A 错误。

选项B，制度层制约和规范着物质层及精神层的建设，没有严格的规章制度，组织文化建设也就无从谈起。因此，选项B正确。

选项C，组织文化的核心与灵魂是精神层。因此，选项C错误。

选项D，制度层是组织文化的中间层，又称组织文化的里层。因此，选项D正确。

选项E，制度层主要指对组织成员和组织行为产生规范性、约束性影响的部分，集中体现在组织中的各种行动准则或规章制度。因此，选项E正确。

因此，本题选项BDE均正确。

私教点拨

历年真题对组织文化结构的考查，要注意组织文化三个层次结构的区别，具体如表3－5所示。

表3－5 组织文化的结构

层次结构	内容
物质层	这是组织文化的**表层部分**，指的是企业的名称、产品的外观及包装、建筑风格、纪念物等外显的标识，往往能折射出组织的经营思想、工作作风和审美意识
制度层	这是组织文化的**中间层**，又称组织文化的里层，主要是指对组织成员和组织行为产生规范性、约束性影响的部分，集中体现在组织中的各种行动准则或规章制度
精神层	这是组织文化的**深层**，主要是指组织的领导和员工共同信守的基本信念、价值标准、职业道德及精神风貌，它是组织文化的核心和灵魂
联系	组织文化的物质层、制度层和精神层紧密联系。物质层是组织文化的外在表现，是制度层和精神层的物质基础。制度层则制约和规范着物质层及精神层的建设，没有严格的规章制度，组织文化建设也就无从谈起。精神层是形成物质层及制度层的思想基础，也是组织文化的核心和灵魂

考点四 组织文化的类型

【例题·2020年·单项选择题】组织非常重视适应、忠诚感和承诺，该组织的组织文化类型属于（ ）。

A. 棒球队型组织

B. 学院型组织

C. 堡垒型组织

D. 俱乐部型组织

【答案】D

【解析】本题考查组织文化的类型。俱乐部型组织非常重视适应、忠诚感和承诺。在俱乐部型组织中，资历是关键因素，年龄和经验都至关重要。因此，本题选项D正确。

私教点拨

历年真题对组织文化的类型的考查，题型主要涉及单项选择题和案例分析题，因此要区分四种不同的组织文化类型，具体如表 3－6 所示。

表 3－6 组织文化的类型

组织文化类型	特点
学院型组织	喜欢雇用年轻的大学毕业生，并为他们提供大量的专门培训，然后指导他们在特定的职业领域内从事各种**专业化**工作
俱乐部型组织	非常**重视适应**、**忠诚感和承诺**。在俱乐部型组织中，资历是关键因素，年龄和经验都至关重要
棒球队型组织	**鼓励冒险和革新**。这类组织在招聘时，从年龄和经验层次的人中寻求有才能的人；薪酬制度以员工绩效水平为依据
堡垒型组织	工作安全保障不足，但对于喜欢**流动性**、**挑战性**的人来说，具有一定吸引力

考点五 组织发展

【例题 1 · 2020 年 · 单项选择题】关于组织发展的说法，错误的是（　　）。

A. 组织发展重视的是人员与组织的成长、合作等

B. 组织发展寻求的是增进组织的有效性和员工的幸福感

C. 组织发展尤其强调等级权威和控制

D. 组织发展是有计划变革及干预措施的总和

【答案】C

【解析】本题考查组织发展的含义。

选项 A，组织发展重视的是人员和组织的成长、合作与参与过程以及质询精神。因此，选项 A 正确。

选项 B，组织发展是有计划变革及干预措施的总和，它寻求的是增进组织的有效性和员工的幸福感。因此，选项 B 正确。

选项 C，组织发展所蕴含的观念与针对的目标关于权力方面，认为权力平等，不强调等级权威和控制。因此，选项 C 错误。

选项 D，组织发展是有计划变革及干预措施的总和。因此，选项 D 正确。

因此，本题选项 C 当选。

私教点拨

历年真题对组织发展含义的考查近几年逐渐加深，在理解组织发展基本含义的基础上，还要深入理解组织发展所蕴含的观念与针对的目标。组织发展所蕴含的观念与针对的目标，具体如表 3－7 所示。

表 3－7　组织发展的观念及目标

观念及目标	具体内容
对人的尊重	认为员工是负责、明智、关心他人的，有自己的尊严，应该受到尊重
信任和支持	主张建立新型、有效而健康的组织，形成信任、真诚、开放和支持的氛围
权力平等	不强调等级权威和控制
正视问题	不把组织中的问题掩蔽起来，公开问题，让员工发表意见
鼓励参与	鼓励员工参与决策和改革，发挥其主动性

【例题 2 · 2020 年 · 多项选择题】 组织发展方法中的结构技术包括（　　）。

A. 质量圈　　B. 团际发展　　C. 合并职能部门　　D. 简化规章

E. 对工作进行再设计

【答案】 CDE

【解析】 本题考查传统组织发展方法中的结构技术。结构技术是通过有计划地改革组织的结构，改变其复杂性、规范性和集权度的技术，是影响工作内容和员工关系的技术。例如，可以合并职能部门，减少垂直分化度，简化部门规章，扩大员工的工作自主性；也可以对工作进行再设计，使工作变得更具挑战性、趣味性等。因此，本题选项 CDE 均正确。

私教点拨

历年真题对传统的组织发展方法的考查，要注意区分结构技术与人文技术之间的区别，具体如表 3－8 所示。

表 3－8　传统的组织发展方法

分类	内容
结构技术	结构技术是通过有计划地改革组织的结构，改变其复杂性、规范性和集权度的技术，是影响工作内容和员工关系的技术。例如，可以合并职能部门，减少垂直分化度，简化部门规章，扩大员工的工作自主性；也可以对工作进行再设计，使工作变得更具挑战性、趣味性等
人文技术	人文技术是通过沟通、决策制定和问题解决等方式改变组织成员的态度和行为的技术，主要包括敏感性训练、调查反馈、质量圈、团际发展等。 **敏感性训练**，又称实验室训练、T 团体训练、交友团体训练等，是指通过小组成员之间的交互作用方式来改善行为的方法。 **调查反馈**是用来评估组织成员的态度、了解员工在认识上的差异的一种调查工具。 **质量圈**是员工参与计划的一种形式，其内容是企业中多个员工小组自愿定期与主管会面，以鉴别生产中出现的问题，并提出解决办法，然后将这些提议送交给高层管理部门审查，获得批准的方案由员工参与完成。 **团际发展/群体间关系的开发**，旨在化解和改变工作团体之间的态度、成见和观念，以改善团体间的相互关系

案例分析题专练

【例题·2013年·案例分析题】

某公司是一家中型制造企业，由厂长全面主持企业生产经营活动，按照厂部、车间、工段、班组层次划分职权［2］，逐级下达指令；厂里的职能管理人员只能起到参谋指导作用，无权直接对下级单位发号施令［1］。日常工作中，下级通常只接受其直接上级的指令，明确每个职能有一个直接上级，而每个上级直接管辖的下属为3~9人［2］，一开始厂长还能够亲临各个车间，现场直接领导，但随着公司业务和规模的扩大，这种管理已超出了他力所能及的范围，变得非常艰难。企业的管理也因此陷入混乱，迫切需要进行变革。	**【审题过程】** ［1］职能制的主要特点： （1）职能分工高度专业化。 （2）直线—参谋制：直线指挥机构和人员对其直属下级有发号施令的权力；参谋机构和人员为同级直线指挥人员出谋划策，对下级单位不能发号施令，而是起业务上的指挥、监督和服务作用。 （3）管理权力高度集中。 ［2］管理层次与管理幅度： （1）管理层次描述组织纵向结构特征； （2）管理幅度是指一名领导直接领导的下级人员的数量。

根据以上资料，回答下列问题：

1. 该企业的组织结构为（　　）。

A. 事业部制　　B. 职能制　　C. 矩阵组织形式　　D. 团队结构形式

2. 该企业的管理层次和管理幅度分别为（　　）。

A. 5层，3~9人　　B. 4层，4~10人

C. 3层，3~9人　　D. 6层，4~10人

3. 该企业组织形式的主要缺点是（　　）。

A. 组织的稳定性差　　B. 横向协调差

C. 企业领导负担轻　　D. 多头指挥混乱

4. 假如该企业进行组织变革，最适合采用以（　　）为中心的组织变革。

A. 成本　　B. 结构　　C. 技术　　D. 任务

1.**【答案】**B **【解析】**根据材料可知，企业由厂长全面主持企业的生产经营活动，管理权力高度集中；按照厂部、车间、工段、班组层次划分职权，按照职能进行分工；厂里的职能管理人员职能起到参谋指导作用，无权直接对下级单位发号施令，符合直线—参谋制的特点。因此，案例中企业的组织结构为职能制。选项B正确。	**【答案解读】** 本题对组织设计的类型及组织变革相关内容进行综合考查。 ［1］考查职能制的主要特点： （1）职能分工高度专业化。 （2）直线—参谋制：直线指挥机构和人员对其直属下级有发号施令的权力；参谋机构和人员为同级直线指挥人员出谋划策，对下级单位不能发号施令，而是起业务上的指挥、监督和服务的作用。 （3）管理权力高度集中。

2. 【答案】A 【解析】管理层次描述组织纵向结构特征，根据材料可知，由厂长全面主持企业的生产经营活动，按照厂部、车间、工段、班组层次划分职权，逐级下达指令，因此，管理层次为5级。管理幅度是指一名领导直接领导的下级人员的数量。根据案例，每个上级直接管辖的下属为3~9人，因此，管理幅度为3~9人。选项A正确。	[2] 考查管理层次与管理幅度的区分： (1) 管理层次描述组织纵向结构特征； (2) 管理幅度是指一名领导直接领导的下级人员的数量。
3. 【答案】B 【解析】 选项A，组织的稳定性差为矩阵组织形式的缺点。 选项B，横向协调差属于职能制的缺点。 选项C，“企业领导负担轻”表述有误，应该为“企业领导负担重”。 选项D，多头指挥混乱属于矩阵组织形式的缺点。 选项B正确。	[3] 考查职能制的缺点： (1) 狭隘的职能观念； (2) 横向协调性差； (3) 适应性差； (4) 企业领导负担重； (5) 不利于培养具有全面素质、能够经营整个企业的管理人才。
4. 【答案】B 【解析】根据案例中的描述“随着公司业务和规模的扩大，这种管理已超出了他力所能及的范围，变得非常艰难。企业的管理也因此陷入混乱，迫切需要进行变革”可知，职能制组织结构已经不适应企业的发展，该企业应采用以结构为中心的组织变革，重新划分和合并新部门，调整管理层次和管理幅度，任免责任人，明确责任和权力，选项B正确。	[4] 考查组织变革的方法： (1) 以人员为中心的变革； (2) 以结构为中心的变革； (3) 以技术为中心的变革； (4) 以系统为中心的变革。

真题演练

一、单项选择题

1. (2021 年) 在组织文化结构中，体现组织文化的核心和灵魂的是（　　）。

A. 物质层　　B. 标识层　　C. 精神层　　D. 制度层

2. (2020 年) 关于职能制组织形式的缺点的说法，错误的是（　　）。

A. 横向协调性差　　B. 狭隘的职能观念

C. 企业领导负担重　　D. 不利于强化专业管理

3. (2019 年) 在复杂/静态环境中，最有效的组织设计形式的（　　）。

A. 矩阵组织形式　　B. 无边界组织形式

C. 行政层级式　　D. 职能制

4. (2019 年) 在组织结构的内容体系中，职能结构指的是（　　）。

A. 各管理部门的构成

B. 各管理层次的构成

C. 各管理层次、部门在权力和责任方面的分工和相互关系

D. 完成企业目标所需要的各项业务工作及其比例和关系

5. (2018 年) 组织结构设计的权变因素不包括（　　）。

A. 企业生命周期　　B. 企业环境

C. 企业规模　　D. 企业专业化程度

6. (2018 年) 事业部制组织形式的优点不包括（　　）。

A. 它有利于把联合化和专业化的优点结合起来，提高生产效率

B. 它有利于高层管理者集中精力进行战略决策和长远规划

C. 它有利于增强企业的活力

D. 它有利于减少管理成本和费用

7. (2018 年) 在组织发展方法中，关于敏感性训练的说法，错误的是（　　）。

A. 在敏感性训练中团队更为注重讨论的结果，而不是相互作用的过程

B. 它有助于减少人际冲突

C. 它是一种人文技术

D. 它有助于增强群体凝聚力

8. (2015 年) 职能制组织形式被称为（　　）。

A. 韦伯模型　　B. 斯隆模型

C. 法约尔模型　　D. 韦尔奇模型

9. (2015 年) 关于矩阵组织缺点的说法，错误的是（　　）。

A. 组织的稳定性差　　B. 双重领导容易导致管理混乱

C. 用人较多，机构相对臃肿　　D. 不利于提高组织的适应性

10. （2014 年）关于组织结构的说法，错误的是（　　）。

A. 组织结构的本质是企业员工的分工协作关系

B. 组织结构的内涵是企业员工在职、权、责三方面的结构关系

C. 设计组织结构的目的是实现组织目标

D. 组织结构与权责结构有本质的区别

11. （2014 年）关于矩阵组织形式的说法，正确的是（　　）。

A. 矩阵组织形式在简单/静态环境中效果好

B. 矩阵组织形式在简单/动态环境中效果好

C. 矩阵组织形式在复杂/静态环境中效果好

D. 矩阵组织形式在复杂/动态环境中效果好

二、多项选择题

1. （2021 年）职能制的缺点包括（　　）。

A. 管理范围小，导致管理层懒散

B. 狭隘的职能观念

C. 横向协调差

D. 不利于培养具有全面素质的管理人才

E. 适应性差

2. （2019 年）关于组织发展目的的说法，正确的有（　　）。

A. 它重视对人的尊重　　B. 它重视合作与参与过程

C. 它重视权力与控制　　D. 它重视质询精神

E. 它重视人员和组织的成长

3. （2018 年）关于矩阵组织形式的优点的说法，正确的有（　　）。

A. 它有利于职能部门与产品部门相互制约，保证企业整体目标的实现

B. 它有利于提高组织的稳定性

C. 它有利于加强各职能部门之间的协作配合

D. 它有利于提高企业的适应性

E. 它有利于减轻高层管理人员的负担

4. （2017 年）组织发展方法中的人文技术包括（　　）。

A. 敏感性培训　　B. 工作再设计　　C. 调查反馈　　D. 质量圈

E. 团际发展

5. （2016 年）关于组织文化结构的说法，正确的有（　　）。

A. 组织文化分为物质层、制度层和精神层三个层次

B. 制度层制约和规范着物质层及精神层的建设

C. 有无制度层是衡量一个组织是否形成了自身组织文化的主要标志

D. 物质层是制度层和精神层的物质基础

E. 精神层是形成物质层及制度层的思想基础

6. (2016 年) 关于组织设计与组织文化之间关系的说法，正确的有（ ）。

A. 组织的制度化程度越高，组织文化就越倾向于严谨

B. 强调等级制度的组织设计，很难形成公平、自由参与的组织文化

C. 高度的规范化有利于形成鼓励多样化、革新的组织文化

D. 级别差别很大的薪酬制度适合于强调等级的组织文化，不适合崇尚平等的组织文化

E. 管理层次多、结构复杂的组织，有利于鼓励员工独立决策

7. (2014 年) 关于组织设计的说法，正确的有（ ）。

A. 组织设计在形式上分为静态设计和动态设计

B. 静态设计只对组织结构进行设计

C. 动态设计只对组织运行制度进行设计

D. 现代的组织设计理论同时关注组织结构设计和运行制度设计

E. 组织设计影响组织文化的形成

8. (2012 年) 关于管理层次与管理幅度关系的说法，正确的有（ ）。

A. 两者存在反比的数量关系

B. 两者存在正比的数量关系

C. 两者存在倒 U 型关系

D. 两者相互制约，其中管理层次起主导作用

E. 两者相互制约，其中管理幅度起主导作用

9. (2012 年) 矩阵组织形式的主要特点有（ ）。

A. 一名员工有两位领导

B. 组织内部存在两个层次的协调

C. 组织的稳定性强

D. 产品部门（或项目小组）所形成的横向联系灵活多样

E. 机构相对精简，用人较少

三、案例分析题

(2017 年) K 公司是一家有 6 年发展历史的软件开发公司，在行业中具有较高知名度。公司设有研发部、行政与人力资源部、财务部等部门，形成了强调革新与冒险的组织文化，不断有新产品问世。K 公司一直重视员工的培训与开发工作，同时不拘一格选拔人才，只要是具有发展潜质的员工，就委以重任，而不考虑员工的年龄和工作经验。公司的薪酬、奖励制度与员工绩效挂钩，对于表现优秀的员工，公司会加以重奖，并给予较大的工作自由度。因此，公司员工的工作士气高涨，敬业度很高。K 公司共有 100 多名员工，强调以项目组为主要形式进行技术研发，把不少决策权下放给员工，并打破严格的部门界限，提倡部门协作，联合攻关。最近，公司获得了很大一笔风险投资，为此，公司制订了明确的扩张性战略计划，同时进行必要的组织变革。公司将针对不同的行业组建专门的技术咨询小组，还计划成立独立的市场部和客户关系部，以加快市场开拓，并为客户提

供更优质的服务。

根据以上材料，回答下列问题：

1. K 公司目前的组织文化属于（　　）。

A. 学院型　B. 俱乐部型　C. 棒球队型　D. 堡垒型

2. K 公司的关键职能部门是（　　）。

A. 行政与人力资源部　B. 研发部

C. 财务部　D. 客户关系部

3. K 公司目前的主要组织结构设计类型是（　　）。

A. 事业部制组织形式　B. 职能制组织形式

C. 团队结构形式　D. 虚拟组织形式

4. 为了实际扩张性战略计划，K 公司进行了组织变革，这种组织变革的方法属于（　　）。

A. 以人员为中心的变革　B. 以技术为中心的变革

C. 以文化为中心的变革　D. 以结构为中心的变革

真题演练答案及解析

一、单项选择题

1. **【答案】**C

【解析】本题考查组织文化的结构。组织文化的精神层是组织文化的深层，主要是指组织的领导和员工共同信守的基本信念、价值标准、职业道德及精神风貌，它是组织文化的核心和灵魂。组织文化中有没有精神层是衡量一个组织是否形成了自身组织文化的主要标志和标准。因此，本题选项 C 正确。

2. **【答案】**D

【解析】本题考查职能制的缺点。职能制的缺点主要包括：①狭隘的职能观念；②横向协调性差；③适应性差；④企业领导负担重；⑤不利于培养具有全面素质、能够经营整个企业的管理人才。因此，本题选项 D 当选。

3. **【答案】**C

【解析】本题考查行政层级式的适用范围。行政层级式组织形式在复杂/静态环境中最为有效。复杂/静态环境是相对稳定不变的，管理者很了解自己所面临问题的性质和可供选择的解决办法。行政层级式的组织可以保证高度集权、强调等级的管理能够顺利执行，所制定的规章和程序也不需要频繁改动。因此，本题选项 C 正确。

4. **【答案】**D

【解析】本题考查组织结构的定义。职能结构指的是达到企业目标所需完成的各项业务工作及其比例和关系。因此，本题选项 D 正确。

5. **【答案】**D

【解析】本题考查组织结构的权变因素。影响组织设计的主要权变因素包括组织环境、组织战略、组织技术、人员素质、组织规模、组织生命周期等。因此，本题选项 D 当选。

6.【答案】D

【解析】本题考查事业部制组织形式的优点。事业部制组织形式的优点表现在：①有利于总公司的高层管理者摆脱具体管理事务，集中精力进行战略决策和长远规划；②增强企业的活力；③有利于把联合化和专业化结合起来，提高生产效率。因此，本题选项 D 正确。

7.【答案】A

【解析】本题考查人文技术中的敏感性训练。

敏感性训练是指通过小组成员之间的交互作用方式来改善行为的方法。

选项 A，团体注重的是相互作用的过程，而不是讨论的结果，因为训练的目的在于使团体成员通过观察和参与而有所领悟，了解自己，了解如何看待别人以及别人如何看待自己，了解人与人之间如何相互作用，并借此表达自己的思想、观念、态度。因此，选项 A 错误。

通过成功的敏感性训练可以使成员的自我知觉更为现实，群体凝聚力更强，功能失调的人际冲突减少，达到个人和组织更为一体化的目的，选项 BCD 正确。

因此，本题选项 A 当选。

8.【答案】C

【解析】本题考查职能制结构的主要内容。按职能划分的组织形式，起源于 20 世纪初组织理论专家法约尔在担任煤矿公司总经理时所建立的组织结构形式，所以，这种组织形式又被称为“法约尔模型”。它是一种按职能划分、组织各个部门的组织形式，通常称为“职能制结构”。因此，本题选项 C 正确。

9.【答案】D

【解析】本题考查矩阵组织形式的缺点。矩阵组织形式的缺点主要包括：①组织的稳定性较差；②双重领导的存在，容易产生责任不清、多头指挥的混乱现象；③机构相对臃肿，用人较多。因此，本题选项 D 当选。

10.【答案】D

【解析】本题考查组织结构的定义。企业的组织结构是指为实现企业目标，企业全体员工进行分工协作，在职务范围、责任、权利方面所形成的结构体系。这个定义包含了以下三个方面：①组织结构的**本质**是企业员工的分工协作关系；②设计组织结构的**目的**是实现组织的目标，组织结构是实现组织目标的一种手段；③组织结构的**内涵**是企业员工在职、权、责三方面的结构体系。因此，组织结构又可称为权责结构，实际中通常以组织图或组织树的形式出现。因此，本题选项 D 当选。

11.【答案】D

【解析】本题考查矩阵组织形式的适用范围。矩阵组织形式在复杂/动态环境中较为有效。在复杂/动态环境中工作的管理者，在进行决策时往往面临很多不确定因素，常常需要迅速处理一些新的、变化中的问题。这些问题的解决需要多种类型的技术知识和专业判断，而矩阵组织形式显然是帮助管理者应付这类环境的有效手段之一。因此，本题选项 D 正确。

二、多项选择题

1.【答案】BCDE

【解析】本题考查职能制的缺点。职能制的缺点包括：①狭隘的职能观念；②横向协调差；③适应性差；④企业领导负担重；⑤不利于培养具有全面素质、能够经营整个企业的管理人才。因此，本题选项 BCDE 均正确。

2.【答案】ABDE

【解析】本题考查组织发展的相关内容。组织发展是有计划变革及干预措施的总和，它寻求的是增进组织的有效性和员工的幸福感。组织发展重视的是人员和组织的成长、合作与参与过程以及质询精神。概括地说，组织发展所蕴含的观点与针对的目标有以下五个方面：①对人的尊重；②信任和支持；③权力平等；④正视问题；⑤鼓励参与。因此，本题选项 ABDE 均正确。

3.【答案】ACDE

【解析】本题考查矩阵组织形式的优点。具体来说，矩阵组织形式的优点包括：

①有利于加强各职能部门之间的协调配合；②有利于顺利完成规划项目，提高企业的适应性；③有利于减轻高层管理者的负担；④有利于职能部门与产品部门相互制约，保证企业整体目标的实现。因此，本题选项 ACDE 均正确。

4.【答案】ACDE

【解析】本题考查传统组织发展方法中的人文技术。人文技术是通过沟通、决策制定和问题解决等方式改变组织成员的态度和行为的技术，主要包括敏感性训练、调查反馈、质量圈、团际发展等。因此，本题选项 ACDE 均正确。

5.【答案】ABDE

【解析】本题考查组织文化的结构。

选项 A，组织文化的结构可分为物质层、制度层和精神层三个层次。因此，选项 A 正确。

选项 B，制度层制约和规范着物质层及精神层的建设，没有严格的规章制度，组织文化建设也就无从谈起。因此，选项 B 正确。

选项 C，组织文化中有没有精神层是衡量一个组织是否形成了自身组织文化的主要标识和标准。所以，选项 C 错误。

选项 D，物质层是组织文化的外在表现，是制度层和精神层的物质基础。因此，选项 D 正确。

选项 E，精神层是形成物质层及制度层的思想基础，也是组织文化的核心和灵魂。因此，选项 E 正确。

因此，本题选项 ABDE 均正确。

6.【答案】ABD

【解析】本题考查组织文化与组织设计的关系。

选项 A，主要是指组织的制度化，组织的制度化程度越高，组织文化就越倾向于严谨。因此，选项 A 正确。

选项 B，与管理层次类似，集权程度越高，越不利于在组织中形成民主、参与、开放、自主的文化，而集权程度低的组织则有利于培养平等、合作、参与的文化。因此，选项 B 正确。

选项 C，在组织的规范化上，高度的规范化可能不利于形成多样化、创新型的组织文化。所以，选项 C 错误。

选项 D，不同级别间薪酬差别很大的薪酬体系适合于强调等级的组织文化，而不适合崇尚平等的文化。因此，选项 D 正确。

选项 E，管理层次多、结构复杂的组织，不利于培养员工自主性和参与决策的主动性。管理层次较少、组织结构趋于扁平的组织，则有利于上下级之间的沟通，表现出灵活、开放的特点，从而鼓励员工进行独立决策。因此，选项 E 错误。

因此，本题选项 ABD 均正确。

7. **【答案】**ABDE

【解析】本题考查组织设计的基本内容。组织设计在形式上分为：①静态设计（古典的组织设计理论），即关注对组织结构进行的设计；②动态设计（现代的组织设计理论），即关注对组织结构和运行制度进行的设计。组织设计影响组织文化的形成。因此，本题选项 ABDE 均正确。

8. **【答案】**AE

【解析】本题考查管理层次和管理幅度之间的关系。管理层次与管理幅度的关系密切。首先，两者存在负相关的数量关系；其次，管理幅度与管理层次是相互制约的，其中管理幅度起主导作用。因此，本题选项 AE 均正确。

9. **【答案】**ABD

【解析】本题考查矩阵组织形式的主要特点。矩阵组织形式的主要特点包括：①一名员工有两位领导；②组织内部有两个层次的协调；③产品部门（或项目小组）所形成的横向联系灵活多样。因此，本题选项 ABD 均正确。

三、案例分析题

<table>
<tr>
<td>1. 【答案】C
【解析】材料中，K 公司形成了强调革新与冒险的组织文化，不断有新产品问世，可知 K 公司的组织文化属于棒球队型组织，选项 C 正确。

2. 【答案】B
【解析】关键职能是指在组织的组织结构中处于中心地位、具有较大职责和权限的职能部门。根据材料，K 公司强调以项目组为主要形式进行技术研发，把不少决策权下放给员工，可知关键职能为研发部，选项 B 正确。</td>
<td>【答案解读】
本题考查组织设计与组织文化的综合运用。
[1] 考查组织文化的类型：
(1) 学院型组织；
(2) 俱乐部型组织；
(3) 棒球队型组织；
(4) 堡垒型组织。
[2] 考查组织结构的特征因素：
(1) 管理层次和管理幅度；
(2) 专业化程度；
(3) 地区分布；
(4) 分工形式；
(5) 关键职能；
(6) 集权程度；</td>
</tr>
</table>

	(7) 规范化程度; (8) 制度化程度; (9) 职业化程度; (10) 人员结构。
3. **【答案】**C **【解析】**根据案例材料可知，K公司强调以项目组为主要形式进行技术研发，把不少决策权下放给员工，并打破严格的部门界限，提倡部门协作，联合攻关。团队结构形式的主要特点是打破部门界限并把决策权下放到工作团队成员手中，选项C正确。	[3] 考查组织设计的类型: (1) 行政层级式组织形式; (2) 职能制结构; (3) 矩阵组织形式; (4) 事业部制组织形式; (5) 团队结构形式; (6) 虚拟组织形式; (7) 无边界组织形式。
4. **【答案】**D **【解析】**由材料可知，K公司将针对不同的行业组建专门的技术咨询小组，还计划成立独立的市场部和客户关系部，以加快市场开拓，并为客户提供更优质的服务，符合以结构为中心变革的特点，包括重新划分和合并部门，调整管理层次和管理幅度，任免负责人，明确责任和权力等，选项D正确。	[4] 考查组织变革的方法: (1) 以人员为中心的变革; (2) 以结构为中心的变革; (3) 以技术为中心的变革; (4) 以系统为中心的变革。

第二部分

人力资源管理

第二章

里德家的人

第四章　战略性人力资源管理

本章考情 Q&A

Q：本章的重要性和难度如何？

A：本章属于**非重点**章节。本章难度较低，但内容较为抽象，内容晦涩，建议学习过程中要将理论与实际联系起来，注重对战略性人力资源管理相关内容的理解。从历年真题来看，每年考查的分值为 3~4 分。

Q：本章在考试中通常以什么形式出现？

A：从历年真题看，本章考查形式为单项选择题、多项选择题，尤其以单项选择题居多，注重对相关概念的理解、相关战略的具体运用等。

Q：本章 2022 年的内容有改动么？

A：本章内容无实质性改动。

Q：本章考点在历年考试中的分布情况如何？

A：以下是老师们的统计：

考点	2021 年	2020 年	2019 年	2018 年	2017 年	2016 年	2015 年	2014 年	2013 年	2012 年
战略性人力资源管理的概念及其内涵	√				√		√	√		
战略三层次		√	√	√	√					
人力资源管理与战略规划之间的联系		√	√							
战略性人力资源管理的三大工具	√		√		√					
人力资源战略与组织发展战略的匹配	√	√		√				√	√	√
高绩效工作系统与人才管理		√	√		√					

经典例题

考点一 战略性人力资源管理的概念及其内涵

【例题·2021 年·单项选择题】战略性人力资源管理的理念不包括（　　）。

A. 要对人力资源管理活动的成本和收益进行分析和评价

B. 人力资源管理是“成本中心”，而不是“利润中心”

C. 要对人力资源管理职能人员进行培训和提升

D. 人力资源管理战略要和组织战略保持一致

【答案】B

【解析】本题考查战略性人力资源管理的核心概念。

选项 A，战略性人力资源管理对生产率、薪酬福利、招募甄选、培训开发、绩效反馈、缺勤管理、临时解雇及员工态度调查等人力资源管理问题的成本和收益进行分析、评价和解释。因此，选项 A 正确。

选项 B，战略性人力资源管理以利润为导向的观点，而不只是从以服务为导向的观点出发，来分析和解决各种人力资源问题，因此，选项 B 错误。

选项 C，战略性人力资源管理为人力资源管理职能人员提供培训，并且强调人力资源管理战略的重要性以及它对组织目标的实现所做出的重要贡献。因此，选项 C 正确。

选项 D，战略性人力资源管理是指为了提高一个组织的绩效水平，培育富有创新性和灵活性的组织文化，而将组织的人力资源管理活动同战略目标联系在一起的管理方法，以及为了实现一个组织的目标而实施的有计划的人力资源运行模式以及各种人力资源管理活动。因此，选项 D 正确。

因此，本题选项 B 当选。

私教点拨

历年真题对战略性人力资源管理的考查，主要涉及核心理念、核心概念、组织的注意力、重要思想几个方面，具体如表 4－1 所示。

表 4－1　战略性人力资源管理

项目	内容
核心理念	人力资源管理必须能够帮助组织实现战略，赢得竞争优势
核心概念	战略契合（也称战略匹配）。一个组织的人力资源管理活动必须具有两个方面的一致性： （1）人力资源管理战略与外部环境和组织战略之间的一致性，也称**外部契合或垂直一致性**，它强调组织的人力资源管理必须与组织战略保持完全一致； （2）人力资源管理职能的内部一致性，也称**内部契合或水平一致性**，它强调组织内部的各种人力资源管理政策和实践之间必须保持高度的一致性，相互之间形成一种良性的匹配、互动关系
组织的注意力	集中于改变结构和文化、提升组织效率和业绩、开发特殊能力以及管理变革

续表

项目	内容
重要思想	(1) 从以**利润**为导向的观点，而不只是从以服务为导向的观点出发，来分析和解决各种人力资源问题； (2) 对生产率、薪酬福利、招募甄选、培训开发、绩效反馈、缺勤管理、临时解雇及员工态度调查等**人力资源管理问题**的成本和收益进行分析、评价和解释； (3) 采用包括可行性、挑战性、具体性以及有意义性等目标在内的人力资源管理模型，同时，针对组织所遇到的问题，提供人力资源管理方面的建议性对策报告； (4) 为人力资源管理职能人员提供**培训**，并且强调人力资源管理战略的重要性以及它对组织目标的实现所做出的重要贡献

考点二　战略三层次

【例题·2020 年·单项选择题】某公司决定通过提高产品质量和性能来战胜竞争对手、提高市场份额。从战略层次的角度看，这种战略属于（　　）。

A. 竞争战略　　B. 组织发展战略　　C. 职能战略　　D. 稳定战略

【答案】A

【解析】本题考查战略的三个层次中的竞争战略。竞争战略又称为经营战略，它主要回答如何进行竞争的问题。即在已经选定的行业或领域中，应当如何与竞争对手展开有效的竞争，从而确立自己在市场上的长期竞争优势。这种战略决策的主要目的在于解决竞争手段的问题，即一个组织将依据何种标准或差别化的特征进行竞争，是成本、质量、可靠性，还是产品或服务的提供。因此，本题选项 A 正确。

私教点拨

历年真题对战略的三个层次的考查，主要为三个层次（组织战略层次、竞争战略层次以及职能战略层次）的区分。要注意战略的三个层次之间的区别，具体如表 4－2 所示。

表 4－2　战略三层次

层次类型	回答的问题	战略类型
组织战略层次（公司战略、企业战略、组织发展战略）	到哪里去竞争？	成长战略、稳定战略和收缩战略
竞争战略层次（经营战略）	如何进行竞争？	总成本领先战略、差别化战略、市场集中战略
职能战略层次	凭借什么来进行竞争？	市场营销战略、人力资源战略、财务管理战略等

考点三 人力资源管理与战略规划之间的联系

【例题·2019年·单项选择题】在制定战略规划阶段，关于人力资源管理与战略规划之间联系的说法，错误的是（ ）。

A. 所谓单向联系，是指人力资源部门能够参与战略制定的过程

B. 所谓双向联系，是指战略规划和人力资源管理之间形成了互动联系

C. 所谓一体化联系，是指战略规划与人力资源管理之间的互动是动态和全方位的

D. 所谓行政管理联系，是指人力资源部门不参与组织战略制定的过程

【答案】A

【解析】本题考查人力资源管理与战略规划之间的联系。单向联系，指的是在这种联系层次上，组织自行制定战略规划，然后在将这种战略规划告知人力资源管理部门，让人力资源管理部门配合战略规划的实施或落地。因此，本题选项A当选。

私教点拨

历年真题对人力资源管理与战略规划之间的联系的考查，容易出单项选择题，因此考生要注意区分四种联系，具体如表4－3所示。

表4－3 人力资源管理与战略规划之间的联系

联系	具体内容
行政管理联系	组织的人力资源管理部门与组织的战略管理过程是**完全分离**的
单向联系	组织自行制定战略规划，然后再将这种战略规划告知人力资源管理部门，让人力资源管理部门配合战略规划的实施或落地
双向联系	允许组织在整个战略规划过程中都将人力资源问题考虑在内，这种整合按照**先后顺序**发生
一体化联系	建立在战略规划和人力资源管理之间的**持续互动**基础之上，而非有一定先后顺序的单方向推进过程

考点四 战略性人力资源管理的三大工具

【例题·2021年·单项选择题】公司领导为了能够随时掌握组织的各项战略任务完成情况以及重要工作的进度，需要使用的是（ ）。

A. 战略地图
B. 平衡计分卡
C. 数字仪表盘
D. 人力资源计分卡

【答案】C

【解析】本题考查战略性人力资源管理的三大工具。数字仪表盘被用来监控组织战略目标的实现过程，以桌面图形、表格以及计算机图片的形式向领导和管理者形象地展示在组织战略地图上出现的各项活动目前在组织中进展到了什么阶段以及正在朝哪个方向前进。因此，本题选项C正确。

私教点拨

历年真题对战略性人力资源管理的三大工具的考查，容易出单项选择题和多项选择题，也可以出案例分析题，因此要求考生注意区分三大工具，具体如表 4－4 所示。

表 4－4　战略性人力资源管理三大工具

工具类别	具体内容
战略地图	战略地图实际上是**对组织战略实现过程进行分解**的一种图形工具，它形象地展示了为确保组织战略得以成功实现而必须完成的各项关键活动及其相互之间的**驱动**关系
人力资源计分卡	针对为实现组织战略目标所需完成的一系列人力资源管理活动链而设计的各种**财务类或非财务类目标**或衡量指标
数字仪表盘	**监控**组织战略目标的**实现过程**，以桌面图形、表格以及计算机图片的形式向领导和管理者形象地展示在组织战略地图上出现的各项活动目前在组织中进展到了什么阶段以及正在向哪个方向前进

考点五　人力资源战略与组织发展战略的匹配

【例题 1·2021 年·单项选择题】下列人力资源管理举措中，与外部成长战略相匹配的是（　　）。

A. 为组织招募大量新员工

B. 强调以最小的代价进行组织精简和裁员

C. 绩效管理的重心是实现绩效管理的多元化

D. 注重人力资源的重新配置与组织文化的整合

【答案】D

【解析】本题考查人力资源战略与不同组织战略的匹配。采取外部成长战略的组织所面临的最大人力资源问题是如何重新合理配置人力资源并维持员工队伍的士气，同时，实现价值观和组织文化的整合，以及确保各项人力资源管理时间和标准的一致。因此，这类组织的员工招募工作需求不大，但是员工重新配置的工作压力却很大。因此，本题选项 D 正确。

私教点拨

历年真题对人力资源战略与不同组织战略的匹配的考查，要求考生注意区分不同的组织战略下应采取什么人力资源战略，具体如表 4－5 所示。

表 4－5　人力资源战略与不同组织战略的匹配

分类	特点
成长战略及相应的人力资源战略	**内部成长战略**：通过整合和利用组织所拥有的资源来强化组织优势的一种战略，它所注重的是自身力量的增强和自我扩张，其特点如下： （1）招募及甄选压力比较大，培训是全方位、多类型的； （2）强调内部晋升；

续表

分类	特点
	(3) 绩效管理关注员工的工作结果，薪酬与结果的联系紧密。 **外部成长战略**：通过纵向一体化、横向一体化或者多元化来实现一体化战略，这种战略往往是通过兼并、联合、收购等方式来扩展组织的资源或者强化其市场地位，其特点如下： (1) 面临的最大人力资源问题是如何重新合理配置人力资源，维持员工队伍的士气； (2) 招募工作需求不大，但员工重新配置工作压力大，培训工作的重点是文化整合和价值观的统一； (3) 绩效管理和薪酬管理的重心是如何实现绩效管理以及薪酬结构和薪酬水平的规范化和标准化
稳定战略及相应的人力资源战略	(1) 保持组织内部人力资源的稳定性以及管理手段的规范性、一致性和内部公平性； (2) 对人员招募需求不大，内部员工会有缓慢的晋升，培训主要关注当前所从事工作的需要； (3) 绩效管理的重点是员工的行为规范以及员工的工作能力和态度，薪酬管理上更重视薪酬的内部一致性，薪酬的决策集中度较高，员工福利水平较高
收缩战略及相应的人力资源战略	(1) 重点解决如何以一种和平、稳定并且代价最小的方式将冗余的人力资源剥离出组织的问题； (2) 需解决如何提高组织在精简和裁员之后留在组织中的员工的士气的问题； (3) 培训压力较大，绩效管理重心放在对结果的考核上，薪酬减少固定薪酬部分，增加浮动薪酬的比重

【例题 2·2020 年·单项选择题】下列人力资源管理活动中，与成本领先战略相匹配的是（　　）。

A. 对职位职责和工作流程规定比较宽松

B. 鼓励员工大胆创新

C. 薪酬水平领先市场水平

D. 重视提高运营效率

【答案】D

【解析】本题考查人力资源战略与不同竞争战略的匹配。

选项 A，为了提高生产率，降低成本，这种组织通常会比较详细和具体地对员工所要从事的工作内容和职责、任务进行描述，强调员工在工作岗位上的稳定性。因此，选项 A 错误。

选项 B，培训内容的重点是针对员工当前所从事工作的需要，绩效管理的重点也在于员工的行为规范和对基本工作流程的遵守。因此，选项 B 错误。

选项 C，在薪酬水平方面，这类组织会密切关注竞争对手的薪酬状况，以确保本组织的薪酬水平既不低于竞争对手，最好也不要高于竞争对手。因此，选项 C 错误。

选项 D，追求成本领先战略的组织都非常重视效率，尤其是对操作水平的要求很高，其目标是用较低的成本去做较多的事情。因此，选项 D 正确。

因此，本题选项 D 正确。

私教点拨

历年真题对人力资源战略与不同竞争战略的匹配的考查，要求考生注意区分不同的竞争战略下应采取什么人力资源战略，具体如表 4-6 所示。

表 4-6　人力资源战略与不同竞争战略的匹配

分类	特点
创新战略及相应的人力资源战略	(1) 愿意招募富有**创新精神**的和敢于**承担风险**的人； (2) 薪酬上强调组织与员工的**风险共担**以及**成功分享**； (3) 职位描述上保持相当的**灵活性**，基本薪酬更多取决于员工个人的创新能力和技术水平，绩效管理体系目标导向型很强
成本领先战略及相应的人力资源战略	(1) 非常**重视效率**，对操作水平要求很高，会比较详细具体地描述工作内容和职责、任务，强调员工在工作岗位上的稳定性； (2) 培训主要针对工作需要，绩效管理的重点在于员工的行为规范和对基本工作流程的遵守，特别强调工作纪律和出勤以及作息时间要求，薪酬水平既不低于竞争对手，最好也不要高于竞争对手。薪酬结构中会采取一定措施提高浮动薪酬或奖金在薪酬构成中的比重
客户中心战略及相应的人力资源战略	(1) **客户满意度**是这类组织最为关注的绩效指标，招募环节重视求职者的客户服务能力、动机以及经验； (2) 培训系统也会在客户知识、客户服务技巧以及以客户为导向的价值观等方面倾注大量的时间和精力； (3) 根据员工向客户提供服务的数量和质量来支付薪酬，或者是根据客户对员工或员工群体所提供服务的总体评价结果来支付奖金

考点六　高绩效工作系统与人才管理

【例题 1·2017 年·单项选择题】关于学习型组织的说法，错误的是（　　）。

A. 它要求员工只获取与本职工作有关的知识和技能

B. 它要求员工持续获取知识，致力于持续学习和终身学习

C. 它鼓励员工共享知识

D. 它重视每一位员工的发展及其身心健康

【答案】A

【解析】本题考查学习型组织的关键特征。

选项 A，学习型组织的一个特征就是致力于持续学习，要想持续不断地学习，员工就必须理解他们所在的组织、所参与的整个工作系统、各职位之间的关系以及他们所承担的工作单元。因此，选项 A 错误。

选项 B，学习型组织的关键特征之一就是致力于持续学习。因此，选项 B 正确。

选项 C，为了创建学习型组织，组织面临的一个挑战就是将培训的重点从仅仅传授技能转向更大范围的知识获取和共享。因此，选项 C 正确。

选项D，学习型组织重视员工，这种组织能够认识到员工是知识的来源，因此，非常关注并确保每一位员工都能得到发展，并且保持身心健康。因此，选项D正确。

因此，本题选项A当选。

私教点拨

历年真题对知识型员工的考查，要求考生注意其定义及关键特征。学习型组织是指通过促使所有员工持续获取和分享知识而形成的一种重视和支持终身学习文化的组织。学习型组织的关键特征具体如表4－7所示。

表4－7 学习型组织的关键特征

关键特征	具体内容
致力于持续学习	许多组织的持续学习过程所要达到的目的就是提高质量
知识共享	为了创建学习型组织，组织面临的一个挑战就是将培训的重点从仅仅传授技能转向更大范围的知识获取和共享
普遍采用批判性和系统性的思维方式	当组织鼓励员工看清楚各种想法之间的关系，检验提出的各种假设，同时观察自己的行动所产生的结果时，就能够达到这种状态
具有一种学习文化	在这种组织中，学习会得到管理者和组织的奖励、促进以及支持
重视员工	这种组织能够认识到员工是知识的来源，因此，非常关注并确保每一位员工都能得到发展，并保持员工的身心健康

【例题2·2020年·单项选择题】关于战略性人力资源管理中人才管理的说法，正确的是（　　）。

A. 尽可能一次性的招募大量人才以应对人才竞争

B. 在人才的获取和保留方面要具有前瞻性和灵活性

C. 最优秀、绩效卓越的员工才是人才

D. 组织内部培养的员工才是真正的人才

【答案】B

【解析】本题考查战略性人力资源管理中的人才管理的相关内容。

选项A，为了适应人才需求的不确定性，应该小规模、多批次地培养人才。因此，选项A错误。

选项B，人才管理与传统的人力资源管理的一个显著区别在于，它要求组织在人才的获取和保留方面必须具有明显的前瞻性、主动性和灵活性，能够针对外部环境变化做出更为快速的反应。因此，选项B正确。

选项C，人才不仅指组织中最优秀的、已经表现出卓越绩效的少数员工（A类人才），还包括那些构成员工队伍大多数的、有能力且绩效稳定的员工（B类人才）。因此，选项C错误。

选项D，人才不是指最优秀或最重要的少部分员工，相反，它囊括了能够在当前或未来为组织做出重要贡献的、在员工队伍中占相当大比例的各类人才。因此，选项D错误。

因此，本题选项B正确。

私教点拨

历年真题中，人才管理是重点考查内容。人才管理的相关内容具体如表 4－8 所示。

表 4－8 人才管理

类别	具体内容
内涵	**人才管理**与传统的人力资源管理的一个显著区别在于，它要求组织在人才的获取和保留方面必须具有明显的**前瞻性**、**主动性**和**灵活性**，能够针对外部环境变化做出更为快速的反应。人才管理的关注点是**关键人才的吸引、保留及其使用**
人才的定义	人才不仅指组织中最优秀的、已经表现出卓越绩效的少数员工（A 类人才），还包括那些构成员工队伍大多数的、有能力且绩效稳定的员工（B 类人才）。总之，人才不是指最优秀或最重要的少部分员工，相反，它囊括了能够在当前或未来为组织做出重要贡献的、在员工队伍中占相当大比例的各类人才
人才管理的主要内容	（1）**构建灵活多样的人才获取途径，实现动态人才匹配**。 （2）**形成有助于降低风险的新型人才队伍调节机制**。 组织需要建立一种具有以下特点的人才“零库存”模式： 第一，同时利用制造人才和购买人才两种策略应对人才供求两个方面的风险，并保持适当的平衡。第二，适应人才需求的不确定性，小规模、多批次地培养人才。第三，降低人才开发风险，提高人才开发的投资回报率。第四，通过平衡组织和员工之间的利益来保护组织的培训与开发投资。 （3）**建立多元化的员工价值主张，构建新型组织文化**。 第一，面对当前新的市场环境和劳动力队伍多元化的新特征，组织必须为不同类型的员工提供令人信服的为自己工作的理由。第二，组织必须转变领导的角色，将传统的命令型领导转变为影响型领导。第三，组织还需要建立统一、平等且富有同情心的组织文化。 （4）**加强人力资源能力建设，实现战略性人力资源管理**。 第一，对相对独立的各项人力资源职能加以整合，强化各项人力资源职能对于人才招募和保留的共同作用。第二，将员工管理流程整合到标准的组织流程中，让各级管理者切实承担吸引和留住员工的责任。第三，将组织的经营战略转化为详细的人才战略，改善人力资源管理流程，同时提高人力资源管理专业人员的经营意识

真题演练

一、单项选择题

1.（2019 年）某高科技公司认为区块链技术的未来前景巨大，于是做出了进入该领域的战略决策属于（　　）。

A. 职能战略　　B. 竞争战略

C. 组织战略　　D. 差异化战略

2.（2019 年）关于人才及人才管理的说法，错误的是（　　）。

A. 人才管理要求企业对人才的获取和保留具有前瞻性和灵活性

B. 人才管理有助于帮助企业实现战略目标

C. 人才管理涵盖人才的吸引、使用、保留、开发等诸多方面

D. 只有企业中最优秀的、最卓越的少数员工才是人才

3.（2018 年）某公司采用的战略是在确保产品质量的基础上尽可能地降低成本，这种战略属于（　　）。

A. 组织战略　　B. 人力资源管理战略

C. 职能战略　　D. 竞争战略

4.（2018 年）采取创新战略的企业不适合采用的人力资源管理方式是（　　）。

A. 招募富有创新精神和敢于承担风险的员工

B. 设计精细的职位等级结构，并进行细致的职位分析

C. 重视评价员工取得的创新结果

D. 为创新成功者提供高水平的薪酬回报

5.（2017 年）人力资源战略属于（　　）战略。

A. 组织　　B. 公司　　C. 竞争　　D. 职能

6.（2017 年）企业在实施战略性人力资源管理时，通常需要针对实现组织战略目标所需完成的一系列人力资源管理活动链，设计各种财务类和非财务类目标或衡量指标，这些目标或衡量指标称为（　　）。

A. 平衡计分卡　　B. 人力资源管理计分卡

C. KPI 指标　　D. 战略地图

7.（2017 年）为了形成有助于降低风险的新型人才队伍调节机制，企业在人才管理方面可以采取的做法是（　　）。

A. 采用大规模、少批次的人才培养策略

B. 同时采用制造人才和购买人才两种策略

C. 建立统一、平等和富有同情心的组织文化

D. 将相对独立的各种人力资源管理职能加以整合

8.（2014 年）对于采取稳定战略的组织而言，人力资源管理的关键活动是（　　）。

A. 制定特殊的人才保留战略，留住关键员工

B. 迅速裁员，从而实现对劳动力队伍的精简

C. 合并不同的人力资源管理体系，建立全新的人力资源战略

D. 制定规划，大量吸收与培训新员工

9.（2013 年）对于采取收缩战略的组织，人力资源管理的关键活动是（　　）。

A. 改变员工的晋升和发展机会，留住更多的现有人员

B. 裁减工作绩效不佳的员工

C. 合并新并购企业的人力资源管理体系

D. 制定适当的规划保证及时雇用和培训新员工

二、多项选择题

1.（2020 年）组织战略执行过程中的五大要素除了信息系统外，还包括（　　）。

A. 组织结构　　B. 工作任务设计

C. 员工关系　　D. 报酬系统

E. 人员甄选、培训与开发

2.（2019 年）人力资源管理在整个战略管理过程中扮演重要角色，这体现在（　　）。

A. 人力资源管理有助于改善员工的技能

B. 人力资源管理能够通过参与组织内部的优劣势分析帮助组织制定战略规划

C. 人力资源管理能够突破和引领企业的战略

D. 人力资源管理能够对战略执行产生重要影响

E. 人力资源管理有助于企业通过人来实现企业目标

3.（2018 年）企业常常会使用 SWOT（即内部的优势和劣势以及外部的机会与威胁）分析来制定战略，其中属于战略威胁的有（　　）。

A. 本企业的人力资源管理水平较低

B. 可能对本企业不利的法律即将出台

C. 竞争对手实现技术创新

D. 强劲竞争者的数量增加

E. 劳动力市场上缺乏本企业所需的高素质人才

真题演练答案及解析

一、单项选择题

1.【答案】C

【解析】本题考查组织战略的三个层次。一个组织的战略通常包括三个层次，即组织战略层次、竞争战略层次以及职能战略层次。组织战略又称公司战略、企业战略或组织发展战略，它主要回答到哪里去竞争的问题，即做出组织应该选择经营何种业务以及进入何种行业或领域的决策，因此，本题选项 C 正确。

2.【答案】D

【解析】本题考查人才及人才管理的相关内容。人才不仅是指组织中最优秀的、已经表现出卓越绩效的少数员工（A 类人才），还包括那些构成员工队伍大多数的、有能力且绩效稳定的员工（B 类人才）。因此，本题选项 D 正确。

3.【答案】D

【解析】本题考查组织战略的三个层次。一个组织的战略通常包括三个层次，即组织战略层次、竞争战略层次以及职能战略层次。竞争战略有时又称为经营战略，它主要回答如何进行竞争的问题，即在已经选定的行业或领域中，应当如何与竞争对手展开有效的竞争，从而确立自己在市场上的长期竞争优势。这种战略决策的主要目的在于解决竞争手段的问题，即一个组织将依据何种标准或差别化的特征进行竞争，是成本、质量、可靠性，还是产品或服务的提供。因此，本题选项 D 正确。

4.【答案】B

【解析】本题考查创新战略及相应的人力资源战略。实施创新战略的组织的一个重要经营目标在于充当产品市场上的领袖，并且在管理过程中常常会非常强调客户的满意度和个性化需要，而对于组织内部的职位等级结构以及相对稳定的职位评价等则不太重视。因此，本题选项 B 正确。

5.【答案】D

【解析】本题考查战略的三个层次。一个组织的战略通常包括三个层次，即组织战略层次、竞争战略层次以及职能战略层次。组织战略划分为成长战略、稳定战略和收缩战略三种类型，竞争战略分为总成本领先战略、差异化战略以及市场集中战略三种类型，职能战略包括市场营销战略、人力资源战略、财务管理战略等内容。因此，本题选项 D 正确。

6.【答案】B

【解析】本题考查人力资源计分卡的定义。人力资源计分卡并不是一张用来计分的卡片，它实际上是针对为实现组织战略目标所需完成的一系列人力资源管理活动链而设计的各种财务和非财务类目标或衡量指标。因此，本题选项 B 正确。

7.【答案】B

【解析】本题考查人才管理的主要内容。为形成有助于降低风险的新型人才队伍调节机制，要做好四个方面：第一，同时利用制造人才和购买人才两种策略应对人才供求两个方面的风险，并保持适当的平衡。第二，适应人才需求的不确定性，小规模、多批次地培养人才。第三，降低人才开发风险，提高人才开发的投资回报率。第四，通过平衡组织和员工之间的利益来保护组织的培训与开发投资。因此，本题选项 B 正确。

8.【答案】A

【解析】本题考查人力资源战略与不同组织战略的匹配。

选项 A，稳定战略主要以已经稳定掌握相关工作技能的员工队伍为出发点。因此，选项 A 正确。

选项 B，采取稳定战略的组织往往处于较为稳定的环境之中，增长率较低，维持竞争力的关键在于保持自己已经拥有的技能。因此，选项 B 错误。

选项 C，采取稳定战略的组织的整体人力资源战略就是保持组织内部人力资源的稳定性以及管理手段的规范性、一致性和内部公平性。因此，选项 C 错误。

选项 D，这种组织对人员招募的需求不太大，内部员工能够获得比较缓慢的晋升，组织的培训主要关注员工当前所从事的工作的需要，绩效管理的重点是员工的行为规范以及员工的工作能力和态度。因此，选项 D 错误。

因此，本题选项 A 正确。

9.【答案】B

【解析】本题考查收缩战略及相应的人力资源战略。采取收缩战略的组织往往与裁员、剥离以及清算等联系在一起，所以这类组织重点需要解决的人力资源问题是如何以一种和平、稳定并且代价最小的方式将冗余的人力资源剥离出组织，以及如何同时提高在组织精简和裁员之后留在组织中的员工的士气。因此，本题选项 B 正确。

二、多项选择题

1.【答案】ABDE

【解析】本题考查人力资源管理与战略执行。在组织战略规划之后，人力资源管理对于组织战略的实现具有重大的影响。其中一个非常重要的原因在于，一个组织的战略是否能够得到成功执行主要取决于五个要素，即组织结构、工作任务设计、人员的甄选、培训与开发、报酬系统、信息系统。因此，本题选项 ABDE 均正确。

2.【答案】ABDE

【解析】本题考查人力资源管理在整个战略管理过程中扮演的重要角色。

（1）人力资源管理是组织战略执行的最为关键的因素。这是因为一旦组织战略确定，这种战略对于组织的人力资源数量、质量、能力、结构的要求也就比较清楚地显现了出来，这时一个组织的人力资源管理职能最为重要的任务就是竭尽全力确保组织所要的人力资源队伍能够在合适的时间准确到位。

（2）人力资源管理可能会导致组织战略的调整。一旦组织在对自己当前以及未来的人力资源状况进行评估之后发现，自己根本不可能获得支持组织战略实现所需要的人力资源，那么再好的战略也必须进行调整。

因此，本题选项 ABDE 均正确。

3.【答案】BCDE

【解析】本题考查 SWOT 分析法。SWOT 分析即对组织内部的优势和劣势以及外部的战略机会和战略威胁进行分析。其中战略威胁则包括潜在的人员短缺，新的竞争对手进入市场，即将出台的可能会对组织产生影响的法律，竞争对手的技术创新等。选项 A 中，本企业的人力资源管理水平较低属于内部劣势。因此，本题选项 BCDE 均正确。

第五章　人力资源规划

本章考情 Q&A

Q：本章的重要性和难度如何？

A：本章属于**次重点**章节，学好本章可以为后续章节的学习打好基础。本章难度较低，内容相对较少，注重对人力资源需求与供给定义、方法的理解。从历年真题来看，每年考查的分值为 6~7 分。

Q：本章在考试中通常以什么形式出现？

A：从历年真题看，本章内容在单项选择题、多项选择题和案例题中均有涉及，考试中重点考查人力资源需求与供给平衡的方法。

Q：本章 2022 年的内容有改动么？

A：本章内容无实质性改动。

Q：本章考点在历年考试中的分布情况如何？

A：以下是老师们的统计：

考点	2021 年	2020 年	2019 年	2018 年	2017 年	2016 年	2015 年	2014 年	2013 年	2012 年
人力资源规划的内容		√			√		√	√		
人力资源需求预测	√	√	√	√	√	√	√	√		√
人力资源供给预测	√	√	√	√	√				√	√
人力资源供求平衡	√	√	√	√	√		√	√	√	√

经典例题

考点一　人力资源规划的内容

【例题・2020 年・多项选择题】关于人力资源规划的说法，正确的有（　　）。

A. 地区经济发展水平会影响人力资源供给情况

B. 人力资源供给预测主要就是预测企业未来需要的人员数量

C. 人力资源需求预测主要就是对劳动力市场形势进行预测分析

D. 人力资源规划要求进行人力资源需求和供给预测并进行平衡分析

E. 人力资源供给和需求预测可以采用定量和定性的方法

【答案】ADE

【解析】本题考查人力资源规划的相关内容。

选项 A，组织在进行未来的人力资源供给情况预测时，既要考虑未来的国家经济形势、教育发展情况尤其是未来的毕业生规模等国家整体性因素对劳动力市场的影响，同时又要考虑所在地区的经济发展水平、人口数量以及劳动力参与率、本地区对其他地区劳动力的吸引力，本地区的高等教育和技能教育发展水平、本地区其他企业或组织对劳动力的需求增长情况等多种因素的影响。因此，选项 A 正确。

选项 B，人力资源需求预测是指预测一个组织在未来一段时期内到底需要多少名员工以及需要的是哪些类型的员工。因此，选项 B 错误。

选项 C，人力资源供给预测是指一个组织对自己未来的某一特定时期内能够获得的人力资源数量、质量以及结构等所进行的估计。因此，选项 C 错误。

选项 D，从一般意义上讲，人力资源规划是指组织根据自身战略的需要，采用科学的手段来预测组织未来可能会遇到的人力资源需求和供给状况，进而制订的人力资源获取、利用、保留和开发计划。因此，选项 D 正确。

选项 E，从预测方法来说，在对人力资源需求进行预测时，既可以采用定性的主观判断法，又可以使用定量的统计学方法。与人力资源需求预测相似，人力资源供给预测可以采取主观判断法（定性）和历史统计模型分析法（定量）。因此，选项 E 正确。

因此，本题选项 ADE 均正确。

私教点拨

历年真题对人力资源规划的相关内容的考查较为综合，要注意综合理解与运用，具体如表 5－1 所示。

表 5－1 人力资源规划

类别	内容
人力资源规划	从一般意义上讲，人力资源规划是指组织根据**自身战略的需要**，采用科学的手段来预测组织未来可能遇到的人力资源**需求和供给**状况，进而制订的人力资源获取、利用、保留和开发计划
人力资源**需求预测**	是指预测一个组织在未来一段时期内到底**需要**多少名员工以及需要的是哪些类型的员工
需求预测的**方法**	对人力资源需求进行预测时，既可以采用**定性**的**主观判断法**，又可以使用**定量**的**统计学方法**。其中，**主观判断法**又包括**经验判断法**和**德尔菲法**两种。定量的人力资源需求预测方法主要包括**比率分析法**、**趋势预测法**以及**回归分析法**
人力资源**供给预测**	是指一个组织对自己在未来的某一特定时期内能够获得的人力资源数量、质量以及结构等所进行的估计
供给预测的**方法**	人员替换分析法、马尔科夫分析法

考点二 人力资源需求预测

【例题 1·2021 年·多项选择题】在进行人力资源需求预测时，需要考虑的因素有（　　）。

A. 组织内部的人力资源状况

B. 组织的战略定位

C. 组织结构调整情况

D. 组织提供的产品或服务的变化情况

E. 组织技术变革

【答案】BCDE

【解析】本题考查人力资源需求预测的影响因素。在进行一个组织的人力资源需求预测时，主要应当考虑组织的战略定位和战略调整（选项 B 正确）、组织所提供的产品和服务的变化情况（选项 D 正确）、组织的技术变革（选项 E 正确）、组织结构调整（选项 C 正确）以及流程再造等若干方面的因素。因此，本题选项 BCDE 正确。

私教点拨

历年真题对人力资源需求预测的影响因素的考查，要求考生注意区分影响需求预测的因素，具体如表 5-2 所示。

表 5-2　人力资源需求预测影响因素

影响因素	具体内容
组织的**战略定位和战略调整**	组织进入新的**业务领域**、在原业务领域中快速扩大经营规模、采取稳定战略/收缩战略等
组织提供的**产品和服务**的变化情况	一个组织提供的产品和服务的变化情况显然是影响组织的劳动力需求的最为重要的因素之一
组织的**技术变革**	组织技术的变革对人力资源需求的影响，不仅体现在人力资源**数量**上，而且可能体现在对人力资源**质量**的要求上。例如，生产的自动化、新技术的引进、人工智能的使用等，都有可能一方面减少对普通生产工人的需求，另一方面增加对技术工人的需求
组织**结构调整**及**流程再造**	组织结构调整如传统的直线职能制向事业部制的转变，流程再造如业务外包等做法

【例题 2·2020 年·单项选择题】关于人力资源需求预测的方法的说法，正确的是（　　）。

A. 在数据比较充分的情况下，定量方法预测比较准确

B. 德尔菲法采用集体讨论的方式，汇集了专家意见

C. 趋势预测法能够在外部环境变化较大的情况下准确地进行预测

D. 经验判断法比较主观，应避免使用该方法

【答案】A

【解析】本题考查人力资源需求预测的方法。

选项A，综合来看，在人力资源需求预测方法中，定量方法在准确预测组织未来的人力资源需求方面可能是非常有效的。在相关条件能够得到满足的情况下，它所得到的预测结果比仅仅运用主观判断的方法所得出的预测结果要精确得多。因此，选项A正确。

选项B，德尔菲法不采用集体讨论的方式，而且匿名进行，这样就可以使专家独立地作出判断，避免了从众的行为，同时也避免了专家必须在一起开会的麻烦。因此，选项B错误。

选项C，趋势预测法要假设组织的技术等因素不会发生大的变化，才能找到未来的简单规律，因此，在实际运用时一定要谨慎，必须确保组织的经营环境及重要技术确实是稳定的。因此，选项C错误。

选项D，定性与定量等方法各有优缺点，所以，组织在进行人力资源需求预测时，在可能的情况下，可以将两种方法结合使用。因此，选项D错误。

因此，本题选项A正确。

私教点拨

历年真题对人力资源需求预测的方法的考查，要求考生注意定性与定量方法的区分，具体如表5-3所示。

表5-3 人力资源需求预测的方法

需求预测方法		内容
定性统计学方法	经验判断法（最简单）	让组织中的中高层管理者凭借自己过去积累的**工作经验**及**个人的直觉**，对组织未来所需要的人力资源的数量和结构等状况进行估计，适用于**短期预测**以及**规模较小或经营环境相对稳定、人员流动率不太高**的组织，要求管理者必须具有比较**丰富的工作经验**
	德尔菲法	（1）吸取和**综合了众多专家的意见**，避免了个人预测的片面性； （2）**不采用集体讨论的方式**，而且匿名进行，这样就可以使专家独立地作出判断，避免了从众的行为，同时也避免了专家必须在一起开会的麻烦； （3）采取**多轮预测**的方法，经过几轮的反复，专家的意见趋于一致，具有较高的准确性
定量统计学方法	比率分析法	是一种基于**关键的经营或管理指标**与组织的人力资源**需求量**之间的**固定比率关系**来预测组织未来人力资源需求的方法
	趋势预测法	是一种简单的时间序列分析法。它是根据一个组织的雇佣水平在最近若干年的**总体变化趋势**，来预测组织在未来某一时期人力资源需求数量的方法
	回归分析法	（1）建立人力资源**需求数量**与其**影响因素**之间的函数关系； （2）将这些影响因素的未来估计值代入函数，从而计算出组织未来的人力资源需求量

考点三 人力资源供给预测

【例题·2020年·单项选择题】某公司在进行人力资源供给预测时，针对某些关键职位，细致分析了组织内部能够填补该职位空缺的合格候选人，这种预测方法属于（　　）。

A. 马尔科夫分析法　　B. 人员替换分析法

C. 趋势预测法　　D. 转移矩阵

【答案】B

【解析】本题考查人力资源供给预测的方法。人员替换分析法的主要做法是针对组织内部的某个或某些特定的职位，确定在未来能够承担该职位工作的合格候选人。因此，本题选项B正确。

私教点拨

历年真题对人力资源供给预测方法的考查，要求考生理解人员替换分析法和马尔可夫分析法的不同，具体如表5-4所示。

表5-4　人力资源供给预测的方法

供给预测方法	关键点	内容
人员替换分析法	**具体**职位	人员替换法强调了从组织内部**选拔合适的候选人**担任相关职位尤其是更高一级职位的做法，它有利于激励员工士气，降低招聘成本，同时，还能为未来的职位填补需要提前做好准备
马尔科夫分析法	**多种**职位	利用**转移矩阵**的统计分析程序来进行人力资源供给预测。转移矩阵能够显示在不同的时间不同职位类型的员工所占的比例（或数量）

考点四 人力资源供求平衡

【例题1·2021年·单项选择题】在人力资源规划中，当需求大于供给时可采取的应对措施是（　　）。

A. 自然减员　　B. 冻结雇用

C. 鼓励员工提前退休　　D. 延长现有员工工作时间

【答案】D

【解析】本题考查人力资源供求平衡的基本对策。当组织的人力资源需求大于供给时，可以采用的主要措施包括：（1）延长现有员工的工作时间，主要针对短期性或阶段性的需求；（2）扩大招募范围，主要针对长期性的人力资源需求；（3）采取各种措施降低现有人员的流失率；（4）通过改进生产技术、优化工作流程、加强员工培训等方式提高员工的工作效率；（5）将组织中的部分非核心业务通过外包的方式处理。

因此，本题选项D正确。

私教点拨

历年真题对人力资源供求平衡基本对策的考查，尤其要求考生注意需求大于供给、需求小于供给、需求供给结构不匹配的情形下组织的对策，具体如表5－5所示。

表5－5 人力资源供求平衡的基本对策

供求关系	主要措施
需求**大于**供给	（1）延长现有员工的工作时间； （2）做好人力资源的招募工作； （3）降低现有人员的流失率； （4）通过改进生产技术、优化工作流程、加强员工培训等方式提高员工的工作效率； （5）外包
需求**小于**供给	（1）冻结雇用； （2）鼓励员工提前退休； （3）工作分享； （4）临时性解雇或永久性裁员； （5）对冗余人员进行培训
需求供给**结构不匹配**	（1）在可能情况下，加强对现有人员的培训开发； （2）在现有人员胜任未来的工作有困难的情况下，组织可能需要通过终止劳动合同、自然退休等方式，逐渐让现有的一些员工离开组织，同时从组织外部招聘高素质的新员工； （3）将原来的一些技能不足的老员工逐渐替换到一些辅助性的工作岗位上，把一些重要的生产、管理类岗位留给那些后来招聘的有能力的候选人

【例题2·2020年·单项选择题】关于企业减少劳动力过剩的方法的说法，正确的是（　　）。

A. 鼓励提前退休的方法，员工受伤害的程度高

B. 冻结雇用的方法，见效速度快

C. 自然减员的方法，员工受伤害的程度低

D. 职位分享的方法，见效速度慢

【答案】C

【解析】本题考查人力资源供求平衡的方法分析。

选项A，鼓励提前退休的方法，员工受伤害的程度低。因此，选项A错误。

选项B，冻结雇用的方法，减效速度慢。因此，选项B错误。

选项C，自然减员的方法，员工受伤害的程度低。因此，选项C正确。

选项D，职位分享的方法，见效速度快。因此，选项D错误。

因此，本题选项C正确。

私教点拨

历年真题对人力资源供求平衡的方法分析的考查，减少未来出现劳动力过剩的方法和避免未来出现劳动力短缺的方法是考查的重点，考生要注意区分，具体如表5-6、5-7所示。

表5-6 减少未来出现劳动力过剩的方法

方法	速度	员工受伤害的程度
1. 裁员	快	高
2. 降薪	快	高
3. 降级	快	高
4. 职位调动	快	中等
5. 职位分享	快	中等
6. 冻结雇用	慢	低
7. 自然减员	慢	低
8. 鼓励提前退休	慢	低
9. 进行重新培训	慢	低

表5-7 避免未来出现劳动力短缺的方法

方法	速度	可撤回程度
1. 加班加点	快	高
2. 雇用临时工	快	高
3. 业务外包	快	高
4. 再培训后换岗	慢	高
5. 降低流动率	慢	中等
6. 从外部雇用新员工	慢	低
7. 技术创新	慢	低

案例分析题专练

【例题·2019年·案例分析题】

某企业自成立后发展迅速，随着市场份额的不断扩大，企业人员数量由2 500人增加到6 600人，但是随着市场产能过剩，市场空间逐步缩小，企业决定采取收缩战略，再加上该企业的产品类型较为单一，所以企业整体的人数冗余情况比较严重，而与此同时，企业内部有些部门却还存在着人手不足和明	**【审题过程】** [1] 本题考查人力资源规划的意义和作用。①人力资源规划有利于组织战略目标的实现；②良好的人力资源规划有利于组织整体人力资源管理系统的稳定性、一致性和有效性，有利于组织的健康和可持续发展；③良好的人力资源规划还有助于组织对人工成本的合理控制。

显的人岗不匹配现象［1］［2］［3］［4］，在行业不景气的大形势下，未来如何维持企业运营并保持一定增长，需要企业充分利用现有的人力资源，以满足战略发展的需要，对此，该企业的管理者感到较为困惑。	［2］考查人力资源需求预测的影响因素： 在进行一个组织的人力资源需求预测时，主要应当考虑组织的战略定位和战略调整、组织所提供的产品和服务的变化情况、组织的技术变革、组织结构调整以及流程再造等若干方面的因素。 ［3］考查人力资源需求大于供给时的组织对策： ①延长现有员工的工作时间，主要针对短期性或阶段性的时候；②扩大招募范围，主要针对长期性的人力资源需求；③采取各种措施降低现有人员的流失率；④通过改进生产技术、优化工作流程、加强员工培训等方式提高员工的工作效率；⑤将组织中的部分非核心业务通过外包的方式处理。 ［4］考查人力资源需求小于供给时的组织对策： ①冻结雇用；②鼓励员工提前退休；③工作分享；④临时性解雇或永久性裁员；⑤对冗余人员进行培训。

根据以上资料，回答下列问题：

1. 为了更好地利用现有人力资源，该企业需要重点做好的人力资源管理工作有（　　）。

A. 人力资源优化配置　　B. 提高员工福利

C. 招聘新员工　　D. 人力资源规划

2. 该企业当前面临的人数冗余问题，反映了（　　）对人力资源需求的影响。

A. 技术　　B. 企业战略

C. 产品市场　　D. 人力资源供给

3. 解决该企业内部有些部门人才短缺的方法有（　　）。

A. 业务外包

B. 本部门员工加班加点

C. 在本部门内进行职位分享

D. 对其他部门中可用的冗余人员再培训后转到人才紧缺部门

4. 为应对企业整体人员过剩的情况，企业可以采取的方法有（　　）。

A. 裁员　　B. 雇用临时工

C. 降薪降级　　D. 鼓励提前退休

1.【答案】AD 【解析】根据人力资源规划的意义可知做好人力资源规划有利于组织战略目标的实现，所以选项D正确。根据材料中存在的人手不足和明显人岗不匹配的现象，还应注重人力资源的优化配置，因此，选项AD正确。	【答案解读】 本题考查对人力资源规划内容的综合运用。 [1] 考查人力资源规划的意义和作用： ①人力资源规划有利于组织战略目标的实现；②良好的人力资源规划有利于组织整体人力资源管理系统的稳定性、一致性和有效性，有利于组织的健康和可持续发展；③良好的人力资源规划还有助于组织对人工成本的合理控制。
2.【答案】B 【解析】根据材料，随着市场产能过剩，市场空间逐步缩小，企业决定采取收缩战略，所以可知企业战略调整对组织的人力资源需求产生了影响，因此，选项B正确。	[2] 考查人力资源需求预测的影响因素： 在进行一个组织的人力资源需求预测时，主要应当考虑组织的战略定位和战略调整、组织所提供的产品和服务的变化情况、组织的技术变革、组织结构调整以及流程再造等若干方面的因素。
3.【答案】ABD 【解析】根据人力资源供给小于需求的组织对策可知，业务外包、本部门员工加班加点、对其他部门中可用的冗余人员再培训后转到人才紧缺部门，均可解决本企业内部人才短缺的情况。在本部门内进行职位分享，属于人员过剩的情况下采取的措施。因此，选项ABD正确。	[3] 考查人力资源需求大于供给时的组织对策： ①延长现有员工的工作时间，主要针对短期性或阶段性的需求；②扩大招募范围，主要针对长期性的人力资源需求；③采取各种措施降低现有人员的流失率；④通过改进生产技术、优化工作流程、加强员工培训等方式提高员工的工作效率；⑤将组织中的部分非核心业务通过外包的方式处理。
4.【答案】ACD 【解析】根据人力资源需求小于供给时的组织对策可知，裁员、降薪降级、鼓励提前退休，均可解决本企业整体人员过剩的情况，而雇用临时工属于解决人才短缺的方法。因此，选项ACD正确。	[4] 考查人力资源需求小于供给时的组织对策： ①冻结雇用；②鼓励员工提前退休；③工作分享；④临时性解雇或永久性裁员；⑤对冗余人员进行培训。

真题演练

一、单项选择题

1.（2019年）在预测一家企业未来的人力资源供给状况时，马尔科夫分析法依据的是（　　）。

A. 企业的外部经营环境变化　　B. 企业未来的生产经营状况

C. 企业过去的人员变动规律　　D. 企业员工的离职率

2. （2018 年）企业在预测未来人力资源需求时，有时会基于某一种关键的经营管理指标与人力资源需求量之间的关系来进行预测，这种方法属于（　　）。

A. 趋势预测法　　B. 比率分析法
C. 马尔科夫分析法　　D. 人员替换分析法

3. （2018 年）企业在评估内部的人力资源供给情况时，可以采用的工具是（　　）。

A. 劳动力市场供给趋势表　　B. 竞争对手劳动力需求分析图
C. 人力资源技能库　　D. 本行业人员流动率分析表

4. （2018 年）为应对劳动力稀缺的情况，企业可以采取的见效速度快的方法是（　　）。

A. 加班加点　　B. 技术创新　　C. 招聘新员工　　D. 降低员工离职率

5. （2018 年）某企业决定进入新业务领域，急需大量该业务领域的优秀人才，这表明影响其人力资源需求的因素是（　　）。

A. 组织战略　　B. 组织结构调整
C. 技术变革　　D. 业务流程再造

6. （2017 年）关于预测人力资源需求的经验判断法的说法，错误的是（　　）。

A. 它是一种简单便捷的人力资源需求的预测方法
B. 它是一种让管理人员凭借多年的工作经验积累和直觉预测人力资源需求的方法
C. 它适用于外部经营环境变化较大的企业
D. 它适合进行短期人力资源需求预测

7. （2017 年）既能在未来一定时期减少企业人员数量，又能使员工受到的伤害较轻的劳动力供求平衡措施是（　　）。

A. 自然减员　　B. 裁减人员　　C. 降低员工薪酬　　D. 雇用临时工

8. （2016 年）下列人力资源需求预测方法中，属于定性预测方法的是（　　）。

A. 时间序列分析法　　B. 德尔菲法
C. 回归分析法　　D. 比率分析法

9. （2015 年）经常用于人力资源需求预测的定量分析方法是（　　）。

A. 时间序列分析法　　B. 主观判断法
C. 德尔菲法　　D. 马尔科夫分析法

10. （2015 年）当企业的人力资源供大于求时，调整速度慢且对员工伤害程度较低的人力资源供需平衡方法是（　　）。

A. 裁员　　B. 减薪　　C. 工作轮换　　D. 自然减员

11. （2014 年）根据企业的业务活动量和人员水平这两种因素之间的相关关系，来预测企业未来人员需求的技术是（　　）。

A. 比率分析法　　B. 德尔菲法　　C. 回归分析法　　D. 时间序列分析法

12. （2013 年）当组织的人力资源供给小于需求时，正确的供需平衡方法是（　　）。

A. 扩大经营规模　　B. 延长工作时间
C. 裁员　　D. 推行工作分享

13.（2012 年）由多名专家采用多轮、匿名方式对组织未来人力资源需求进行预测的方法是（　　）。

A. 德尔菲法　　B. 时间序列法

C. 比率分析法　　D. 回归分析法

二、多项选择题

1.（2019 年）人力资源需求预测的方法包括（　　）。

A. 德尔菲法　　B. 人员替换分析法

C. 趋势预测法　　D. 经验判断法

E. 比例分析法

2.（2018 年）关于人力资源需求预测方法的说法，正确的有（　　）。

A. 经验判断法是一种定性的主观判断法

B. 回归分析法是一种定量的预测方法

C. 德尔菲法要求专家们一起开会集体进行需求预测

D. 定量的需求预测方法准确性往往比较高

E. 定性的需求预测方法过于主观，不适合使用

3.（2015 年）当企业人力资源供给小于需求时，恰当的供给平衡措施是（　　）。

A. 限制加班　　B. 返聘退休人员

C. 冻结招聘　　D. 裁员

E. 提高现有工作人员的工作效率

4.（2014 年）当组织人力资源出现结构性失衡时，正确的供需平衡方法是（　　）。

A. 通过晋升和调动等方式对人员重新配置

B. 缩短工作时间或降低人员的工资

C. 对人员进行有针对性的专门培训

D. 通过人员置换，裁减组织不需要的人员，补充组织需要的人员

E. 缩减经营规模或大规模减员

真题演练答案及解析

一、单项选择题

1.【答案】C

【解析】本题考查马尔科夫分析法。马尔科夫分析法主要是利用一种所谓转移矩阵的统计分析程序来进行人力资源供给预测。转移矩阵能够显示在不同的时间不同职位类型的员工所占的比例（或数量）。一般情况下，这些矩阵能够显示在一年当中，一个组织中的人员是如何从一种状态（在企业之外）或一种职位类型转变为另外一种状态或另外一种职位类型的。因此，本题选项 C 正确。

2.【答案】B

【解析】本题考查比率分析法的定义。比率分析法是一种基于关键的经营或管理指标与组织的人

力资源需求量之间的固定比率关系来预测组织未来人力资源需求的方法。因此，本题选项 B 正确。

3.【答案】C

【解析】本题考查人力资源供给预测的内容及其影响因素。首先，一个组织的人力资源供给情况一定会受到外部劳动力市场总体情况的影响，而这里的劳动力市场既包括组织所在地区的地区性劳动力市场的情况，也涵盖了全国劳动力市场的情况。其次，在进行人力资源供给预测时，组织还必须对组织内部现有的人力资源状况有清晰的了解，在这方面，很重要的一个点是建立组织内部的员工技能数据库，这种数据库通常是组织人力资源管理信息系统的一个重要组成部分。因此，本题选项 C 正确。

4.【答案】A

【解析】本题考查避免未来出现劳动力短缺的方法。在避免出现劳动力短缺的方法中，见效速度快的方法主要有加班加点、雇用临时工、业务外包。因此，本题选项 A 正确。

5.【答案】A

【解析】本题考查人力资源需求预测的影响因素。在进行一个组织的人力资源需求预测时，主要应当考虑组织的战略定位和战略调整、组织所提供的产品和服务的变化情况、组织的技术变革、组织结构调整以及流程再造等若干方面的因素。其中组织的战略定位和战略调整所要考虑的是组织进入一个新的业务领域，或者在原业务领域中快速扩大经营规模等因素。因此，本题选项 A 正确。

6.【答案】C

【解析】本题考查经验判断法。这是一种最简单的人力资源需求预测方法，它的做法是让组织中的中高层管理者凭借自己过去积累的工作经验以及个人的直觉，对组织未来所需要的人力资源的数量和结构等状况进行估计。这种方法主要是凭借管理者的主观感觉和经验来进行人力资源需求预测，所以它主要适用于短期预测，以及那些规模较小或经营环境相对稳定、人员流动率不太高的组织。因此，本题选项 C 当选。

7.【答案】A

【解析】本题考查避免未来出现劳动力过剩的方法。使员工受到的伤害较轻的劳动力供求平衡措施有冻结雇用、自然减员、鼓励提前退休、进行重新培训。因此，本题选项 A 正确。

8.【答案】B

【解析】本题考查人力资源需求预测的方法。在对人力资源需求进行预测时，既可以采用定性的主观判断法，又可以使用定量的统计学方法。其中，主观判断法又包括经验判断法和德尔菲法两种。定量的人力资源需求预测方法包括比率分析法、趋势预测法以及回归分析法。因此，本题选项 B 正确。

9.【答案】A

【解析】本题考查人力资源需求预测的方法。在对人力资源需求进行预测时，既可以采用定性的主观判断法，又可以使用定量的统计学方法。其中，主观判断法又包括经验判断法和德尔菲法两种。定量的人力资源需求预测方法包括比率分析法、趋势预测法（一种简单的时间序列分析法）以及回归分析法。马尔科夫分析法属于人力资源供给预测的方法。因此，本题选项 A 正确。

10.【答案】D

【解析】本题考查减少未来出现劳动力过剩的方法。调整速度慢且对员工伤害程度较低的人力资源供需平衡方法包括冻结雇用、自然减员、鼓励提前退休、进行重新培训。因此，本题选项 D 正确。

11.【答案】C

【解析】本题考查回归分析法。回归分析法的主要做法是：①建立人力资源需求数量与其影响因素之间的函数关系；②将这些影响因素的未来估计值代入函数，从而计算出组织未来的人力资源需求量。根据回归方程所涉及的自变量数量，可以将回归分析法划分为一元回归分析法和多元回归分析法两种，也可以划分为线性回归和非线性回归两种类型。因此，本题选项 C 正确。

12.【答案】B

【解析】本题考查人力资源供给小于需求时的方法。当组织的人力资源需求大于供给时，可以采取的主要措施包括：①延长现有员工的工作时间，主要针对短期性或阶段性的需求；②扩大招募范围，主要针对长期性的人力资源需求；③采取各种措施降低现有人员的流失率；④通过改进生产技术、优化工作流程、加强员工培训等方式提高员工的工作效率；⑤将组织中的部分非核心业务通过外包的方式处理。因此，本题选项 B 正确。

13.【答案】A

【解析】本题考查德尔菲法。德尔菲法具有一些明显的优点：①它吸取和综合了众多专家的意见，避免了个人预测的片面性；②它不采用集体讨论的方法，而且匿名进行，这样就可以使专家独立地作出判断，避免了从众的行为，同时也避免了专家必须在一起开会的麻烦；③它采取多轮预测的方法，经过几轮的反复，专家的意见趋于一致，具有较高的准确性。因此，本题选项 A 正确。

二、多项选择题

1.【答案】ACDE

【解析】本题考查人力资源需求预测的方法。在对人力资源需求进行预测时，既可以采用定性的主观判断法，又可以使用定量的统计学方法。其中，主观判断法又包括经验判断法和德尔菲法两种。定量的人力资源需求预测方法包括比率分析法、趋势预测法（一种简单的时间序列分析法）以及回归分析法。因此，本题选项 ACDE 均正确。

2.【答案】ABD

【解析】本题考查人力资源需求预测的方法。

选项 A，在进行人力资源需求预测时，可以采用定性的主观判断法，包括经验判断法和德尔菲法。因此，选项 A 正确。

选项 B，定量的人力资源需求预测方法包括比率分析法、趋势预测法（一种简单的时间序列分析法）以及回归分析法。因此，选项 B 正确。

选项 C，德尔菲法不采用集体讨论的方式，而且匿名进行，这样就可以使专家独立地作出判断，避免了从众的行为，同时也避免了专家必须在一起开会的麻烦。因此，选项 C 错误。

选项 D，综合来看，在人力资源需求预测的方法中，定量方法在准确预测组织未来的人力资源需求方面可能是非常有效的，在相关条件能够得到满足的情况下，它所得到的预测结果比仅仅运用主观判断的方法所得出的预测结果要精确得多。因此，选项 D 正确。

选项 E，市场和组织内部的各种情况都在变化，利用经验数据和历史趋势进行人力资源需求预测的严格条件可能无法达到，因此，使用定量的统计学方法进行预测也是有局限性的。在缺乏历史数据或者环境变化很大的情况下，依靠专家通过长期积累的经验进行主观的人力资源需求预测可能是最佳途径。这两种预测方法各有优缺点，所以，组织在进行人力资源需求预测时在可能的情况下，可以将两种方法结合使用。因此，选项 E 错误。

因此，本题选项 ABD 均正确。

3. **【答案】**BE

【解析】本题考查人力资源供给小于需求时的方法。当组织的人力资源需求大于供给时，可以采取的主要措施包括：①延长现有员工的工作时间，主要针对短期性或阶段性的需求；②扩大招募范围，主要针对长期性的人力资源需求；③采取各种措施降低现有人员的流失率；④通过改进生产技术、优化工作流程、加强员工培训等方式提高员工的工作效率；⑤将组织中的部分非核心业务通过外包的方式处理。因此，本题选项 BE 均正确。

4. **【答案】**ACD

【解析】本题考查人力资源需求与供给结构不匹配时的组织对策。在这种供求结构不对等的情况下，组织需要采取的措施可能包括：①在可能情况下，加强对现有人员的培训开发；②在现有人员胜任未来的工作有困难的情况下，组织可能需要通过终止劳动合同、自然退休等方式让现有的一些员工离开组织，同时从组织外部招聘高素质的新员工；③将原来的一些技能不足的老员工逐渐替换到一些辅助性的工作岗位上，把一些重要的生产、管理类岗位留给那些后来招聘的有能力的候选人。因此，本题选项 ACD 均正确。

第六章　人员甄选

本章考情 Q&A

Q：本章的重要性和难度如何？

A：本章属于**重点章节**，学习难度较低，内容相对较少，对于第五章“人力资源规划”及后续章节的学习起到了承上启下的作用。从历年真题来看，每年考查的分值为 8~9 分。

Q：本章在考试中通常以什么形式出现？

A：从历年真题来看，本章内容在单项选择题、多项选择题和案例题中均有涉及，近几年在案例题中考查的频率较高，尤其是对信度与效度的含义及其分类、人员甄选的方法分类等内容进行考查。

Q：本章 2022 年的内容有改动么？

A：本章内容无实质性改动。

Q：本章考点在历年考试中的分布情况如何？

A：以下是老师们的统计：

考点	2021 年	2020 年	2019 年	2018 年	2017 年	2016 年	2015 年	2014 年	2013 年	2012 年
信度	√		√			√			√	√
效度	√	√	√	√		√	√	√		
心理测试		√	√	√	√		√	√		√
成就测试		√		√	√		√			
评价中心技术	√	√	√	√			√			√
面试	√		√	√	√				√	

经典例题

考点一　信度

【例题 · 2021 年 · 多项选择题】 内部一致性信度又分为（　　）。

A. 分半信度　　B. 重测信度　　C. 复本信度　　D. 同质性信度

E. 评价者信度

【答案】AD

【解析】本题考查信度相关内容。内部一致性信度反映同一测试内容的各个题目之间的得分一致性程度，主要有两种：分半信度和同质性信度。因此，本题选项AD均正确。

私教点拨

信度的内涵、分类在历年考试中考查得较为频繁，具体如表6-1所示。

表6-1 信度的内涵及分类

类别	内容
内涵	又称为内部测试的**内部一致性**程度或**稳定性**程度，它是对任何一种测试工具的最基本要求
信度系数	介于0~1之间，0表示信度最低，1表示信度最高。一般情况下，信度系数**不低于0.7**的测试工具被视为信度较好
分类	**重测信度**：又称再测信度，是指用同一种测试工具在不同的时间对同一群人进行多次测试所得到的结果的一致性程度
	复本信度：是指在测试的结构、实际测试效果等方面与最初的测试工具的一致性程度
	内部一致性信度：反映同一测试内容的各个题目之间的得分一致性程度，主要有两种——分半信度和同质性信度
	评价者信度：指不同评价者在使用同一种测试工具时所给出的分数之间的一致性程度

考点二 效度

【例题·2021年·单项选择题】某项甄选测试的目的是评价求职者的逻辑能力，但是测试的题目设计不佳，变成了考查求职者的知识记忆情况，则该测试的（　　）比较低。

A. 同时效度

B. 预测效度

C. 内容效度

D. 效标效度

【答案】C

【解析】本题考查内容效度的定义。内容效度是指一项测试的内容与测试所要达到的目标之间的相关程度，即一项测试的内容能够代表它所要测量的主题或特质的程度。因此，本题选项C正确。

私教点拨

历年真题对效度的内涵、分类等知识点的考查较为频繁，考生要注意理解，具体如表6-2所示。

表6-2 效度的内涵及分类

类别	内容
内涵	效度是指一种测试的**有效性**程度，它反映了一种测试工具对于它所要测量的内容或特质进行准确测量的程度
分类	**内容效度**：是指一项**测试的内容**与**测试所要达到的目标**之间的相关程度，即一项测试的内容能够代表它所要测量的主题或特质的程度
	效标效度：也称效标关联效度，是指一种测试或甄选技术对被测试者的一种或多种工作行为或工作绩效进行预测的准确程度。比较常用的效标效度是预测效度和同时效度。 **预测效度**：要考察的是员工被雇用之前的测试分数与其被雇用之后的实际工作绩效之间是否存在实证性联系。 **同时效度/同步效度**：直接选取甄选过程中参加测试时的分数以及工作的绩效分数，看两组数据之间到底存在怎样的相关关系
	构想效度/结构效度：是指一项测试对于某种不可观察的、比较抽象的构想或特质进行测量的程度，即一项测试的结果解释某一理论上的假设、术语等构想的程度

考点三 心理测试

【例题·2018年·多项选择题】从测试的内容来看，心理测试可以划分为（　　）三大类。

A. 评价中心技术

B. 职业兴趣测试

C. 成绩测试

D. 人格测试

E. 能力测试

【答案】BDE

【解析】本题考查心理测试的分类。从测试的内容来看，心理测试可以划分为能力测试、人格测试和职业兴趣测试三大类。其中，能力测试的目的是测试一个人是否具有从事一项特定工作的潜在能力，人格测试的目的是了解被测试者的人格特质，职业兴趣测试则试图揭示人们想做什么以及喜欢做什么。因此，本题选项BDE正确。

私教点拨

历年真题对心理测试相关内容，尤其是心理测试的分类的考查比较细致，考生需要注意区分，具体如表6-3所示。

表6-3 心理测试的分类

类型	方法	内容
能力测试	认知能力测试	**一般认知能力测试**：即通常所说的智力测试或智商测试，它所要测量的不是一个人的某种单一特质，而是同时测量一个人的多种能力，如记忆力、口头表达能力以及数学能力等 **特殊认知能力测试**：针对一些比较具体的认知能力（如归纳和演绎能力、语言理解能力、记忆力、空间关系能力、创造力等）设计的测试
	运动和身体能力测试	包括心理运动能力测试和身体能力测试两大类
人格测试	**自陈量表法**	编制好一套人格测试问卷之后，由**被测试者本人**根据自己的实际情况或感受来回答问卷中的全部问题，以此来衡量一个人的人格
	评价量表法	首先提供一组描述人的个性或特质的词或句子，其次，让**其他人**通过对被测试者的观察，对被测试者的人格或特质作出评价
	投射法	首先向被测试者提供一些未经组织的刺激情境，其次让被测试者在不受限制的情境下自由表现出自己的反应
	MBTI人格类型测试	**外倾—内倾**：反映一个人的注意力集中的方向
		感觉—直觉：获取信息的方式
		理性—情感：处理信息和做出决策的方式
		判断—感知：通常表现出来的对待外界的方式
	“大五”人格测试	外向性、愉悦性、公正严谨性、神经质性、开放性
职业兴趣测试	现实型	偏好与具体的物体打交道，喜欢有规则的具体劳动以及需要基本技能的工作，不喜欢跟人打交道，不适应社会性质的职业，厌恶从事教育、服务和说服性的工作。适合从事**技能性**和**技术性**的职业
	研究型	聪明、理性、细致、喜欢批评，喜欢抽象的、分析性的、独立性的工作，愿意进行系统的创造性探究，偏好对各种现象进行观察、分析和推理，以理解和把握这些现象。适合从事**科学研究类**工作以及**工程设计类**工作等
	艺术型	具有想象力，冲动、直觉、理想化、有创意，偏好模糊、自由和非系统化的活动，不注重实际，不善于从事事务性工作。适合从事**文学艺术**方面的工作

续表

类型	方法	内容
	社会型	合作、友善、善于言谈和社交，观察能力强，喜欢社会交往，关心社会问题，重视社会公正和正义，有教导、指点和培训别人的能力和愿望，不喜欢与材料、工具、机械等实物打交道。适合从事**教育**、**咨询**等方面的工作
	企业型	冒险、乐观、自信、精力充沛、有进取心，喜欢担任有领导责任的工作，看重政治和经济方面的成就，喜欢追求财富、权力和地位，喜欢与人争辩，喜欢说服别人接受自己的观点，但是他们不喜欢从事研究性的工作。适合担任**企业领导**或**行政管理者**
	常规型	顺从、谨慎、保守、实际、稳重，喜欢条理性强的工作，偏好对文字和数据等资料进行明确、有序的整理，喜欢使用文字和数据处理设备等协助组织实现目标或获取经济收益，厌恶模糊、不正规、非程序化或探究性的活动，不喜欢自己对事情做判断和决策。适合从事**办公室事务性工作**，**图书管理工作**，**会计类**、**统计类**工作

考点四 成就测试

【例题·2020年·单项选择题】注册会计师职业资格考试属于（　　）。

A. 认知能力测试　　　　B. 人格测试

C. 知识测试　　　　D. 心理测试

【答案】C

【解析】本题考查知识测试的定义。知识测试就是我们通常所说的考试，它所要考查的是一个人在特定领域掌握的知识的广度和深度。例如，在我国，要成为注册会计师和律师就必须通过相应的注册会计师考试和国家司法考试。因此，本题选项C正确。

私教点拨

历年真题对成就测试的考查，主要涉及成就测试的定义、分类及优缺点，具体如表6-4所示。

表6-4　成就测试的定义、分类及优缺点

类别	内容
定义	成就测试又称熟练性测试或学绩测试，它通常是对一个人在接受了一定的教育或训练之后获得的成果进行测试，测试的目的是考查一个人在多大程度上掌握了对于从事某种具体工作而言非常重要的那些知识或技能

续表

类别	内容
分类	**知识测试**：即我们通常所说的考试，它所要考查的是一个人在特定领域掌握的知识的广度和深度。例如，在我国，要成为注册会计师和律师就必须通过相应的注册会计师考试和国家司法考试
	工作样本测试：是指在一个对实际工作的一部分或全部进行模拟的环境中，让求职者实地完成某些具体工作任务的一种测试方法。例如：对计算机编程人员实施的编程测试；对物流货运人员实施的标准驾驶测试；对秘书和文员实施的电子文字和电子表格标准化测试；对管理者实施的公文处理测试以及在交响乐团和芭蕾舞蹈团中实施的视听测试等。优点：这种测试工具的效标效度和内容效度都很高；缺点：普遍适用性很低，开发成本相对较高

考点五 评价中心技术

【例题·2020年·多项选择题】关于无领导小组讨论的说法，正确的有（ ）。

A. 该测试对考官的评分技术要求低

B. 该测试鼓励求职者自由发言

C. 该测试可以使用两难性问题、多项选择问题作为试题

D. 在讨论过程中考官不事先指定领导者

E. 考官不参与讨论过程

【答案】BCDE

【解析】本题考查无领导小组讨论。

选项A，无领导小组讨论方法的缺点之一就是对评价者的评分技术要求较高，要求他们必须接受过专门的观察以及评价培训，以免他们的评价结果过多地受到个人的主观意见甚至偏见的影响。因此，选项A错误。

选项B，所谓的“无领导小组”，就是在讨论的过程中，组织者不会为该小组指定一名领导人，而是让大家自由发言。因此，选项B正确。

选项C，无领导小组讨论中使用的试题可以分为开放式问题、两难性问题、多项选择问题、操作性问题、资源争夺性问题。因此，选项C正确。

选项D，在讨论的过程中，并不指定谁是领导，也不指定每一位被测试者应当坐在什么位置。因此，选项D正确。

选项E，评价者不参与讨论过程，他们甚至不在现场进行观察，而是透过一个单向的玻璃墙或者利用视频技术对讨论过程进行观察，然后对参与者在相关方面的表现进行评价。因此，选项E正确。

因此，本题选项BCDE均正确。

私教点拨

历年真题对评价中心技术的具体测试方法的考查，容易出现在单项选择题、多项选择题、案例分析题中，考生要注意区分，具体如表6-5所示。

表6-5 评价中心技术的三种测试方法

类别	公文筐测试	无领导小组讨论	角色扮演
内涵	考查被测试者对管理者在实际工作中需要掌握和分析的资料、处理的信息以及做出的决策等所作的一种抽象和集中的反应，在测试中通常会涉及可能会在一位管理者的案头出现的各种需要**处理**的**文件**	所谓的“无领导小组”，就是在讨论的过程中，**组织者不会为该小组指定一名领导人**，而是让大家自由发言	要求被测试者扮演一位管理者或者岗位员工，然后让他们根据自己对角色的认识或担任相关角色的经验进行相应的语言表达和行为展示的测试方法
优点	(1) 具有较高的内容效度和效标效度； (2) 它的操作比较简单； (3) 它的表面效度比较高	可以考查被测试者的组织协调能力、口头表达能力、说服能力、领导能力、人际交往能力以及自信程度、进取心、情绪稳定性、反应灵活性等个性特点	
缺点	(1) 编制成本较高； (2) 这种测试是由被测试者单独完成，所以无法通过这种测试考查被测试者的人际交往能力和团队工作能力	(1) 对测试题目的要求较高； (2) 对评价者的评分技术要求较高； (3) 在有些情况下，被测试者仍然有可能会有意识地表现自己或掩饰自己	

考点六 面试

【例题1·2017年·单项选择题】 多位被面试者在同一时间和同一场合，共同接受面试官面对面的询问，这种面试称为（　　）。

A. 单独面试　　B. 系列面试

C. 小组面试　　D. 集体面试

【答案】 D

【解析】 本题考查面试的类型。集体面试是指多位被面试者在同一时间和同一场合，共同接受面试考官面对面的面试形式，因此，本题选项D正确。

私教点拨

历年真题对面试的类型的考查，在单项选择题、多项选择题、案例分析题中均会考查，具体如表 6-6 所示。

表 6-6　面试的类型

分类标准	类型	具体内容
面试的结构化程度	**非结构化面试**	指在面试过程中，**不存在**结构化的面试指南或必须遵循既定格式的面试形式
	结构化面试	又称**标准化面试**，是依据预先确定的面试内容、程序、评分结构等进行的面试形式
	半结构化面试	是一种介于非结构化面试和结构化面试之间的一种面试形式
面试的组织形式	**单独面试**	又称**一对一面试**，即面试考官和被面试者两个人单独见面，面试考官进行口头引导或咨询，被面试者作出回答
	系列面试	又称**顺序面试**，即组织根据某种特定的先后顺序，安排组织中的若干人员对同一位被面试者进行多轮面试，最后再将所有面试考官独立得出的面试结果加以汇总，从而最终得出面试结论
	小组面试	是指由**一组面试考官**在同一时间和同一场所，**共同对一位被面试者**进行提问、观察并作出评价的面试形式
	集体面试	是指**多位被面试者**在同一时间和同一场合，**共同接受面试考官面对面询问**的面试形式
特殊的面试形式	**压力面试**	是指面试考官在面试过程中**故意制造出一种紧张气氛**，对被面试者施加一定的心理压力，然后观察被面试者在压力状况下的情绪变化以及反应的面试形式
	电话面试和网络视频面试	随着互联网和计算机技术的发展，电话面试又发展为网络视频面试

【例题 2 · 2018 年 · 单项选择题】“如果客户投诉你的某位下属存在工作态度问题，你会怎么做?”这种面试问题属于（　　）。

A. 知识性问题　　B. 人格性问题

C. 经验性问题　　D. 情境化问题

【答案】 D

【解析】 本题考查情境化结构面试的题目类型。情境化结构面试的题目可以分为两类：第一类是过去导向型，即以过去的经验为依据，它要求被面试者回答他们在过去的工作中遇到的某种情形，以及他们当时是如何处理的。第二类是未来导向型，它要求被面试者回答，将来一旦遇到某种假设的情形，他们将会采取怎样的处理措施。因此，本题选项 D 正确。

私教点拨

历年真题对改善面试效果的主要方法相关知识点的考查，每一点都可分别考查，具体如表 6－7 所示。

表 6－7　改善面试效果的主要方法

类别	具体内容	
采用**情境化**结构面试	STAR 原则	**典型环境**（situation）、**工作任务**（task） **行动**（action）、**结果**（result）
	题目类型	**过去导向型**
		未来导向型
面试前做好充分准备	（1）安排好面试所需的时间、场地和资料； （2）认真阅读简历材料和职位说明书，准备好相关的问题	
系统培训面试考官	面试官在面试过程中**可能会犯的错误**	（1）说话过多，影响了本来能够从被面试者那里收集到的与工作相关的信息数量； （2）对不同的被面试者提问的问题不一致，导致从不同的被面试者那里收集到的信息类型不一样； （3）提问与履历工作职责无关或者相关性不大的问题； （4）对自己评价被面试者的能力过于自信，导致对被面试者匆忙下结论； （5）受到被面试者的一些非语言行为的影响或干扰； （6）因前面一位被面试者的表现影响对后一位被面试者的评价

案例分析题专练

【例题 · 2020 年 · 案例分析题】

某公司招聘面试最初的效果不理想，几个面试官对同一求职者的打分差异大［1］，录用人员中面试得分很高的人，入职后实际工作绩效不尽如人意［2］。针对这种情况，公司人力资源部对面试官进行了集中培训［4］，讲授面试技巧，帮助了解面试中可能犯的错误，提高面试水平。与此同时，还推广采用情境化结构面试［3］。这次集中培训取得了较好的效果，在后来的面试中，面试考官通过询问情境化题目，对求职者的工作经验和能力进行了较为准确的判断，招聘的人员也更加符合职位的要求。

【审题过程】

［1］考查信度测试的几种类型：

重测信度：同一测试工具在不同时间对同一群人进行多次测试所得结果的一致性；

复本信度：在测试结构、实际测试效果等方面与最初的测试工具的一致性程度；

内部一致性信度：用多个题目来测试同一个问题，主要有分半信度和同质性信度；

评价者信度：不同评价者使用同一种测试工具时所给出分数之间的一致性程度。

	[2] 考查效度的几种类型： 内容效度：测试的内容与测试所要达到的目标之间的相关程度； 效标效度：一种测试或甄选技术对被测试者的一种或多种工作行为或工作绩效进行预测的准确程度，包括预测信度和同时信度； 构想效度：一项测试的结果解释某一理论上的假设、术语等构想的程度。 [3] 考查情境化结构面试的两种题目： 过去导向型：以过去的经验为依据，它要求被面试者回答他们在过去的工作中遇到的某种情形，以及他们当时是如何处理的； 未来导向型：它要求被面试者回答，将来一旦遇到某种假设的情形，他们将会采取怎样的处理措施。 [4] 考查面试考官在面试过程中可能会犯的一些错误： (1) 说话过多，影响了本来能够从被面试者那里收集到的与工作相关的信息数量； (2) 对不同的被面试者提问的问题不一致，导致从不同的被面试者那里收集到的信息类型不一样； (3) 提问与履历工作职责无关或相关性不大的问题； (4) 对自己评价被面试者的能力过于自信，导致对被面试者匆忙下结论； (5) 受到被面试者的一些非语言行为的影响或干扰； (6) 因前面一位被面试者的表现影响对后一位被面试者的评价。

根据以上资料，回答下列问题：

1. 集中培训前，几个面试官对同一位求职者的打分差异很大，这说明面试的（　　）低。

A. 复本信度　　B. 评价者信度

C. 重测信度　　D. 内部一致性信度

2. 该公司招聘来的人员面试得分很高，但入职后实际工作绩效不尽如人意，这说明（　　）低。

A. 内容效度　　B. 构想效度

C. 同时效度　　D. 预测效度

3. 该公司采用情境化结构面试，可选择的题目有（　　）。

A. 你的优点是什么

B. 有没有遇到过带领团队实现具有挑战性目标的情况，你是如何做的

C. 假设你的下属对你安排的工作不太满意，你该如何处理

D. 你为什么愿意加入我们公司

4. 在对面试官的培训中，应告诉面试官尽量避免的错误有（　　）。

A. 提问和工作职责无关的问题

B. 对求职者进行的评价受到其前后求职者表现的影响

C. 说话过多，影响求职者作答

D. 有意制造紧张气氛以考查求职者在压力状况下的表现

	【答案解读】
1. **【答案】** B **【解析】** 集中培训前，几个面试官对同一位求职者的打分差异很大，说明不同评价者使用同一种测试工具给出分数之间的一致性程度较低，属于评价者信度的范畴，选项 B 正确。	本题对人员甄选的方法进行综合考查。 [1] 考查评价者信度： 评价者信度：不同评价者使用同一种测试工具时所给出分数之间的一致性程度。
2. **【答案】** D **【解析】** 该公司招聘来的人员面试得分很高，但入职后实际工作绩效不尽如人意，说明甄选过程中参加测试时的分数以及后来的绩效分数之间相关性较差，属于效标效度中的预测效度，选项 D 正确。	[2] 考查对效标效度： 效标效度：一种测试或甄选技术对被测试者的一种或多种工作行为或工作绩效进行预测的准确程度，包括预测信度和同时信度。
3. **【答案】** BC **【解析】** 情境化结构面试的两种题目，一是过去导向型，二是未来导向型。选项 B 属于过去导向型，选项 C 属于未来导向型，选项 BC 正确。	[3] 考查情境化结构面试的两种题目： 过去导向型：以过去的经验为依据，它要求被面试者回答他们在过去的工作中遇到的某种情形，以及他们当时是如何处理的； 未来导向型：它要求被面试者回答，将来一旦遇到某种假设的情形，他们将会采取怎样的处理措施。

4.【答案】ABC 【解析】根据面试官在面试过程中可能会犯的一些错误可知，提问和工作职责无关的问题，对求职者进行的评价受到其前后求职者表现的影响，说话过多，影响求职者作答，均属于可能会犯的错误。选项 D 属于压力测试相关内容，选项 ABC 正确。	[4] 考查面试考官在面试过程中可能会犯的一些错误： (1) 说话过多，影响了本来能够从被面试者那里收集到的与工作相关的信息数量； (2) 对不同的被面试者提问的问题不一致，导致从不同的被面试者那里收集到的信息类型不一样； (3) 提问与履历工作职责无关或相关性不大的问题； (4) 对自己评价被面试者的能力过于自信，导致对被面试者匆忙下结论； (5) 受到被面试者的一些非语言行为的影响或干扰； (6) 因前面一位被面试者的表现影响到对后一位被面试者的评价

真题演练

一、单项选择题

1. （2021 年）情境化结构面试通常遵循所谓的“STAR”原则，其中 A 指的是（　　）。

A. 时间　　B. 情境　　C. 行动　　D. 任务

2. （2020 年）MBTI 人格类型测试从 4 个两极性的维度来测试人的行为风格，其中反映获取信息的方式的维度是（　　）。

A. 外倾—内倾　　B. 感觉—直觉　　C. 理性—情感　　D. 判断—感知

3. （2020 年）根据霍兰德的职业兴趣理论，冒险、乐观、自信、有进取心、喜欢承担领导责任的人的职业兴趣类型是（　　）。

A. 现实型　　B. 企业型　　C. 常规型　　D. 艺术型

4. （2019 年）当企业同时使用同一种测试的 A 卷和 B 卷进行甄选测试时，A 卷和 B 卷在测试内容上的等值程度称为（　　）。

A. 复本信度　　B. 分半效度　　C. 重测信度　　D. 预测效度

5. （2019 年）反映一种甄选测试技术对被测试者的工作绩效进行预测的准确程度的是（　　）。

A. 内容效度　　B. 一致性效度　　C. 构想效度　　D. 效标效度

6. （2019 年）从甄选测试分类的角度来看，通常所说的智力测试属于（　　）。

A. 一般认知能力测试　　B. 特殊认知测试

C. 知识测试　　D. 成就测试

7. （2019 年）首先提供一组描述人的个性或特质的词或句子，然后让其他人通过对被测试者的观察，对被测试者的人格或特质作出评价，这种方法叫做（　　）。

A. 自陈量表法　　B. 评价量表法

C. 投射法　　D. "大五"人格测试法

8. （2018 年）某企业想考察候选人的人际能力关系，但采用的测试题目主要是专业技术方向，这种甄选测试的（　　）比较低。

A. 重测信度　　B. 复本信度　　C. 内容效度　　D. 同步效度

9. （2018 年）某公司招聘新员工时采用了人格测试，具体方式是向求职者提供些刺激情境，然后让求职者自由地表达对刺激情境的认识和理解，这种方法称为（　　）。

A. 标杆法　　B. 投射法　　C. 评价量表法　　D. 自陈量表法

10. （2018 年）关于员工甄选中工作样本测试的说法，错误的是（　　）。

A. 它所考查的内容与实际工作内容具有较高相似度

B. 它的开发成本较高

C. 它的效度比较高

D. 它的普遍适用性很高

11. （2017 年）某计算机公司招聘软件工程师时，要求求职者参与编程测试，这种测试方法属于（　　）。

A. 工作样本测试　　B. 评价中心技术

C. 公文筐测试　　D. 知识测试

12. （2016 年）关于信度与效度的关系的说法，正确的是（　　）。

A. 信度与效度的含义相同

B. 一个测验有效却不一定可信

C. 信度与效度都有可能受到测量中系统误差的影响

D. 一个测验可信但不一定有效

13. （2015 年）按照霍兰德职业兴趣的分类，喜欢从事资料分析工作，有数理分析能力，不喜欢自己对事情作出判断和决策的人，属于（　　）。

A. 现实型　　B. 常规型　　C. 研究型　　D. 企业型

二、多项选择题

1. （2019 年）关于甄选中使用公文筐测试的说法，正确的有（　　）。

A. 它适合对管理人员进行评价

B. 它能够考查被测试者的口头表达能力

C. 它的编制成本较高，评分也相对比较困难

D. 它对实施场地的要求不高

E. 它是一种情景模拟测试

2. （2018 年）关于无领导小组讨论的说法，正确的有（　　）。

A. 考官并不参与讨论，而是在不干扰讨论的情况下进行观察

B. 通过无领导小组讨论，可以考查求职者的口头表达以及人际交往等方面的能力

C. 无领导小组讨论让一开始没有领导者的一组人通过讨论选出一位领导者

D. 在无领导小组讨论中，求职者的地位是平等的

E. 无领导小组讨论使用的问题必须是两难性的问题

3. （2017 年）为了改善新员工招聘过程中的面试效果，企业可以采取的措施包括（　　）。

A. 采取情境化结构面试

B. 要求面试官在面试前认真阅读职位说明书

C. 系统地对面试官进行面试技巧培训

D. 让用人部门自行选择面试官，人力资源部门不参与面试工作

E. 组织者在面试前做好各方面的准备工作

4. （2016 年）关于内容效度的说法，错误的有（　　）。

A. 内容效度主要采用测验成绩与工作表现的相关系数表示

B. 内容效度反映的是跨评价人员的可靠性

C. 内容效度关心的是理论构想的特征

D. 内容效度的检验主要采用专家判断法

E. 内容效度适用于能力测验和潜力测验

三、案例分析题

（2018 年）某公司过去的员工甄选工作比较简单，一般是人力资源部门先筛选简历，重点看简历是否符合公司的任职资格要求。然后再将条件最好的几个人推荐给用人部门进行简单的笔试和面试。最近几年，公司发现这种过于简单的员工甄选方法存在很多问题。问题一是陆续出现了一些管理人员违规侵占公司利益的问题。经过调查发现，公司录用的跳槽过来的个别人员在上家公司工作时就存在类似问题，因为被发现才不得不选择跳槽。问题二是公司采用的甄选测试方法缺乏有效性，一些测试得分较高的人被录用后，实际工作绩效却不如一些分数低的人。问题三是由于面试考官没有受过系统培训，面试方法不够科学。问题四是公司在招录管理人员时，只进行简单的笔试和面试，甄选方法过于单一，效果欠佳。为此，公司人力资源部门准备系统学习和掌握员工甄选工作的基本原理和相关规范，并在此基础上改进公司员工甄选系统，包括引进评价中心技术、改善面试效果等。

根据以上材料，回答下列问题：

1. 一些测试得分较高的人被录用后，实际工作绩效却不如一些分数低的人，这说明该公司甄选测试的（　　）比较低。

A. 内部一致性效度　　B. 预测效度

C. 同质性效度　　D. 分半效度

2. 为了解决案例中的问题一，该公司可以采取的措施有（　　）。

A. 对候选人进行履历分析以更好地理解其背景

B. 对候选人进行知识测试以了解其专业知识程度

C. 对候选人进行认知能力测试以了解其认知能力

D. 对候选人进行职业兴趣测试以了解其职业兴趣

3. 为了解决案例中的问题三，公司决定对面试考官进行系统培训。这种系统培训应当让考官掌握的要点包括（　　）。

A. 为了更好地考核候选人的真实情况，应让候选人充分发挥，不要试图控制面试时间

B. 如果在面试之初，就对一位候选人很有把握，可尽快作出决定，不必浪费太多时间

C. 了解面试中容易出现的误区和相应的解决方法

D. 为了更好地进行考查，考官应该在面试前留出时间看候选人的简历

4. 为了解决案例中的问题四，该公司准备采用评价中心技术。关于评价中心技术的说法，正确的是（　　）。

A. 评价中心技术能够有效考查候选人的管理能力和问题解决能力

B. 评价中心技术通过要求候选人完成实际工作任务来进行测试

C. 评价中心技术在甄选管理人员方面具有较高的效度

D. 评价中心技术包括公文筐测试和角色扮演等

真题演练答案及解析

一、单项选择题

1. 【答案】C

【解析】本题考查情境化结构面试的“STAR”原则。“STAR”即典型环境（situation）、工作任务（task）、行动（action）、结果（result）。因此，本题选项 C 正确。

2. 【答案】B

【解析】本题考查 MBTI 人格测试方法。MBTI 人格类型测试从 4 个两极性的维度考察个体：

（1）外倾—内倾，一个人的注意力集中方向（外部世界还是内部世界）。

（2）感觉—直觉，获取信息的方式（通过感觉和经验，还是通过想象和抽象性思维）。

（3）理性—情感，处理信息和做出决策的方式（主要依赖逻辑关系，还是事物对自己和他人的价值和重要性）。

（4）判断—感知，通常表现出来的对待外界的方式（是判断性的、有计划的、有目的的，还是灵活的、好奇的、容易冲动的、适应性强的）。

因此，本题选项 B 正确。

3. 【答案】B

【解析】本题考查霍兰德的 6 种基本职业兴趣类型。企业型的人格倾向是：冒险、乐观、自信、精力充沛、有进取心，喜欢担任有领导责任的工作，看重政治和经济方面的成就，喜欢追求财富、权力和地位，喜欢与人争辩，喜欢说服别人接受自己的观点，但是他们不喜欢从事研究性的活动。这些人适合担任企业领导或行政管理者等。因此，本题选项 B 正确。

4.【答案】A

【解析】本题考查复本信度。复本信度是指在测试的结构、实际测试效果等方面与最初的测试工具的一致性程度。这种工具常常被作为最初测试工具的备用测验，如在高考以及很多重要考试中经常使用的 A 卷和 B 卷。因此，本题选项 A 正确。

5.【答案】D

【解析】本题考查效标效度。在人员甄选中，组织最关注的问题实际上是通过某种测试或评价技术所得到的结果是否能够准确地预测出求职者在未来的工作中取得成功或招致失败的程度。因此，本题选项 D 正确。

6.【答案】A

【解析】本题考查能力测试的类型。能力测试可以划分为认知能力测试及运动和身体能力测试两种类型。其中，认知能力测试通常可以划分为两类，第一类是一般认知能力测试，它所要测量的不是一个人的某种单一特质，而是同时测量一个人的多种能力，如记忆能力、口头表达能力以及数学能力等；第二类是特殊认知能力测试。因此，本题选项 A 正确。

7.【答案】B

【解析】本题考查人格测试的评价量表法。评价量表法，是首先提供一组描述人的个性或特质的词或句子，其次让其他人通过对被测试者的观察，对被测试者的人格或特质作出评价的方法。因此，本题选项 B 正确。

8.【答案】C

【解析】本题考查内容效度。内容效度是指一项测试的内容与测试所要达到的目标之间的相关程度，即一项测试的内容能够代表它所要测量的主题或特质的程度。因此，本题选项 C 正确。

9.【答案】B

【解析】本题考查投射法。投射法，是首先向被测试者提供一些未经组织的刺激情境，其次让被测试者在不受限制的情境下自由表现出自己的反应的方法。因此，本题选项 B 正确。

10.【答案】D

【解析】本题考查工作样本测试的优点和缺点。工作样本测试所要求的行为与实际工作所要求的行为之间具有高度的一致性，它和工作绩效之间存在直接且明显的联系，所以这种测试工具的效标效度和内容效度都很高。它也存在两个缺点：第一，由于工作样本测试是专门针对特定职位设计的，所以它的普遍适用性很低，只能针对不同的职位来开发不同的测试；第二，由于不仅要针对每一个职位设计新的测试，而且这种测试的模式是非标准化的，所以它的开发成本相对较高。因此，本题选项 D 正确。

11.【答案】A

【解析】本题考查工作样本测试的相关内容。工作样本测试指的是在一个对实际工作的一部分或全部进行模拟的环境中，让求职者实地完成某些具体工作任务的一种测试方法。例如：对计算机编程人员实施的编程测试；对物流货运人员实施的标准驾驶测试；对秘书和文员实施的电子文字和电子表格标准化测试；对管理者实施的公文处理测试以及在交响乐团和芭蕾舞蹈团中实施的视听测试等。因此，本题选项 A 正确。

12.【答案】D

【解析】本题考查信度与效度之间的关系。信度是指一种测试手段不受随机误差干扰的程度，它反映了一个人在反复接受同一种测试或等值形式的测试时所得到的分数的一致性程度；效度是指一种测试的有效性程度，它反映了一种测试工具对它所要测量的内容或特质进行准确测量的程度。例如，一项甄选测试的信度如果不好，其效度一定比较差。相反，如果一项测试的效度较好，则其信度一定也比较高。因此，本题选项 D 正确。

13.【答案】B

【解析】本题考查霍兰德的 6 种基本的职业兴趣类型。常规型的人格的基本特点是：顺从、谨慎、保守、实际、稳重，喜欢条理性强的工作，偏好对文字和数据等资料进行明确、有序的整理，喜欢使用文字和数据处理设备等协助组织实现目标或获取经济收益，厌恶模糊、不正规、非程序化或探究性的活动，不喜欢自己对事情作出判断和决策。因此，本题选项 B 正确。

二、多项选择题

1.【答案】ACDE

【解析】本题考查公文筐测试。公文筐测试是一种情景模拟测试，是考查被测试者对管理者在实际工作中需要掌握和分析的资料、处理的信息以及做出的决策等所作的一种抽象和集中的反应，在测试中通常会涉及可能会在一位管理者的案头出现的各种需要处理的文件。因此，选项 AE 正确，选项 B 错误。公文筐测试非常适合对应聘管理职位的被测试者进行评价，具有较高的内容效度和效标效度。此外，它的操作比较简单，对场地没有过多的要求。这种测试的缺点在于，它的编制成本较高，而且评分比较困难，选项 CD 正确。因此，本题选项 ACDE 均正确。

2.【答案】ABD

【解析】本题考查无领导小组讨论的方法。

选项 A，评价者不参与讨论过程，他们甚至不在现场进行观察，而是透过一个单向的玻璃墙或者利用视频技术对讨论过程进行观察，然后对参与者在相关方面的表现进行评价。因此，选项 A 正确。

选项 B，无领导小组讨论可以考查被测试者的组织协调能力、口头表达能力、说服能力、领导能力、人际交往能力以及自信程度、进取心、情绪稳定性、反应灵活性等个性特点。因此，选项 B 正确。

选项 C，所谓的“无领导小组”，就是在讨论的过程中，组织者不会为该小组指定一名领导人，而是让大家自由发言。因此，选项 C 错误。

选项 D，在讨论的过程中，并不指定谁是领导，也不指定每一位被测试者应当坐在什么位置。因此，选项 D 正确。

选项 E，无领导小组讨论中使用的试题可以分为开放式问题、两难性问题、多项选择问题、操作性问题、资源争夺性问题。因此，选项 E 错误。

因此，本题选项 ABD 均正确。

3.【答案】ABCE

【解析】本题考查改善面试效果的主要方法。具体有以下几种方法：①采用情境化结构面试；②面试前做好充分准备，比如安排好面试所需的时间、场地和资料；③认真阅读简历材料和职位说明书，准备好相关的问题；④系统培训面试考官。因此，本题选项 ABCE 均正确。

4.【答案】ABCE

【解析】本题考查信度和效度。

选项 A，效标效度也称效标关联效度，是指一种测试或甄选技术对被测试者的一种或多种工作行为或工作绩效进行预测的准确程度。如果在测试分数和实际工作绩效分数之间存在明显的相关关系，那么便可以证明这种测试具有较好的效标效度。因此，选项 A 错误。

选项 B，评价者信度是指不同评价者在使用同一种测试工具时所给出的分数之间的一致性程度。因此，选项 B 错误。

选项 C，构想效度也称结构效度，是指一项测试对于某种不可观察的、比较抽象的构想或特质进行测量的程度，即一项测试的结果解释某一理论上的假设、术语等构想的程度。因此，选项 C 错误。

选项 E，内容效度不太适合对智力、领导能力以及诚实性等较为抽象的特质进行评价。因此，选项 E 错误。

因此，本题选项 ABCE 均当选。

三、案例分析题

<table>
<tr>
<td>1.【答案】B
【解析】预测效度所要考查的是员工被雇用之前的测试分数与其被雇用之后的实际工作绩效之间是否存在实证性联系。因此选项 B 正确。</td>
<td>【答案解读】
本题对人员甄选内容的进行综合考查。
[1] 考查预测效度：
预测效度所要考查的是员工被雇用之前的测试分数与其被雇用之后的实际工作绩效之间是否存在实证性联系。确定预测效度的基本方法是，在雇用求职者之前首先对求职者进行某种测试，然后将他们中的一部分人雇用到组织中，等他们进入组织一段时间之后，再测试这些人的实际工作绩效情况，最后看这些人在被雇用前后的两组数据之间的关联性。</td>
</tr>
</table>

2.【答案】A 【解析】根据案例可知，问题一是陆续出现了一些管理人员违规侵占公司利益的问题。经过调查发现，公司录用的跳槽过来的个别人员在上家公司工作时就存在类似问题，因为被发现，才不得不选择跳槽。可以得出结论，该公司缺乏履历分析。因此，选项 A 正确。	[2] 考查履历分析： 履历分析又称资历分析或评价技术，它通过对一个人的基本背景以及学习、工作、生活经历甚至个人习惯等与工作相关的履历信息进行收集和分析，从而判断一个人对未来工作岗位的适应性以及预测其未来工作绩效、任职年限和流动性等特征的一种人才测评方法。
3.【答案】CD 【解析】考官需要认真阅读简历材料和职位说明书，准备好相关的问题。系统培训时应使面试考官理解在进行面试评价时可能会出现的各种偏差，选项 CD 正确。面试中应该根据岗位的情况合理确定对每一位被面试者进行面试的时间长度。选项 AB 错误。因此，选项 CD 正确。	[3] 考查改善面试效果的主要方法： (1) 采用情境化结构面试。 (2) 面试前做好充分准备。(①安排好面试所需的时间、场地和资料；②认真阅读简历材料和职位说明书，准备好相关的问题) (3) 系统培训面试考官。
4.【答案】ACD 【解析】评价中心技术是一种情景模拟的形式，并非以实际工作任务进行考查，选项 B 错误。因此，选项 ACD 正确。	[4] 考查评价中心方法。

第七章　绩效管理

本章考情 Q&A

Q：本章的重要性和难度如何？

A：本章属于**重点章节**，学好本章可以为后续章节的学习打好基础。本章难度中等，建议学习过程注意区分不同的概念及绩效管理方法之间的区别。从历年真题来看，每年考查的分值为 9~10 分。

Q：本章在考试中通常以什么形式出现？

A：从历年真题看，本章内容在单项选择题、多项选择题和案例题中均有涉及。多项选择题考查的难度较高，尤其侧重考查不同概念之间的区别、各种绩效管理工具及绩效评价技术的区分等知识点。

Q：本章 2022 年的内容有改动么？

A：本章内容无实质性改动。

Q：本章考点在历年考试中的分布情况如何？

A：以下是老师们的统计：

考点	2021 年	2020 年	2019 年	2018 年	2017 年	2016 年	2015 年	2014 年	2013 年	2012 年
绩效管理与绩效考核	√	√			√		√	√		
有效的绩效管理的特征		√				√		√		√
战略性绩效管理			√	√	√	√		√	√	
绩效评价技术			√				√		√	
绩效评价常见误区	√			√	√	√		√	√	√
绩效管理工具	√	√	√	√	√	√	√		√	√
绩效改进的方法			√		√	√	√			√
团队绩效考核		√	√		√	√	√	√	√	√

经典例题

考点一　绩效管理与绩效考核

【例题 · 2021 年 · 单项选择题】关于绩效考核与绩效管理的说法，正确的是（　　）。

A. 绩效管理侧重于绩效识别、判断、评估
B. 绩效考核侧重于信息沟通和绩效提高
C. 绩效管理是一个完整的管理过程
D. 绩效管理与绩效考核是等价的

【答案】C

【解析】本题考查绩效管理与绩效考核的关系。绩效考核与绩效管理并不是等价的（选项D错误）。它们的区别主要体现在以下两点：第一，绩效管理是一个完整的管理过程（选项C正确），而绩效考核只是绩效管理中的一个环节。第二，绩效管理侧重于信息的沟通和绩效的提高（选项A错误），绩效考核则侧重于绩效的识别、判断和评估（选项B错误）。因此，本题选项C正确。

私教点拨

历年真题对绩效管理与绩效考核的概念及区别的考查，主要为绩效管理与绩效考核的概念以及二者的联系、区别，具体如表7－1所示。

表7－1　绩效管理与绩效考核的概念及区别

类别	具体内容
绩效管理	是管理者与员工通过持续开放的沟通，就组织目标和目标实现方式达成共识的过程，也是促进员工工作出有利于组织的行为、完成组织目标、取得卓越绩效的**管理实践**
绩效考核	是绩效管理的重要组成部分，它是一套正式的、结构化的制度，用来**衡量**、**评价**、**反馈**并影响员工的工作特性、行为和结果
二者联系	**绩效考核是绩效管理的一部分**，它的顺利实施不仅取决于评价过程本身，而且取决于与评价相关的整个绩效管理过程。有效的绩效考核是对绩效管理的有力支撑，成功的绩效管理也会推动绩效考核的顺利开展
二者区别	绩效考核与绩效管理并**不是等价**的： （1）绩效管理是一个完整的过程，而绩效考核只是绩效管理中的一个环节； （2）绩效管理侧重于信息的沟通和绩效的提高，绩效考核侧重于绩效的识别、判断和评估

考点二　有效的绩效管理的特征

【例题·2020年·单项选择题】“不同评价者对同一员工的评价基本相同”体现的有效绩效管理的特征是（　　）。

A. 敏感性　　B. 可靠性　　C. 实用性　　D. 可接受性

【答案】B

【解析】本题考查有效的绩效管理的特征。可靠性是指有效的管理体系能使不同的评价者对同一个员工所作的评价基本相同，因此，本题选项B正确。

私教点拨

历年真题对有效的绩效管理的特征的考查频率较高，尤其是给出具体描述让考生来判断其属于哪个特征，考生要注意理解，具体如表7-2所示。

表7-2 有效的绩效管理的特征

特征	具体内容
敏感性	**有效**的管理体系可以明确地**区分**高效率员工和低效率员工
可靠性	有效的绩效管理体系能使不同的评价者对同一个员工所作的**评价基本相同**
准确性	应该把**工作标准**和**组织目标**联系起来确定绩效的好坏
可接受性	组织上下**共同支持**绩效工作，才能促成绩效管理的成功
实用性	绩效管理体系的建立和维护**成本要小于**绩效管理体系带来的**收益**

考点三 战略性绩效管理

【例题1·2019年·单项选择题】关于企业不同竞争战略下的绩效管理策略的说法，正确的是（ ）。

A. 采用成本领先战略的企业，应尽量使绩效考核的主体多元化

B. 采用差异化战略的企业，应尽量缩短绩效考核的周期

C. 采用差异化战略的企业，应尽量使绩效考核的主体简单化

D. 采用成本领先战略的企业，应选取以结果为导向的绩效考核方法

【答案】D

【解析】本题考查适用于取得竞争优势战略的绩效管理。

选项A，采用成本领先战略的企业，在评价者的选择上，也可以只选择直接上级作为评价主体，以节约实施成本。因此，选项A错误。

选项B，采用差异化战略的企业，绩效考核周期的选择不宜过短，因为革新不一定能够在短期内见到成效。因此，选项B错误。

选项C，采用差异化战略的企业，评价的主体也应当多元化，因为在强调差异的组织中，不同的主体对员工的工作认识更可能存在差异。因此，选项C错误。

选项D，采用成本领先战略的企业，在绩效考核中，为了加强员工对成本的重视程度，组织应尽量选择以结果为导向的、实施成本较低的评价方法，鼓励员工通过各种方法达到组织期望的结果。因此，选项D正确。

因此，本题选项D正确。

私教点拨

历年真题对战略性绩效管理的考查，主要包括适用于取得竞争优势战略的绩效管理和适用于不同竞争态势战略的绩效管理，考试中对适用于取得竞争优势战略的绩效管理考查频率较高，但考生也应区分两大类绩效管理内容，具体如表7-3所示。

表7-3　适用于取得竞争优势战略的绩效管理

战略类型	绩效管理策略
成本领先战略	在绩效考核中，为了加强员工对成本的重视程度，组织应尽量选择以**结果为导向**的、实施成本较低的评价方法，鼓励员工通过各种方法达到组织期望的结果； 在**评价指标和评价标准**的确定上，组织可以多选择一些客观的财务指标指引员工的工作行为； 在评价者的选择上，也可以**只选择直接上级作为评价主体**，以节约实施成本； 绩效**考核周期的选择也不宜过短**，因为频繁的绩效考核会增加组织的管理成本； 在绩效改进时，组织可以选择**标杆超越**的方法，将行业的领先者作为绩效改进的标杆； 绩效考核的结果要充分应用于成本的改进和控制，对那些绩效水平较好的员工也要进行一定的奖励
差异化战略	在绩效考核中，组织也应该选择那些**以行为为导向**的评价方法，因为创新的成果通常是难以用量化的指标去衡量的； 为了对员工的结果进行客观的评价，评价的**主体也应当多元化**，因为在强调差异的组织中，不同的主体对员工工作的认识更可能存在差异； 绩效**考核周期的选择也不宜过短**，因为革新不一定能够在短期内见到成效； 评价的结果可以充分应用于员工的开发、培训活动，使员工通过不断的学习获得更先进的理念，与组织共同发展

【例题2·2018年·单项选择题】关于不同竞争战略下的绩效管理策略的说法，正确的是（　　）。

A. 企业在采用探索者战略时，绩效考核应尽量采用以内部流程为导向的评价方法

B. 企业在采用跟随者战略时，绩效考核应尽量采用平衡计分卡法

C. 企业在采用探索者战略时，绩效考核应尽量采用以行为导向的评价方法

D. 企业在采用防御者战略时，绩效考核应尽量采用多角度的考核指标

【答案】D

【解析】本题考查适用于不同竞争态势战略的绩效管理。

选项A，企业在采用探索者战略时，在绩效考核中，管理者应当选择以结果为导向的评价方法，强化员工新产品、新市场的开发成功率。因此，选项A错误。

选项B，企业在采用跟随者战略时，在绩效考核方法的选择上可以考虑标杆超越法。因此，选项B错误。

选项C，企业在采用探索者战略时，在绩效考核中，管理者应当选择以结果为导向的评价方法，强化员工新产品、新市场的开发成功率。因此，选项C错误。

选项D，企业在采用防御者战略时，为了适应外部市场环境，防御型组织应尽量维持内部的稳定性，将更多的精力放在组织的长期发展上。因此，在绩效考核方法的选择上，组织可选择系统化

的评价方法，多角度选择考核指标。因此，选项 D 正确。

因此，本题选项 D 正确。

私教点拨

历年真题对战略性绩效管理的考查，主要包括适用于取得竞争优势战略的绩效管理和适用于不同竞争态势战略的绩效管理，考试中对适用于取得竞争优势战略的绩效管理考查频率较高，但考生也应区分两大类绩效管理的内容，具体如表 7－4 所示。

表 7－4 适用于不同竞争态势战略的绩效管理

类别	战略类型	绩效管理策略
适用于不同竞争态势战略	**防御者战略**	尽量维持内部的稳定性，将更多的精力放在组织的长期发展上。因此，在绩效考核方法的选择上，组织可选择**系统化**的评价方法，**多角度**选择考核指标
	探索者战略	不断适应新的市场环境，在新市场中迅速立足。因此，在绩效考核中，管理者应当选择以**结果为导向**的评价方法，强化员工新产品、新市场的开发成功率
	跟随者战略	实行这种战略的核心是**学习**。因此，在绩效考核方法的选择上，跟随型组织可以选择标杆超越法，通过树立标杆组织来确定绩效指标和衡量标准，在考核主体的选择上也要尽量多元化

考点四 绩效评价技术

【例题·2019 年·单项选择题】关于绩效评价技术的说法，正确的是（　　）。

A. 根据某项评价标准，将每位员工逐一与其他员工比较选出优胜者，最后根据每位员工获胜的次数进行绩效排序，这种绩效评价方法是配对比较法

B. 列出评估指标，要求评估者在观察的基础上将员工的工作行为与评价标准进行对照，以判断该行为出现的频率或完成程度，这种绩效评价方法是交替排序法

C. 将每项工作的特定行为用一张等级表从最积极的行为到最消极的行为进行反映，评估者只需将员工的行为对号入座，这种绩效评价方法是行为观察量表法

D. 采取“掐头去尾”和“逐级评价”的方法最终获得员工业绩排序，这种绩效评价方法是行为锚定法

【答案】A

【解析】本题考查绩效评价技术。

选项 A，配对比较法是根据某项评价标准将每位员工逐一与其他员工比较，选出每次比较的优胜者，最后根据每位员工获得优胜的次数进行绩效排序。因此，选项 A 正确。

选项 B，行为观察量表法是列举出评估指标（通常是期望员工工作中出现的比较好的行为），然后要求评估人在观察的基础上将员工的工作行为同评价标准进行对照，看该行为出现的频率或完成的程度如何（从“几乎没有”到“几乎总是”）的评估方法。因此，选项 B 错误。

选项 C，行为锚定法将每项工作的特定行为用一张等级表来反映，该等级表将每项工作划分为

各种行为级别（从最积极的行为到最消极的行为），评价时评估者只需将员工的行为对号入座即可。因此，选项C错误。

选项D，采取“掐头去尾”和“逐级评价”的方法最终获得员工业绩排序，这种绩效评价方法是排序法中的交替排序法，是将员工从绩效最好到最差进行交替排序，最后根据序列值来计算得分的一种考评方法，因此，选项D错误。

因此，本题选项A正确。

私教点拨

历年真题对绩效评价技术的考查，考生要注意对各种绩效评价技术进行区分，具体如表7－5所示。

表7－5 绩效评价技术

分类	方法	内容
量表法	图尺度评价法	也被称为**等级评价法**，是一种最简单也最常用的绩效评价方法。该方法列举一些特征要素，并分别为每一个特征要素列举绩效的取值范围
	行为锚定法	将每项工作的特定行为用一张等级表来反映，该等级表将每项工作划分为各种行为级别（从最积极的行为到最消极的行为），评价时评估者只需将员工的行为对号入座即可
	行为观察量表法	是列举出评估指标（通常是期望员工工作中出现的比较好的行为），然后要求评估人在观察的基础上将员工的工作行为同评价标准进行对照，看该行为出现的频率或完成的程度如何（从“几乎没有”到“几乎总是”）的评估方法
比较法	排序法	是指将员工的业绩按照从高到低的顺序排列的一种绩效评价方法，分为简单排序法和交替排序法。 简单排序法要求评价者把所有员工按照业绩的顺序排列起来。 交替排序法是对简单排序法的一种改进，是将员工从绩效最好到最差进行交替排序，最后根据序列值来计算得分的一种考评方法
	配对比较法	是根据某项评价标准将每位员工逐一与其他员工比较，选出每次比较的优胜者，最后根据每位员工获胜的次数进行绩效排序
	强制分布法	要求将被评估者的绩效结果放入一个类似于正态分布的标准中
描述法	**关键事件法**	要求评估者在绩效周期内，将发生在员工身上的关键事件都记录下来，并将它们作为绩效评估的事实依据
	不良事故评估法	要求评估者通过预先设计不良事故的清单对员工的绩效进行考核

考点五 绩效评价常见误区

【例题·2018 年·单项选择题】关于绩效评价误区的说法，正确的是（ ）。

A. 上级根据过宽或过严的标准对员工进行绩效评价的误区，称为趋中效应

B. 上级根据对员工的最初印象作出绩效评价的误区，称为晕轮效应

C. 上级根据对员工的最终印象作出绩效评价的误区，称为近因效应

D. 上级对员工的某种强烈而清晰的特质感知导致其忽略了员工在其他方面的表现，这种评价误区称为盲点效应

【答案】C

【解析】本题考查绩效评价常见误区。

选项 A，上级根据过宽或过严的标准对员工进行绩效评价的误区，称为过宽过严倾向。因此，选项 A 错误。

选项 B，上级根据对员工的最初印象作出绩效评价的误区，称为首因效应。因此，选项 B 错误。

选项 C，近因效应是指最近或者最终的印象往往是最强烈的，可以冲淡之前产生的各种因素。因此，选项 C 正确。

选项 D，上级对员工的某种强烈而清晰的特质感知导致其忽略了员工在其他方面的表现，这种评价误区称为晕轮效应。因此，选项 D 错误。

因此，本题选项 C 正确。

私教点拨

历年真题对绩效评价常见的误区的考查，不仅在案例分析题里会涉及，而且在单项选择题、多项选择题中也会经常考查，具体如表 7－6 所示。

表 7－6 绩效评价误区

误区	具体内容
晕轮效应	是指对一个人进行评价时，往往会因为对他的某一特质强烈而清晰的感知，而掩盖了该人其他方面的品质
趋中倾向	是指有些评价者由于不愿意得罪人或所辖范围过大，很难全面了解所有员工工作表现时，将员工的考核分数集中在某一固定范围的变动中，使评价的结果缺少好与坏的差异
过宽或过严倾向	是指一些评价者在绩效评价的过程中，有过分严厉或过分宽大评定员工的倾向。造成这一误区的原因是主管人员采取了主观的评价标准，忽略了客观的评价标准
年资或职位倾向	是指有些评价者倾向于给予那些服务年资较久、担任职务较高的被评价者较高的分数
盲点效应	是指评价者难以发现员工身上存在的与自身相似的缺点或不足
刻板印象	是指个人对他人的看法往往受到他人所属群体的影响
首因效应	是指人们在相互交往的过程中，往往根据最初的印象对一个人进行判断
近因效应	是指最近或者最终的印象往往是最强烈的，可以冲淡之前产生的各种因素

考点六 绩效管理工具

【例题·2020 年·多项选择题】 关于绩效管理工具中目标管理法的说法，正确的有（　　）。

A. 它的假设之一是员工是不愿意工作的

B. 它聚焦于短期目标

C. 它较为公平

D. 它适用于企业战略在一定时期内相对稳定的企业

E. 它可能增加企业的管理成本

【答案】 BCDE

【解析】 本题考查组织特征因素中的管理层次与管理幅度相关内容。

选项 A，目标管理法的假设之一是认为员工是乐于工作的，这种过分乐观的假设高估了企业内部自觉、自治氛围形成的可能性。因此，选项 A 错误。

选项 B，目标管理法的缺点之一就是倾向于聚焦短期目标，即该考核周期结束时需要实现的目标。这可能是以牺牲企业的长远利益为代价的。因此，选项 B 正确。

选项 C，目标管理法较为公平，因为设定的指标通常是可量化的客观标准，因此，在考核过程中很少存在主观偏见。因此，选项 C 正确。

选项 D，目标管理是一种沟通的程序或过程，它强调企业上下一起协商，将企业目标分解成个人目标，并将这些目标作为公司经营、评估、奖励的标准。如果企业战略在一定时期内相对稳定，可以考虑使用目标管理的方法进行考核。因此，选项 D 正确。

选项 E，目标管理法可能增加企业的管理成本。目标的确定需要上下级共同沟通商定，这个过程可能会耗费员工和管理者大量的时间和精力。因此，选项 E 正确。

因此，本题选项 BCDE 均正确。

私教点拨

历年真题对绩效管理工具的考查较为频繁，包括目标管理法、标杆超越法、关键绩效指标法和平衡计分卡法等，因此考生要注意理解，具体如表 7－7、7－8、7－9、7－10 所示。

表 7－7 目标管理法

类别	具体内容
概念	目标管理是一种沟通的程序或过程，它强调企业上下一起协商，将企业目标分解成个人目标，并将这些目标作为公司经营、评估、奖励的标准。如果**企业战略在一定时期内相对稳定**，可以考虑使用目标管理的方法进行考核
流程	（1）绩效目标的确定； （2）确定考核指标的权重； （3）实际绩效水平与绩效目标相比较； （4）制定新的绩效目标

续表

类别	具体内容
优势	(1) 有效性; (2) 启发了员工的自觉性，调动了员工的积极性; (3) 操作比较容易; (4) 较为**公平**
劣势	(1) 目标管理法倾向于**聚焦短期目标**，即该考核周期结束时需要实现的目标; (2) 目标管理法的假设之一是认为员工是乐于工作的，这种过分乐观的假设高估了企业内部自觉、自治氛围形成的可能性; (3) 目标管理法可能增加企业的管理成本; (4) 目标有时可能难以制定

表 7-8 标杆超越法

类别	具体内容
概念	(1) 标杆指的是**最佳实践或最佳标准**，也就是企业在产品或服务、经营管理、运作方式等方面的榜样。标杆超越的目的就是通过向榜样学习提升企业竞争力; (2) 标杆的寻找范围并不局限在同行，应该有更广阔的视角; (3) 标杆超越法相比其他系统的考核方法更重视比较和衡量
流程	(1) 发现“瓶颈”; (2) 选择标杆; (3) 收集数据; (4) 通过比较分析确定绩效标准; (5) 沟通与交流; (6) 采取行动
优势	(1) 有助于激发企业中员工、团队和整个企业的潜能，提高企业的绩效; (2) 可以促进企业经营者激励机制的完善
劣势	(1) 容易使企业陷入模仿标杆企业的漩涡中，导致企业失去自身的特色; (2) 一旦标杆的选取出现偏差，也可能导致企业自身经营决策的失误

表 7-9 关键绩效指标法

类别	具体内容
概念	关键绩效指标法比较适用于**企业战略进行重大调整的时期**。关键绩效指标是反映个体关键绩效贡献的评价依据和量化指标
流程	(1) 确定考核指标。 **原则**：具体的（specific)、可测量的（measurable)、可实现的（attainable)、相关的（realistic)、有时限的（time-bound) **类型**：①**数量类**，如产品的数量、销售量等；②**质量类**，如合格产品的数量、不合格品比率等；③**成本类**，如单位产品的成本、投资回报率等；④**时限类**，如及时性、供货周期等。 (2) 确定评估标准。 **基本标准**：主要用于判断被评估者是否能够满足工作的基本需要，它的评估结果通常作为一些非激励性的人力资源措施的实施依据，如基本绩效工资。 **卓越标准**：主要用于识别核心员工，它的评估结果通常作为一些激励性的人力资源措施的事实依据，如额外的奖金、晋升等的奖励依据

续表

类别	具体内容
注意	(1) 关键绩效指标的数量不宜过多; (2) 同类型职位的关键绩效指标必须保持一致; (3) 关键绩效指标要彻底贯彻企业战略重点
优势	将企业绩效指标与企业的战略目标紧密联系在一起,自上而下地确定各个级别的绩效目标,它能够将企业目标与个人目标很好地整合在一起
劣势	(1) 对某些职位而言,设计关键绩效指标比较困难; (2) 关键绩效指标法缺少一套完整的对操作具有指导意义的指标框架体系

表7-10 平衡计分卡法

类别	具体内容
概念	是一种新型的战略性绩效管理的工具和方法,也比较适用于**企业战略进行重大调整的时期**,它着眼于公司的长远发展,从四个角度关注企业的绩效,即客户角度指标、内部流程角度指标、学习与发展角度指标、财务角度指标
流程	(1) 审视企业战略和竞争目标; (2) 设立绩效指标; (3) 开发各级平衡计分卡; (4) 设定各级指标的评估标准; (5) 进行绩效考核; (6) 分析考核结果并修正指标及标准
优势	(1) 消除了财务角度指标一统天下的局面,将客户角度、内部流程角度、学习与发展角度的指标纳入评估体系,为企业的长远发展打下基础; (2) 从企业的战略层次考虑问题,并揭示了四个考核角度之间的因果关系,发展了战略管理系统; (3) 实现了评估系统与控制系统的结合; (4) 迫使管理者将所有的重要绩效指标放在一起综合考虑,提高了企业发展的协调性
劣势	实施成本很高,要完成四个维度指标科学合理的定义和评价,需要耗费大量的人力、物力和财力

考点七 绩效改进的方法

【例题·2019年·单项选择题】 通过减少企业业务流程中的偏差,提升组织绩效水平的绩效改进方法是( )。

A. 卓越绩效标准　　B. ISO质量管理体系

C. 六西格玛管理　　D. 标杆超越

【答案】 C

【解析】 本题考查六西格玛管理方法的定义。六西格玛管理通过减少企业业务流程中的偏差,使组织的绩效提升到更高的水平。它的核心理念是在企业整个业务流程的所有环节上,都运用科学的方法提高效率、减少失误率，使整个流程达到最优状态，从而满足客户的要求。因此，本题选项 C 正确。

私教点拨

历年真题对绩效改进方法的考查，主要考查卓越绩效标准、六西格玛管理、ISO 质量管理体系和标杆超越等知识点，考生要注意区分不同方法的侧重点，具体如表 7-11 所示。

表 7-11 绩效改进的方法

方法	具体内容
卓越绩效标准	通过描述卓越企业的管理信念和行为，改进组织的整体效率和能力
六西格玛管理	通过减少企业业务流程中的偏差，使组织的绩效提升到更高的水平
ISO 质量管理体系	通过在企业内部制定、实施和改进质量管理体系，使组织生产的产品或提供的服务提升到更高的水平，从而增强客户的满意度
标杆超越	通过对比和分析业内外领先企业的经营方式，对本企业的产品或服务、业务流程、管理方式等关键成功因素进行改进，使组织成为同行业最佳系统的过程

考点八 团队绩效考核

【例题·2020 年·单项选择题】下列知识型团队的绩效考核指标中，用来判断工作产出成果的是（ ）。

A. 效益型指标　B. 风险型指标　C. 效率型指标　D. 递延型指标

【答案】A

【解析】本题考查知识型团队绩效考核的方法。知识型团队的绩效考核需要综合四个角度的指标，具体如下：

（1）效益型指标，可以直接用来判断知识型团队的工作产出成果，即团队的产出满足客户需求的程度；

（2）效率型指标，知识型团队为获得效益型指标所付出的成本和投入产出的比例；

（3）递延型指标，团队的工作过程和工作结果对客户、投资者、团队成员的长远影响；

（4）风险型指标，判断不确定性风险的数量和对团队及其成员的危害程度的指标。

因此，本题选项 A 正确。

私教点拨

历年真题对知识型团队的绩效考核指标的考查，要求考生注意不同指标间的区别，具体如表 7-12 所示。

表 7-12 知识型团队的绩效考核指标

指标	具体内容
效益型指标	可以直接用来**判断知识型团队的工作产出成果**，即团队的产出满足客户需求的程度

续表

指标	具体内容
效率型指标	知识型团队为获得效益型指标所付出的**成本和投入产出的比例**
递延型指标	团队的工作过程和工作结果**对客户、投资者、团队成员的长远影响**
风险型指标	判断不确定性风险的数量和对团队及其成员的**危害程度**的指标

案例分析题专练

【例题·2017年·案例分析题】

首先是给老王打分。老王家庭比较困难，苗经理想到自己也曾经困难过，而且老王是部门内两位副经理中工作年限较长的一位，多年来对部门各项工作的安排都积极拥护，尽管不少工作差强人意，但苗经理仍然把他评为优秀。[1] 然后是给小赵打分，虽说小赵的各项工作干得不错，但小赵年初刚来时，有一次上班时间玩游戏，被巡视的上级领导逮住，搞得苗经理很没面子，想到这儿，苗经理把小赵评为基本合格。[2] 至于小钱，工作能力和工作态度实在一般，工作中还出过几次大的差错，按道理应该给个不合格。但想到小钱不好惹，为了避免将来发生冲突，苗经理把他确定在合格档次上。[3] 年终绩效考核结束后，公司发现像苗经理这样稀里糊涂考核员工绩效的管理人员还不少，为了提高绩效考核质量，决定对全体管理者进行相关培训。[4]	**【审题过程】** [1] 考查对年资或职位倾向的理解： 年资或职位倾向指有些评价者倾向于给予那些服务年资较久、担任职务较高的被评价者较高的分数。 [2] 考查对首因效应的理解： 首因效应是指人们在相互交往的过程中，往往根据最初的印象去判断一个人。 [3] 考查对过宽或过严倾向的理解： 这是指一些评价者在绩效评价的过程中，有过分严厉或过分宽大评定员工的倾向。 [4] 考查对培训内容的理解： 绩效评价主体的培训应当让每一个考核者了解绩效考核的理论和技术，同时也要向考核者说明以前考核中存在的问题以及合理的解决方案。为了增强培训的有效性，还应增加工作绩效的多角度性，客观记录所见事实的重要性，合格与不合格员工的具体事例等内容。

根据以上资料，回答下列问题：

1. 苗经理对老王的绩效评价，陷入了（　　）误区。

A. 年资倾向　　B. 盲点效应　　C. 晕轮效应　　D. 职位倾向

2. 苗经理对小赵的绩效评价，陷入了（　　）误区。

A. 过严倾向　　B. 近因倾向　　C. 晕轮效应　　D. 首因效应

3. 苗经理对小钱的绩效评价，陷入了（　　）误区。

A. 刻板印象　　B. 近因倾向　　C. 过宽倾向　　D. 首因效应

4. 该公司对苗经理等人进行绩效评价主体培训的内容应当包括（　　）。

A. 绩效考核的理论和技术

B. 工作绩效的多角度性

C. 绩效考核误区的类型及其避免方法

D. 激励员工提升绩效的技巧

1.【答案】AD 【解析】根据材料可知，苗经理给老王评价的时候主要考虑了老王是部门内两位副经理中工作年限较长的一位，所以给其评为优秀，显然属于年资或职位倾向的误区。选项 AD 正确。	【答案解读】 本题对绩效考查常见误区的相关内容进行综合考查。 [1] 考查年资或职位倾向： 年资或职位倾向是指有些评价者倾向于给予那些服务年资较久、担任职务较高的被评价者较高的分数。
2.【答案】D 【解析】根据材料可知，苗经理对小赵打分时根据的是小赵年初刚到公司上班时间打游戏被上一级领导发现，搞得苗经理没有面子，因此给他评分基本合格，显然属于首因效应，因此，选项 D 正确。	[2] 考查首因效应： 首因效应是指人们在相互交往的过程中，往往根据最初的印象去判断一个人。
3.【答案】C 【解析】根据材料可知，苗经理对小钱打分时考虑到小钱不好惹，为避免冲突，苗经理将他确定在合格档次上，显然属于过宽倾向，因此，选项 C 正确。	[3] 考查过宽或过严倾向： 这是指一些评价者在绩效评价的过程中，有过分严厉或过分宽大评定员工的倾向。
4.【答案】ABC 【解析】本题考查绩效评价主体的培训内容。绩效评价主体的培训应当让每一个考核者了解绩效考核的理论和技术，同时也要向考核者说明以前考核中存在的问题以及合理的解决方案。为了增强培训的有效性，还应增加工作绩效的多角度性，客观记录所见事实的重要性，合格与不合格员工的具体事例等内容。因此，选项 ABC 正确。	[4] 考查绩效评价主体的培训内容： 绩效评价主体的培训应当让每一个考核者了解绩效考核的理论和技术，同时也要向考核者说明以前考核中存在的问题以及合理的解决方案。为了增强培训的有效性，还应增加工作绩效的多角度性，客观记录所见事实的重要性，合格与不合格员工的具体事例等内容。

真题演练

一、单项选择题

1.（2020 年）关于绩效管理与绩效考核的说法，正确的是（　　）。

A. 绩效考核侧重于信息的沟通和绩效的提高

B. 绩效管理有助于组织战略目标的实现

C. 绩效管理是绩效考核的重要组成部分

D. 绩效考核有助于建设和谐的组织文化

2.（2020 年）关于绩效监控与绩效辅导的说法，正确的是（　　）。

A. 绩效辅导是管理者为掌握下属的工作绩效情况进行的一系列活动

B. 绩效辅导是绩效监控的基础

C. 绩效监控是在已经掌握下属工作绩效的前提下，为提高绩效水平进行的一系列活动

D. 绩效辅导贯穿于绩效实施的整个过程

3.（2019 年）关于绩效管理工具的说法，正确的是（　　）。

A. 目标管理法倾向于聚焦企业长期目标

B. 标杆超越法中的标杆对象主要为其他行业的优秀企业

C. 关键绩效指标法的指标应该尽量多一些，以更加全面地评价绩效

D. 平衡计分卡法从战略层面揭示了四个绩效角度之间的因果关系

4.（2018 年）关于不同竞争战略下的绩效管理策略的说法，正确的是（　　）。

A. 企业在采用探索者战略时，绩效考核应尽量采用以内部流程为导向的评价方法

B. 企业在采用跟随者战略时，绩效考核应尽量采用平衡计分卡法

C. 企业在采用探索者战略时，绩效考核应尽量采用以行为导向的评价方法

D. 企业在采用防御者战略时，绩效考核应尽量采用多角度来选择考核指标

5.（2017 年）一家企业在整个业务流程的所有环节上都努力运用科学的方法提高效率，减少失误率，以使整个流程达到最优状态来满足客户的要求。这种绩效改进方法是（　　）。

A. 标杆超越法　　B. ISO 质量管理体系

C. 卓越绩效标准　　D. 六西格玛管理

6.（2016 年）关于有效的绩效管理的说法，错误的是（　　）。

A. 可接受性与实用性不是有效的绩效管理体系的特征

B. 绩效管理体系的敏感性是指可以明确地区分高效率员工和低效率员工

C. 绩效管理体系的准确性是指可以通过把工作标准和组织目标联系起来确定绩效的好坏

D. 绩效管理体系的可靠性是指可以促使不同的评价者对同一个员工所作的评价基本相同

7.（2016 年）关于差异化战略对应的人力资源管理策略的说法，错误的是（　　）。

A. 在绩效评价中，重视客户意见

B. 绩效考核周期越短越好

C. 鼓励员工进行创新活动

D. 鼓励以行为为导向的绩效评价方法

8. (2016 年) 关于绩效改进方法的说法，错误的是（　　）。

A. 卓越绩效标准关注组织的管理理念

B. 六西格玛管理关注组织业务流程的误差率

C. ISO 质量管理体系关注组织产品或服务的生产过程

D. 标杆超越法中的企业标杆必须是管理水平相当，业绩相近的企业

9. (2014 年) 关于绩效管理的说法，错误的是（　　）。

A. 绩效管理是管理者与员工通过持续开放的沟通，就组织目标和目标实现方式达成共识的过程

B. 绩效管理侧重于绩效的评估

C. 绩效管理的目的之一是建立绩效优化体系，实现组织与个人绩效的紧密结合

D. 绩效管理强调信息的沟通和绩效的提高

10. (2013 年) 关于团队绩效考核的说法，错误的是（　　）。

A. 对跨部门团队进行绩效考核，性质相同的部门要求采用相同的考核方法

B. 对跨部门团队进行绩效考核，要做好考核的标准化

C. 对知识型团队进行绩效考核，要采用以行为为导向的考核方法

D. 可以利用组织绩效指标确定团队绩效考核指标

二、多项选择题

1. (2020 年) 关于绩效管理中的标杆超越法的说法，正确的有（　　）。

A. 标杆企业可以没有卓越的业绩

B. 标杆的寻找范围应局限在同行业

C. 标杆超越的实质是企业的变革

D. 标杆企业被瞄准的领域应与本企业有相似的特点

E. 标杆超越法更加重视比较和衡量

2. (2019 年) 关于知识型团队的绩效考核的说法，正确的有（　　）。

A. 效率型指标能够反映知识型团队的工作产出成果

B. 风险型指标能够判断不确定性风险的数量和对团队及其成员的危害程度

C. 效益型指标能够反映知识型团队所付出的成本和投入产出比

D. 递延型指标能够反映知识型团队的工作过程和工作结果对客户、投资者、团队成员的长远影响

E. 知识型团队的绩效考核应该以行为为导向

3. (2015 年) 关于绩效评价技术的说法，正确的有（　　）。

A. 行为观察量表法开发成本较低，且应用者较为普遍

B. 行为锚定法的计量方法更为准确，评估结果具有较高的信度

C. 配对比较法在人数较少的情况下，能快速比较出员工的绩效水平

D. 强制分布法可有效避免考核结果的趋中趋势

E. 关键事件法可以高效地衡量员工的绩效水平，降低绩效评估成本

4.（2015 年）对绩效改进效果进行评价的维度包括（　　）。

A. 员工对绩效改进结果的反应

B. 员工能力素质的提升程度

C. 员工个人心态调整的程度

D. 员工工作方式的改进效果

E. 员工的绩效结果与预期的对比

5.（2013 年）平衡计分卡法关注组织绩效的角度包括（　　）。

A. 财务角度　　B. 客户角度　　C. 内部流程角度　　D. 竞争对手角度

E. 学习与发展角度

三、案例分析题

（2012 年）某跨国公司有两项主营业务，业务 A 采取成本领先竞争战略，业务 B 采取差异化竞争战略。公司为制定下一年度各部门的绩效计划，在 10 月份就开始了绩效目标的沟通，计划明年 1 月份最终完成绩效计划的制定。该公司制订绩效计划的程序是：首先由各部门和下属机构提出绩效目标和计划，然后由人力资源部门简单汇总并最终确定。

根据以上材料，回答下列问题：

1. 对于该公司的业务 A，适宜的绩效管理策略有（　　）。

A. 采用行为锚定法进行绩效评价

B. 选择客观的财务指标作为绩效的评价指标

C. 只选择直接上级作为绩效评价的主体

D. 以行业内成本领先的企业作为绩效改进的标杆

2. 对于该公司的业务 B，适宜的绩效管理策略有（　　）。

A. 采用以员工行为为导向的绩效评价方法

B. 绩效评价的主体多元化

C. 适当拉长绩效考核的周期

D. 将考核的结果充分应用于成本改进

3. 该公司在制订绩效计划的过程中存在的问题有（　　）。

A. 绩效计划的制订是自下而上进行的

B. 公司主管在绩效计划制订的过程中没有充分发挥作用

C. 上下级之间缺乏对绩效目标和计划的讨论

D. 人力资源部门发挥了其应有的作用

4. 对于该公司的海外机构的绩效考核，适宜采取的策略有（　　）。

A. 绩效考核不仅要关注业绩，而且要突出战略方向，强调长远发展

B. 采取以工作结果为导向的绩效考核方法

C. 采取基于员工特征的绩效考核方法

D. 以同事作为考核的主体

真题演练答案及解析

一、单项选择题

1. **【答案】**B

【解析】本题考查绩效管理与绩效考核的关系。

选项 A，绩效考核侧重于绩效的识别、判断和评估。因此，选项 A 错误。

选项 B，绩效管理是实现组织战略的重要手段，绩效管理的出发点是绩效计划，而绩效计划正是基于组织发展战略而形成的。因此，选项 B 正确。

选项 C，绩效管理是一个完整的管理过程，而绩效考核只是绩效管理中的一个环节。因此，选项 C 错误。

选项 D，绩效管理有助于建设和谐的组织文化。绩效管理的核心在于沟通，通过不断的沟通，可以减少上下级的摩擦和冲突，营造友好、开放的工作氛围，这对建设和谐的组织文化至关重要。因此，选项 D 错误。

因此，本题选项 B 正确。

2. **【答案】**D

【解析】本题考查绩效监控与绩效辅导的概念及关系。

选项 A，绩效辅导指的是在掌握了下属工作绩效的前提下，为提高员工绩效水平和自我效能感而进行的一系列活动。因此，选项 A 错误。

选项 B，在绩效监控的过程中，适当的绩效沟通起着至关重要的作用，它可以使员工和管理者在绩效实施的过程中分享各类与绩效相关的信息，为绩效辅导奠定良好的基础。因此，选项 B 错误。

选项 C，绩效监控指的是在绩效考核期间内管理者为了掌握下属的工作绩效情况而进行的一系列活动。因此，选项 C 错误。

选项 D，与绩效反馈面谈不同，绩效辅导贯穿于绩效实施的整个过程中，是一种经常性的管理行为，它帮助员工解决当前绩效实施过程中出现的问题。因此，选项 D 正确。

因此，本题选项 D 正确。

3. **【答案】**D

【解析】本题考查绩效管理工具的相关内容。

选项 A，目标管理法倾向于聚焦短期目标，即该考核周期结束时需要实现的目标。因此，选项 A 错误。

选项 B，标杆的寻找范围并不局限在同行业，应该有更广阔的视角。因此，选项 B 错误。

选项 C，关键绩效指标法的数量不宜过多，当出现指标数量过多的情况时，建议将类似的指标进行合并，并突出关键业务流程指标的位置。因此，选项 C 错误。

选项 D，平衡计分卡是一种新型的战略性绩效管理的工具和方法，也比较适合于企业战略进行重大调整的时期，它着眼于公司的长远发展，从四个角度关注企业的绩效，即客户角度指标、内部流程角度指标、学习与发展角度指标、财务角度指标。因此，选项 D 正确。

因此，本题选项 D 正确。

4.【答案】D

【解析】本题考查适用于不同竞争态势战略的绩效管理。企业在采用探索者战略时，绩效考核中，管理者应当选择以结果为导向的评价方法，强化员工新产品、新市场的开发成功率。因此，选项 AC 错误。企业在采用跟随者战略时，绩效考核应尽量采用标杆超越法，通过树立标杆组织来确定绩效指标和衡量标准。因此，选项 B 错误。企业在采用防御者战略时，在绩效考核方法的选择上，组织可选择系统化的评价方法，多角度选择考核指标。因此，本题选项 D 正确。

5.【答案】D

【解析】本题考查六西格玛管理的概念。六西格玛管理通过减少企业业务流程中的偏差，使组织的绩效提升到更高的水平。它的核心理念是在企业整个业务流程的所有环节上，都运用科学的方法提高效率、减少失误率，使整个流程达到最优状态，从而满足客户的要求。因此，本题选项 D 正确。

6.【答案】A

【解析】本题考查有效的绩效管理的特征。有效的绩效管理应当具备以下五个特征：

（1）敏感性，有效的管理体系可以明确区分高效率员工和低效率员工。

（2）可靠性，有效的绩效管理体系能使不同的评价者对同一个员工所作的评价基本相同。

（3）准确性，是指应该把工作标准和组织目标联系起来确定绩效的好坏。

（4）可接受性，组织上下共同支持绩效工作，才能促成绩效管理的成功。

（5）实用性，绩效管理体系的建立和维护成本要小于绩效管理体系带来的收益。

因此，本题选项 A 当选。

7.【答案】B

【解析】本题考查差异化战略相关内容。差异化战略是指组织通过提供与与众不同的产品和服务满足客户的特殊需求，形成竞争优势的战略。这种战略的核心是独特的产品与服务，而不是标准化。因此，组织在绩效管理中应当弱化员工工作的直接结果，鼓励员工多进行创新的活动。在绩效考核中，组织也应该选择那些以行为为导向的评价方法，因为创新的成果通常难以用量化的指标去衡量的；绩效考核周期的选择也不宜过短，因为革新不一定能够在短期内见到成效。因此，本题选项 B 当选。

8.【答案】D

【解析】本题考查选择绩效改进的方法。

选项 A，卓越绩效标准通过描述卓越企业的管理信念和行为，改进组织的整体效率和能力。因此，选项 A 正确。

选项 B，六西格玛管理通过减少企业业务流程中的偏差，使组织的绩效提升到更高的水平。因此，选项 B 正确。

选项 C，ISO 质量管理体系通过在企业内部制定、实施和改进质量管理体系，使组织生产的产品或提供的服务提升到更高的水平，从而增强客户的满意度。因此，选项 C 正确。

选项 D，标杆超越是通过对比和分析业内外领先企业的经营方式，对本企业的产品或服务、业务流程、管理方式等关键成功因素进行改进，使组织成为同行业最佳的系统过程。因此，选项 D 错误。

因此，本题选项 D 当选。

9. **【答案】**B

【解析】本题考查绩效管理的概念。绩效管理是管理者与员工通过持续开放的沟通，就组织目标和目标实现方式达成共识的过程，也是促进员工作出有利于组织的行为、完成组织目标、取得卓越绩效的管理实践。管理绩效的主要目的是建立客观、简洁的绩效优化体系，实现组织与个人绩效的紧密融合。绩效管理侧重于信息的沟通和绩效的提高，绩效考核则侧重于绩效的识别、判断和评估。因此，本题选项 B 当选。

10. **【答案】**C

【解析】本题考查团队绩效考核。

选项 A，对跨部门团队进行绩效考核，性质相同的部门要采用同一种评价的方法，使考核结果具有可比性。因此，选项 A 正确。

选项 B，做好跨部门团队考核，关键是要做好标准化工作，也就是考核目标的标准化、考核程序的标准化、组织的标准化、方法手段的标准化。因此，选项 B 正确。

选项 C，知识型团队的任务一般都是创造性的而不是重复性的。产生创造性的过程一般不太容易控制，因此，知识型团队的绩效考核要以结果为导向，而不是以行为为导向。因此，选项 C 错误。

选项 D，建立团队层面的绩效考核指标有四种方法：利用客户关系图来确定团队绩效考核的指标，利用组织绩效指标确定团队绩效指标，利用绩效金字塔来确定团队绩效考核指标，利用工作流程图确定团队绩效考核指标。因此，选项 D 正确。

因此，本题选项 C 当选。

二、多项选择题

1. **【答案】**CDE

【解析】本题考查标杆超越法的概念。

标杆超越法是通过对比和分析业内外领先企业的经营方式，对本企业的产品或服务、业务流程等关键成功因素进行改进和变革，使企业成为同行业最佳的方法。标杆超越法实际上是通过学习同行业经验，改掉制约企业发展陋习的方法，可以从以下三方面了解：

（1）标杆指的是最佳实践或最佳标准，也就是企业在产品或服务、经营管理、运作方式等方面的榜样。标杆超越的目的就是通过向榜样学习提升企业竞争力。

(2) 标杆的寻找范围并不局限在同行业，应该有更广阔的视角。

(3) 标杆超越法相比其他系统的考核方法更重视比较和衡量。

因此，本题选项 CDE 均正确。

2. **【答案】** BD

【解析】 本题考查知识型团队的概念及考核方法。

知识型团队的任务一般都是创造性的而不是重复性的。产生创造性的过程一般不太容易控制，因此，知识型团队的绩效考核要以结果为导向，而不是以行为为导向。知识型团队的绩效考核需要综合四个角度的指标：

(1) 效益型指标，可以直接用来判断知识型团队的工作产出成果，即团队的产出满足客户需求的程度。

(2) 效率型指标，知识型团队为获得效益指标所付出的成本和投入产出的比例。

(3) 递延型指标，团队的工作过程和工作结果对客户、投资者、团队成员的长远影响。

(4) 风险型指标，判断不确定性风险的数量和对团队及其成员的危害程度的指标。

因此，本题选项 BD 均正确。

3. **【答案】** BCD

【解析】 本题考查绩效评价技术。

选项 A，使用行为观察量表法要求考评者根据详尽的行为清单对员工进行观察，行为观察量表很难包含所有的行为指标的代表性样本，其效度有待提高。使用行为观察量表法的主管人员单独考核工作量太大，不具有可操作性。因此，选项 A 错误。

选项 B，行为锚定法使工作的计量更为准确，因为建立锚定等级体系的人都是对职位情况最了解的人，因此，这种方法比其他方法更能准确地描述绩效。行为锚定法具有较高信度是因为不同评估者对同一个职位进行评估时，其结果是类似的，它的评估结果具有良好的反馈功能。因此，选项 B 正确。

选项 C，配对比较法较排序法更加科学，它能在人数较少的情况下快速比较出员工绩效的水平。因此，选项 C 正确。

选项 D，在绩效考核中，评估者可能由于自己的主观意识，将员工的评估分数划定在一个区域内，从而弱化评估分数的差距。使用强制分布法可以有效避免考核结果可能出现的这种趋中趋势。因此，选项 D 正确。

选项 E，关键事件法非常费时，它要求评估者全面、详细记录被评估者的关键事件，这会占据评估者大量的精力，甚至会影响评估者的正常工作。因此，选项 E 错误。

因此，本题选项 BCD 均正确。

4. **【答案】** ABDE

【解析】 本题考查绩效改进效果评价的维度。绩效改进效果评价的维度主要包括四个方面：

(1) 反应，即员工、客户、供应商对改进结果的反应。

（2）学习或能力，即绩效改进实施后，员工能力素质的提升程度。

（3）转变，即改进活动对工作方式的影响。

（4）结果，即绩效改进所形成的结果与预期的对比。

因此，本题选项 ABDE 均正确。

5. **【答案】** ABCE

【解析】 本题考查平衡计分卡法的内涵。平衡计分卡法是一种新型的战略性绩效管理的工具和方法，也比较适用于战略进行重大调整的时期，它着眼于公司的长远发展，从四个角度关注企业的绩效，即客户角度指标、内部流程角度指标、学习与发展角度指标、财务角度指标。因此，本题选项 ABCE 均正确。

三、案例分析题

<table>
<tr>
<td>1. 【答案】BCD
【解析】根据成本领先战略下的绩效管理策略可知，绩效考核过程中可以采用目标管理法进行评价。因此，选项 A 错误。选择客观的财务指标作为绩效的评价指标、只选择直接上级作为绩效评价的主体、以行业内成本领先的企业作为绩效改进的标杆都属于成本领先战略下的绩效管理策略。因此，选项 BCD 正确。

2. 【答案】ABC
【解析】根据差异化战略下的绩效管理策略，评价的结果可以充分运用于员工的开发、培训活动，使员工通过不断的学习获得更先进的理念，与组织共同发展。因此，选项 D 错误。采用以员工行为为导向的绩效评价方法，绩效评价的主体多元化，适当拉长绩效考核的周期，均属于差异化战略下的绩效管理策略。因此，选项 ABC 正确。</td>
<td>【答案解读】
本题考查绩效管理知识点的综合运用。
[1] 考查成本领先战略下的绩效管理策略：
（1）在绩效考核中，为了加强员工对成本的重视程度，组织应尽量选择以结果为导向的、实施成本较低的评价方法，鼓励员工通过各种方法达到组织期望的结果；
（2）在评价者的选择上，也可以只选择直接上级作为评价主体，以节约实施成本；
（3）绩效考核周期的选择也不宜过短，因为频繁的绩效考核会增加组织的管理成本；
（4）在绩效改进时，组织可以选择标杆超越的方法，将行业的领先者作为绩效改进的标杆；
（5）绩效考核的结果要充分应用于成本的改进和控制，对那些绩效水平较好的员工也要进行一定的奖励。
[2] 考查差异化战略下的绩效管理策略：
（1）在绩效考核中，组织也应该选择那些以行为为导向的评价方法，因为创新的成果通常是难以用量化的指标去衡量的；
（2）为了对员工的结果进行客观的评价，评价的主体也应当多元化，因为在强调差异的组织中，不同的主体对员工的工作认识更可能存在差异；</td>
</tr>
</table>

	(3) 绩效考核周期的选择也不宜过短，因为革新不一定能够在短期内见到成效； (4) 评价的结果可以充分运用于员工的开发、培训活动，使员工通过不断的学习获得更先进的理念，与组织共同发展。
3.【答案】ABC 【解析】根据案例材料可知，该公司制订绩效计划的程序是：首先由各部门和下属机构提出绩效目标和计划，然后由人力资源管理部门简单汇总并最终确定。所以该公司的绩效计划制订是自下而上进行的，公司主管在绩效计划制订的过程中没有充分发挥作用，上下级之间缺乏对绩效目标和计划的讨论。因此，选项ABC均正确。	[3] 考查考生对案例的理解能力。
4.【答案】AB 【解析】由国际人力资源考核的特点可知，国际人力资源的绩效考核不仅关注业绩，而且突出战略方向，强调企业的长远发展，选项A正确。从绩效考核的侧重点来看，国际人力资源更倾向于基于结果的绩效考核而不是基于员工特征的绩效考核，选项B正确，选项C错误。从绩效考核的目的看，国际人力资源的绩效考核除了为员工薪酬调整和晋升提供依据外，还加入了新的目的，如重视个人、团队和公司目标的密切结合，寻找在工作要求、个人能力、兴趣和工作重点之间的发展最佳契合点等，选项D错误。因此，选项AB正确。	[4] 考查国际人力资源绩效考核的特点： (1) 从绩效考核的目标看，国际人力资源的绩效考核不仅关注业绩，而且突出战略方向，强调企业的长远发展。 (2) 从绩效考核的目的看，国际人力资源的绩效考核除了为员工薪酬调整和晋升提供依据外，还加入了新的目的，如重视个人、团队和公司目标的密切结合，寻找在工作要求、个人能力、兴趣和工作重点之间的发展最佳契合点等。 (3) 从绩效考核的侧重点来看，国际人力资源更倾向于基于结果的绩效考核而不是基于员工特征的绩效考核。 (4) 从绩效考核的操作过程看，国际人力资源的绩效考核具体实施步骤与传统的绩效考核基本相同，只是在绩效的评价与反馈的过程中，比传统的考核更加注重管理者和员工的沟通。

第八章 薪酬管理

本章考情 Q&A

Q：本章的重要性和难度如何？

A：本章属于**次重点**章节，学好本章可以为后续章节的学习打好基础。本章难度较低，建议在学习过程中与第七章一起学习。从历年真题来看，每年考查的分值为 6~7 分。

Q：本章在考试中通常以什么形式出现？

A：从历年真题看，本章内容在单项选择题、多项选择题和案例分析题中均有涉及。案例分析题考查频率较低，单项选择题与多项选择题考查频率较高，考试中尤其会考查股票期权、员工持股计划的相关内容。

Q：本章 2022 年的内容有改动么？

A：本章内容无实质性改动。

Q：本章考点在历年考试中的分布情况如何？

A：以下是老师们的统计：

考点	2021 年	2020 年	2019 年	2018 年	2017 年	2016 年	2015 年	2014 年	2013 年	2012 年
战略性薪酬管理			√	√	√	√	√	√	√	√
职位评价方法	√	√		√		√	√			
股票期权	√	√	√	√	√		√			√
员工持股计划		√	√	√	√	√	√			
年薪制			√			√				√
销售人员薪酬				√			√		√	

经典例题

考点一 战略性薪酬管理

【例题·2019 年·单项选择题】关于企业不同发展战略下的薪酬管理特征的说法，正确的是（　　）。

A. 在采用稳定战略的企业中，基本薪酬和福利在薪酬结构中所占的比例较高

B. 采用成长战略的企业会在短期内提供相对较高的基本薪酬

C. 在采用收缩战略的企业中，基本薪酬在薪酬结构中所占的比例较高

D. 采用稳定战略的企业一般采取低于市场水平的薪酬

【答案】A

【解析】本题考查不同发展战略下的薪酬管理特征。

选项 A，采用稳定战略的企业，在薪酬管理方面，薪酬决策的集中度比较高，薪酬的确定基础主要是员工从事的职位本身，在薪酬结构上基本薪酬和福利所占的比重较大。因此，选项 A 正确。

选项 B，采用成长战略的企业，企业的薪酬方案是在短期内提供相对低的基本薪酬，而从长期来看，企业将实行奖金或股票选择权等计划，能够使员工得到较为丰厚的回报。因此，选项 B 错误。

选项 C，采用收缩战略的企业，在薪酬结构上基本薪酬所占的比例相对较低，一些企业还尝试实行员工股份所有权计划，以鼓励员工共担风险。因此，选项 C 错误。

选项 D，采用稳定战略的企业，从薪酬水平来说，一般采取市场跟随或略高于市场水平的薪酬，但长期内不会有太大的增长。因此，选项 D 错误。

因此，本题选项 A 正确。

私教点拨

历年真题对战略性薪酬管理的考查，通常包括企业战略的两个层次：一是企业的发展战略，二是企业的经营战略或竞争战略。具体如表 8－1 所示。

表 8－1 战略性薪酬管理

类型	战略	具体内容
适用于不同发展战略下的薪酬管理	**成长战略**	企业的薪酬方案是在**短期内**提供相对**低的基本薪酬**，而从**长期**来讲，企业将实行**奖金**或**股票选择权**等计划，能够使员工得到较为丰厚的回报
	稳定战略/集中战略	在薪酬管理方面，薪酬决策的集中度比较高，薪酬的确定基础主要是员工从事的职位本身，在**薪酬结构**上**基本薪酬和福利**所占的**比重较大**；从**薪酬水平**来说，一般采取**市场跟随或略高于市场水平**的薪酬，但长期内不会有太大的增长
	收缩战略/精简战略	在薪酬结构上**基本薪酬**所占的**比例相对较低**，一些企业还尝试实行员工股份所有权计划，以鼓励员工共担风险
适用于不同竞争战略下的薪酬管理	**创新**战略	与创新战略相对的薪酬体系非常**注重**对**产品创新**、**技术创新**和**新的生产方法**给予足够的报酬或奖励，其**基本薪酬**以劳动力市场的**通行水平为准且略高于市场水平**
	成本领先战略	在**薪酬水平**方面**略低于竞争对手**，在薪酬结构方面**奖金部分**所占的**比例相对较大**
	客户中心战略	与客户中心战略相对应的薪酬体系往往根据员工**向客户所提供服务的数量和质量**来**支付薪酬**，或者根据客户对员工或员工群体所提供服务的**评价**来**支付奖金**

续表

类型	战略	具体内容
全面薪酬战略		全面薪酬战略更强调**战略性、激励性、灵活性、创新性和沟通性** 建立全面薪酬战略主要分为四个步骤： (1) **评价薪酬的含义**，即在全面了解企业自身所处的内外部环境的基础上确定企业战略； (2) **制定与企业战略相匹配的薪酬决策**，包括薪酬体系、薪酬水平、薪酬结构、薪酬管理过程等方面的决策； (3) **执行战略性薪酬决策**，通过设计薪酬制度将决策转化为行动； (4) **对薪酬系统的匹配性进行再评价**，管理者必须根据企业的经营环境和企业战略不断对薪酬系统进行重新评价并适时加以更新

考点二　职位评价方法

【例题·2021年·单项选择题】 关于各类职位评价方法的说法，不正确的是（　　）。

A. 因素比较法的设计难度低，易于理解

B. 分类法需要设定一套供参考的职位等级标准

C. 要素计点法是一种定量的职位评价方法

D. 排序法不适用于规模较大、职位类型较多的企业

【答案】 A

【解析】 本题考查职位评价方法的区分。因素比较法的优点是较为完善，可靠性高；同时，也使不同的职位之间更具可比性，且可根据职位内容直接求得具体薪酬金额。其缺点是评价体系设计复杂，难度较大，成本较高，选项A错误。因此，本题选项A当选。

私教点拨

历年真题对职位评价方法的考查频率较高，考生要注意区分不同方法的属性，具体如表8－2所示。

表8－2　职位评价方法分类对比表

比较基础	比较范围	
	定量方法	定性方法
直接职位比较法	因素比较法	排序法
职位尺度比较法	要素计点法	分类法

考点三 股票期权

【例题 · 2019 年 · 单项选择题】 关于股票期权的说法，正确的是（ ）。

A. 股票期权受益人须在规定时期内购买公司股票

B. 股票期权适用于非上市公司

C. 股票期权是一种权利，也是一种义务

D. 股票期权是企业无偿给予经营者等激励对象的

【答案】 D

【解析】 本题考查股票期权特征及优缺点。

选项 A，股票期权是一种权利而不是义务，受益人可以买公司股票也可以不买。因此，选项 A 错误。

选项 B，股票期权只适用于上市公司，而且是成长性较好、股价呈上涨趋势的上市公司。因此，选项 B 错误。

选项 C，股票期权是一种权利而不是义务。因此，选项 C 错误。

选项 D，股票期权是公司无偿给予经营者等激励对象的。因此，选项 D 正确。

因此，本题选项 D 正确。

私教点拨

历年真题对股票期权的考查，主要涉及股票期权的特点、激励对象及时间规定，多数知识点需要理解记忆，具体如表 8-3 所示。

表 8-3 股票期权

类别	具体内容
特点	（1）股票期权**是一种权利**而**不是义务**，受益人可以买公司股票也可以不买； （2）股票期权只有在行权价低于行权时本企业股票的市场价格才有价值； （3）股票期权是公司无偿给予经营者等激励对象的
激励对象	激励对象包括上市公司的董事、高级管理者、核心技术人员或者核心业务人员，以及公司认为应当激励的对公司经营业绩和未来发展有直接影响的其他员工，但**不应当包括独立董事和监事**
时间规定	**授权日**。指上市公司向激励对象授予股票期权的日期，授权日必须是交易日
	等待期。股票期权授予日与获授股票期权首次可以行权日之间间隔不得少于 1 年
	有效期。即从股票期权授予之日起至所有股票期权行权或注销完毕之日止，从授权日计算不得超过 10 年，**在股票期权有效期内**，上市公司应当规定激励对象分期行权。《上市公司股权激励管理办法》规定，**股权激励计划的有效期**自股东大会通过之日起计算，一般不超过 10 年，股权激励计划有效期满，上市公司不得依据此计划再授予激励对象任何股权
	行权期。即激励对象可以开始行权的日期，必须是交易日，应当在公司定期报告公布后的第 2 个交易日，至下一次定期报告公布前 10 个交易日内行权，但不得在下列期间内行权： （1）重大交易或重大事项决定过程中至该事项公告后 2 个交易日； （2）其他可能影响股价的重大事件发生之日起至公告后 2 个交易日

考点四 员工持股计划

【例题·2020年·单项选择题】关于员工持股计划的说法，正确的是（　　）。

A. 企业高管与一般职工的认购比例，原则上控制在3∶1的范围内

B. 持股员工数量不得低于员工总数的90%

C. 员工所持股份占企业总股本的比例，一般不宜超过30%

D. 持股员工可以是正式聘用的，也可以是非正式聘用的

【答案】B

【解析】本题考查员工持股计划相关的内容。

选项A，要明确界定企业内部员工持股额度的分配比例，一般企业高管人员与一般职工的认购比例不宜拉得太大，原则上控制在4∶1的范围之内。因此，选项A错误。

选项B，强调员工持股得广泛参与性，原则上要求企业正式聘用的员工都参与员工持股计划，明确规定参与员工持股计划的员工不得低于员工总数的90%。因此，选项B正确。

选项C，要明确界定员工持股占企业总股本的比例，一般不宜超过20%。因此，选项C错误。

选项D，根据我国有关政策规定，允许参与员工持股计划的通常包括四类人员：在企业工作满一定时间的正式员工；公司的董事、监事、经理；企业派往投资企业、代表处工作但劳动人事关系仍在本企业的外派人员；企业在册管理的离退休人员。因此，选项D错误。

因此，本题选项B正确。

私教点拨

历年真题对员工持股计划相关知识点的考查，考查范围较广，考查内容较为细致，具体如表8-4所示。

表8-4 员工持股计划

类别	具体内容
特点	持股人或认购者必须是**本企业**的员工；员工所认购的股份在转让、交易等方面**受到**一定的**限制**
宗旨	能够**促进企业**的**长远发展**；能够**激发员工**的**工作积极性**；能够**改善**企业的**法人治理结构**
原则	依法合规原则；自愿参与原则；风险自担原则
激励对象	在企业工作满一定时间的正式员工；公司的董事、监事、经理；企业派往投资企业、代表处工作，劳动人事关系仍在本企业的外派人员；企业在册管理的离退休人员
持股期限与持股规模	每期员工持股计划的持股期限不得低于**12**个月，以非公开发行方式实施员工持股计划的持股期限不得低于**36**个月，自上市公司公告标的股票过户至本期持股计划名下时起算；上市公司应当在员工持股计划届满前**6**个月公告到期计划持有的股票数量。 上市公司全部有效的员工持股计划所持有的股票总数累计不得超过公司股本总额的**10%**，单个员工所获股份权益对应的股票总数累计不得超过公司股本总额的**1%**

续表

类别	具体内容
持股比例	参与员工持股计划的员工不得低于员工总数的**90%**。 要明确界定员工持股占企业总股本的比例，一般不宜超过**20%**。 要明确界定企业内部员工持股额度的分配比例，一般企业高管人员与一般职工的认购比例不宜拉得太大，原则上控制在**4∶1**的范围之内

考点五 年薪制

【例题 · 2019 年 · 多项选择题】关于经营者年薪制的说法，正确的有（　　）。

A. 年薪制确定了经营者的最低业绩目标，当经营者未完成最低计划指标时会受到惩罚

B. 年薪制确定了经营者的封顶奖金，当计划指标超额完成时经营者会有更多奖励

C. 在年薪制结构中加大风险收入的比例，有利于在责任、风险和收入对等的基础上加大激励力度

D. 企业可以根据经营者在一个年度或任期内的经营管理业绩，确定与其贡献相当的薪酬水平及薪酬支付方式

E. 年薪制是一种高风险的薪酬制度，体现约束和激励相互制衡的机制

【答案】CDE

【解析】本题考查年薪制的相关内容。

选项 A，年薪制是一种高风险的薪酬制度，依靠的是约束和激励互相制衡的机制，年薪制是根据经营者的业绩好坏而计发薪酬的一种薪酬制度。因此，选项 A 错误。

选项 B，年薪制可以把年薪收入的一部分直接转化为股权激励形式，从而把经营者薪酬与资产所有者利益及企业发展前景紧密结合，没有封顶奖金也没有更多奖励。因此，选项 B 错误。

选项 C，年薪制年薪结构中加大了风险收入的比例，有利于在责任、风险和收入对等的基础上加大激励力度。因此，选项 C 正确。

选项 D，年薪制在设置上比较灵活，可以根据企业经营者一个年度以及任期内的经营管理业绩，相应确定与其贡献相当的年度和长期薪酬水平及薪酬支付方式，因此，选项 D 正确。

选项 E，年薪制是一种高风险的薪酬制度，依靠的是约束和激励互相制衡的机制，年薪制将企业经营者的业绩与其薪酬直接联系在一起。因此，选项 E 正确。

因此，本题选项 CDE 均正确。

私教点拨

历年真题对年薪制的考查频率较高，尤其注重考查考生对年薪制的概念、年薪制的优劣势的理解，具体如表 8-5 所示。

表 8-5 年薪制

类别	具体内容
概念	年薪制是以企业会计年度为时间单位，根据经营者的业绩好坏而计发薪酬的一种薪酬制度。年薪制是一种**高风险**的薪酬制度，依靠的是**约束**和**激励互相制衡**的机制
构成	基本薪酬、奖金、长期奖励、福利津贴
优势	(1) 年薪制在设置上比较**灵活**，可以根据企业经营者一个年度以及任期内的经营管理业绩，相应确定与其贡献相当的年度和长期薪酬水平及薪酬支付方式。 (2) 年薪制年薪结构中**加大了风险收入**的比例，有利于在责任、风险和收入对等的基础上加大激励力度。 (3) 年薪制可以把年薪收入的一部分直接转化为股权激励形式，从而把经营者薪酬与资产所有者利益及企业发展前景紧密结合
劣势	经营者的薪酬水平与年度企业业绩密切相关，所以年薪制容易**导致经营者的短期行为**，做出不利于企业长期发展的决策

考点六 销售人员薪酬

【例题·2018 年·多项选择题】 关于销售人员薪酬的说法，正确的有（ ）。

A. 销售人员的薪酬应主要以行为为导向

B. 单纯佣金制应将销售人员的薪酬收入与其工作业绩直接挂钩而使薪酬管理成本较低

C. 产品具有较高技术含量的企业会对销售人员采用高佣金加低基本薪酬的薪酬制度

D. 单纯佣金制会导致销售人员的薪酬缺乏稳定性

E. 单纯佣金制不利于培养销售人员对企业的归属感

【答案】 BDE

【解析】 本题考查销售人员薪酬的相关内容。

选项 A，销售人员的工作结果比较容易衡量，因此，销售人员的薪酬主要是以结果为导向的。因此，选项 A 错误。

选项 B，单纯佣金制指在销售人员的薪酬中没有基本薪酬的部分，其全部薪酬收入都来自佣金。因此，选项 B 正确。

选项 C，对于一些技术含量较高、市场较为狭窄、销售周期较长的产品来说，其对销售人员的素质及稳定性的要求都很高，因此，采取“高基本薪酬加低佣金或奖金”的薪酬制度 。因此，选项 C 错误。

选项 D，单纯佣金制往往使得销售人员的薪酬缺乏稳定性，易受外部环境因素的影响而引起大幅的波动。因此，选项 D 正确。

选项 E，单纯佣金制还有可能造成上下级之间、新老员工之间的较大薪酬差距，不利于培养销售人员对企业的归属感。因此，选项 E 正确。

因此，本题选项 BDE 均正确。

私教点拨

历年真题对销售人员薪酬四种方案的考查，要注意不同薪酬方案的区别，具体如表 8-6 所示。

表 8-6 销售人员薪酬方案

薪酬方案	具体内容
单纯佣金制	指在销售人员的薪酬中没有基本薪酬的部分，其全部薪酬收入**都来自佣金**
基本薪酬加佣金制	销售人员的薪酬由每月的**基本薪酬**和按销售业绩提取的**佣金**组成
基本薪酬加奖金制	这种薪酬制度与基本薪酬加佣金制的区别在于佣金直接由绩效表现决定，而奖金与业绩之间的关系是间接的，通常销售人员所完成的业绩只有超过某一销售额，才能获得一定数量的奖金
基本薪酬加佣金加奖金制	这种薪酬制度将**佣金和奖金结合**在一起，可从多角度引导并激励员工的行为和绩效。 企业在进行销售人员薪酬制度的选择时，一般取决于企业自身所处的行业及产品特点。如保险行业、饮食行业等对销售人员的薪酬设计大多是**"高佣金加低基本薪酬"**的薪酬制度，而对于一些技术含量较高、市场较为狭窄、销售周期较长的产品来说，其对销售人员的素质及稳定性的要求都很高，因此，采取**"高基本薪酬加低佣金或奖金"**的薪酬制度比较合适

案例分析题专练

【例题·2020 年·案例分析题】

某民营企业成立于 2000 年，目前已是中国知名日用品制造商。公司创立早期，由于人员少且多与公司老板有亲戚关系，人力资源部经理长期由亲戚担任，工资发放存在较大的主观性、随意性。随着公司快速发展至现有规模阶段，原有的薪酬管理方法显然已不适用，员工抱怨责权不明、薪酬待遇不公、贡献与收入不成比例，大锅饭现象严重，薪酬水平在市场上缺乏竞争力。[2] 但是，公司老板的看法却不同，他认为公司的薪酬成本已经很高了，甚至给公司的经营带来了很大压力。[1] 为此，公	**【审题过程】** [1] 考查薪酬成本的控制： (1) 控制雇佣量； (2) 控制基本薪酬； (3) 控制奖金； (4) 控制福利支出； (5) 利用适当的薪酬技术手段。 [2] 考查战略性薪酬管理策略： (1) 适用于不同发展战略下的薪酬管理，主要包括成长战略、稳定战略或集中战略、收缩战

司邀请了人力资源专家进行诊断。专家经过调查发现，该公司的薪酬分配原则不清楚。薪酬分配在职位之间、员工之间缺乏公平性，存在平均主义［3］；此外，员工的薪酬水平较低，落后于同行业类似职位的薪酬水平，与该公司的市场地位不符，长此以往将影响公司的发展。［4］	略或精简战略； （2）适用于不同竞争战略下的薪酬管理，主要包括创新战略、成本领先战略、客户中心战略。 ［3］考查薪酬体系设计的基本步骤： （1）明确企业基本现状及战略目标； （2）工作分析及职位评价； （3）薪酬调查； （4）确定薪酬水平； （5）薪酬结构设计； （6）薪酬预算与控制。 ［4］考查薪酬体系设计： 只有明确企业现状及未来战略目标才能确定适合本企业的薪酬水平，才能建立具有内部公平性和外部竞争性的薪酬体系结构。**职位评价**主要是为了解决薪酬的内部公平性问题。**薪酬调查**主要是为了解决薪酬的外部竞争性问题。

根据以上资料，回答下列问题：

1. 假设公司老板认为的“公司薪酬成本很高”确实存在，该公司可以采用的薪酬成本控制方法有（　　）。

A. 减少员工的雇佣量　　B. 控制员工的加班工时

C. 减少社会保险缴费　　D. 压缩现有员工人数

2. 为了提升企业市场的竞争力，该企业可以采取的薪酬策略有（　　）。

A. 跟随策略　　B. 滞后策略

C. 领先策略　　D. 匹配策略

3. 为了解决该公司的薪酬公平性问题，应进行（　　）。

A. 薪酬控制　　B. 薪酬调查

C. 工作分析　　D. 职位评价

4. 薪酬调查主要解决的问题是（　　）。

A. 外部竞争性　　B. 外部公平性

C. 内部公平性　　D. 个人公平性

	【答案解读】
1.**【答案】**AB **【解析】**根据薪酬成本控制的方法，控制雇佣量不仅是控制员工数量，而且是控制工时数量，因此，选项A正确，选项D错误。控制基本薪酬主要是指要控制基本薪酬加薪的规模、加薪的时间和员工的覆盖面。因此，选项AB正确。	本题考查薪酬管理相关知识点。 [1] 考查薪酬成本的控制： (1) 控制雇佣量； (2) 控制基本薪酬； (3) 控制奖金； (4) 控制福利支出； (5) 利用适当的薪酬技术手段。
2.**【答案】**AC **【解析】**根据题意，为了提升企业市场的竞争力，可以采取的薪酬策略为跟随战略和领先战略。因此，选项AC正确。	[2] 考查战略性薪酬管理策略： (1) 适用于不同发展战略下的薪酬管理主要包括：成长战略、稳定战略或集中战略、收缩战略或精简战略； (2) 适用于不同竞争战略下的薪酬管理主要包括：创新战略、成本领先战略、客户中心战略。
3.**【答案】**CD **【解析】**根据案例材料可知，该公司的薪酬分配原则不清晰。薪酬分配在职位之间、员工之间缺乏公平性，存在平均主义。为了解决公司内部的公平性问题，要进行工作分析及职位评价。工作分析是确定薪酬体系的基础，在结合企业战略发展目标的前提下，通过系统分析的方法明确企业内部各职位的职责权限、任职资格。职位评价主要是为了解决薪酬的内部公平性问题。因此，选项CD均正确。	[3] 考查薪酬体系设计的基本步骤： (1) 明确企业基本现状及战略目标； (2) 工作分析及职位评价； (3) 薪酬调查； (4) 确定薪酬水平； (5) 薪酬结构设计； (6) 薪酬预算与控制。
4.**【答案】**A **【解析】**薪酬调查主要是为了解决薪酬的外部竞争性问题。薪酬调查主要是通过各种途径，收集企业所关注的竞争对手或同行业类似企业的薪酬水平及相关信息，并根据薪酬曲线得出本企业各职位薪酬所处的位置。因此，选项A正确。	[4] 考查薪酬体系设计： 只有明确企业现状及未来战略目标才能确定适合本企业的薪酬水平，才能建立具有内部公平性和外部竞争性的薪酬体系结构。**职位评价主要是为了解决薪酬的内部公平性问题。薪酬调查主要是为了解决薪酬的外部竞争性问题。**

真题演练

一、单项选择题

1. （2020 年）关于职位评价方法分类的说法，正确的是（　　）。

A. 职位尺度比较法包括要素计点法和分类法

B. 定量方法包括要素计点法和排序法

C. 直接职位比较法包括因素比较法和分类法

D. 定性方法包括因素比较法和分类法

2. （2020 年）关于薪酬体系设计的说法，错误的是（　　）。

A. 工作分析是确定薪酬体系的基础

B. 薪酬调查主要是为了解决薪酬的外部竞争性问题

C. 职位评价主要是为了解决薪酬的内部公平性问题

D. 奖励性薪酬在薪酬体系中所占的比重越高越好

3. （2020 年）下列公司成员中，不属于股票期权的激励对象的是（　　）。

A. 上市公司的独立董事

B. 上市公司的外籍核心业务人员

C. 上市公司的外籍董事

D. 上市公司的高级管理人员

4. （2019 年）稳定战略的企业的薪酬结构（　　）。

A. 短期内提供相对低的基本薪酬

B. 基本薪酬和福利所占的比重较大

C. 长期内会有很大的增长

D. 基本薪酬所占的比例相对较低

5. （2019 年）关于股票期权的说法，正确的是（　　）。

A. 股票期权受益人须在规定时期内购买公司股票

B. 股票期权适用于非上市公司

C. 股票期权是一种权利，也是一种义务

D. 股票期权是企业无偿给予经营者等激励对象的

6. （2018 年）关于不同企业竞争战略下的薪酬管理特征的说法，正确的是（　　）。

A. 企业若采用成本领先战略，薪酬水平应当比竞争对手相对更高

B. 企业若采用创新战略，基本薪酬应略低于劳动力市场通行工资水平

C. 企业若采用客户中心战略，应根据员工的工作年限支付报酬

D. 企业若采用成本领先战略，奖金在薪酬结构中所占比例应相对较大

7. （2018 年）关于我国员工持股计划，说法正确的是（　　）。

A. 每位员工所获股份权益对应的股票总数累计可以超过公司总股本的 1%

B. 上市公司应当在员工持股计划届满前 12 个月公告到期计划持有的股票数量

C. 上市公司全部有效的员工持股计划所持有的股票总数累积不得低于公司总股本的 10%

D. 每期员工持股计划的持股期限不得低于 12 个月

8. (2015 年) 适用于餐饮业销售人员的薪酬制度是 ( )。

A. 高基本薪酬加低佣金　　B. 纯基本薪酬制

C. 低基本薪酬加高佣金　　D. 纯奖金制

9. (2012 年) 基本薪酬和福利所占比重较大的薪酬结构适用的企业发展战略类型是 ( )。

A. 成长战略　　B. 收缩战略　　C. 稳定战略　　D. 精简战略

二、多项选择题

1. (2017 年) 关于员工持股计划的说法，正确的有 ( )。

A. 员工持股计划既能激励员工努力工作，也能吸引人才

B. 员工持股计划可以使企业获得低成本的资金来源

C. 持股人和认购者可以是本企业员工，也可以是外部人员

D. 认购者认购的股份在转让和交易方面不受限制

E. 员工持股计划可以为企业提供稳定、长期且能够减轻企业税务负担的资金

2. (2015 年) 根据我国股权激励的相关政策，关于股票期权的说法，正确的有 ( )。

A. 上市公司不得为激励对象为了获得行权资金而进行的贷款提供担保

B. 上市公司应在定期报告公布前 30 日向激励对象授予股票期权

C. 行权价格应为股权激励计划草案摘要公布前一交易日的公司标的股票收盘价

D. 股票期权的等待期不得超过 1 年

E. 股票期权的有效期不得超过 10 年

真题演练答案及解析

一、单项选择题

1. 【答案】A

【解析】本题考查职位评价方法的区分。

选项 A，职位尺度比较法包括要素计点法和分类法。因此，选项 A 正确。

选项 B，定量方法包括要素计点法和因素比较法。因此，选项 B 错误。

选项 C，直接职位比较法包括因素比较法和排序法。因此，选项 C 错误。

选项 D，定性方法包括排序法和分类法。因此，选项 D 错误。

因此，本题选项 A 正确。

2. 【答案】D

【解析】本题考查薪酬体系设计的相关内容。

选项 A，工作分析是确定薪酬体系的基础，在结合企业战略发展目标的前提下，通过系统分析的方法明确企业内部各职位的职责权限、任职资格。因此，选项 A 正确。

选项B，薪酬调查主要是为了解决薪酬的外部竞争性问题。因此，选项B正确。

选项C，职位评价法是在工作分析的基础上，系统地对各职位的价值进行评价，从而确定各职位在企业内部的相对价值及相互关系的过程。职位评价主要是为了解决薪酬的内部公平性问题。因此，选项C正确。

选项D，在薪酬结构设计完成后，为了保证薪酬体系的有效实施，还要进行薪酬预算与控制。所谓薪酬预算，就是预先性的成本分析过程。通过薪酬预算可以提前估计出企业的人工成本，并进行相应的控制。因此，选项D错误。

因此，本题选项D当选。

3. **【答案】**A

【解析】本题考查股票期权的激励对象。激励对象包括上市公司的董事、高级管理者、核心技术人员或者核心业务人员，以及公司认为应当激励的对公司经营业绩和未来发展有直接影响的其他员工，但不应当包括独立董事和监事。外籍员工任职上市公司董事、高级管理者、核心技术人员或核心业务人员的，可以成为激励对象。因此，本题选项A正确。

4. **【答案】**B

【解析】本题考查稳定战略下的薪酬管理。对于实行稳定战略的企业，在薪酬管理方面，薪酬决策的集中度比较高，薪酬的确定基础主要是员工从事的职位本身，在薪酬结构上基本薪酬和福利所占的比重较大；从薪酬水平来说，一般采取市场跟随或略高于市场水平的薪酬，但长期不会有太大的增长。因此，本题选项B正确。

5. **【答案】**D

【解析】本题考查股票期权的特征。股票期权的特征包括：第一，股票期权是一种权利而不是义务，受益人可以买公司股票也可以不买，因此，选项AC错误；第二，股票期权只有在行权价低于行权时本企业股票的市场价格才有价值；第三，股票期权是公司无偿给予经营者等激励对象的，因此选项D正确。股票期权只适用于上市公司，而且是成长性较好、股价呈强势上涨的上市公司，因此选项B错误。因此，本题选项D正确。

6. **【答案】**D

【解析】本题考查不同竞争战略下的薪酬管理策略。

选项A，企业若采用成本领先战略，在薪酬水平方面略低于竞争对手。因此，选项A错误。

选项B，企业若采用创新战略，基本薪酬以劳动力的通行水平为准且略高于市场水平。因此，选项B错误。

选项C，企业若采用客户中心战略，相对应的薪酬体系往往会根据员工向客户所提供服务的数量和质量来支付薪酬，或者根据客户对员工或员工群体所提供服务的评价来支付奖金。因此，选项C错误。

选项D，企业若采用成本领先战略，在薪酬结构方面奖金部分所占的比例相对比较大。因此，选项D正确。

因此，本题选项D正确。

7.【答案】D

【解析】本题考查员工持股计划。

选项 A，单个员工所获股份权益对应的股票总数累计不得超过公司股本总额的 1%。因此，选项 A 错误。

选项 B，上市公司应当在员工持股计划届满前 6 个月公告到期计划持有的股票数量。因此，选项 B 错误。

选项 C，上市公司全部有效的员工持股计划所持有的股票总数累计不得超过公司股本总额的 10%。因此，选项 C 错误。

选项 D，每期员工持股计划期限不得低于 12 个月，以非公开发行方式实施员工持股计划的持股期限不得低于 36 个月，自上市公司公告标的股票过户至本期持股计划名下时起算，因此，选项 D 正确。

因此，本题选项 D 正确。

8.【答案】C

【解析】本题考查销售人员薪酬的类型。企业在进行销售人员薪酬制度的选择时，一般取决于企业自身所处的行业及产品特点。如保险行业、饮食行业等对销售人员的薪酬设计大多是“高佣金加低基本薪酬”的薪酬制度，而对于一些技术含量较高、市场较为狭窄、销售周期较长的产品来说，其对销售人员的素质及稳定性的要求都很高，因此，采取“高基本薪酬加低佣金或奖金”的薪酬制度比较合适。因此，本题选项 C 正确。

9.【答案】C

【解析】本题考查稳定战略下企业的薪酬管理策略。如果企业采用稳定战略，在薪酬管理方面，薪酬决策的集中度比较高，薪酬的确定基础主要是员工从事的职位本身，在薪酬结构上基本薪酬和福利所占的比重较大。因此，本题选项 C 正确。

二、多项选择题

1.【答案】ABE

【解析】本题考查员工持股计划的概念及特点。

员工持股计划具有以下特点：持股人或认购者必须是本企业的员工；员工所认购的股份在转让、交易等方面受到一定的限制。因此，选项 CD 错误。

员工持股计划对企业发展具有重要的作用，一套科学合理的员工持股计划不仅能激励员工努力工作，吸引人才，提高企业的核心竞争力，起到“留人”的作用，还可以令企业获得资金来源，而这种资金来源于员工持股，因而是低成本资金，并且是稳定的、长期的，能够减轻企业的税务负担。因此，选项 ABE 正确。

因此，本题选项 ABE 均正确。

2.【答案】AE

【解析】本题考查股票期权的相关内容。

选项 A，《管理办法》规定，上市公司不得为激励对象依股权激励计划获取有关权益提供贷款以及其他任何形式的财务资助，包括为其贷款提供担保。因此，选项 A 正确。

选项 B，《管理办法》规定，授权日不属于下列期间：（1）定期报告公布前 30 日；（2）重大交易或重大事项决定过程中至该事项公告后 2 个交易日；（3）其他可能影响股价的重大事件发生之日起至公告后 2 个交易日。因此，选项 B 错误。

选项 C，股票期权行权价格的确定分为三种，即实值法、平值法和虚值法，其行权价格分别低于、等于或高于授予期权时的公平市价。在我国，《管理办法》采用了平值法，规定以股权激励计划草案摘要公布前 1 日的公司标的股票收盘价与公布前 30 个交易日的公司标的股票平均收盘价“孰高原则”确定行权价格。因此，选项 C 错误。

选项 D，股票期权的等待期，即股票期权授予日与获授股票期权首次可以行权日之间间隔不得少于 1 年。因此，选项 D 错误。

选项 E，股票期权的有效期，即从股票期权授予之日起至所有股票期权行权或注销完毕之日止，从授权日计算不得超过 10 年，在股票期权有效期内，上市公司应当规定激励对象分期行权。因此，选项 E 正确。

因此，本题选项 AE 均正确。

第九章　培训与开发

本章考情 Q&A

Q：本章的重要性和难度如何？

A：本章属于**次重点**章节，学好本章可以为后续章节的学习打好基础。本章难度较低，考点较为集中。从历年真题来看，每年考查的分值为 5~6 分。

Q：本章在考试中通常以什么形式出现？

A：从历年真题看，本章内容在单项选择题、多项选择题和案例题中均有涉及，近几年开始涉及案例分析题，因此要注意知识间的联系，尤其是注意培训与开发效果评估、职业生涯管理的方法、职业生涯锚等相关知识点的综合运用。

Q：本章 2022 年的内容有改动么？

A：本章内容无实质性改动。

Q：本章考点在历年考试中的分布情况如何？

A：以下是老师们的统计：

考点	2021 年	2020 年	2019 年	2018 年	2017 年	2016 年	2015 年	2014 年	2013 年	2012 年
培训与开发效果评估	√	√	√		√		√	√	√	
职业生涯管理的方法		√						√		√
职业生涯锚	√	√		√	√	√		√		

经典例题

考点一　培训与开发效果评估

【例题·2021 年·多项选择题】在培训与开发效果评估中，属于结果评估硬指标的有（　　）。

A. 时间　　B. 质量　　C. 成本　　D. 产出

E. 客户满意度

【答案】ABCD

【解析】本题考查结果评估的指标。结果评估指标包括硬指标和软指标。硬指标包括产出、质量、成本和时间四大类，易被衡量和量化，容易被转化为货币价值，而且评估也更为客观。软指标包括工作习惯、工作满意度、主动性、顾客服务等方面，难以被衡量和量化，也难以被转化为货币价值，而且评价具有主观性。因此，本题选项 ABCD 均正确。

私教点拨

历年真题对培训与开发效果评估的内容的考查较为细致，培训与开发效果评估中应用最广的是层次评估模型，它把评估内容分为反应、学习、工作行为、结果和投资收益五个方面，具体如表 9－1 所示。

表 9－1　层次评估模型

评估层次	具体内容
反应评估	重点是评估受训人员对培训与开发的**主观感受和看法**，包括对培训与开发的内容、方法、形式、培训师、设施的满意程度等。 反应评估易于进行，是**最基本**、**最常用**的评估方式
学习评估	重点是评估受训人员“**学到了什么**”，受训人在参加培训与开发结束后，在知识、技能或态度方面是否有了提高或改变，这是学习评估的主要内容
工作行为评估	重点是评价培训与开发是否带来了**受训人员行为上的改变**，以及受训人员把所学的运用到工作上的程度
结果评估	结果如何是组织进行培训与开发效果评估的**最重要内容**，是最具有说服力的评价指标，也是组织高管层最关心的评估内容。 结果评估指标包括硬指标和软指标。**硬指标**包括产出、质量、成本和时间四大类，易被衡量和量化，容易被转化为货币价值，而且评估也更为客观。**软指标**包括工作习惯、工作满意度、主动性、顾客服务等方面，难以被衡量和量化，也难以被转化为货币价值，而且评价具有主观性
投资收益评估	目标是确定或比较组织进行培训与开发的成本收益

考点二　职业生涯管理的方法

【例题·2020 年·单项选择题】关于职业生涯通道的说法，错误的是（　　）。

A. 它是个体一生的职业生涯轨迹

B. 它的四种基本类型中的双通道是为管理人员设计的

C. 它也称职业生涯路线

D. 它是个体在职业生涯中经历的一系列岗位和层级所形成的链条

【答案】B

【解析】本题考查职业生涯通道的内涵及类型。典型的职业生涯通道包括横向通道、纵向通道和双通道三种类型：横向通道是员工在同一个管理层级或同一个技术、技能等级上不同岗位或不同工种之间的变动路径；纵向通道是员工在不同管理层级、技术等级、技能等级上下之间的变动路径；双通道即员工同时承担管理工作和技术工作，俗称“双肩挑”，主要是为组织中技术人员或专业人员设计的，也是组织培养高层管理者的主要方式之一。因此，选项 B 错误。职业生涯通道也称职业生涯路线或职业生涯道路，是指个体在职业生涯过程中所经历的一系列岗位和层级所形成的链条，是个体一生的职业生涯轨迹。因此，选项 ACD 正确。因此，本题选项 B 当选。

私教点拨

历年真题对职业生涯管理的方法的考查，要求考生分辨组织层次与个人层次职业生涯管理的方法，具体如表9－2所示。

表9－2 职业生涯管理的方法

层次	方法	具体内容
组织层次的职业生涯管理方法	提供职业生涯信息	(1) 公布职位空缺信息； (2) 介绍组织内的职业生涯通道； (3) 建立职业生涯信息中心
	成立潜能评价中心	(1) 评价中心； (2) 心理测验； (3) 替换或继任规划
	实施培训与发展项目	(1) 工作轮换； (2) 利用公司内、外人力资源发展项目对员工进行培训； (3) 参加组织内部或外部的专题研讨会； (4) 专门对管理者进行培训或实行双通道职业生涯设计
个人层次的职业生涯管理方法	给个人提供自我评估工具和机会	(1) 职业生涯讨论会； (2) 职业生涯指导手册； (3) 退休前讨论会
	职业生涯指导与咨询	(1) 人力资源部的专业人员或具体负责人； (2) 员工的直接主管领导； (3) 组织外的专业指导师或咨询师

考点三 职业生涯锚

【例题·2018年·单项选择题】具有分析能力、人际沟通能力和情绪控制能力的强强组合特点的职业生涯锚，属于（　　）。

A. 自主独立型　　B. 创造型

C. 管理能力型　　D. 技术、职能能力型

【答案】C

【解析】本题考查管理能力型职业生涯锚的特点。其特点是追求一般性管理工作，且责任越大越好；具有强烈的升迁动机，以提升等级和收入作为衡量成功的标准；具有分析能力、人际沟通能力和情绪控制能力的强强组合特点，但对组织有很强的依赖性。因此，本题选项C正确。

私教点拨

历年真题对职业生涯锚的考查，在单项选择题、多项选择题和案例分析题中都有涉及，案例题考查过程中涉及的内容较多，要注意知识的综合运用，具体如表9－3所示。

表 9-3 职业生涯锚

类别	具体内容
内涵	是指当个人不得不做出选择的时候，无论如何都不会放弃的职业生涯中的某种至关重要的东西或价值观
特点	（1）产生于**早期职业生涯阶段**，以个体习得的工作经验为基础； （2）强调个人**能力、动机和价值观**三方面的相互作用与整合； （3）**不可能**根据各种测试**提前进行预测**； （4）并**不是完全固定不变**的
类型	**技术、职能能力型**： 强调实际技术、职能等业务工作；拒绝一般性管理工作，但愿意在其技术、职能领域管理他人；追求在技术、职能区的成长和技能的不断提高
	管理能力型： 追求一般性管理工作，且责任越大越好；具有强烈的升迁动机，以提升等级和收入作为衡量成功的标准；具有分析能力、人际沟通能力和情绪控制能力的强强组合特点，但对组织有很强的依赖性
	安全稳定型： 追求安全、稳定的职业前途是这一类职业生涯锚员工的驱动力和价值观
	自主独立型： 自主独立型职业生涯锚的人在选择职业时绝不放弃自身的自由，并且视自主为第一需要。他们总是希望随心所欲地安排自己的工作方式和生活方式，追求能够施展个人能力的工作环境，最大限度地摆脱组织的束缚，但有很强的职业承诺
	创造型： 有强烈的创造需求和欲望，发明创造是他们工作的强大驱动力；具有冒险精神

案例分析题专练

【例题·2020 年·案例分析题】

某高科技公司为了留住优秀人才，计划加大培训与开发的投入，完善公司的培训与开发体系，在职业生涯管理方面，突出“事业留人”理念。为此，公司人力资源管理部门制定了职业生涯管理措施与实施方案，包括成立公司后备优才的潜能评价中心、实施工作转换、与大学联合举办高级管理人员培训项目等。[3]	**【审题过程】** [1] 考查技术、职能能力型职业生涯锚的特点：强调实际技术、职能等业务工作；拒绝一般性管理工作，但愿意在其技术、职能领域管理他人；追求在技术、职能区的成长和技能的不断提高。

同时，公司聘请了专业测评公司对员工的职业兴趣、优势才能、职业生涯锚等进行科学测评，发现员工之间确实存在明显差异。例如，小张等员工来自技术部门和财务部门，他们期望在专业方面发展，不愿意承担一般性的管理工作［1］，而小李等员工却喜欢管理工作，并愿意承担更大的责任，在分析能力、人际沟通能力、情商等方面的测评分数高［2］。 人力资源管理经理根据测评结果与这些员工进行了充分交流，帮助员工制定自己的职业生涯发展计划，提供职业生涯手册，同时，为这些员工设置了有针对性的培训与开发项目［3］，并通过多个渠道来进行效果评估，评估他们在知识、技能或态度方面是否有明显的提高或改变，重点评估他们“学到了什么”。［4］	［2］考查管理能力型职业锚的特点： 追求一般性管理工作，且责任越大越好；具有强烈的升迁动机，以提升等级和收入作为衡量成功的标准；具有分析能力、人际沟通能力和情绪控制能力的强强组合特点，但对组织有很强的依赖性。 ［3］考查组织层次的职业生涯管理方法与个人层次的职业生涯管理方法的区分： 组织层次的职业生涯管理方法包括：提供职业生涯信息（具体方法：公布职位空缺信息、介绍组织内的职业生涯通道、建立职业生涯信息中心）、成立潜能评价中心（具体方法：评价中心、心理测验、替换或继任规划）、实施培训与发展项目（工作轮换、利用公司内外人力资源发展项目对员工进行培训、参加组织内部或外部的专题研讨会、专门对管理者进行培训或实行双通道职业生涯设计）。 个人层次的职业生涯管理方法包括：给个人提供自我评估工具和机会（具体方法：职业生涯讨论会、提供职业生涯指导手册、退休前讨论会）、职业生涯指导与咨询。 ［4］考查层次评估模型中的学习评估： 学习评估的重点是评估受训人员“学到了什么”，受训人在参加培训与开发结束后，在知识、技能或态度方面是否有了提高或改变，这是学习评估的主要内容。

根据以上资料，回答下列问题：

1. 小张等员工的职业生涯锚类型是（　　）。

A. 创造型　　B. 技术、职能能力型

C. 管理能力型　　D. 自主独立型

2. 小李等员工的职业生涯锚类型是（　　）。

A. 技术、职能能力型　　B. 自主独立型

C. 管理能力型　　D. 创造型

3. 该公司所采用的方法中，属于组织层次的职业生涯管理方法的有（　　）。
A. 工作轮换
B. 提供职业生涯咨询
C. 与大学联合举办高级管理人员培训项目
D. 成立潜能评价中心
4. 该公司实施的培训与开发效果评估属于（　　）。
A. 结果评估　　B. 反应评估　　C. 工作行为评估　　D. 学习评估

1.【答案】B 【解析】根据案例材料可知，小张等员工来自技术部门和财务部门，他们期望在专业方面发展，不愿意承担一般性的管理工作，符合技术、职能能力型职业锚的特点。因此，选项 B 正确。	【答案解读】 本题对职业生涯锚与培训评估等相关内容进行综合考查。 [1] 考查技术、职能能力型职业锚的特点： 强调实际技术、职能等业务工作；拒绝一般性管理工作，但愿意在其技术、职能领域管理他人；追求在技术、职能区的成长和技能不断提高。
2.【答案】C 【解析】根据案例材料可知，小李等员工喜欢管理工作，并愿意承担更大的责任，在分析能力、人际沟通能力、情商等方面的测评分数高，符合管理能力型职业锚的特点。因此，选项 C 正确。	[2] 考查管理能力型职业锚的特点： 追求一般性管理工作，且责任越大越好；具有强烈的升迁动机，以提升等级和收入作为衡量成功的标准；具有分析能力、人际沟通能力和情绪控制能力的强强组合特点，但对组织有很强的依赖性。
3.【答案】ACD 【解析】组织层次的职业生涯管理方法包括：提供职业生涯信息，成立潜能评价中心，实施培训与发展项目。提供职业生涯咨询属于个人层次的职业生涯管理方法。因此，选项 ACD 正确。	[3] 考查组织层次的职业生涯管理方法与个人层次的职业生涯管理方法的区别： 组织层次的职业生涯管理方法有三种。①提供职业生涯信息。具体方法：公布职位空缺信息；介绍组织内的职业生涯通道；建立职业生涯信息中心。②成立潜能评价中心。具体方法：评价中心；心理测验；替换或继任规划。③实施培训与发展项目。具体方法：工作轮换；利用公司内、外人力资源发展项目对员工进行培训；参加组织内部或外部的专题研讨会；专门对管理者进行培训或实行双通道职业生涯设计。 个人层次的职业生涯管理方法有两种。①给个人提供自我评估工具和机会。具体方法：职业生涯讨论会；提供职业生涯指导手册；退休前讨论会。②职业生涯指导与咨询。

4.【答案】D 【解析】根据案例材料可知，公司通过多个渠道进行效果评估，评估员工在知识、技能或态度方面是否有明显的提高或改变，重点评估他们“学到了什么”。因此，选项 D 正确。	[4] 考查层次评估模型中对学习评估的理解：学习评估的重点是评估受训人员“学到了什么”，即受训人在参加培训与开发结束后，在知识、技能或态度方面是否有了提高或改变，这是学习评估的主要内容。

真题演练

一、单项选择题

1.（2017 年）关于培训与开发评估方法中的控制实验法的说法，错误的是（　　）。

A. 它是一种最为规范的培训与开发效果评估方法

B. 它可以提高培训与开发评估的准确性和有效性

C. 它操作起来比较复杂，且费用比较高

D. 它适用于管理技能培训与开发项目

2.（2017 年）关于管理能力型职业生涯锚的说法，错误的是（　　）。

A. 它追求一般性的管理工作，且责任越大越好

B. 它强调实际技术、职能等业务工作

C. 它具有强烈的升迁动机

D. 它具有分析能力、人际沟通能力和情绪控制能力的强强组合特点

3.（2016 年）下列职业生涯类型中，具有明显的冒险精神特征的是（　　）。

A. 技术、职能能力型　B. 管理能力型　C. 安全稳定型　D. 创造型

4.（2015 年）关于培训与开发的说法，错误的是（　　）。

A. 培训与开发是对人力资源的投资

B. 大型组织通常会设置专门的培训与开发部门

C. 效果评估是培训与开发体系中比较容易实施的一个环节

D. 培训与开发效果的评估方法包括控制实验法和问卷调查法

5.（2014 年）在职业生涯发展过程中，个体的任务是确定兴趣和能力，让自我与工作匹配，这一阶段属于（　　）。

A. 探索期　B. 建立期　C. 维持期　D. 衰退期

二、多项选择题

1.（2019 年）关于培训与开发效果评估中的结果评估的说法，正确的有（　　）。

A. 它的评估软指标包括工作满意度、时间与成本等

B. 它是组织高管层最关心的评估内容

C. 它的评估硬指标包括产出、质量等

D. 它是培训与开发效果评估中最具有说服力的评价指标

E. 它是培训与开发效果评估中最重要的内容

2. （2018 年）关于职业生涯锚的说法，正确的有（　　）。

A. 它是可以通过各种测试提前预测出来的

B. 它并非完全固定不变

C. 它强调个人能力、动机和价值观三方面的相互作用与整合

D. 它产生于一个人的早期职业生涯阶段，以个体习得的工作经验为基础

E. 它是一个人无论如何都不会放弃的职业生涯中的某种至关重要的东西或价值观

3. （2014 年）组织层次的职业生涯管理方法包括（　　）。

A. 公布空缺职位信息　　B. 建立职业生涯信息中心

C. 成立潜能评价中心　　D. 工作轮换

E. 实行利润分享

三、案例分析题

（2021 年）某企业的员工小张 27 岁，准备报考在职研究生；小王工作 6 年，明年准备独立带领团队完成任务；小刘完成职业测试后发现自己的分析能力、人际沟通能力和情绪控制能力都比较强。

根据以上材料，回答下列问题：

1. 小张属于职业生涯发展阶段的（　　）。

A. 探索期　　B. 建立期　　C. 维持期　　D. 衰退期

2. 小王属于职业生涯发展阶段的（　　）。

A. 探索期　　B. 建立期　　C. 维持期　　D. 衰退期

3. 小刘在职业生涯锚的类型是（　　）。

A. 安全稳定型　　B. 独立自主型　　C. 创造型　　D. 管理能力型

4. 关于职业生涯锚的说法，正确的有（　　）。

A. 是完全固定不变的　　B. 有助于提高个体及组织的绩效

C. 为个体中后期职业生涯奠定基础　　D. 产生于晚期职业生涯阶段

真题演练答案及解析

一、单项选择题

1. **【答案】**D

【解析】本题考查控制实验法。控制实验法是一种规范化的评估方法，用这种方法可以确定员工绩效的提高是否确实是由培训与开发所引发的，而不是由企业的其他方面变化促成的。但这种方法并不适用于那些难以找到量化绩效指标的培训与开发项目或活动，如对管理技能的培训与开发等。因此，选项 A 正确，选项 D 错误。控制实验法可以提高评估的准确性和有效性，但操作起来较为复杂，且费用也高。因此，选项 BC 正确。因此，本题选项 D 当选。

2. **【答案】**B

【解析】本题考查管理能力型和技术、职能能力型职业生涯锚的区别。具有管理能力型职业生涯

锚的人追求一般性管理工作，且责任越大越好；具有强烈的升迁动机，以提升等级和收入作为衡量成功的标准；具有分析能力、人际沟通能力和情绪控制能力的强强组合特点，但对组织有很强的依赖性。因此，选项 ACD 属于管理能力型职业生涯锚的特点，选项 B 强调实际技术、职能等业务工作属于技术、职能能力型职业生涯锚的特点。因此，本题选项 B 当选。

3. **【答案】** D

【解析】 本题考查创造型职业生涯锚的特点。具有创造型职业生涯锚的人有强烈的创造需求和欲望，发明创造是他们工作的强大驱动力，具有冒险精神。因此，本题选项 D 正确。

4. **【答案】** C

【解析】 本题对培训与开发相关内容进行综合考查。

选项 A，培训与开发不是一项无回报的开支，而是一种对人力资源的投资。因此，选项 A 正确。

选项 B，在大型组织中，由于员工数量多，培训与开发任务繁重，一般设置专门的培训与开发机构，具体采用两种模式：(1) 培训与开发机构隶属于人力资源部，是其中的一个部门；(2) 培训与开发机构与人力资源部并列，是组织的一个独立部门。因此，选项 B 正确。

选项 C，由于培训与开发效果的滞后性以及员工个体的差异性，要客观、科学地评估培训与开发的效果相当困难，所以效果评估是培训与开发体系中最难实现的一个环节。因此，选项 C 错误。

选项 D，培训与开发效果评估有多种方法可供选择，在选择时要考虑企业的实际以及时间、费用等因素，评估方法可以大致概括为控制实验法和问卷调查法两大类。因此，选项 D 正确。

因此，本题选项 C 当选。

5. **【答案】** A

【解析】 本题考查职业生涯发展阶段及主要任务。具体如表 9－4 所示。

表 9－4　职业生涯发展阶段及主要任务

	探索期	建立期	维持期	衰退期
发展任务	确定兴趣、能力，让自我与工作匹配	晋升、成长、安全感、生涯类型的确立	维持成就感，更新技能	退休计划，改变工作与非工作之间的平衡
活动	协助、学习、遵循方向	独自做出贡献	训练、帮助、政策制定	退出工作
身份	学徒	同事	导师	顾问
年龄	30 岁以下	30~45 岁	45~60 岁	60 岁以上
专业资历	2 年以下	2~10 年	多于 10 年	多于 10 年

因此，本题选项 A 正确。

二、多项选择题

1. **【答案】** BCDE

【解析】 本题考查培训与开发效果评估中的结果评估。结果评估的目标是评估受训人员工作行为改变对其所服务的组织或部门绩效的影响作用。结果如何是组织进行培训与开发效果评估的最重要内容，是最具有说服力的评价指标，也是组织高层最关心的评估内容。因此，选项 BDE 正确。

结果评估指标包括硬指标和软指标。硬指标包括产出、质量、成本和时间四大类，易被衡量和量化，容易被转化为货币价值，而且评价也更为客观。软指标包括工作习惯、工作满意度、主动性、顾客服务等方面，难以被衡量和量化，也难以被转化为货币价值，而且评价具有主观性。因此，选项 A 错误，选项 C 正确。

因此，本题选项 BCDE 均正确。

2. 【答案】BCDE

【解析】本题考查职业生涯锚的概念及特点。职业生涯锚是指当个人不得不做出选择的时候，无论如何都不会放弃的职业生涯中某种至关重要的东西或价值观。职业生涯锚具有以下四个特点：①产生于早期职业生涯阶段，以个体习得的工作经验为基础；②强调个人能力、动机和价值观三方面的相互作用与整合；③不可能根据各种测试提前进行预测；④并不是完全固定不变的。因此，本题选项 BCDE 均正确。

3. 【答案】ABCD

【解析】本题考查组织层次的职业生涯管理方法。主要包括以下几种方法：

（1）提供职业生涯信息。主要采取的方法有：公布职位空缺信息；介绍组织内的职业生涯通道；建立职业生涯信息中心。

（2）成立潜能评价中心。主要方法有：评价中心；心理测验；替换或继任规划。

（3）实施培训与发展项目。主要项目有：工作轮换；利用公司内部和外部人力资源发展项目对员工进行培训；参加组织内部或外部的专题研讨会；专门对管理者进行培训或实行双通道职业生涯设计。

因此，本题选项 ABCD 均正确。

三、案例分析题

1. 【答案】A 【解析】材料中，小张 27 岁，准备报考在职研究生，属于探索期的特征，主要任务是确定兴趣、能力，让自我与工作匹配。因此，选项 A 正确。	【答案解读】 本题考查职业生涯发展阶段及职业生涯锚。 [1] 考查职业生涯发展阶段：探索期、建立期、维持期、衰退期。
2. 【答案】B 【解析】材料中，小王工作 6 年，明年准备独立带领团队完成任务，属于建立期的特征，主要任务是晋升、成长、获得安全感，确定生涯类型。因此，选项 B 正确。	[2] 考查职业生涯发展阶段：探索期、建立期、维持期、衰退期。
3. 【答案】D 【解析】根据案例材料可知，小刘完成职业测试后发现自己的分析能力、人际沟通能力和情绪控制能力都比较强，符合管理能力型生涯锚的特点。因此，选项 D 正确。	[3] 考查职业生涯锚的类型：技术、职能能力型，管理能力型，安全稳定型，自主独立型，创造型。

4.【答案】BC 【解析】根据职业生涯锚的特点可知，职业生涯锚并不是完全固定不变的，因此，选项A错误；职业生涯锚产生于职业生涯早期阶段，因此，选项D错误。因此，选项BC正确。	[4] 考查职业生涯锚的特点及职业生涯锚的作用： 特点： (1) 产生于早期职业生涯阶段，以个体习得的工作经验为基础； (2) 强调个人能力、动机和价值观三方面的相互作用与整合； (3) 不可能根据各种测试提前进行预测； (4) 并不是完全固定不变的。 作用： (1) 有助于识别个人的职业生涯目标和职业生涯成功的标准； (2) 能够促进员工预期心理契约的发展，有利于个人与组织稳固地相互接纳； (3) 有助于增强个人职业技能和工作经验，并提高个人和组织的绩效； (4) 为个人中后期职业生涯发展奠定基础。

第十章　劳动关系

本章考情 Q&A

Q：本章的重要性和难度如何？

A：本章属于**内容变动较大**的章节，目前该章节在考试中的难度较低，主要对相关的含义、特征、主体、类型等内容进行考查。从 2020 年与 2021 年真题来看，每年考查的分值为 3~4 分。

Q：本章在考试中通常以什么形式出现？

A：从历年真题看，考查形式主要为单项选择题、多项选择题，案例分析题的考查可能性较小。

Q：本章 2022 年的内容有改动么？

A：相较于 2020 年以前，第十章内容变动较大，具有参考意义的真题年份为 2020 年与 2021 年。

Q：本章考点在历年考试中的分布情况如何？

A：以下是老师们的统计：

考点	2021 年	2020 年	2019 年	2018 年	2017 年	2016 年	2015 年	2014 年	2013 年	2012 年
劳动关系的含义									√	
劳动关系的主体	√					√				
劳动关系系统的运行				√						
劳动关系运行的规则	√						√		√	
劳动关系调整的原则		√	√							
发展和谐劳动关系的基本思路和主要任务		√								
员工申诉管理	√	√								

经典例题

考点一　劳动关系的含义

【例题 · 2013 年 · 单项选择题】关于劳动关系的说法，正确的是（　　）。

A. 劳动关系是一种经济关系而非社会关系

B. 劳动关系就是指劳动者个人与企业之间的关系

C. 劳动关系在劳动过程中形成

D. 劳动关系仅影响劳资双方，不影响社会公众

【答案】C

【解析】本题考查劳动关系的含义。

选项A，劳动关系通常是指生产关系中直接与劳动有关的那部分社会关系，或者说是指整个社会关系系统中与劳动过程直接相关的社会关系系统。因此，选项A错误。

选项B，具体地说，劳动关系是指劳动者与劳动力使用者以及相关组织为实现劳动过程所构成的社会关系。因此，选项B错误。

选项C，劳动关系是与劳动过程相联系并在劳动过程中形成的，劳动关系的目的是实现劳动者与生产资料相结合并完成劳动过程。因此，选项C正确。

选项D，劳动关系的基本性质是社会经济关系，即劳动关系是以经济关系作为基本构成的社会关系，其本质是一种经济利益关系。而在实际生活中，劳动关系是一种更复杂的社会关系，其涉及和影响的不只是社会经济，在特定的条件下，劳动关系还涉及政治领域。因此，选项D错误。

因此，本题选项C正确。

私教点拨

历年真题对劳动关系概念的考查，主要涉及含义、目的与性质，要求考生注意理解，具体如表10-1所示。

表10-1 劳动关系的概念

类别	具体内容
含义	劳动关系通常是指生产关系中直接与劳动有关的那部分社会关系，或者说是整个社会关系系统中与劳动过程直接相关的社会关系系统。具体地说，劳动关系是指劳动者与劳动力使用者以及相关组织为实现**劳动过程**所构成的社会关系
目的	劳动关系是与劳动过程相联系并在劳动过程中形成的。劳动关系的目的是实现劳动者与生产资料相结合并完成劳动过程
性质	劳动关系的基本性质是社会经济关系，即劳动关系是以经济关系作为基本构成的社会关系，其本质上是一种经济利益关系。而在实际生活中，劳动关系是一种更复杂的社会关系，其涉及和影响的不只是社会经济，在特定的条件下，劳动关系还涉及政治领域

考点二 劳动关系的主体

【例题·2021年·单项选择题】我国《工会法》规定，工会是职工自愿结合的工人阶级的（　　）。

A. 营利性组织　　B. 行政组织

C. 群众组织　　D. 事业组织

【答案】C

【解析】本题考查工会的定义。工会是指在市场经济条件下，为维护和改善劳动者的劳动条件和生活条件而设立的组织。《中华人民共和国工会法》规定，工会是中国共产党领导的职工自愿结合的工人

阶级群众组织，是中国共产党联系职工群众的桥梁和纽带。因此，本题选项 C 正确。

私教点拨

历年真题对劳动关系主体的考查主要涉及五大主体。劳动关系是以雇员和雇主（劳动者和用人单位）为基本主体构成的，但为了实现劳动过程，作为社会生产过程的组织协调者的政府、作为劳动者利益代表的工会以及作为雇主利益代表的雇主组织也是不可或缺的，具体如表 10-2 所示。

表 10-2　劳动关系的主体

主体	具体内容
劳动者	是指具有劳动权利能力和劳动行为能力，依照劳动法律法规被用人单位雇用并在其管理下从事劳动以获取工资收入的人员。劳动者的概念包括四层含义： （1）劳动者是被用人单位依法雇用（录用）的人员，不包括自雇用者； （2）劳动者是在用人单位管理下从事劳动的人员； （3）劳动者是以工资收入为主要生活来源的人员； （4）劳动者仅限定在国家劳动法律所规定的范围之内
工会	是指在市场经济条件下，为维护和改善劳动者的劳动条件和生活条件而设立的组织。设立工会的目标是为工会成员争取利益和价值。 工会的**划分**方式有两种：按**工会的组织结构形式划分**为职业工会、产业工会、总工会；按**工会的层级划分**为企业工会、区域性（或地方性）工会、全国性工会。 《中华人民共和国工会法》规定，工会是中国共产党领导的职工自愿结合的工人阶级群众组织，是中国共产党联系职工群众的桥梁和纽带。中华全国总工会及其地方组织、基层组织是我国唯一合法的工会组织
用人单位	是指具有法定用人资格，使用劳动力组织生产劳动且向劳动者支付工资报酬的单位。 在我国，法律界定的用人单位包括： （1）**企业**，是指包括国有企业、集体企业、外商投资企业、私营企业等依法成立、进行生产经营活动的各类经济组织； （2）**个体经济组织**，是指雇工 7 人以下（包括 7 人）的个体工商户； （3）**民办非企业单位**，是指企业事业单位、社会团体和其他社会力量以及公民个人利用非国有资产建立的、从事非营利性社会服务活动的社会组织； （4）**国家机关**，包括国家权力机关、国家行政机关、司法机关等； （5）**事业组织**，是指为了社会公益目的，由国家机关举办或者其他组织利用国有资产举办的从事教育、科技、文化、卫生等活动的社会服务组织； （6）**社会团体**，是指中国公民自愿组成，为实现成员共同意愿，按照其章程开展活动的非营利性社会组织

续表

主体	具体内容
雇主组织	指由雇主依法组成的组织，目的是通过群体优势同工会组织抗衡，最终促进并维护每个雇主成员的具体利益。组织的主要作用包括以下四个方面： （1）参与集体谈判：同工会进行谈判、签订集体协议、协调劳动关系，是雇主组织发展的最基本原因，也是雇主组织**最基本的功能**； （2）参与劳动立法和政策制定：一般以国家级雇主组织为主； （3）在劳动争议处理过程中向其成员提供法律服务； （4）通过雇主组织的培训机构为会员企业提供培训服务
政府	政府在劳动关系中的**作用**如下： （1）劳动关系的**规制者**； （2）劳动关系运行的**监督者**； （3）劳动争议的重要**调解仲裁者**； （4）劳动关系重大冲突的**控制者**； （5）协调劳动关系制度和机制建设的**推动者**

考点三 劳动关系系统的运行

【例题·2018年·单项选择题】关于劳动关系系统的运行的说法，正确的是（　　）。

A. 劳资合作的原因之一是劳动者为了谋生而被迫工作

B. 劳动的异化是指劳动者只为自己劳动

C. 随着人工智能技术的发展，劳资冲突将会被化解

D. 力量和权利是劳动关系运行的两种基本形式

【答案】A

【解析】本题考查劳动关系系统的运行。

选项A，劳动关系系统也称产业关系或劳资关系系统，是指现代社会系统中以劳动关系为基本关系所构成的包括劳动关系的内部构成和外部环境因素交流互动的有机整合体。因此，选项A正确。

选项B，异化的合法化是指私营经济的存在，使得工人并非为自己劳动，生产资料、过程、结果及收益在法律上不归他所有。因此，选项B错误。

选项C，冲突源自劳动关系主体双方的目标、利益和期望的分歧，随着科技的发展，劳资冲突并不会消失。因此，选项C错误。

选项D，劳动关系系统的运行有两种基本形式，即劳动关系的冲突和合作。冲突与合作是劳动关系系统运行中的一对矛盾，冲突和合作在劳动关系系统运行中会交替出现，而运行的基本方向则是劳动关系的合作。因此，选项D错误。

因此，本题选项A正确。

私教点拨

历年真题对劳动关系系统的运行的考查，涉及范围较广，要求考生注意理解，具体如表 10－3 所示。

表 10－3 劳动关系系统的运行

类别	具体内容
内容	劳动关系系统的运行主要包括两个方面的内容： 一是**组织机构与相互关系**，二是**关系处理的规则和程序**
阶段	劳动关系运行的过程主要包括三个阶段： 第一阶段是**劳动关系的构成**；第二阶段是的**劳动标准的确定和实施**； 第三阶段是**劳动争议的处理和解决**
形式	劳动关系系统的运行有两种基本形式，即劳动关系的**冲突与合作**
功能	劳动关系系统的运行有两种功能，即**动力功能和约束功能**
状态	劳动关系系统的运行和发展，一般分为三种状态，即**良性运行和谐发展、中性运行常态发展、恶性运行畸形发展**

考点四 劳动关系运行的规则

【例题·2021 年·单项选择题】 关于劳动关系运行的实体规则的说法，不正确的是（ ）。

A. 涉及劳动者权利的维护

B. 内容通常由法律规定和认可

C. 主要涉及劳动关系各方义务的规定

D. 法律表现形式为劳工标准

【答案】 C

【解析】 本题考查劳动关系运行的实体规则。

选项 A，劳动关系运行的实体规则主要是指劳动关系各方权利的规定。因此，选项 A 正确。

选项 B，劳动关系运行的实体规则的内容通常是由法律规定和认可的。因此，选项 B 正确。

选项 C，劳动关系运行的实体规则涉及的是劳动关系各方权利的规定。因此，选项 C 错误。

选项 D，劳动关系的法律规范，即劳动法的宗旨主要是保护劳动者，所以劳动关系运行的实体规则的主要内容是关于劳动者权利的维护，其主要法律表现形式为劳工标准。因此，选项 D 正确。

因此，本题选项 C 当选。

私教点拨

历年真题对劳动关系运行的规则的考查频率较高，劳动关系运行的规则主要包括程序规则和实体规则，具体如表 10－4 所示。

表 10－4 劳动关系运行的程序规则和实体规则

规则	内涵	具体内容
程序规则	指劳动关系系统运行中关系处理的方法和过程的规则要求	**个别劳动关系处理规则**即劳动者个人与用人单位之间关系处理的规则。个别劳动关系是构成劳动关系系统的基础关系
		集体劳动关系处理规则即劳动者集体与用人单位或雇主组织之间关系处理的规则。集体劳动关系处理规则是劳动关系系统运行的核心规则
		劳动争议处理规则实际上是劳动关系系统运行中的救济规则，是对前两个规则的补充
实体规则	主要是指劳动关系各方权利的规定，实体规则的内容通常是由法律规定和认可的	劳动者个人权利（即个别劳动权）的规定。具体内容主要涉及劳动条件、劳动标准的确定和实施等。 按照我国劳动法的规定，劳动者个人的权利，主要包括劳动就业权、工资报酬权、休息休假权、社会保障权、职业安全卫生权、职业培训权、劳动争议提请处理权等
		劳动基本权（即集体劳权）的规定。劳动基本权的内容通常是指"劳动三权"，即**团结权**、**集体谈判权**和**集体行动权**。随着劳动基本权的不断发展，**民主参与权**也发展成为劳动基本权的内容
		集体劳权是以个别劳权为基础形成的

考点五 劳动关系调整的原则

【例题·2020 年·单项选择题】我国劳动关系调整的原则包括（　　）。

A. 促进经济发展和社会进步的原则

B. 以政府协调为基础的原则

C. 重点保护劳动者权益的原则

D. 强调劳动关系主体各自义务的原则

【答案】A

【解析】本题考查劳动关系调整的原则。在市场经济条件下，调整劳动关系有以下四个基本原则：

（1）劳动关系主体权利义务统一的原则。

（2）保护劳动关系主体权益的原则。

（3）以劳动关系双方自主协调为基础的原则。

（4）促进经济发展和社会进步的原则。

因此，本题选项 A 正确。

私教点拨

历年真题对劳动关系调整原则的考查主要涉及四大原则，要求考生注意理解，具体如表 10－5 所示。

表 10－5 劳动关系调整的原则

原则	具体内容
劳动关系主体**权利义务统一**的原则	劳动关系主体双方在实现劳动过程中各自既行使权利，又履行义务
保护劳动关系**主体权益**的原则	在劳动关系调整中，实施劳动关系主体权益保护原则的具体要求为全面保护、平等保护、优先保护和特殊保护
以劳动关系双方**自主协调**为基础的原则	劳动关系的建立、存续和终止以及劳动关系双方的纠纷处理，主要由劳动关系双方依法自主协商决定
促进**经济发展和社会进步**的原则	劳动关系作为基本的社会经济关系，其状况深刻影响着企业乃至国家的经济发展和社会的进步

考点六 发展和谐劳动关系的基本思路和主要任务

【例题·2020 年·单项选择题】对发展和谐劳动关系具有促进作用的做法是（　　）。

A. 强制已经建立工会的企业开展集体协商

B. 加强对企业实行特殊工时制度的审批管理

C. 实现劳动仲裁和劳动监察人员的社会化、弹性化

D. 国有企业按照工资总额的固定比例提高员工工资

【答案】B

【解析】本题考查发展和谐劳动关系的主要任务。具体包括以下七点：

（1）进一步完善劳动合同制度。

（2）积极推进集体合同制度实施。

（3）健全国家劳动标准体系。

（4）完善协调劳动关系三方机制。

（5）加强企业工资收入分配制度改革。

（6）完善劳动争议处理机制。

（7）加大劳动保障执法监察力度。

因此，本题选项 B 正确。

私教点拨

历年真题对发展和谐劳动关系的主要任务这一知识点的考查，主要涉及七个方面，要注意理解，具体如表10－6所示。

表10－6 发展和谐劳动关系的主要任务

任务	具体内容
进一步完善劳动合同制度	继续完善劳动合同法规政策，制定《劳动合同法》的配套规章政策
积极推进集体合同制度实施	加强集体合同制度法制建设
健全国家劳动标准体系	完善特殊工时制度，加强对企业实行特殊工时制度的审批管理
完善协调劳动关系三方机制	健全三方机制组织体系，加快推进基层三方机制建设
加强企业工资收入分配制度改革	推进工资集体协商制度建设，健全企业工资正常增长机制
完善劳动争议处理机制	加强基层劳动争议调解组织建设和仲裁机构实体化基本建设，加强调解仲裁队伍建设，提高争议处理效能和专业化水平
加大劳动保障执法监察力度	加大对用人单位、劳动用工和人力资源市场的监管力度，加强劳动保障监察机构队伍建设，实现监察机构标准化、人员专业化，加强网格化、网络化管理机制建设，健全违法行为预防预警和综合治理机制，提高处理违法案件和处置劳动保障群体性事件的能力

考点七 员工申诉管理

【例题1·2020年·单项选择题】 关于员工申诉管理的说法，正确的是（　　）。

A. 非正式的申诉处理程序就是由双方共同的上级进行说和

B. 员工申诉是一种表达不满的途径

C. 员工不满全都可以通过申诉程序进行申诉

D. 正式的申诉程序中，员工无需举证，由受理部门查明事实

【答案】 B

【解析】 本题考查员工申诉的定义及范围。

选项A，非正式的申诉处理主要是依靠第三方调解实现的，主要依靠训练有素的中立的第三方，协调处理申诉双方当事人的意见分歧，以解决有关问题。因此，选项A错误。

选项B，员工申诉是通过一种正式的、制度化的方式表达不满。因此，选项B正确。

选项C，员工申诉的主要作用是处理员工工作过程中产生的不满的情绪，员工申诉的范围一般限于与工作有关的问题，与工作无关的问题通常排除在外（如员工的家庭问题、私人问题），虽然这些问题可能间接影响到工作绩效，但这并不是申诉制度应该或能够处理的问题。因此，选项C错误。

选项D，员工申诉的正式处理流程一般包括四个阶段：向申诉受理人提交员工申诉表；申诉受

理；查明事实；解决问题。其中，第一步的过程中应写明申诉缘由，并尽量列举可靠的依据。因此，选项 D 错误。

因此，本题选项 B 正确。

私教点拨

历年真题对员工申诉的定义、范围和处理程序等知识点的考查，要求考生注意理解，具体如表 10－7 所示。

表 10－7 员工申诉

类别	具体内容
定义	员工申诉是指组织成员以**口头或书面**等正式方式，表达对组织有关事项的不满。这一定义强调以下几个方面： （1）员工申诉是通过一种**正式的、制度化**的方式表达不满； （2）员工通过申诉渠道表达的不满，通常是由于**企业违反了集体协议、劳动法律，或者违背了过去的惯例、规章制度以及没有承担企业应承担的责任**而引起的； （3）通过申诉管理有利于发挥企业层面上的纠纷处理主体的作用，有利于劳动关系双方的协商，确保员工的问题能得到及时处理
范围	一般而言，员工通过申诉制度处理的主要事项包括： （1）因现行制度、规章、办法或措施未尽事宜或执行的疏忽，损害其合法权益的； （2）对绩效考评及奖惩的决定有异议，且有具体证明的； （3）对培训、薪酬、福利等方面有异议的； （4）对劳动合同的签订、续签、变更、解除、终止等方面有异议的； （5）认为受到上级或同事的违法、滥用职权或不当行为对待，侵犯其权益或影响正常工作的； （6）认为职务升迁或工作调派处置不当，而影响其权益的； （7）有证据证明自身权益受到侵犯的其他事项
处理程序	非正式的申诉处理程序： 非正式的申诉处理主要是依靠第三方调解实现的，主要依靠训练有素的中立的第三方，协调处理申诉双方当事人的意见分歧，以解决有关问题
	正式的申诉处理程序： （1）**向申诉受理人提交员工申诉表**。应写明申诉缘由，并尽量列举可靠的依据。 （2）**申诉受理**。申诉受理人接到员工申诉后，应在第一时间内作出是否受理的答复。 （3）**查明事实**。管理者要查明争议事实，不得有偏袒，对双方的事实都要认真调查了解。在此阶段，申诉受理人需要填写员工申诉调查记录表。 （4）**解决问题**。申诉受理人了解事实真相后，根据调查情况在 3~5 个工作日内，及时将问题处理结果告知员工，并制作员工申诉答复表

【例题 2·2021 年·单项选择题】 根据员工申诉管理的（　　），需要明确界定员工的申诉范围。

A. 合法原则　　B. 公平原则　　C. 明晰原则　　D. 反馈原则

【答案】C

【解析】本题考查员工申诉管理原则中的明晰原则。明晰原则指的是要明确界定员工的申诉范围，避免员工将本可以通过正常管理渠道解决的问题也通过申诉方式提出。因此，本题选项 C 正确。

私教点拨

历年真题对员工申诉管理的原则的考查，要求考生注意区分各个原则的区别，具体如表 10－8 所示。

表 10－8 员工申诉管理的原则

原则	具体内容
合法原则	任何企业的规章制度都必须**符合国家现行的法律法规**，不能认为企业的制度是企业的内部事务，就可以不受法律的约束，更不允许企业在进行员工申诉管理时与国家的法律法规相违背
公平原则	（1）员工与企业是**平等互惠**的关系； （2）当管理者确实触犯公司制度甚至国家法律时，应当一视同仁
明晰原则	要**明确界定**员工的申诉范围，避免员工将本可以通过正常管理渠道解决的问题也通过申诉方式提出
及时原则	（1）**及时地预防**：通过积极有效的措施，尽早发现并解决员工的不满，避免员工申诉； （2）**及时地处理**：当员工已经提请申请，无论事件大小都应果断、积极地处理，避免事态进一步恶化
反馈原则	员工申诉管理中，要**注意对处理结果的反馈**，如果因为调查周期较长需要推迟决定，也应当及时与申诉人沟通，避免沟通不畅而导致其他问题的发生
保密原则	在进行申诉处理时，为保护当事人的权益，在员工提出申诉后和申诉调查期间应对相关事项进行**严格保密**，减少申诉者的疑虑，尤其不能泄露申诉内容和申诉人的个人隐私，避免出现打击报复等恶性事件

真题演练

一、单项选择题

1.（2020 年）社会主义新型劳动关系的特点不包括（　　）。

A. 和谐稳定　　B. 权责明确　　C. 规范有序　　D. 互利共赢

2.（2019 年）在劳动关系中，劳动者的基本义务是（　　）。

A. 完成劳动任务的义务　　B. 保密义务

C. 增进义务　　D. 服从义务

3.（2016 年）雇主组织最基本的职能是（　　）。

A. 参与立法　　B. 参与集体谈判　　C. 提供法律服务　　D. 提供培训服务

4.（2016 年）关于工会类型的说法，错误的是（　　）。

A. 根据工会的组织机构形式划分的工会类型有职业工会、产业工会和总工会

B. 根据工会的层级划分的工会类型有企业工会、区域性工会和全国性工会

C. 一个企业可以有几个不同的职业工会

D. 一个职业工会中不会包括不同企业的工人

5.（2015 年）关于劳动关系理论中劳动关系系统结构的说法，错误的是（　　）。

A. 个别劳动关系是劳动关系系统的基础构成

B. 集体劳动关系是劳动关系系统的核心构成

C. 社会劳动关系是劳动关系系统的总体构成

D. 个体劳动关系、集体劳动关系和社会劳动关系相互独立

6.（2015 年）关于劳动关系理论中集体劳权的说法，错误的是（　　）。

A. 集体劳权主要包括团结权、集体谈判权、民主参与权和集体行动权

B. 集体劳权所体现的是劳动者一方或劳动者集体的利益和要求

C. 集体劳权由劳动者个人享有并行使

D. 集体劳权是以个别劳权为基础形成的

二、多项选择题

1.（2021 年）根据组织结构形式，工会可分为（　　）。

A. 产业工会　　B. 职业工会　　C. 企业工会　　D. 地方性工会

E. 总工会

真题演练答案及解析

一、单项选择题

1.【答案】B

【解析】本题考查发展和谐劳动关系的基本思路。发展和谐劳动关系的基本思路是以习近平新时代中国特色社会主义思想为指导，按照党中央关于构建社会主义和谐社会的要求，以发展和谐劳动关系为目标，在解决劳动关系突出问题的同时，推进治理体系与治理能力现代化相适应的劳动关系协调体制，形成发展和谐劳动关系的长效机制和制度，构建规范有序、公正合理、互利共赢、和谐稳定的社会主义新型劳动关系。因此，本题选项 B 正确。

2.【答案】A

【解析】本题考查劳动关系主体权利义务统一的原则。劳动关系主体双方在实现劳动过程中各自既行使权利，又履行义务。在劳动关系中，一方面，劳动者负有将其劳动力交付给用人单位使用的义务。其主要表现是参加用人单位组织的劳动，完成用人单位安排的劳动的任务，且在劳动过程中遵守用人单位制定的劳动纪律。另一方面，劳动者在让渡劳动力使用权给用人单位的同时，仍保留着劳动力的所有权，这就要求用人单位在享有使用劳动力权利时，对劳动者承担保障劳动力再生产和提供必要的劳动条件的义务。因此，本题选项 A 正确。

3.【答案】B

【解析】本题考查雇主组织的主要作用。参与集体谈判，即同工会进行谈判、签订集体协议、协调劳动关系，是雇主组织发展的最基本原因，也是雇主组织最基本的功能。因此，本题选项 B 正确。

4.【答案】D

【解析】本题考查工会的相关内容。职业工会是依职业原则形成的工会，即以相同的或类似职业作为组建工会的依据或条件，由同一职业的技术工人或半技术、非技术工人所组成。这样就出现一个企业中可以有几个不同的职业工会，或同一职业工会中包括不同企业的工人的现象。因此，选项D错误，选项C正确。按工会的组织结构形式将工会划分为职业工会、产业工会、总工会；按工会的层级划分为企业工会、区域性（或地方性）工会、全国性工会。因此，选项AB正确。因此，本题选项D当选。

5.【答案】D

【解析】本题考查劳动关系系统的相关内容。

选项A，个别劳动关系处理规则，即劳动者个人与用人单位之间关系处理的规则。个别劳动关系是构成劳动关系系统的基础关系。因此，选项A正确。

选项B，集体劳动关系处理原则，即劳动者集体与用人单位或雇主组织之间关系处理的原则。集体劳动关系处理规则是劳动关系系统运行的核心规则。因此，选项B正确。

选项C，劳动关系系统的基本要素是以个体或群体身份出现的，劳动关系系统的运行是能动的。劳动关系系统的运行除了受客观条件的制约之外，还受人的主观思想的影响，劳动关系是一个复合的开放系统。社会的开放与发展，使劳动关系系统的开放也不断扩大，呈现一种动态的发展变化过程。因此，选项C正确。

选项D，集体劳权是以个别劳权为基础形成的，因此，个体劳动关系、集体劳动关系和社会劳动关系是相互关联的，并不是相互独立的。因此，选项D错误。

因此，本题选项D当选。

6.【答案】C

【解析】本题考查集体劳权。

选项A，集体劳权的内容通常是指“劳动三权”，即团结权、集体谈判权和集体行动权。随着劳动基本权的不断发展，民主参与权也发展成为劳动基本权的内容。因此，选项A正确。

选项B，集体劳权所体现的是劳动者一方或劳动者集体的利益和要求，而不仅是个别劳动者的利益和要求。因此，选项B正确。

选项C，集体劳权不是个别劳动者的利益和要求。因此，选项C错误。

选项D，集体劳权是以个别劳权为基础形成的，集体劳权所体现的是劳动者一方或劳动者集体的利益和要求，而不仅是个别劳动者的利益和要求。集体劳权所反映的是劳动力市场的劳动力提供者和劳动力需求者之间的力量对比和力量平衡的关系。因此，选项D正确。

因此，本题选项C当选。

二、多项选择题

1.【答案】ABE

【解析】本题考查工会的分类。按工会的组织结构形式划分为职业工会、产业工会、总工会；按工会的层级划分为企业工会、区域性（或地方性）工会、全国性工会。因此，本题选项ABE均正确。

第十一章　劳动力市场理论

本章考情 Q&A

Q：本章的重要性和难度如何？

A：本章属于**重点章节**，学好本章可以为后续章节的学习打好基础。本章学习有一定的难度，会涉及个别计算题，要熟悉计算公式、理解相关原理。从历年真题来看，每年考查的分值为 10~11 分。

Q：本章在考试中通常以什么形式出现？

A：从历年真题看，本章内容在单项选择题、多项选择题和案例题中均有涉及。案例分析题考查的内容较为综合，会涉及计算题，包括劳动力供给弹性、劳动力参与率的计算。同时，需要理解经济周期中劳动力供给的效应、劳动力需求及其影响因素等相关原理。

Q：本章 2022 年的内容有改动么？

A：本章内容无实质性改动。

Q：本章考点在历年考试中的分布情况如何？

A：以下是老师们的统计：

考点	2021 年	2020 年	2019 年	2018 年	2017 年	2016 年	2015 年	2014 年	2013 年	2012 年
劳动力市场的概念		√	√		√	√				
劳动力市场的特征				√	√	√	√			
劳动力供给总量					√	√	√	√	√	√
个人及市场劳动力供给	√		√	√		√		√	√	√
家庭生产理论				√					√	√
经济周期中的劳动力供给					√				√	√
劳动力需求及其影响因素	√	√	√	√		√	√	√	√	
劳动力需求弹性与派生需求定理		√			√			√		
劳动力市场均衡与非均衡	√	√	√	√	√		√			
劳动力市场政策	√		√			√				

经典例题

考点一 劳动力市场的概念

【例题·2020年·多项选择题】关于劳动力市场的说法，正确的有（　　）。

A. 在劳动力市场上有很多机构为劳动力供求双方的接触和联系提供方便

B. 劳动力供求双方在劳动力市场，会通过某种方式交换劳动力质量和价格信息

C. 劳动力供求双方通过劳动力市场达成协议后最终都会签订书面的正式雇用合同

D. 在劳动力市场上通常可以看到正在招聘员工的企业

E. 在劳动力市场上通常可以看到正在通过各种方式找工作的劳动者

【答案】ABDE

【解析】本题考查劳动力市场的概念。

选项A，在劳动力市场上，很多机构为劳动力供求双方进行接触和联系提供方便，如招聘网站或其他刊登招聘信息的传统媒体、各类职业介绍机构、工会的就业服务机构、各类组织的人力资源部门等。因此，选项A正确。

选项B，劳动力供求双方一旦有了接触和联系，就会通过求职申请、面试，甚至通过第三者来交换劳动力质量和价格方面的信息。因此，选项B正确。

选项C，大多数情况下，劳动力供求双方签订的合同是书面形式的，有些也可能仅仅是双方的一种默契。因此，选项C错误。

选项D，在劳动力市场上通常可以看到正在招聘员工的企业，如招聘网站或其他刊登招聘信息的传统媒体、各类职业介绍机构、工会的就业服务机构、各类组织的人力资源部门等。因此，选项D正确。

选项E，劳动力市场为供求双方进行接触和联系提供方便，因此，选项E正确。

因此，本题选项ABDE正确。

私教点拨

历年真题对劳动力市场的概念的考查，要求考生注意宏观角度与微观角度的区别以及在劳动力市场上的常见情况，具体如表11－1所示。

表11－1　劳动力市场

分类	具体内容
概念	劳动力市场是进行劳动力交易的一种**要素市场**。在市场经济条件下，劳动力市场是对劳动力这种生产性资源进行有效配置的根本手段
宏观角度	劳动力市场是由各种各样的局部性或单一性劳动力市场构成的一个**总体劳动力市场体系**
微观角度	劳动力市场是指特定的劳动力供求双方在通过自由谈判实现劳动力使用权转让的合约时所处的**市场环境**

续表

分类	具体内容
常见情况	（1）**很多机构为劳动力供求双方进行接触和联系提供方便**，如招聘网站或其他刊登招聘信息的传统媒体、各类职业介绍机构、工会的就业服务机构、各类组织的人力资源部门等； （2）劳动力供求双方一旦有了接触和联系，就会通过**求职申请**、**面试**，甚至通过**第三者来交换劳动力质量和价格**方面的信息； （3）劳动力的供求双方一旦达成协议，就会签订某种形式的雇用合同，其中包括劳动报酬、工作条件、合同期限等内容。大多数情况下，这种合同是**书面**形式的，有些也可能仅仅是双方的一种**默契**

考点二　劳动力市场的特征

【例题·2018年·单项选择题】在劳动力交易中，劳动者只是将自己的劳动力使用权转移，而并非将劳动力所有权转移给企业，这种情况说明了劳动力市场的（　　）特征。

A. 多样性

B. 不确定性

C. 特殊性

D. 交易延续性

【答案】C

【解析】本题考查劳动力市场的特征。劳动力市场的特殊性是指在劳动力市场交易中，劳动力这种特殊商品的所有权并没有转移，转移的只是其使用权，劳动者将自己的劳动力租借给企业使用一段时间，然后借此获得劳动报酬。因此，本题选项C正确。

私教点拨

历年真题对劳动力市场的特征的考查，在单项选择题、多项选择题及案例分析题中均可涉及，在案例分析题中容易与其他知识点进行综合考查，具体如表11－2所示。

表11－2　劳动力市场的特征

特征	具体内容
特殊性	在劳动力交易中，劳动力这种特殊商品的**所有权并没有转移，转移的只是使用权**，劳动者将自己的劳动力租借给企业使用一段时间，然后借此获得劳动报酬
多样性	不同劳动力包含的知识、技能和经验存在差异，所以不同劳动力之间不能相互替代或不能完全相互替代，这便形成了**不同类型的劳动力市场**
不确定性	劳动力市场的**分散性**和**难以辨认性**导致劳动力供求双方之间的匹配变得更为困难

续表

特征	具体内容
交易对象的难以衡量性	一家企业必须从众多求职者中挑选出想要雇用的劳动者时，很难用某种可以准确量化的手段对劳动力的质量进行衡量并加以标准化分类。所以，企业往往需要**采取多种手段来预测**和**判断劳动者的劳动能力是否符合企业需要**。人力资源部门除了利用劳动者的**受教育程度、工作经历以及在职训练**等客观指标来作为筛选员工的依据之外，往往还不得不利用**面试**、**笔试**、**心理测验**等多种甄选手段对求职者进行筛选
交易的延续性	劳动力市场上的交易使得交易双方之间的关系**在一定的时期内被固化**下来
交易条件的复杂性	劳动力的购买者和出售者之间的关系并非随着交易完成就宣告结束，劳动力提供者要直接参与生产过程。所以，在除工资之外的劳动力市场的交易条件中，工作条件和工作环境的好坏也是交易能否完成的一个重要决定因素
劳动力出售者地位的不利性	劳动力市场与其他市场相比较而言较为突出的另外一个特征是**劳动力的出售者在劳动力市场上往往处于不利的地位**

考点三 劳动力供给总量

【例题1·2017年·多项选择题】决定一个国家或地区的劳动力供给数量的因素包括（　　）。

A. 人口规模　　B. 人口构成

C. 劳动力参与率　　D. 周平均工作时间

E. 人力资本投资水平

【答案】ABCD

【解析】本题考查劳动力供给总量概念。劳动力数量主要受到人口总量、劳动力参与率以及劳动者周平均工作时间三个因素的影响，其中，人口总量包括人口规模和人口构成。因此，本题选项ABCD均正确。

私教点拨

历年真题对劳动力供给总量的考查，要求考生理解的内容包含两个方面，即任何一个国家或地区能够获得的劳动力供给总量都包括劳动力数量和劳动力质量两个方面。具体如表11-3所示。

表 11－3 劳动力供给总量

供给总量	主要内容
劳动力质量	主要是指劳动力队伍的**身体健康状况**以及**受教育和训练的程度**，主要表现为劳动者的知识、技能和经验等的水平，这方面因素主要可以通过人力资本投资理论加以解释
劳动力数量	主要受到**人口数量**、**劳动力参与率**以及**劳动者的周平均工作时间**三个因素的影响

对于一个国家或地区的劳动力供给总量而言，人口规模固然重要，但更重要的是人口构成。

【例题 2・2016 年・单项选择题】某地区的人口总数为 100 万人，其中 16 岁以上的总人数为 80 万人，16 岁以下的总人数为 20 万人，就业人口 50 万人，失业人口 10 万人，则该地区的劳动力参与率为（ ）。

A. 50%　　B. 60%　　C. 75%　　D. 80%

【答案】C

【解析】本题考查劳动力参与率的计算公式。劳动力参与率（%）=［(就业人口+失业人口)÷16 岁以上总人口］×100%。所以代入题干中的数据可得该地区的劳动力参与率=［(50+10)÷80］×100%＝75%。因此，本题选项 C 正确。

私教点拨

历年真题对劳动力参与率的考查，可以在单项选择题和案例分析题的计算中涉及，一定要熟悉该公式。关于劳动力参与率的计算公式，考试的重点如下：

劳动力参与率（%）=［(就业人口+失业人口)÷16 周岁以上总人口］×100%

=(经济活动人口或劳动力人口÷16 周岁以上总人口)×100%

考点四 个人及市场劳动力供给

【例题 1・2019 年・单项选择题】关于工资率上涨对个人劳动力供给产生的影响的说法，正确的是（ ）。

A. 工资率上涨的收入效应和替代效应都导致个人劳动力供给时间减少

B. 工资率上涨的替代效应导致个人劳动力供给时间减少

C. 工资率上涨的收入效应和替代效应都导致个人劳动力供给时间增加

D. 工资率上涨的收入效应导致个人劳动力供给时间减少

【答案】D

【解析】本题考查个人劳动力供给决定的基本原理。

选项A，工资率上涨的收入效应会导致劳动供给时间减少，工资率上涨的替代效应导致劳动者愿意增加劳动力供给时间。因此，选项A错误。

选项B，工资率上涨的替代效应导致劳动者愿意增加劳动力供给时间。因此，选项B错误。

选项C，工资率上涨的收入效应会导致劳动力供给时间减少，工资率上涨的替代效应导致劳动者愿意增加劳动力供给时间。因此，选项C错误。

选项D，工资率上涨的收入效应导致个人劳动力供给时间减少。因此，选项D正确。

因此，本题选项D正确。

私教点拨

历年真题对个人劳动力供给决定的基本原理的考查，主要为工资率上升对于个人劳动力供给决策产生的两个方面的作用，具体如表11－4所示。

表11－4 收入效应与替代效应

效应	主要内容
收入效应	在其他条件不变而工资率上升时，个人在工作时间相同的情况下获得的总劳动收入却增加了，这就使得劳动者变得更加富有，因而能够将更多的时间用于享受闲暇，同时还保证不会降低甚至提高物质生活水平，这样，工资率的上升就有可能会导致劳动者**减少工作时间**而增加闲暇时间的消费
替代效应	在其他条件不变而工资率上升时，人们享受闲暇时间的成本更高了，这就会促使劳动者在工资率上升时减少对闲暇的消费，将更多的时间用到工作上。这样，工资率的上升就有可能会导致劳动者**增加工作时间**而减少闲暇时间的消费

工资率上涨对劳动力供给产生的收入效应和替代效应的作用方向是相反的，即在其他情况不变时，工资率上涨的收入效应导致劳动者愿意减少劳动力供给时间，而替代效应却导致劳动者愿意增加劳动力供给时间。

【例题2·2021年·单项选择题】劳动力供给弹性指的是（　　）。

A. 劳动工时变动百分比与工资率变动百分比之比

B. 劳动工时变动数量与工资率变动数量之比

C. 劳动工时与工资率之比

D. 劳动工时变动百分比与工资率变动数量之比

【答案】A

【解析】本题考查劳动力供给弹性。劳动力供给曲线反映了劳动力供给数量与工资率之间的方向变化关系。所谓劳动力供给弹性，是指劳动力供给数量随着工资率变动而发生变化的灵敏程度，一般可以用劳动工时变动百分比与工资率变动百分比之间的比率来显示。因此，本题选项A正确。

私教点拨

历年真题对劳动力供给弹性的考查涉及对其内容的理解以及公式的计算，在单项选择题、多项选择题和案例分析题中考查频率较高，具体如表 11－5 所示。

表 11－5　劳动力供给弹性

类别	具体内容
内涵	是指劳动力供给数量随着工资率变动而发生变动的灵敏程度，一般可以用劳动工时变动百分比与工资率变动百分比之间的比率来显示
公式	**劳动力供给弹性**=劳动工时变动百分比÷工资率变动百分比 =［（工时增加或减少绝对数量÷初始工时）×100%］÷［（工资率上升或下降绝对数量÷初始工资）×100%］
劳动力供给弹性绝对值	当工时变动的百分比超过工资率变动的百分比时，劳动力供给弹性的**绝对值大于 1**，这种情况被称为劳动力供给曲线**富有弹性**
	当工时变动百分比小于工资率变动百分比时，**劳动力供给弹性小于 1**，这种情形被称为劳动力供给曲线**缺乏弹性**
	当工时变动百分比与工资率变动百分比相同时，则称劳动力供给曲线具有**单位弹性**，数值为 **1**
	如果工资率变动不会带来劳动力供给时间的任何变动，则劳动力供给弹性为零，此时劳动力供给曲线处于**无弹性状态**，这种情况在图形上表现为垂直的劳动力供给曲线
	如果在某种工资率下，市场上可以获得任意数量的劳动力供给，则此时的劳动力供给弹性为无穷大，劳动力供给曲线有**无限弹性**，这种情况在图形上表现为水平的劳动力供给曲线

考点五　家庭生产理论

【例题·2018 年·多项选择题】家庭生产理论认为（　　）。

A. 家庭可以用时间密集型和商品密集型两种方式生产家庭物品

B. 家庭的可支配时间可以划分为市场工作时间和家庭生产时间两大类

C. 家庭的直接效用的来源是整个家庭获得的总劳动收入

D. 家庭需要决定消费哪些家庭物品

E. 家庭的劳动力供给行为是家庭成员劳动力供给行为的简单加总

【答案】ABD

【解析】本题考查家庭生产理论相关内容。

选项 A，家庭物品是通过将商品或服务（用工作时间获得的货币收入购买来的）与家庭生产时间结合在一起生产出来的，所以家庭物品的生产方式可以划分为两类，即时间密集型和商品密集型。因此，选项 A 正确。

选项B，家庭生产理论把家庭的可支配时间划分为两大类，即市场工作时间和家庭生产时间。因此，选项B正确。

选项C，在家庭生产理论中，一个家庭会把它生产出来的家庭物品看成是效用的直接来源，即一个家庭必须用收入购买商品或服务，再加上一些家庭时间，才能生产出可供家庭消费并产生效用的家庭物品。因此，选项C错误。

选项D，对需要何种家庭物品的回答主要取决于消费什么样的家庭物品给这个家庭带来的效用最大。因此，选项D正确。

选项E，在家庭物品的生产过程中，家庭生产时间和商品或服务（其背后是市场工作时间）之间是存在替代性的，家庭一旦确定了家庭物品的生产方式，实际上也就决定了市场工作时间和家庭生产时间之间的比例。因此，选项E错误。

因此，本题选项ABD均正确。

私教点拨

历年真题对家庭生产理论的考查，要求考生注意理解，具体如表11－6所示。

表11－6 家庭生产理论

类别	具体内容
研究问题	以家庭为单位分析一个家庭中的劳动力供给问题
效用直接来源	在单个劳动者的劳动力供给理论中，劳动者把享受闲暇和消费物品以及服务作为两种主要的效用来源，而在家庭生产理论中，**一个家庭会把它生产出来的家庭物品看成是效用的直接来源**，即一个家庭必须用收入购买商品或服务，再投入一些家庭时间，才能生产出可供家庭消费并产生效用的家庭物品
可支配时间分类	家庭生产理论把家庭的可支配时间划分为两大类，即**市场工作时间**和**家庭生产时间**
需要回答的问题	家庭需要消费什么样的家庭物品？ 对需要何种家庭物品的回答主要取决于消费什么样的家庭物品给这个家庭带来的效用最大
	家庭希望怎样生产这些家庭物品？ 家庭物品是通过将商品或服务（用工作时间获得的货币收入购买来的）与家庭生产时间结合在一起生产出来的，所以家庭物品的生产方式可以划分为两类，即时间密集型和商品密集型。 **时间密集型**的家庭生产方式是指在生产家庭物品时，家庭生产时间所占比重较大，而购买的商品或服务所占的比重相对较小；**商品密集型**的家庭生产方式则相反
	家庭成员之间应当如何分配各自用于劳动力市场工作、家庭生产的时间？ 一般情况下，家庭内部分工决策适用比较优势原理，即每个家庭成员都应当去从事生产效率相对较高或较擅长的工作

考点六　经济周期中的劳动力供给

【例题·2017年·单项选择题】附加的劳动者效应和灰心丧气的劳动者效应都是在（　　）中可能发生的促使劳动者进入和退出劳动力市场的因素。

A. 经济周期　　B. 生命周期

C. 家庭　　D. 企业

【答案】A

【解析】本题考查经济周期中的劳动力供给。在现实中，无论是家庭的劳动力供给决策，还是劳动者个人的劳动力供给决策，都有可能受到经济周期的影响。因此，本题选项A正确。

私教点拨

历年真题对经济周期中的劳动力供给产生的两种效应的考查，在单项选择题、多项选择题和案例分析题中都会涉及，具体内容如表11－7所示。

表11－7　经济周期中的劳动力供给产生的两种效应

效应	具体内容
附加的劳动者效应	是指当家庭中的主要收入获取者失去工作或工资被削减以后，其他家庭成员有可能会临时性地进入劳动力队伍，通过找到工作来增加家庭收入，保持家庭原先的效用水平不变
灰心丧气的劳动者效应	是指一些本来可以寻找工作的劳动者由于对在某一可行的工资率水平下找到工作变得非常**悲观而停止寻找工作**，临时成为非劳动力参与者的情况
两种效应的关系	一方面，在其他条件相同的情况下，附加的劳动者进入劳动力市场很可能会导致政府公布的失业率数字上升，因为寻找工作的失业人数增加了；另一方面，如果灰心丧气的劳动者在失业后退出了劳动力市场，则失业者人数会减少，从而导致失业率下降

考点七　劳动力需求及其影响因素

【例题1·2020年·多项选择题】在其他条件一定的情况下，必然会导致劳动力需求量下降的是（　　）。

A. 工资率下降的替代效应　　B. 工资率下降的规模效应

C. 工资率上升的规模效应　　D. 工资率上升的替代效应

E. 工资率下降的收入效应

【答案】CD

【解析】本题考查工资率变化对长期劳动力需求数量的影响。在其他条件不变的情况下，无论哪个方向的工资率变动所产生的规模效应和替代效应的作用方向都是相同的，即在其他条件不变的情况下，工资率上升的规模效应和替代效应都导致劳动力需求量的下降，而工资率下降的规模效应和替代效应都导致劳动力需求量的上升。因此，本题选项CD正确。

私教点拨

历年真题对工资率变化对长期劳动力需求数量的影响的考查频率高。长期来看，工资率变化对劳动力需求数量的影响是通过规模效应和替代效应反映出来的，要求考生理解并记忆。具体如表 11－8 所示。

表 11－8　工资率变化对长期劳动力需求数量的影响

项目	具体内容
规模效应	又称产出效应，它是指工资率变动首先直接作用于生产规模或产出规模，从而进一步影响劳动力需求量的作用过程及其结果
	假如其他条件（生产技术、资本供给条件、产品需求以及产品质量等）不变，只有**工资率上升**了，那么，工资率的上升意味着**企业成本上升**，从而导致企业为了消化生产成本的上升而提高产品销售的价格，而产品售价的提高会导致消费者减少商品的购买数量。在这种情况下，企业为了不亏损就不得不**缩减生产规模**，从而导致**劳动力需求数量下降**；反之，会导致劳动力需求数量增加
替代效应	是指工资率的变动会通过作用于企业愿意使用的资本和劳动力相对投入比例，从而影响到劳动力需求数量
	在其他条件不变的情况下，**工资率**这种**劳动力价格上升**，而另外一种生产要素即**资本的价格并没有发生变化**，因此，劳动力的价格相对于资本价格上升了。在这种情况下，追求利润最大化的企业通常会愿意使用更多的资本和更少的劳动力来进行生产，即会出现**资本替代劳动力**的现象，从而导致**劳动力需求数量的减少**；反之，会导致劳动力需求数量的增加
结论	在其他条件不变的情况下，无论哪个方向的工资率变动所产生的规模效应和替代效应的作用方向都是相同的，即在其他条件不变的情况下，**工资率上升的规模效应和替代效应都导致劳动力需求量下降，而工资率下降的规模效应和替代效应都导致劳动力需求量的上升**

【例题 2·2020 年·单项选择题】在其他条件不变的情况下，会导致劳动力需求量上升的是（　　）。

A. 资本价格下降的收入效应

B. 资本价格上升的替代效应

C. 资本价格下降的替代效应

D. 资本价格上升的规模效应

【答案】B

【解析】本题考查资本价格变化对劳动力需求数量的影响。在其他条件不变的情况下，资本价格变化产生的规模效应和替代效应对于劳动力需求数量的影响在作用方向上是相反的，即资本价格上升的规模效应导致劳动力需求数量下降，替代效应导致劳动力需求数量上升；而资本价格下降的规模效应导致劳动力需求数量上升，但其替代效应却导致劳动力需求数量下降。因此，本题选项 B 正确。

私教点拨

历年真题对资本价格变化对劳动力需求数量影响这一知识点的考查，要求考生明确其中的原理，具体如表 11－9 所示。

表 11－9 资本价格变化对劳动力需求数量的影响

效应	具体内容
规模效应	当其他条件不变而**资本价格下降**时，企业的**总生产成本会随之下降**，而生产成本的下降有利于刺激企业**扩大生产规模**，从而引发**劳动力需求上升**，这时，在原来的每一种工资率上对应的劳动力需求数量都上升了；反之，劳动力需求数量减少
替代效应	当其他情况不变而**资本价格下降**时，资本与劳动力两种生产要素的相对价格发生变化，即资本的相对价格变得更加便宜。在这种情况下，企业会倾向于用**资本替代劳动力**，从而**减少劳动力需求**。反之，其他条件不变而资本价格上升时，其产生的替代效应会导致劳动力需求数量上升
结论	在其他条件不变的情况下，资本价格变化产生的规模效应和替代效应对于劳动力需求数量的影响在作用方向上是相反的，即资本价格上升的规模效应导致劳动力需求数量下降，替代效应导致劳动力需求数量上升；而资本价格下降的规模效应导致劳动力需求数量上升，但其替代效应却导致劳动力需求数量下降

考点八 劳动力需求弹性与派生需求定理

【例题·2020 年·单项选择题】如果劳动力需求是富有弹性的，在只看绝对值的情况下，劳动力需求量的变化规律是（ ）。

A. 劳动力需求量变化百分比大于其工资率变化百分比

B. 劳动力需求量变化百分比小于其工资率变化百分比

C. 劳动力需求量变化值大于其工资率变化值

D. 劳动力需求量变化值小于其工资率变化值

【答案】A

【解析】本题考查劳动力需求的自身工资弹性。当劳动力需求弹性绝对值大于 1 时，即工资率上升 1%引起的劳动力需求数量下降幅度大于 1%时，此时的劳动力需求对自身工资率是富有弹性的。因此，本题选项 A 正确。

私教点拨

历年真题对劳动力需求的自身工资弹性的考查，要求考生理解其内涵及分类并计算，具体如表 11－10 所示。

表 11－10 劳动力需求的自身工资弹性

类别	具体内容
定义	劳动力需求的自身工资弹性（η）又称劳动力需求弹性，它是指某种劳动力的工资率（W）变化1%引起的自身劳动力需求数量（L）发生变化的百分比
公式	$\eta = \frac{劳动力需求量变动}{工资率变动} = \frac{\Delta L/L}{\Delta W/W} \times 100\%$
三种情况	第一，**富有弹性**。当劳动力需求弹性绝对值大于1时，即工资率上升1%引起的劳动力需求数量下降幅度大于1%时，此时的劳动力需求对自身工资率是富有弹性的； 第二，**缺乏弹性**。当劳动力需求弹性绝对值小于1时，即工资率上升1%引起的劳动力需求数量下降幅度小于1%时，此时的劳动力需求对自身工资率便是缺乏弹性的； 第三，**单位弹性**。当劳动力需求弹性绝对值等于1时，即当工资率上升1%引起的劳动力需求数量下降也为1%时，此时的劳动力需求对于自身工资率便是单位弹性的

考点九 劳动力市场均衡与非均衡

【例题1·2019年·单项选择题】在劳动力市场均衡分析图形中，假定劳动力需求曲线不变，而劳动力供给却由于退休人口增加和新成长劳动力不足而出现了下降，则可能出现的情况是（　　）。

A. 均衡工资率和均衡就业量同时下降　　B. 均衡工资率上升，均衡就业量下降

C. 均衡工资率和均衡就业量同时上升　　D. 均衡工资率下降，均衡就业量上升

【答案】B

【解析】本题考查劳动力市场均衡的破坏与重建。在劳动力需求曲线不变、劳动力供给曲线右移时，均衡工资率会下降，而均衡就业量却会上升。同理，当劳动力需求曲线不变而劳动力供给曲线左移时，则会导致均衡工资率上升和均衡就业量下降。因此，本题选项B正确。

私教点拨

历年真题对劳动力市场均衡的破坏与重建的考查，要求考生理解三种不同类型下均衡工资率和均衡就业量的变化，具体如表11－11所示。

表 11－11 劳动力市场均衡的破坏与重建

类别	具体内容
劳动力需求曲线移动对均衡位置的影响	劳动力需求曲线的移动方式有两种，一是向左移动，二是向右移动。当劳动力供给曲线不变而劳动力需求曲线右移时，均衡工资率和均衡就业量均随需求曲线右移而上升。反之，当劳动力供给曲线不变而劳动力需求曲线左移时，均衡工资率和均衡就业量同时下降

续表

类别	具体内容
劳动力供给曲线移动对均衡位置的影响	劳动力供给曲线的移动方式也有两种：一是向右移动，二是向左移动。在劳动力需求曲线不变、劳动力供给曲线右移时，均衡工资率会下降，而均衡就业量却会上升。同时，当劳动力需求曲线不变而劳动力供给曲线左移时，则会导致均衡工资率上升和均衡就业量下降
劳动力供求曲线同时移动对劳动力市场均衡的影响	在劳动力需求和劳动力供给同时扩大的情况下，劳动力市场均衡的位置是不确定的，结果取决于两种力量的对比：当劳动力需求曲线的移动幅度更大时，均衡工资率上升；而当劳动力供给曲线的移动幅度更大时，均衡工资率下降

【例题2·2021年·单项选择题】导致劳动力市场非均衡的原因不包括（　　）。

A. 劳动者在企业之间的流动是有成本的

B. 企业能够自由调整用工人数

C. 有些企业会支付高于市场通行工资率的工资水平

D. 在劳动力市场上存在工资刚性现象

【答案】B

【解析】本题考查劳动力市场非均衡及其影响因素。劳动力需求方遇到的摩擦力主要包括：①企业并非必须支付市场通行的工资率；②企业并非可以自由调整雇用量。劳动力供给方遇到的摩擦力主要包括：①劳动者并非可以零成本自由流动；②劳动者对工资率的反应并非极其敏感。因此，本题选项B正确。

私教点拨

历年真题对劳动力市场非均衡及其影响因素的考查，要求考生理解劳动力需求方及劳动力供给方遇到的摩擦力，具体如表11－12所示。

表11－12　劳动力市场非均衡及其影响因素

类别	具体内容
劳动力**需求方**遇到的摩擦力	（1）企业并非必须支付市场通行的工资率； （2）企业并非可以自由调整雇用量
劳动力**供给方**遇到的摩擦力	（1）劳动者并非可以零成本自由流动； （2）劳动者对工资率的反应并非极其敏感

考点十 劳动力市场政策

【例题·2021 年·单项选择题】新冠肺炎疫情发生以来，国家为更好地支持复工复产，采用了阶段性减少增值税、小规模纳税人增值税的办法，这些办法属于（　　）。

A. 货币政策　　B. 财政政策

C. 法律政策　　D. 人力政策

【答案】B

【解析】本题考查劳动力市场政策。财政政策是利用政府预算来影响总需求的一种政策，其主要手段是调整税率和政府支出水平。我国在新冠肺炎疫情期间采用的减免增值税措施属于财政政策。因此，本题选项 B 正确。

私教点拨

历年真题对劳动力市场政策的考查，要求考生能够区分不同的政策，具体如表 11－13 所示。

表 11－13　劳动力市场非均衡及其影响因素

政策	具体内容
货币政策	是政府通过控制货币供应量调节经济运行的一种手段
财政政策	是利用政府预算来影响总需求的一种政策，其主要手段是调整税率和政府支出水平
收入政策	实际上是一种工资、物价管理政策
人力政策	是政府通过对劳动力进行重新训练与教育，把非熟练的劳动力训练成技术熟练程度达到一定水平的劳动者，以缓和因劳动力市场所需要的技能与劳动者实际供给的技能不匹配而造成的失业问题
产业政策	是指一个国家对其产业结构实施引导、调节、管理的方针和政策。一定时期的产业政策源于一定时期国民经济发展的总体战略

案例分析题专练

【例题·2018 年·案例分析题】

小罗是国内重点大学计算机专业毕业的研究生。找工作过程中他发现，与几年前报考研究生时相比，由于整体经济下滑、计算机专业学生过剩，工作不如当年好找，工资水平也达不到当年的预期。小罗学习成绩优异，在校期间曾开发的一套校园交友软件还被某公司收购，	【审题过程】 [1] 考查劳动者议价能力： 劳动者在劳动力市场上的议价能力，一方面取决于劳动者所属的同种劳动力在市场上的供求状况；另一方面则取决于劳动者个人的技术、能力和经验等劳动力质量要素的水平。

所以他很快通过了一家知名网络公司的专业笔试、面试和心理测试，作为软件编程人员开始在这家公司实习。[1]［3］实习三个月后，小罗顺利得到了这份工作。公司给他这类的软件编程人员的工资比市场水平高出 20%，办公环境和各项福利待遇也很好。[2] 小罗对这份工作比较满意。	[2] 考查企业愿意支付高工资的原因： (1) 高工资能够帮助组织吸引到更为优秀的、生产率更高的员工； (2) 高工资有利于降低员工的离职率，强化他们的实际生产率； (3) 高工资能够让人产生公平感。 [3] 考查劳动力市场的特征： 交易对象的难以衡量性是指当一家企业必须从众多求职者中挑选出想要雇用的劳动者时，却很难用某种可以准确量化的手段对劳动力的质量进行衡量并加以标准化分类。因此，人力资源部门除了利用劳动者的受教育程度、工作经历以及在职训练等客观指标作为筛选员工的依据之外，往往还不得不利用面试、笔试、心理测验等多种甄选手段对求职者进行筛选。

根据上述资料，回答下列问题：

1. 小罗大学毕业后的求职经历表明，劳动者在劳动力市场上的议价能力在很大程度上取决于（　　）。

A. 某种类型劳动力在劳动力市场上的供求状况

B. 劳动者是否加入工会

C. 劳动者本人的技术、能力和经验

D. 某种类型劳动者的市场工资水平

2. 关于小罗毕业后就职的这家网络公司的工资水平的说法，正确的是（　　）。

A. 这种高工资有利于降低优秀员工的离职率

B. 这种高工资会使企业的人工成本过高，从而无法与对手展开有效竞争

C. 这种高工资更容易让员工产生公平感

D. 企业支付这种高工资的一个基本假设是高工资往往能带来高生产率

3. 这家网络公司之所以利用笔试、面试、能力测试和实习等手段来对小罗进行考察，是因为劳动力市场具有（　　）特征。

A. 交易对象难以衡量性　　B. 多样性

C. 交易连续性　　D. 不确定性

4. 小罗所在的劳动力市场属于（　　）。

A. 地区性劳动力市场　　B. 优等劳动力市场

C. 次等劳动力市场　　D. 内部劳动力市场

1.【答案】AC 【解析】根据劳动者议价能力的两个方面可知，一方面取决于劳动者所属的同种劳动力在市场上的供求状况；另一方面取决于劳动者个人的技术、能力和经验等劳动力质量要素的水平。因此，选项 AC 正确。 2.【答案】ACD 【解析】企业之所以愿意支付高工资，一个基本假设就是高工资往往能够带来高生产率，支持的理由有三个：能够帮助组织吸引到更为优秀的、生产率更高的员工；有利于降低员工的离职率并强化他们的实际生产率；高工资能够让人产生公平感。因此，选项 ACD 正确。 3.【答案】A 【解析】根据劳动力市场交易对象的难以衡量性的特征可知，人力资源部门除了利用劳动者的受教育程度、工作经历以及在职训练等客观指标来作为筛选员工的依据之外，往往还不得不利用面试、笔试、心理测验等多种甄选手段对求职者进行筛选，因此，选项 A 正确。 4.【答案】B 【解析】通常情况下，劳动力市场可以划分为全国性劳动力市场和地区性劳动力市场，外部劳动力市场和内部劳动力市场，以及优等劳动力市场和次等劳动力市场。根据案例材料可知，小罗所在的劳动力市场属于优等劳动力市场，即就业条件好、工资福利水平较高、工作环境良好、工作保障性较强。因此，选项 B 正确。	【答案解读】 本题对劳动力市场理论及工资与就业的相关内容进行综合考查。 [1] 考查劳动者议价能力： 劳动者在劳动力市场上的议价能力，一方面取决于劳动者所属的同种劳动力在市场上的供求状况；另一方面则取决于劳动者个人的技术、能力和经验等劳动力质量要素的水平。 [2] 考查企业愿意支付高工资的原因： (1) 高工资能够帮助组织吸引到更为优秀的、生产率更高的员工； (2) 高工资有利于降低员工的离职率，强化他们的实际生产率； (3) 高工资能够让人产生公平感。 [3] 考查劳动力市场特征： 交易对象的难以衡量性是指当一家企业必须从众多求职者中挑选出想要雇用的劳动者时，却很难用某种可以准确量化的手段对劳动力的质量进行衡量并加以标准化分类。因此，人力资源部门除了利用劳动者的受教育程度、工作经历以及在职训练等客观指标来作为筛选员工的依据之外，往往还不得不利用面试、笔试、心理测验等多种甄选手段对求职者进行筛选。 [4] 考查劳动力市场的结构及对案例的理解能力。

真题演练

一、单项选择题

1. （2020 年）劳动力市场是一种（ ）市场。

A. 期货　　B. 资本　　C. 要素　　D. 产品

2. （2020 年）导致劳动力市场非均衡现象出现的原因不包括（ ）。

A. 有些企业可能会支付超过市场通行水平的工资

B. 劳动者跨企业流动是有成本的

C. 劳动力对工资率的反应是极其敏感的

D. 企业往往并不能随意调整所雇用的员工人数

3. （2018 年）关于劳动力需求的说法，错误的是（ ）。

A. 劳动力需求是一种派生需求

B. 其他条件一定，工资率上升必然导致劳动力需求数量下降

C. 劳动力需求与资本价格无关

D. 长期来看，工资率变动会对劳动力需求同时产生规模效应和替代效应

4. （2018 年）当某地家政服务人员的工资率为每小时 20 元时，此类人员的供给人数为 50 万人。家政服务人员的工资率上升到每小时 25 元后，此类人员的月供给量为 60 万人。家政服务人员的劳动力供给是（ ）。

A. 单位弹性的　　B. 无弹性的

C. 富有弹性的　　D. 缺乏弹性的

5. （2017 年）某类劳动力的工资率为每小时 10 元时，某城市对这类劳动力的需求总量为 10 万小时，已知该市对这类劳动力的需求弹性为单位弹性，则当这种劳动力的工作率上涨到每小时 15 元时，该市对此类劳动力的需求总量会变成（ ）万小时。

A. 2　　B. 4　　C. 5　　D. 15

6. （2017 年）在劳动力市场均衡分析图形中，如果劳动力供给曲线不变，出口下降导致劳动力需求曲线向左移动，则可能出现的情况是（ ）。

A. 均衡工资率下降，均衡就业率上升　　B. 均衡工资率上升，均衡就业率下降

C. 均衡工资率和均衡就业率同时上升　　D. 均衡工资率和均衡就业率同时下降

7. （2016 年）工资率上升对劳动者产生的作用之一在于，它使劳动者享受闲暇的机会成本比过去更高了，而这会使劳动者产生一种增加劳动力供给时间的倾向。工资上升对劳动者产生的这种作用称为（ ）。

A. 收入效应　　B. 替代效应　　C. 规模效应　　D. 产出效应

8. （2016 年）在经济不景气的时期，某国的一些产业受到严重打击，裁员现象严重，为此该国政府拿出专项财政拨款，建立了一些针对失业人员的再就业培训计划。政府采取的这种政策称为（ ）。

A. 财政政策　　B. 货币政策　　C. 产业政策　　D. 人力政策

9. （2015 年）某市人口普查结果表明，该市共有 2 000 万人，其中 16 岁以上的人口为1 500 万，就业人口总数为 1 000 万，失业人口为 200 万，则该市的劳动力参与率为（　　）。

A. 50%　　B. 60%　　C. 70%　　D. 80%

10. （2013 年）国外某经济学家指责本国政府不仅未能促进经济繁荣，而且在一定程度上掩盖了该国的真实失业状况。因为一部分劳动者由于找不到工作而不得不退出了劳动力市场。因此，尽管官方公布的失业率为 6%，但如果将隐性失业者考虑在内，真实的失业率将达到 10%。这位经济学家实际上指出了（　　）。

A. 在经济衰退时期会出现附加的劳动者效应

B. 在经济繁荣期会出现附加的劳动者效应

C. 在经济衰退时期会出现灰心丧气的劳动者效应

D. 在经济繁荣期会出现灰心丧气的劳动者效应

二、多项选择题

1. （2019 年）关于劳动力市场的说法，正确的有（　　）。

A. 它能够以一定的工资率将劳动力有效分配到不同的行业、职业、地区和企业之中

B. 它是由各种局部性劳动力市场构成的一个总劳动力市场体系

C. 它是特定的劳动力供求双方通过自由谈判达成劳动力使用权转让合约时所处的市场环境

D. 它是在市场经济条件下对劳动力这种生产性资源进行有效配置的根本手段

E. 它是一种特殊的产品市场

2. （2017 年）为了应对劳动力市场交易对象的难以衡量性问题，企业通常可以采用的做法包括（　　）。

A. 提供高于市场水平的工资

B. 利用受教育程度、工作经验等对求职者进行筛选

C. 加强对新员工的培训

D. 利用面试、笔试和心理测试等手段对求职者进行筛选

E. 通过试用期来对求职者进行考察

3. （2014 年）关于长期劳动力需求的说法，正确的有（　　）。

A. 工资率上升的收入效应导致劳动力需求量的上升

B. 工资率下降的替代效应导致劳动力需求量的上升

C. 工资率和劳动力需求量是同方向变化的

D. 工资率上升的替代效应和规模效应都会导致劳动力需求量下降

E. 工资率下降的替代效应和规模效应都会导致劳动力需求量上升

4. （2013 年）关于家庭生产理论的说法，正确的有（　　）。

A. 家庭生产理论认为劳动力供给决策的主体是家庭而不是单个的劳动者

B. 家庭生产理论将家庭物品视为家庭的直接效用来源

C. 家庭生产理论认为家庭会根据比较优势原理来决定家庭成员的时间利用方式

D. 家庭生产理论认为一个家庭需要做出的重要决策之一是家庭成员需要将多少时间用于市场工作，多少时间用于家庭生产

E. 家庭生产理论是一种劳动力需求问题

三、案例分析题

（2016 年）计算机专业毕业的研究生小韩非常庆幸自己能够顺利在一家世界知名的国内通信技术公司找到一份研发工作，因为这家公司的工资水平远远超过市场水平。因此每年都有大批毕业生来求职。这家公司的人力资源管理水平很高，在招聘、晋升、绩效、薪酬以及解雇等各人力资源管理领域都制定了非常明确的规划和程序，管理非常规范。入职后小韩发现，该公司非常重视新员工的培训，而且倾向于从内部提拔管理人员，公司再做出晋升决定时，会严格任职员工的历史绩效以及在一线的工作时间和发展潜力等来进行综合考察，晋升标准和晋升待遇也是非常明确的，每一次晋升都会有若干员工作为候选人，其中优秀的人将被选拔至上一级领导岗位。

根据以上材料，回答下列问题：

1. 与该公司的人力资源管理实践吻合的特征包括（　　）。

A. 内部劳动力市场　　B. 封闭劳动力市场

C. 终身雇用　　D. 晋升竞赛

2. 该公司支付高工资的作用在于（　　）。

A. 吸引优秀的高生产率员工　　B. 降低员工的离职率

C. 削弱员工的偷懒动机　　D. 降低人工成本

3. 该公司做出晋升决策的依据是候选人的（　　）。

A. 学历　　B. 相对绩效水平　　C. 资历　　D. 能力

4. 可以使该公司的晋升体系更为有效的做法包括（　　）。

A. 使多位候选人在晋升潜力和实力方面存在较为明显的差距

B. 使候选人的现有薪酬和新职位的薪酬水平之间存在明显差距

C. 尽可能确保在晋升决策中不掺杂实力以外的运气成分

D. 不把候选人的直接上级的主观评价作为晋升决策的唯一依据

真题演练答案及解析

一、单项选择题

1. 【答案】C

【解析】本题考查劳动力市场的概念。劳动力市场是进行劳动力交易的一种要素市场。因此，本题选项 C 正确。

2. 【答案】C

【解析】本题考查劳动力市场非均衡及其影响因素。

劳动力需求方遇到的摩擦力主要包括：①企业并非必须支付市场通行的工资率；②企业并非可

以自由调整雇用量。

劳动力供给方遇到的摩擦力主要包括：①劳动者并非可以零成本自由流动；②劳动者对工资率的反应并非极其敏感。

因此，本题选项 C 正确。

3. **【答案】** C

【解析】 本题考查劳动力需求及其影响因素的相关内容。

选项 A，劳动力属于一种生产要素，所以对劳动力的需求就是一种间接需求或派生需求。因此，选项 A 正确。

选项 B，在其他条件一定的情况下，工资率上升的规模效应和替代效应都导致劳动力需求量下降。因此，选项 B 正确。

选项 C，在产品需求、生产技术以及劳动力价格即工资率不变的情况下，资本价格变化也同样会对劳动力需求产生规模效应和替代效应。因此，选项 C 错误。

选项 D，长期来看，工资率变化对劳动力需求数量的影响是通过规模效应和替代效应反映出来的。因此，选项 D 正确。

因此，本题选项 C 正确。

4. **【答案】** D

【解析】 本题考查劳动力供给弹性的公式。劳动力供给弹性=劳动工时变动百分比÷工资率变动百分比=[(60−50)÷50×100%]÷[(25−20)÷20×100%]=0.8<1，因此，家政服务人员的劳动供给是缺乏弹性的。因此，本题选项 D 正确。

5. **【答案】** C

【解析】 本题考查劳动力需求弹性。劳动力需求的自身工资弹性又称劳动力需求弹性，它是指某种劳动力的工资率变化 1%引起的自身劳动力需求数量发生变化的百分比。劳动力需求弹性=劳动力需求量变动/工资率变动×100%。根据题意可知，该市对劳动力的需求弹性为单位弹性，工资率变动方向与劳动力需求数量的变动方向是相反的，因而劳动力需求的自身工资弹性值为负。所以劳动力的需求弹性=−1。代入数值，$[\triangle L\div L]/[\triangle W\div W]\times100\%=-1$，即 $[\triangle L\div10]/[(15-10)\div10]\times100\%=-1$，解得$\triangle L=-5$，所以当劳动力的工资率上涨到每小时 15 元时，该市对此类劳动力的需求总量会变为 $10+\triangle L=5$ 万小时。因此，本题选项 C 正确。

6. **【答案】** D

【解析】 本题考查劳动力市场均衡的破坏与重建。当劳动力供给曲线不变而劳动力需求曲线右移时，均衡工资率和均衡就业量均随需求曲线的右移而上升。反之，当劳动力供给曲线不变而劳动力需求曲线左移时，均衡工资率和均衡就业量同时下降。因此，本题选项 D 正确。

7. **【答案】** B

【解析】 本题考查工资率上升对于个人劳动力供给决策产生的作用。在其他条件不变而工资率上升时，除了收入效应之外，同时还会发生另外一种效应，也就是工资率的上升同时使人们享受闲暇时间的机会成本更高了，因此，如果劳动者此时去工作而不是享受闲暇，他们每小时工资水平就比过去高了。这种情况会促使劳动者在工资率上升时减少对闲暇的消费，将更多的时间用到工作上。

这就是工资率上升对劳动力供给产生的替代效用。因此，本题选项 B 正确。

8. 【答案】D

【解析】本题考查政府促进就业的宏观经济政策。人力政策是政府通过对劳动力进行重新训练与教育，把非熟练的劳动力训练成有技术熟练程度达到一定水平的劳动者，以缓和因劳动力市场所需要的技能与劳动者实际供给技能不匹配而造成的失业问题。因此，本题选项 D 正确。

9. 【答案】D

【解析】本题考查劳动力参与率的公式。劳动力参与率(%)=[(就业人口+失业人口)÷16 岁以上总人口]×100%=(经济活动人口或劳动力人口÷16 岁以上总人口)×100%。

所以，该市的劳动力参与率=(就业人口+失业人口)÷16 岁以上总人口×100%=(1 000+200)÷1 500×100%=80%。因此，本题选项 D 正确。

10. 【答案】C

【解析】本题考查经济周期中的劳动力供给。正如替代效应与收入效应的作用方向相反，附加的劳动者效应与灰心丧气的劳动者效应在作用方向上也是相反的，二者的强弱对比就会直接影响到失业率的高低。一方面，在其他条件相同的情况下，附加的劳动者进入劳动力市场很可能会导致政府公布的失业率数字上升，因为寻找工作的失业人数增加了；另一方面，如果灰心丧气的劳动者在失业后退出了劳动力市场，则失业者人数会减少，从而导致失业率下降。因此，本题选项 C 正确。

二、多项选择题

1. 【答案】ABCD

【解析】本题考查劳动力市场的概念。

选项 A，劳动力市场通过为劳动力供求双方提供一个接触、谈判和交易的机制，以一定的工资率将一个国家的劳动力有效分配到不同职业、行业、地区和企业之中。因此，选项 A 正确。

选项 B，从宏观角度来说，劳动力市场是由各种各样的局部性或单一性劳动力市场构成的一个总劳动力市场体系。因此，选项 B 正确。

选项 C，从微观角度来看，劳动力市场是指特定的劳动力供求双方在通过自由谈判实现劳动力使用权转让的合约时所处的市场环境。因此，选项 C 正确。

选项 D，在市场经济条件下，劳动力市场是对劳动力这种生产性资源进行有效配置的根本手段。因此，选项 D 正确。

选项 E，劳动力市场是进行劳动力交易的一种要素市场。因此，选项 E 错误。

因此，本题选项 ABCD 均正确。

2. 【答案】BDE

【解析】本题考查劳动力市场的特征。交易对象的难以衡量性是指一家企业必须从众多求职者中挑选出想要雇用的劳动者时，很难用某种可以准确量化的手段对劳动力的质量进行衡量并加以标准化分类。所以，企业往往需要采取多种手段来预测和判断劳动者的劳动能力是否符合企业需要。人力资源部门除了利用劳动者的受教育程度、工作经历以及在职训练等客观指标来作为筛选员工的依据之外，往往还不得不利用面试、笔试、心理测验等多种甄选手段对求职者进行筛选。通常情况下，企业还要利用试用期来最后决定是否最终雇用某位求职者。因此，本题选项 BDE 均正确。

3.【答案】BDE

【解析】本题考查长期劳动力需求。长期来看，工资率变化对劳动力需求数量的影响是通过规模效应和替代效应反映出来的。在其他条件不变的情况下，工资率上升的规模效应和替代效应都导致劳动力需求量下降，而工资率下降的规模效应和替代效应都导致劳动力需求量的上升。因此，本题选项 BDE 均正确。

4.【答案】ACD

【解析】本题考查家庭生产理论。

选项 A，家庭生产理论不是从单个劳动者的角度分析劳动力供给问题的，相反，它是以家庭为单位来分析一个家庭中的劳动力供给问题的。因此，选项 A 正确。

选项 B，在家庭生产理论中，一个家庭会把它生产出来的家庭物品看成是效用的直接来源，即一个家庭必须用收入购买商品或服务，再加上一些家庭时间，才能生产出可供家庭消费并产生效用的家庭物品。因此，选项 B 错误。

选项 C，一般情况下，家庭内部分工决策适用比较优势原理，即每个家庭成员都应当去从事生产率相对较高或较擅长的工作。因此，选项 C 正确。

选项 D，家庭生产理论认为一个家庭需要做出的重要决策之一是家庭成员之间应当如何分配各自用于劳动力市场工作、家庭生产的时间。因此，选项 D 正确。

选项 E，家庭生产理论是以家庭为单位来分析一个家庭中的劳动力供给问题。因此，选项 E 错误。

因此，本题选项 ACD 均正确。

三、案例分析题

<table>
<tr>
<td>1.【答案】AD
【解析】根据案例可知，该公司非常重视新员工的培训，而且倾向于从内部提拔管理人员，公司做出晋升决定会进行综合考查，符合内部劳动力市场的特点，内部劳动力市场存在晋升竞赛。因此，选项 AD 正确。
2.【答案】AB
【解析】根据企业愿意支付高工资的原因可知，吸引优秀的、高生产率的员工，降低员工离职率，让人产生公平感等都属于支付高工资的作用，因此，选项 AB 正确。</td>
<td>【答案解读】
本题考查劳动力市场理论的相关知识点。
[1] 考查劳动力市场结构：
(1) 全国性劳动力市场和地区性劳动力市场；
(2) 外部劳动力市场和内部劳动力市场；
(3) 优等劳动力市场和次等劳动力市场。
[2] 考查企业愿意支付高工资的原因：
(1) 高工资能够帮助组织吸引到更为优秀的、生产率更高的员工；
(2) 高工资有利于降低员工的离职率，强化他们的实际生产率；
(3) 高工资能够让人产生公平感。</td>
</tr>
</table>

3. 【答案】BCD 【解析】根据案例材料可知，该公司在做出晋升决定时，会严格根据任职员工的历史绩效以及在一线的工作时间和发展潜力等进行综合考察。因此，选项 BCD 均正确。	[3] 考查对案例的理解。
4. 【答案】BCD 【解析】根据晋升竞赛设置的要点可知，候选人具有可比性、适当创造拟晋升职务与当前职位的差距是比较有效的做法，此外，根据案例可知，公司晋升标准和晋升待遇非常明确。因此，选项 BCD 正确。	[4] 考查晋升竞赛的设计要点： (1) 要想让晋升竞赛能够激发候选人的最大努力，必须使参与晋升竞赛的候选人之间在知识、能力或经验等方面具有较高的可比性，即没有人能够非常有把握地认为自己能够获得晋升，也没有人认为自己根本没有获得晋升的希望； (2) 要在参与晋升竞赛者当前的职位和拟晋升职位之间创造出一种合理的工资差距，工资差距太小会削弱竞赛参与者的努力动机。

第十二章　工资与就业理论

本章考情 Q&A

Q：本章的重要性和难度如何？

A：本章属于**次重点**章节，学好本章可以为后续章节的学习打好基础。本章学习有一定的难度，会涉及个别计算题。从历年真题来看，每年考查的分值为 6~7 分。

Q：本章在考试中通常以什么形式出现？

A：从历年真题看，本章内容在单项选择题、多项选择题和案例分析题中均有涉及。本章知识点在多项选择题中考查的频率较高，尤其会考查工资差别、失业类型的相关知识点。案例分析题考查的内容较为综合，会涉及失业率的计算。

Q：本章 2022 年的内容有改动么？

A：本章内容无实质性改动。

Q：本章考点在历年考试中的分布情况如何？

A：以下是老师们的统计：

考点	2021 年	2020 年	2019 年	2018 年	2017 年	2016 年	2015 年	2014 年	2013 年	2012 年
工资水平		√	√	√	√	√				
工资差别	√	√	√	√		√	√			
劳动力市场歧视	√	√		√			√			
就业与失业统计	√				√	√				
失业率统计		√	√	√	√		√			
失业类型及其成因与对策	√		√	√	√	√	√			

经典例题

考点一　工资水平

【**例题 1 · 2020 年 · 单项选择题**】关于实际工资的说法，错误的是（　　）。

A. 实际工资是企业支付给员工的货币工资

B. 政府在制定相关宏观经济政策时，应了解市场上的实际工资水平

C. 消费品价格指数越高，相同货币工资所代表的实际工资水平越低

D. 实际工资是劳动力供给决策的依据

【答案】A

【解析】本题考查货币工资与实际工资。

选项 A，实际工资是指货币工资能够购买到的商品和服务量，而名义工资是指雇主以货币形式支付给员工的劳动报酬，因此，选项 A 错误；

选项 B，政府在制定其宏观经济政策时，也不能停留在对货币工资的掌握上，更重要的是要了解市场实际工资水平，因此，选项 B 正确；

选项 C，实际工资＝货币工资÷物价指数，因此，选项 C 正确；

选项 D，劳动者的劳动供给决策是根据实际工资的变动做出的，因此，企业在制定自己的工资制度、确定工资水平时，必须要对实际工资水平有正确的了解。因此，选项 D 正确。

因此，本题选项 A 当选。

私教点拨

历年真题对货币工资与实际工资的考查，尤其要求考生注意货币工资与实际工资之间的区别，具体如表 12－1 所示。

表 12－1　货币工资与实际工资

类别	具体内容
货币工资	又称**名义工资**，是指雇主以**货币形式**支付给员工的**劳动报酬**
实际工资	是指货币工资所能**购买到的商品和服务量**
二者关系	**实际工资＝货币工资÷物价指数**
重要意义	（1）**货币工资并不等于实际工资，这两者之间的差别取决于物价水平**。物价水平变化越大，货币工资和实际工资之间的差别越大。正因为如此，有可能会出现货币工资水平上升而实际工资水平反而下降的情况，这一点需要我们在进行工资水平比较时慎重对待。 （2）**劳动者的劳动供给决策是根据实际工资的变动做出的**。企业所面临的劳动力供给是随实际工资水平的波动而变动的，而不是随货币工资水平的波动而变动的，市场上很可能出现货币工资水平上升不一定能带来劳动力供给增加，而货币工资水平的下降也并不一定能抑制劳动力供给增加的现象。因此，企业在制定自己的工资制度、确定工资水平时，必须要对实际工资水平有正确的了解。政府在制定其宏观经济政策时，也不能停留在对货币工资的掌握上，更重要的是要了解市场实际工资水平

【例题 2 · 2019 年 · 单项选择题】雇主所能支付的最高工资水平的估算因素不包括（　　）。

A. 劳动者对于降低生活标准的承受能力

B. 竞争能力

C. 由于劳动力费用增长而使企业进行贸易活动所要承担的风险

D. 企业的经济实力

【答案】A

【解析】本题考查确定工资水平的实际因素。在任何讨价还价的场合下，雇主所能支付的最高工资水平可以被估算出来，它取决于企业的经济实力、竞争能力和由于劳动力费用增长而使企业进行贸易活动所要承担的风险。雇主必须支付的最低工资水平同样可以被估算，它取决于劳动者对于降低生活标准的承受能力。因此，本题选项A正确。

私教点拨

历年真题对确定工资水平的实际因素的考查，要注意理解。在工资谈判的过程中，工资水平存在上限和下限。在任何讨价还价的场合下，雇主所能支付的最高工资水平可以被估算出来，它取决于企业的经济实力、竞争能力和由于劳动力费用增长而使企业进行贸易活动所要承担的风险。雇主必须支付的最低工资水平同样可以被估算，它取决于劳动者对于降低生活标准的承受能力。在现实生活中，影响工资水平确定的因素具体如表12-2所示。

表12-2 影响工资水平确定的因素

因素	具体内容
劳动者个人及其家庭所需的生活费用	劳动者所获得的工资收入必须能够维持劳动者个人及其家庭成员的基本生活需要
同工同酬的原则	对于完成**同等价值工作**的劳动者应支付同等水平的工资，这一原则应贯彻于不同行业、部门，不同的民族、种族，不同性别的劳动者之间
部门或企业的工资支付能力	部门或企业的工资支付能力也是决定一个部门或企业工资水平的一个**主要因素**。 在**竞争性经济**中，如果产品需要是稳定的，那么决定一个部门或企业的工资支付能力的**主要因素是该部门或企业的生产率**

考点二 工资差别

【例题1・2019年・单项选择题】关于工资差别的说法，错误的是（　　）。

A. 人们不仅关心工资水平，也关心工资差别

B. 工资差别具有重新配置人力资源的功能

C. 工资差别的形成，原因之一在于劳动者的素质和技能并不完全相同

D. 政府应努力消除不同企业的同类劳动者之间存在的工资差别

【答案】D

【解析】本题考查工资差别的概念。

选项A，经济学家和社会学家在研究中发现，人们不仅关心工资水平，而且关心工资差别，并且对后者的重视往往高于前者。因此，选项A正确。

选项B，工资差别的存在同市场经济中价格差别的存在一样，具有在整个社会范围内不断重新配置资源的功能，它会激励劳动者从低生产率的工作岗位、企业、职业、行业、产业部门甚至国家向高生产率的地方转移，从而优化劳动力资源配置，这对于社会经济的发展具有积极的作用。因此，选项B正确。

选项 C，工资差别本质上是同劳动相联系的，只要劳动者的素质和技能不能完全相同（或如经济学上常说的存在劳动力不同质的现象），劳动条件的差别无法消除，工资差别就不可能消除。因此，选项 C 正确。

选项 D，随着社会的发展，人们总是力求缩小社会成员之间的收入差距，但这种差距的存在必然是长期的。因此，选项 D 错误。

因此，本题选项 D 当选。

私教点拨

历年真题对工资差别的考查，要求考生注意研究发现及两个特点，具体如表 12－3 所示。

表 12－3 工资差别

类别	具体内容
研究发现	经济学和社会学家在研究中发现，人们**不仅关心工资水平，而且关心工资差别**，并且对后者的重视往往高于前者。 随着社会的发展，人们总是力求缩小社会成员之间的收入差距，但这种**差距的存在必然是长期的**
特点	一方面，工资差别本质上是同劳动相联系的，只要劳动者的素质和技能不能完全相同，劳动条件的差别无法消除，工资差别就不可能消除
	另一方面，工资差别的存在同市场经济中价格差别的存在一样，具有在整个社会范围内不断重新配置资源的功能，它会激励劳动者从低生产率的工作岗位、企业、职业、行业、产业部门甚至国家向高生产率的地方转移，从而优化劳动力资源配置，这对于社会经济的发展具有积极的作用

【例题 2 · 2020 年 · 单项选择题】 导致不同产业部门之间形成工资差别的主要原因不包括（　　）。

A. 劳动力规模

B. 熟练劳动力所占的比重

C. 技术经济特点

D. 所处的发展阶段

【答案】 A

【解析】 本题考查不同产业部门间工资差别形成的原因，主要包括熟练劳动力所占比重、技术经济特点、发展阶段、工会化程度、地理位置等。因此，本题选项 A 正确。

私教点拨

不同产业部门间工资差别形成原因，在多项选择题中的考查频率较高，需要在理解的基础上记忆，具体如表 12－4 所示。

表 12－4 不同产业部门间工资差别形成的原因

原因	具体内容
熟练劳动力所占比重	建筑业工人的报酬比较高是因为在这个行业的劳动力中，熟练的电工、木工、砌筑工、管道工等所占的比例较大，这些工人的报酬高，所以整个行业的平均工资水平也高
技术经济特点	一般情况下，规模大、人均占有资本投资比例高的产业部门，人均工资水平也较高
发展阶段	当某产业部门或行业处于兴盛期时，社会对该部门的产品往往存在大量需求，因而企业希望雇用更多的工人，特别是在技术工人短缺的情况下，为了能够争取他们，企业情愿支付高额工资，甚至会附加其他优惠条件。在这些部门，工资的增长幅度会高于其他部门。反之，处于衰退期的产业部门往往面临产品大量积压的困境，工资就很难增长
工会化程度	根据发达市场经济国家的经验，传统的高工资产业一般也具有较高的工会化程度
地理位置	工资水平较低的产业（如纺织业）更多集中在低工资地区，因为劳动力成本在纺织企业的总成本中占的比例较大，在低工资水平地区建厂可以以较低的工资招募劳动力，从而节约劳动力费用

【例题 3·2021 年·多项选择题】造成补偿性工资差别的原因有（　　）。

A. 劳动技能

B. 劳动强度

C. 愉快程度

D. 责任大小

E. 职业稳定程度

【答案】BDE

【解析】本题考查补偿性工资差别造成的原因。亚当·斯密指出，因劳动强度和劳动条件、从业时的不愉快程度、工作保障和职业稳定程度、承担的责任程度而引起的工资差别，均属于补偿性工资差别。因此，本题选项 BDE 正确。

私教点拨

不同职业之间工资差别形成的原因，在单项选择题、多项选择题中均可考查，要注意补偿性工资差别、竞争性工资差别和垄断性工资差别，具体如表 12－5 所示。

表 12-5　不同职业之间工资差别形成的原因

工资差别类型	具体内容
补偿性工资差别	是指在知识技能上无质的差别的劳动者，因从事职业的工作条件和社会环境的不同而产生的工资差别
	在亚当·斯密所提及的引起职业间工资差别的五个原因中，有四种都是属于由工作条件和社会环境不同而引起的，即因劳动强度和劳动条件、从业时的不愉快程度、工作保障和职业稳定程度、承担的责任程度而引起的工资差别，均属于补偿性工资差别
竞争性工资差别	是指在劳动力和生产资料可以充分流动的竞争条件下，劳动者之间存在的工资差别
	不同的职业对劳动者的技能要求是不同的，这就是为什么在自由选择的市场条件下，尽管人们都争取进入劳动条件好、工资待遇高的行业，而最终能进入这些行业的只有能力比其他人更强的劳动者的原因
垄断性工资差别	**非自然垄断**造成的收入差别：某种职业所需要的劳动力出现短缺，但受外力限制（如受国家行政权力或社会经济体制的限制），其他劳动者又无法转入这个职业就业，从而使从事这一职业的原有劳动者保持了垄断地位，获得了垄断性工资收入
	自然性垄断造成的工资差别：从事某职业的劳动力非常稀缺或较为稀缺，但这种劳动力在质量上的自然特征或其质量要求，使得对这种劳动力的补充很难实现或很难马上实现，即其他职业中的劳动者或新增劳动者很难通过短期的学习和训练迅速转移到这种职业的岗位上来，从而使从事这一职业的劳动者保持了垄断地位，获得了垄断性工资收入，也被称为租金性工资收入，最**典型**的是文体影视明星的收入

考点三　劳动力市场歧视

【例题·2021 年·多项选择题】某垄断企业工资水平高，实施薪酬保密制度，该企业对能力相同且在同一岗位上的人确定不同的工资水平，同时故意将高工资岗位留给有关系的人，而让那些能力相同的其他从事工资较低的岗位，以上存在的劳动力市场歧视包括（　　）。

A. 职业歧视　　B. 统计性歧视

C. 工资歧视　　D. 客户歧视

E. 雇主歧视

【答案】AC

【解析】本题考查工资歧视和职业歧视。工资歧视是指雇主针对既定的生产率特征支付的价格因劳动者所属的人口群体不同而呈现系统性的差别；职业歧视是指对具有相同的受教育水平和其他生产率特征的不同类型的劳动者加以区别对待，有意将其中某一类或某些类别的劳动者安排到那些低工资的职业当中，或者是有意让这些类别的劳动者去承担工作责任要求较低的工作岗位，而把那些高工资岗位留给某些特定类型的劳动者。该企业对能力相同且在同一岗位上的人确定不同的工资水平，属于工资歧视。故意将高工资岗位留给有关系的人，让那些能力相同的其他从事工资较低的岗位，属于职业歧视。因此，本题选项AC均正确。

私教点拨

本题考查劳动力市场歧视。要注意从不同的角度进行区分，具体如表12－6所示。

表12－6 劳动力市场歧视的界定及其分类

类别		具体内容
分类	工资歧视	是指雇主针对既定的生产率特征支付的价格因劳动者所属的人口群体不同而呈现系统性的差别
	职业歧视	是指对具有相同的受教育水平和其他生产率特征的不同类型的劳动者加以区别对待，有意将其中某一类或某些类别的劳动者安排到那些低工资的职业当中，或者是有意让这些类别的劳动者去承担工作责任要求较低的工作岗位，而把那些高工资岗位留给某些特定类型的劳动者
市场歧视来源理论	个人歧视	雇主歧视：雇主很可能因为某些特定的原因对某些特定类型的员工产生歧视
		客户歧视：在有些情况下，顾客可能更偏好于让某种类型的劳动者来为自己提供服务，这就迫使雇主不得不根据自己希望服务的客户的偏好来雇用员工
		员工歧视：在某些情况下，某种类型的员工可能希望刻意避开那些他们不喜欢的属于某些特定人口群体的同事
	统计性歧视	与雇主的招募和甄选过程有关。在雇用员工的过程中，雇主通常都需要以某种方式来获得关于求职者的信息，然而，获得这些信息本身是需要付出一定成本的，所以，企业不可能设法去获得能够预测求职者的未来生产率的所有信息
	非竞争性歧视	是指劳动力市场处于非竞争状态下产生的歧视

考点四 就业与失业统计

【例题·2021年·单项选择题】我国对不充分就业人员进行判定有若干条标准，其中不包括（ ）。

A. 调查周内的工作时间不足标准时间的一半

B. 工作时间不足的原因不在本人

C. 年龄在18周岁以上

D. 本人愿意从事更多的工作

【答案】C

【解析】本题考查不充分就业人员的判断标准。判断不充分就业人员的标准有三条：

（1）调查周内工作时间不到标准时间的一半，即不到20小时；

(2) 工作时间短是非个人原因;

(3) 愿意从事更多的工作。

这三条必须同时具备才能被统计为不充分就业人员。因此，本题选项 C 正确。

私教点拨

就业与失业相关标准的判断，在多项选择题中考查频率较高，要注意区分不同的判断标准，具体如表 12－7 所示。

表 12－7 就业与失业

类别	具体内容
就业与就业统计	判断**不充分就业**人员的标准有三条：(需同时具备) (1) 调查周内工作时间不到标准时间的一半，即不到 20 小时; (2) 工作时间短是非个人原因; (3) 愿意从事更多的工作
	劳动报酬达到和超过当地最低工资标准的，为**充分就业**；劳动时间少于法定工作时间，且劳动报酬低于当地最低工资标准、高于城市居民最低生活保障标准，本人愿意从事更多工作的，为**不充分就业**
失业与失业统计	在调查中，将具有劳动能力并同时符合以下各项条件的 16 岁及以上人员列为失业人员：第一，在调查周内未从事为取得报酬或经营利润的劳动，也没有处于就业定义中的暂时未工作状态；第二，在某一特定期间内采取了某种方式寻找工作；第三，当前如有工作机会可以在一个特定期间内应聘就业或从事自营职业。“失业人员”的具体标准是，在调查周内，工作时间未达到 1 个小时，在近 3 个月采取了某种方式找工作并且在调查周内可以应聘的人
	另外一个很重要的规定则是： 某类人员虽然从事一定社会劳动，但劳动报酬低于当地城市居民最低生活保障标准的情况**视同失业**

考点五 失业率统计

【例题·2020 年·单项选择题】长期失业率是指在劳动总人口中，失业时间达到（ ）的失业者所占的比例。

A. 2 年以及 2 年以上　　B. 3 年以及 3 年以上

C. 半年以及半年以上　　D. 1 年以及 1 年以上

【答案】D

【解析】本题考查长期失业率的概念。长期失业率即失业时间满一年以及超过一年的失业者在劳动力总人口中所占的比例。因此，本题选项 D 正确。

私教点拨

本题考查失业率统计。在单项选择题和多项选择题中考查频率较高，尤其是失业率公式的计算，案例分析题中常考，要注意理解，具体如表 12-8 所示。

表 12-8 失业率统计

类别	具体内容
失业率计算公式	失业率=失业人口÷劳动力人口×100%=[失业人口÷(失业人口+就业人口)]×100%
长期失业率	即失业时间满一年以及一年以上的失业者在劳动力总人口中所占的比例
城镇登记失业人员	是指在劳动年龄（16 周岁至退休年龄）内，有劳动能力、有就业要求、处于无业状态并在公共就业服务机构进行失业登记的城镇常住人员
城镇登记失业率	城镇登记失业率=[城镇登记失业人数÷(城镇从业人数+城镇登记失业人数)]×100%

考点六 失业类型及其成因与对策

【例题·2021 年·单项选择题】关于不同失业类型的说法，错误的是（　　）。

A. 周期性失业是由总需求不足造成的

B. 技术性失业是结构性失业的一种

C. 摩擦性失业是由缺乏工作岗位造成的

D. 季节性失业是一种较低水平的失业

【答案】C

【解析】本题考查失业类型。

选项 A，周期性失业是指由经济周期或经济波动引起劳动力市场供求失衡造成的失业。产生周期性失业的基本原因是总量需求不足。因此，选项 A 正确。

选项 B，结构性失业中最主要的是技术性失业，即由劳动力需求方需要的技术和劳动力供给方能够提供的技术之间存在差异或错位导致的失业现象。因此，选项 B 正确。

选项 C，摩擦性失业是竞争性劳动力市场的一个自然特征，它不是由工作岗位缺乏而造成的，而是由寻找工作、达成就业协议的时滞所引起的。因此，选项 C 错误。

选项 D，季节性失业是指由季节变化导致的定期性的劳动者就业岗位的丧失。摩擦性失业、结构性失业以及季节性失业均属于竞争性劳动力市场上一种不可避免的较低水平的失业，即正常性的失业。因此，选项 D 正确。

因此，本题选项 C 当选。

私教点拨

本题考查失业的类型及其成因与对策。在单项选择题、多项选择题和案例分析题中考查频率较高，要注意区分不同失业类型，具体内容如表12－7所示。

表12－7 失业的类型及其成因与对策

失业类型	具体内容
摩擦性失业	摩擦性失业是竞争性劳动力市场的一个自然特征，它不是由工作岗位缺乏而造成的，而是由寻找工作、达成就业协议的时滞所引起的。因此，它是一种正常性的失业，它的存在与充分就业并不矛盾
	产生的原因： （1）劳动力市场的动态属性； （2）信息不完善性
	对策：注意加强劳动力市场的情报工作，加快劳动力市场的信息传递速度和加大其扩散范围，疏通信息渠道，就可以在某种程度上减少劳动者寻找工作的时间，使其尽快就业
结构性失业	结构性失业中最主要的是**技术性失业**，即由劳动力需求方需要的技术和劳动力供给方能够提供的技术之间存在差异或错位而导致的失业现象。 除了技术性失业之外，在**专业结构**或**产品结构**调整过程中，因衰落部门失业者与扩展部门的工作要求不相符合，或现有的职位空缺同失业者在地理位置上失调而造成的失业也被称为结构性失业
	技术性失业形成的原因： 先进的科学技术（包括先进的机器设备、生产方法）以及经营管理方式等通过提高劳动生产率取代了一部分劳动力，从而造成技术性失业
	措施： （1）加强劳动力市场的情报工作，使求职人员及时了解劳动力市场的供求状况； （2）由政府提供资金，向愿意从劳动力过剩地区迁到劳动力短缺地区的失业工人提供安置费； （3）制订各种培训计划，使工人的知识更新与技术发展同步，以适应新职业的需要； （4）提供更好的职业指导和职业供求预测
季节性失业	季节性失业是指由季节变化而导致的定期性的劳动者就业岗位的丧失
	产生的原因： （1）一些部门或行业对劳动力的需求随季节变化而波动，如农业、旅游业、建筑业、航运业等； （2）一些行业会随季节的不同而遇到购买的高峰和低谷，如服装业、制鞋业、汽车业等，从而造成季节性失业
	措施： 为减少季节性失业的影响，许多经济学家主张政府加强对季节性失业期的预测工作，以利于相关人员尽早作出就业淡季的安排。此外，他们还建议政府规定一个合理的失业补助期限，以减轻季节性失业的劳动者的生活困难

续表

失业类型	具体内容
周期性失业	经济活动的膨胀和收缩被称为经济周期，而与经济周期相联系的失业即为周期性失业。周期性失业是指由经济周期或经济波动引起劳动力市场供求失衡造成的失业
	产生周期性失业的基本原因是总量需求不足

案例分析题专练

【例题·2019年·案例分析题】

某市去年年底人口总量为120万人，其中就业人口为95万人，非劳动力人口为20万人。[1] 今年，该市正在按照人力资源和社会保障部门的要求开展城乡劳动力调查。在调查中发现，该市目前的人口总量和结构基本稳定，但非劳动力人口实现就业以及失业者退出劳动力市场的流量却明显增大。[2] [3] 此外，调查还发现，由于机器人和人工智能等新技术的发展以及人工成本的不断上升，该市的很多制造业工厂正在准备大规模引进自动生产设备，这种情况很可能会在未来几年中造成相当一批制造业工人失业。[4]	【审题过程】 [1] 考查失业率计算公式： 失业率=失业人口÷劳动力人口×100%=[失业人口÷(失业人口+就业人口)]×100% [2] 考查失业者条件的判断标准： 在调查中，将具有劳动能力并同时符合以下各项条件的16岁及以上人员列为失业人员：第一，在调查周内未从事为取得报酬或经营利润的劳动，也没有处于就业定义中的暂时未工作状态；第二，在某一特定期间内采取了某种方式寻找工作；第三，当前如有工作机会可以在一个特定期间内应聘就业或从事自营职业。"失业人员"的具体标准是，在调查周内，工作时间未达到1个小时，在近3个月采取了某种方式找工作并且在调查周内可以应聘的人。 [3] 考查就业者、失业者以及非劳动力之间的关系。 [4] 考查失业类型及对案例的理解。

根据以上资料，回答下列问题：

1. 该市去年年底的失业率为（　　）。

A. 2%　　B. 4. 17%　　C. 5%　　D. 1. 67%

2. 根据我国关于城乡劳动力调查的规定，被列为失业者的劳动者应当满足的条件有（　　）。

A. 在近 3 个月中采取某种方式找工作并且在调查周内可以应聘的人

B. 工资水平低于社会平均工资

C. 年龄在 16 岁及以上

D. 在调查周内工作时间未达到 1 个小时

3. 其他条件不变，该市在调查中发现的劳动力市场流量变动情况对其失业率可能产生的影响有（　　）。

A. 失业者退出劳动力市场的流量增大会导致该市未来的失业率上升

B. 非劳动力实现就业和失业者退出劳动力市场的流量增大都会导致该市未来的失业率上升

C. 非劳动力实现就业和失业者退出劳动力市场的流量增大都会导致该市未来的失业率下降

D. 非劳动力实现就业的流量增大会导致该市未来的失业率下降

4. 由于该市生产企业大批引入自动生产设备而在未来可能引发的失业属于（　　）。

A. 摩擦性失业　　B. 周期性失业

C. 结构性失业　　D. 季节性失业

	【答案解读】
1. 【答案】C 【解析】一个社会的总人口分为就业人口、失业人口以及非劳动力人口，所以根据案例可知失业人口＝总人口－就业人口－非劳动力人口＝120－95－20＝5，根据失业率计算公式：失业率＝[失业人口÷(失业人口＋就业人口)]×100%＝[5÷(5＋95)]×100%＝5%。因此，选项 C 正确。	本题对就业与失业相关内容进行综合考查。 [1] 考查失业率计算公式： 失业率＝失业人口÷劳动力人口×100%＝[失业人口÷(失业人口＋就业人口)]×100%
2. 【答案】ACD 【解析】根据失业者的判断标准，具有劳动能力并同时符合以下各项条件的 16 岁及以上人员列为失业人员：第一，在调查周内未从事为取得报酬或经营利润的劳动，也没有处于就业定义中的暂时未工作状态；第二，在某一特定期间内采取了某种方式寻找工作；第三，当前如有工作机会可以在一个特定期间内应聘就业或从事自营职业。“失业人员”的具体标准是，在调查周内，工作时间未达到 1 个小时，在近 3 个月采取了某种方式找工作并且在调查周内可以应聘的人。因此，选项 ACD 正确。	[2] 考查失业者条件的判断标准： 在调查中，将具有劳动能力并同时符合以下各项条件的 16 岁及以上人员列为失业人员：第一，在调查周内未从事为取得报酬或经营利润的劳动，也没有处于就业定义中的暂时未工作状态；第二，在某一特定期间内采取了某种方式寻找工作；第三，当前如有工作机会可以在一个特定期间内应聘就业或从事自营职业。“失业人员”的具体标准是，在调查周内，工作时间未达到 1 个小时，在近 3 个月采取了某种方式找工作并且在调查周内可以应聘的人。

3.【答案】CD 【解析】本题考查就业者、失业者以及非劳动力之间的关系。 选项 A，失业者退出劳动力市场即灰心丧气的劳动者效应，因而失业率会下降。因此，选项 A 错误。 非劳动力实现就业即就业人数增加，失业者退出劳动力市场，即灰心丧气的劳动者效应，两者都会导致失业率下降。因此，选项 B 错误，选项 CD 正确。 因此，选项 CD 正确。	[3] 考查就业者、失业者以及非劳动力之间的关系。
4.【答案】C 【解析】根据材料可知，该市生产企业大批引入自动生产设备导致技术结构变动，引发失业，属于结构性失业。因此，选项 C 正确。	[4] 考查失业类型及对案例的理解能力。

真题演练

一、单项选择题

1.（2020 年）下列做法中，属于工资歧视的是（　　）。

A. 对于生产率存在差异的劳动者支付不同水平的工资

B. 对于其他条件均相同且从事相同工作的不同性别劳动者支付不同的工资

C. 故意将女性劳动者安排到低工资的职位或岗位上去

D. 对于从事相同工作但所处地理位置不同的劳动者支付不同水平的工资

2.（2019 年）关于技术性失业的说法，错误的是（　　）。

A. 政府为失业者提供培训有助于应对技术性失业

B. 政府为失业者提供企业用工需求信息是解决技术性失业的有效手段

C. 技术性失业经常出现在产业结构调整时期

D. 技术性失业属于一种结构性失业

3.（2019 年）（　　）是指专业结构或产品结构调整过程中，因衰落部门的失业者与扩展部门的工作要求不相吻合，或现有的职位空缺同失业者在地理位置上失调从而造成的失业。

A. 摩擦性失业　　B. 周期性失业　　C. 结构性失业　　D. 季节性失业

4.（2018 年）在劳动力均衡状态下存在的正常性失业，不包括（　　）。

A. 季节性失业　　B. 摩擦性失业　　C. 周期性失业　　D. 结构性失业

5.（2018 年）在竞争性经济中，如果市场对企业的产品需求是稳定的，则决定一家企业工资支付能力的最主要因素是（　　）。

A. 市场工资水平高低

B. 企业的劳动生产率

C. 同工同酬的要求

D. 劳动者个人及其家庭的生活费用需求

6.（2018 年）关于不同产业部门间工资差别的说法，错误的是（　　）。

A. 熟练劳动力所占比重高的产业通常工资水平更高

B. 人均资本投资比例高的产业部门，人均工资水平通常也高

C. 产业的工会化程度越高，则工资水平一定越高

D. 工资水平较低的产业更多地集中在低工资地区

7.（2018 年）关于职业歧视的说法，正确的是（　　）。

A. 职业歧视属于一种统计性歧视

B. 不同性别劳动者之间的工资差别是职业歧视造成的

C. 职业歧视是指针对具有不同生产率特征的不同劳动者群体支付不同的工资

D. 对职业歧视进行衡量比较困难

8.（2017 年）同工同酬原则要求，对（　　）的劳动者支付同等水平的工资。

A. 工作年限相同　　　　B. 完成同等价值工作

C. 具有相同人力资本　　D. 具有相同工龄

9.（2017 年）关于我国在就业和失业方面规定的说法，错误的是（　　）。

A. 虽然从事一定社会劳动，但劳动报酬低于当地城市居民最低生活保障标准的情况视同失业

B. 超出法定劳动年龄的劳动者外出找工作，但没找到的情况，不属于失业

C. 16 周岁以上各类学校毕业或肄业的学生，初次寻找工作但未找到的，不属于失业人员

D. 劳动者获得的劳动报酬达到或超过当地最低工资标准的，属于充分就业

10.（2017 年）在某地区劳动力市场上出现的下列情况中，有助于失业率下降的是（　　）。

A. 一大批到达退休年龄的劳动者退出劳动力市场

B. 很多刚毕业的大学生找不到工作

C. 很多企业因为经济不景气而不得不裁员

D. 一部分失业者在经过相关技能培训后重新就业

11.（2015 年）激励劳动者从低生产率的岗位、企业向高生产率的岗位、企业转移，从而在整个社会范围内不断重新配置的劳动力资源的是（　　）。

A. 劳动条件　　B. 工资差别　　C. 劳动力供给　　D. 劳动力需求

12.（2015 年）企业常常会利用不同劳动者的历史绩效水平，来预测求职者的未来生产者，这种做法很容易产生（　　）歧视。

A. 统计性　　B. 雇主　　C. 工资　　D. 职业

二、多项选择题

1. （2018 年）关于工资水平的说法，正确的有（　　）。

A. 实际工资就是指员工实际拿到手的货币工资

B. 实际工资就是指名义工资

C. 企业在确定工资水平时必须了解实际工资水平

D. 货币工资上涨时，实际工资有可能是下降的

E. 物价指数越高，相同的货币工资代表的实际工资水平越低

2. （2018 年）在我国的城镇登记失业率统计中，失业人员需要满足的条件包括（　　）。

A. 在当地就业服务机构进行登记

B. 在城镇中居住

C. 有劳动能力和劳动意愿

D. 目前没有就业

E. 在一定劳动年龄内

3. （2016 年）关于工资差别的说法，正确的有（　　）。

A. 工资差别的存在不利于实现社会公平

B. 工资差别是推动劳动力流动的重要因素

C. 劳动者在素质和技能方面的差异是导致工资差别产生的原因之一

D. 劳动条件方面的差异往往会体现在工资差别中

E. 社会工资差别越小越好

4. （2016 年）在我国关于失业人员的统计中，失业人员必须满足的条件包括（　　）。

A. 在法定劳动年龄之内　　B. 有工作能力

C. 有工作意愿　　D. 尚未实现就业

E. 正在领取失业保险金

5. （2015 年）关于失业的说法，正确的有（　　）。

A. 结构性失业容易通过劳动力市场信息转述得到缓解

B. 季节性失业主要源自一些行业或部门的劳动力需求具有季节性

C. 耐用消费品行业的劳动者受到周期性失业打击的可能性更大

D. 政府通过提供更好的职业指导和职业供求预测有助于缓解结构性失业

E. 失业和职位空缺并存的情况下存在的失业都是技术性失业

三、案例分析题

（2016 年）某公司是一家以承接国外订单为主要业务的机械加工企业。近年来，由于全球经济不景气，公司的国外订单锐减。针对这种情况，企业高层决定，一方面辞退一批员工来缩减成本，另一方面着眼于未来发展，逐渐更新设备，通过更多地采用自动化生产设计减少对人工的依赖。被裁减的一部分员工一直在积极地寻找新工作，但因为经济形势不好，还没有找到新的工作；另一部分被裁减的员工则在找工作一段时间之后变得失望，决定先在家里休息一段时间，等经济好转了再

出去找工作。

根据以上材料，回答下列问题：

1. 该公司遭遇的失业属于（　　）。

A. 摩擦性失业　　B. 季节性失业

C. 结构性失业　　D. 周期性失业

2. 该公司可以采取有助于缓解其员工遭受的失业打击的做法包括（　　）。

A. 平时为员工提供多元化的技能培训

B. 提高绩效工资所占的比重

C. 向被解雇员工支付足额的经济补偿金

D. 为重新求职的员工提供辅导

3. 在该公司裁减的员工中，那些虽然在找工作却没有找到新工作单位的人属于（　　）。

A. 劳动者　　B. 失业者　　C. 非劳动力　　D. 就业者

4. 被该公司裁减的部分员工因为长时间找不到工作而决定放弃寻找工作先回家休息，关于这种情况的说法，正确的有（　　）。

A. 他们的选择有助于降低当前的失业率

B. 他们的选择有助于提高当前劳动力参与率

C. 这是一种典型的灰心丧气的劳动者效应

D. 这是一种典型的附加劳动者效应

真题演练答案及解析

一、单项选择题

1. 【答案】B

【解析】本题考查工资歧视和职业歧视。选项 AD 不属于歧视的范畴。工资歧视是指雇主针对既定的生产率特征支付的价格因劳动者所属的人口群体不同而呈现系统性的差别。职业歧视是指对具有相同的受教育水平和其他生产率特征的不同类型的劳动者加以区别对待，将其中某一类或某些类别的劳动者有意安排到那些低工资的职业当中，或者是有意让这些类别的劳动者去承担工作责任要求较低的工作岗位，而把那些高工资岗位留给某些特定类型的劳动者。选项 B 属于工资歧视，选项 C 属于职业歧视。因此，本题选项 B 正确。

2. 【答案】B

【解析】本题考查结构性失业中的技术性失业。技术性失业即劳动力需求方需要的技术与劳动力供给方能够提供的技术之间存在差异或错位而导致的失业现象。因此，政府为失业者提供企业用工需求信息不能解决技术性失业。因此，本题选项 B 当选。

3. 【答案】C

【解析】本题考查结构性失业。除了技术性失业之外，在专业结构或产品结构调整过程中，因衰落部门的失业者与扩展部门的工作要求不相符合，或现有的职位空缺同失业者在地理位置上失调而造成的失业也被称为结构性失业。因此，本题选项 C 正确。

4.【答案】C

【解析】本题考查失业的类型。摩擦性失业、结构性失业以及季节性失业均属于竞争性劳动力市场上的一种不可避免的较低水平的失业，即正常的失业。因此，本题选项 C 正确。

5.【答案】B

【解析】本题考查影响工资水平的因素。在竞争性经济中，如果产品需要是稳定的，那么决定一个部门或企业的工资支付能力的主要因素是该部门或企业的生产率。因此，本题选项 B 正确。

6.【答案】C

【解析】本题考查工资差别。

选项 A，在不同的产业部门中，熟练劳动力所占的比重是影响产业之间工资差别的第一个因素。因此，选项 A 正确。

选项 B，一般情况下，规模大、人均占有资本投资比例高的产业部门，人均工资水平也较高。因此，选项 B 正确。

选项 C，根据发达市场经济国家的经验，传统的高工资产业一般也具有较高的工会化程度。因此，选项 C 错误。

选项 D，工资水平较低的产业（如纺织业）则更多地集中在低工资地区，因为劳动力成本在纺织企业的总成本中占的比重较大，在低工资水平地区建厂可以以较低的工资招募劳动力，从而节约劳动力费用。因此，选项 D 正确。

因此，本题选项 C 当选。

7.【答案】D

【解析】本题考查劳动力市场歧视。

选项 A，职业歧视是指对具有相同的受教育水平和其他生产率特征的不同类型的劳动者加以区别对待，将其中某一类或某些类别的劳动者有意安排到那些低工资的职业当中，或者是有意让这些类别的劳动者去承担工作责任要求较低的工作岗位，而把那些高工资岗位留给某些特定类型的劳动者。统计性歧视与雇主的招募和甄选过程有关。因此，选项 A 错误。

选项 B，不同性别劳动者之间的工资差别不一定是职业歧视造成的，也有可能是工资歧视造成的。因此，选项 B 错误。

选项 C，针对具有不同生产率特征的不同劳动者支付不同的工资不属于歧视的范畴。因此，选项 C 错误。

选项 D，在现实中，女性和男性的职业分布存在很大差别，但是在这种差别中，到底有多少是由劳动者在进入劳动力市场之前所做的职业准备、接受的正规学校教育、职业培训等原因导致的，有多少是由职业歧视的原因导致的，则很难衡量。因此，选项 D 正确。

因此，本题选项 D 正确。

8.【答案】B

【解析】本题考查影响工资水平确定的因素。同工同酬原则要求，对于完成同等价值工作的劳动者应支付同等水平的工资，这一原则应贯彻于不同行业、部门，不同的民族、种族，不同性别的劳动者之间。因此，本题选项 B 正确。

9.【答案】C

【解析】本题考查就业与失业相关内容。

选项 A，2003 年，我国关于失业人员的统计一个很重要的规则是，某类人员虽然从事一定的社会劳动，但劳动报酬低于当地城市居民最低生活保障标准的情况视同失业。因此，选项 A 正确。

选项 B，失业人员的具体标准是，在调查周内，工作时间未达到 1 个小时，在近 3 个月采取了某种方式找工作并且在调查周内可以应聘的人。因此，选项 B 正确。

选项 C，16 周岁以上各类学校毕业或肄业的学生，初次寻找工作但未找到工作者，属于失业人员的范畴。因此，选项 C 错误。

选项 D，劳动报酬达到和超过当地最低工资标准的，为充分就业；劳动时间少于法定工作时间，且劳动报酬低于当地最低工资标准、高于城市居民最低生活保障标准，本人愿意从事更多工作的，为不充分就业。因此，选项 D 正确。

因此，本题选项 C 当选。

10.【答案】D

【解析】本题考查就业者、失业者以及非劳动力之间的关系。

选项 A，就业者由于退休等原因而决定退出劳动力市场，则他们就变成了非劳动力，失业率上升。因此，选项 A 错误。

选项 B，很多刚毕业的大学生找不到工作，就会从非劳动力变成失业者，失业率会上升。因此，选项 B 错误。

选项 C，很多企业因为经济不景气而不得不裁员，失业人数增加，失业率上升。因此，选项 C 错误。

选项 D，一部分失业者在经过相关技能培训后重新就业，就业人数增加，失业率下降。因此，选项 D 正确。

因此，本题选项 D 正确。

11.【答案】B

【解析】本题考查工资差别。工资差别的存在同市场经济中价格差别的存在一样，具有在整个社会范围内不断重新配置资源的功能，它会激励劳动者从低生产率的工作岗位、企业、职业、行业、产业部门甚至国家向高生产率的地方转移，从而优化劳动力资源配置，这对于社会经济的发展具有积极的作用。

因此，本题选项 B 正确。

12.【答案】A

【解析】本题考查统计性歧视。统计性歧视与雇主的招募和甄选过程有关。在雇用员工的过程中，雇主通常都需要以某种方式来获得关于求职者的信息，然而，获得这些信息本身是需要付出一定成本的，所以，企业不可能设法去获得能够预测求职者的未来生产率的所有信息。在这种情况下，企业经常会利用一些历史经验来帮助自己作出判断，雇主曾经雇用过的各种不同类型的劳动者的总体绩效表现很可能会成为这种历史经验，企业经常会用这些信息来帮助自己预测属于这些群体求职者的未来生产率状况。因此，这种决策方式很容易产生统计性歧视。因此，本题选项A正确。

二、多项选择题

1.【答案】CDE

【解析】本题考查对货币工资与实际工资的理解。

选项A，实际工资是指货币工资所能购买到的商品和服务量。因此，选项A错误。

选项B，货币工资又称名义工资，实际工资是经过某种价格调整之后的货币工资。因此，选项B错误。

选项C，企业在制定自己的工资制度、确定工资水平时，必须要对实际工资水平有正确的了解。因此，选项C正确。

选项D，货币工资并不等于实际工资，这两者之间的差别取决于物价水平。物价水平变化越大，货币工资和实际工资之间的差别越大。正因为如此，有可能会出现货币工资水平上升而实际工资水平反而下降的情况。因此，选项D正确。

选项E，实际工资=货币工资÷物价指数。物价指数越高，相同的货币工资代表的实际工资水平越低。因此，选项E正确。

因此，本题选项CDE均正确。

2.【答案】ACDE

【解析】本题考查城镇登记失业人员的条件。城镇登记失业人员指在劳动年龄（16周岁至退休年龄）内，有劳动能力，有就业要求，处于无业状态并在公共就业服务机构进行失业登记的城镇常住人员。其中，没有就业经历的城镇户籍人员，在户籍所在地登记；农村进城务工人员和其他非本地户籍人员在常住地稳定就业满6个月的，失业后可在常住地登记。因此，本题选项ACDE均正确。

3.【答案】BCD

【解析】本题考查工资差别。

工资差别是指各类人员的工资在水平上的差异，经济学家和社会学家在研究中发现，人们不仅关心工资水平，而且关心工资差别，并且对后者的重视往往高于前者。随着社会的发展，人们总是力求缩小社会成员之间的收入差距，但这种差距的存在必然是长期的。因此，选项AE错误。

工资差别本质上是同劳动相联系的，只要劳动者的素质和技能不能完全相同（或如经济学上常说的劳动力不同质现象的存在），劳动条件的差别无法消除，工资差别就不可能消除。因此，选项CD正确。

工资差别的存在同市场经济中价格差别的存在一样，具有在整个社会范围内不断重新配置资源的功能，它会激励劳动者从低生产率的工作岗位、企业、职业、行业、产业部门甚至国家向高生产率的地方转移，从而优化劳动力资源配置，这对于社会经济的发展具有积极作用。因此，选项B正确。

因此，本题选项BCD均正确。

4.【答案】ABCD

【解析】本题考查失业人员的条件。在调查中，将具有劳动能力并同时符合以下各项条件的16岁及以上人员列为失业人员：第一，在调查周内未从事为取得报酬或经营利润的劳动，也没有处于就业定义中的暂时未工作状态；第二，在某一特定期间内采取了某种方式寻找工作；第三，当前如有工作机会可以在一个特定期间内应聘就业或从事自营职业。“失业人员”的具体标准是，在调查周内，工作时间未达到 1 个小时，在近 3 个月采取了某种方式找工作并且在调查周内可以应聘的人。因此，本题选项 ABCD 均正确。

5. **【答案】**BCD

【解析】本题考查失业的类型及其成因与对策。

选项 A，结构性失业是指空缺职位所需要的技能与失业工人所具有的技能不相符，或空缺职位不在失业工人所居住的地区造成的失业，因此，难以通过劳动力市场信息转述得到缓解。因此，选项 A 错误。

选项 B，造成季节性失业的原因主要有两个：一些部门或行业对劳动力的需求随季节变化而波动，如农业、旅游业、建筑业、航运业等；一些行业会随季节的不同而遇到购买的高峰和低谷，如服装业、制鞋业、汽车业等，从而造成季节性失业。因此，选项 B 正确。

选项 C，对于耐用消费品制造业而言，其产品可以延期购买，所以周期性的波动较大。因此，选项 C 正确。

选项 D，政府通过提供更好的职业指导和职业供求预测有助于缓解结构性失业。因此，选项 D 正确。

选项 E，失业和职位空缺并存的情况下存在的失业不一定都是技术性失业，还有可能是摩擦性失业。因此，选项 E 错误。

因此，本题选项 BCD 均正确。

三、案例分析题

	【答案解读】
1. **【答案】**CD **【解析】**根据案例可知，该公司由于全球经济不景气，国外订单锐减，属于周期性失业；公司着眼于未来发展，更新设备，更多采用自动化生产设计减少对人工的依赖，属于结构性失业。因此，选项 CD 正确。	本题考查对失业类型及其成因与对策相关知识点的综合运用能力。 ［1］本题考查失业的类型与对材料的理解能力。失业的类型包括：摩擦性失业、结构性失业、季节性失业、周期性失业。
2. **【答案】**AD **【解析】**为了缓解员工遭受的失业打击，可以为员工提供培训并且对重新求职的员工提供辅导。向被解雇员工支付足额的经济补偿金属于企业依法支付的赔偿。因此，选项 AD 正确。	［2］考查对案例的理解能力。
3. **【答案】**B **【解析】**就业者可能因为被解雇，又没有马上找到工作而变成失业者。因此，选项 B 正确。	［3］考查失业者的定义。

4.【答案】AC 【解析】该公司裁减的部分员工因为长时间找不到工作而决定放弃寻找工作先回家休息，属于典型的灰心丧气的劳动者效应。失业人员退出劳动力市场，所以失业率下降。因此，选项 AC 正确。	[4] 考查就业者、失业者以及非劳动力之间的关系。

第十三章 人力资本投资理论

本章考情 Q&A

Q：本章的重要性和难度如何？

A：本章属于**重点**章节，学好本章可以为后续章节的学习打好基础。本章学习难度中等。从历年真题来看，每年考查的分值为 11～12 分。

Q：本章在考试中通常以什么形式出现？

A：从历年真题看，本章内容在单项选择题、多项选择题和案例分析题中均有涉及。案例分析题考查的内容较为综合，高等教育、人力资本投资、在职培训与劳动力流动的相关内容可综合考查。

Q：本章 2022 年的内容有改动么？

A：本章内容无实质性改动。

Q：本章考点在历年考试中的分布情况如何？

A：以下是老师们的统计：

考点	2021 年	2020 年	2019 年	2018 年	2017 年	2016 年	2015 年	2014 年	2013 年	2012 年
人力资本投资理论的产生及其发展			√		√		√	√	√	
人力资本投资的基本模型			√			√			√	
高等教育投资决策的基本模型	√	√	√	√	√	√	√	√	√	√
教育投资的收益估计		√	√		√		√	√	√	
高等教育的信号模型	√	√	√						√	
在职培训及其基本类型			√					√		√
在职培训的成本		√			√			√	√	√
在职培训的收益安排	√			√		√	√			
劳动力流动及其利弊		√	√	√						
劳动力流动的主要影响因素	√	√		√			√		√	√
劳动力的跨职业流动		√						√		
劳动力的跨产业流动及产业内流动					√	√				

经典例题

考点一 人力资本投资理论的产生及其发展

【例题 1·2019 年·多项选择题】关于人力资本投资理论的说法，正确的有（　　）。

A. 它认可一个国家的资本在一定程度上包括社会全体成员的能力

B. 它将人的劳动能力储备视为一种资本

C. 它认为人力资本投资的成本和收益都会在未来长期出现

D. 它假定劳动者都是同质的

E. 它认为人力资本投资的重点在于其未来导向性

【答案】ABE

【解析】本题考查人力资本投资理论的产生及其发展。

选项 A，两个世纪以前，经济学家亚当·斯密就注意到，一个国家的资本在一定程度上包括社会全体成员的能力。因此，选项 A 正确。

选项 B，人力资本概念将人力即人的劳动能力储备也视为一种资本，这是对资本只是物力储备这样一种传统观念的挑战。因此，选项 B 正确。

选项 C，人力资本投资的利益就如同任何投资一样发生在未来，并且通常情况下，这些投资所产生的利益会在相当一段时期内持续不断地出现，而其成本则产生在目前。因此，选项 C 错误。

选项 D，在劳动力供求分析过程中，为了便于分析劳动力需求和供给的基本原理，假定所有劳动者都是同质的，即他们在所具备的劳动力市场技术和能力上是无差别的，而这在现实中显然是不真实的。因此，选项 D 错误。

选项 E，人力资本投资的重点在于它的未来导向性。因此，选项 E 正确。

因此，本题选项 ABE 均正确。

私教点拨

本题考查人力资本投资理论的发展及其意义。需要注意以下几个点：

第一，**人力资本概念将人力即人的劳动能力储备也视为一种资本**，这是对资本只是物力储备这样一种传统观念的挑战。

第二，两个世纪以前，经济学家亚当·斯密就注意到，**一个国家的资本在一定程度上包括社会全体成员的能力**。因为获得能力要花费费用，所以它可被看作是在每个人身上固定的、已经实现了的资本。这种能力成为个人财富的一部分时，也就成为社会财富的一部分。

第三，**人力资本投资的重点在于它的未来导向性**。人力资本投资的利益就如同任何投资一样发生在未来，并且通常情况下，这些投资所产生的利益会在相当一段时期内持续不断地出现，**而其成本则产生在目前**。

【例题 2 · 2014 年 · 多项选择题】下列费用中，属于人力资本投资的是（　　）。

A. 上大学交的学费

B. 中小学生上课外补习班交的学费

C. 加入健身俱乐部缴纳的会员费

D. 企业为员工提供在职培训的费用

E. 企业为购买专利而支付的知识产权转让费

【答案】ACD

【解析】本题考查人力资本投资的概念及其含义。不仅各级正规教育和在职培训活动所花费的支出属于人力资本投资，增进健康、加强学龄前儿童营养、寻找工作、工作流动等活动也同样属于人力资本投资活动。因此，本题选项 ACD 正确。

私教点拨

本题考查人力资本投资的概念及其含义。人力资本投资被定义为任何就其本身来说是用来提高人的生产能力从而提高人在劳动力市场上的收益能力的初始性投资。这样，不仅各级**正规教育**和在职培训活动所花费的支出属于人力资本投资，增进健康、加强学龄前儿童营养、寻找工作、工作流动等活动也同样属于人力资本投资活动。

考点二　人力资本投资的基本模型

【例题 · 2019 年 · 单项选择题】关于人力资本投资模型的说法，错误的是（　　）。

A. 人力资本投资的收益等于未来若干年中获得的货币收益之和

B. 在人力资本投资模型中，通常把利率作为贴现率

C. 利率越高，相同人力资本投资收益的实际价值越小

D. 内部收益率越高，人力资本投资有利可图的可能性越大

【答案】A

【解析】本题考查人力资本投资的基本模型。

选项 A，人力资本投资模型假定，人们在进行教育和培训选择时都是以终身收入为依据来对近期的投资成本和未来的收益现值之间进行的比较。因此，选项 A 错误。

选项 B，在人力资本投资的贴现公式中，r 表示利息率，也就是贴现率。因此，选项 B 正确。

选项 C，在人力资本投资的贴现公式中，r 表示利息率，也就是贴现率，只要 r 为正值，未来收入将会被进行累进贴现。r 越大，则未来收入的现值就越低。因此，选项 C 正确。

选项 D，由内部收益率法衡量人力资本投资贴现公式可知，内部收益率越高，人力资本投资有利可图的可能性越大。因此，选项 D 正确。

因此，本题选项 A 当选。

私教点拨

本题考查人力资本投资的基本模型。人力资本投资模型假定，人们在进行教育和培训选择时都是以终身收入为依据来对近期的投资成本和未来的收益现值之间进行的比较。当且仅当以下公式成立时，进行人力资本投资才是值得的：

$$B_1/(1+r)^1+B_2/(1+r)^2+B_3/(1+r)^3+\cdots+B_n/(1+r)^n>C$$

式中，r 表示利息率（在这里也称贴现率），只要 r 为正值，未来收入将会被进行累进贴现。r 越大，则未来收入的现值就越低。

可以用两种方法来衡量公式是否能够得到满足：一是现值法，即先规定利率或贴现率 r 的值（通常可参考较为稳定的银行利率或其他物力资本的投资收益率），再比较等式两端的数值是否能够使公式成立。二是内部收益率法，这种方法在计算内部收益率时，通常是通过使收益现值与成本相等来求出 r 的值，然后再将这种收益率去与其他投资的报酬率（如银行利率等）加以比较。如果最高贴现率大于其他投资的报酬率，则人力资本投资计划是可行的，否则，就是不可行的。

考点三 高等教育投资决策的基本模型

【例题1·2018年·多项选择题】 在其他条件相同的情况下，使高等教育投资的价值变得越高的情形包括（　　）。

A. 上大学的心理成本越低

B. 大学毕业生比高中毕业生的工资性报酬高出越多

C. 上大学期间的劳动力市场工资水平越高

D. 上大学的学费越低

E. 大学毕业后工作的年限越长

【答案】 ABDE

【解析】 本题考查高等教育投资决策的几个基本推论。在其他条件相同的情况下，上大学的成本越低，则愿意上大学的人相对就会越多，因此，选项AD正确。在其他条件相同的情况下，大学毕业生与高中毕业生之间的工资性报酬差距越大，则愿意投资于大学教育的人相对来说就会越多，因此，选项B正确。在其他条件相同的情况下，投资后的收入增量流越长，则上大学的净现值越可能为正，从而上大学的可能性更大，选项E正确。因此，本题选项ABDE均正确。

私教点拨

本题考查高等教育投资决策的几个基本推论。在单项选择题中是考查的重点。具体如表13－1所示。

表 13－1 高等教育投资决策的几个基本推论

推论	具体内容
推论 1	在其他条件相同的情况下，投资后的收入增量流越长，则上大学的净现值越可能为正，从而上大学的可能性更大。 在上大学的成本等其他条件一定的情况下，一个人上学越早，在其今后的一生中能够获得的这种人力资本投资收益的时间就会越长
推论 2	在其他条件相同的情况下，上大学的成本越低，则愿意上大学的人相对就会越多。 上大学的经济成本主要包括直接成本和机会成本两部分
推论 3	在其他条件相同的情况下，大学毕业生与高中毕业生之间的工资性报酬差距越大，则愿意投资于大学教育的人相对来说就会越多
推论 4	在其他条件相同的情况下，折算上大学的未来收益时所使用的贴现率越高，则上大学的可能性就越小

【例题 2・2018 年・单项选择题】 大学毕业生的工资性报酬超过高中毕业生的工资性报酬的部分，被视为高等教育投资的（　　）。

A. 成本　　B. 收益

C. 总收益　　D. 总成本

【答案】 C

【解析】 本题考查上大学的总收益的概念。上大学的总收益是指一个人在接受大学教育之后的终身职业生涯中获得的超过高中毕业生的工资性报酬。因此，本题选项 C 正确。

私教点拨

本题考查上大学的总收益的概念，要注意理解其本质。上大学的**总收益**是指一个人在接受大学教育之后的终身职业生涯中获得的超过高中毕业生的工资性报酬。因此，如果仅仅根据大学刚刚毕业的几年中所得到的工资性报酬状况来判断上大学是否值得就会出现误差。

【例题 3・2021 年・单项选择题】 在决定上大学的合理年限时，决策的基本依据是（　　）。

A. 边际收益大于边际成本　　B. 边际收益小于边际成本

C. 边际收益等于边际成本　　D. 边际利润小于边际成本

【答案】 C

【解析】 本题考查上大学的合理年限决策。对于任何人来说，能够达到效用最大化的高等教育投资数量都是在边际收益等于边际成本的那个点上取得的。因此，本题选项 C 正确。

考点四 教育投资的收益估计

【例题1·2019年·单项选择题】 关于教育投资产生的社会收益的说法，错误的是（　　）。

A. 它有助于提高受教育者的终身工资性报酬

B. 它有助于国民收入水平提高和社会财富增长

C. 它有助于降低失业率和减少国家的失业福利支出

D. 它有助于提高政策决策过程的质量和决策效率

【答案】 A

【解析】 本题考查教育投资的社会收益。教育投资的社会收益主要包括以下几个方面：

（1）教育投资直接导致国民收入水平的提高和社会财富的增长，从而提高整个国家和社会的福利水平；

（2）教育投资有助于降低失业率，从而减少失业福利支出，同时起到预防犯罪的作用（教育水平的高低会影响个人犯罪被捕之后的机会成本），减少了执行法律的支出；

（3）较高的教育水平有助于提高政策决策过程的质量和决策效率；

（4）父母的受教育水平在很大程度上会影响下一代的健康以及受教育状况；

（5）教育水平的提高还有助于提高整个社会的道德水平和信用水平，降低社会以及经济中的交易费用，提高市场效率有助于提高受教育者的终身工资性报酬属于教育投资的私人收益。因此，本题选项A当选。

私教点拨

教育投资的社会收益容易与教育投资的私人收益结合起来考查，考查的形式为单项选择题、多项选择题。

教育投资不仅能够产生较高的私人收益率，而且能够带来较高的社会收益或外部收益，这种收益也许是被投资者本人没有直接获益但是整个社会却能够获得的利益。教育投资的**社会收益**主要包括以下几个方面：

（1）教育投资直接导致国民收入水平的提高和社会财富的增长，从而提高整个国家和社会的福利水平；

（2）教育投资有助于降低失业率，从而减少失业福利支出，同时起到预防犯罪的作用（教育水平的高低会影响个人犯罪被捕之后的机会成本），减少了执行法律的支出；

（3）较高的教育水平有助于提高政策决策过程的质量和决策效率；

（4）父母的受教育水平在很大程度上会影响下一代的健康以及受教育状况；

（5）教育水平的提高还有助于提高整个社会的道德水平和信用水平，降低社会以及经济中的交易费用，提高市场效率。

【例题 2·2020 年·单项选择题】 下列情况中，会在高等教育投资收益估计中造成高估偏差的是（　　）。

A. 上大学者可能本来就比没上大学者能力更强

B. 在上大学的收益中包括无法被估算的心理收益

C. 在上大学的成本中包括心理成本

D. 假如大学毕业生不上大学，他们的工资报酬比高中毕业生更低

【答案】 A

【解析】 本题考查教育投资的私人收益估计偏差中的高估偏差。所谓高估偏差，也称为能力偏差。也就是说，经济学家们在对教育投资的回报率进行估计时，很可能会过高地估计一个人能够从教育投资中所能获得的收益，把工资性报酬当中不应当归于教育的部分也当作是教育做出的贡献。因此，本题选项 A 正确。

私教点拨

关于教育投资的**私人收益**估计偏差主要存在三个方面的争论，在单项选择题、多项选择题、案例分析题中考查频率较高。具体如表 13－2 所示。

表 13－2　教育投资的私人收益估计偏差

偏差	具体内容
高估偏差	所谓高估偏差，也被称为能力偏差。这里主要涉及一个人的**能力问题**。也就是说，经济学家们在对教育投资的回报率进行估计时，很可能会过高地估计一个人能够从教育投资中所能获得的收益，把工资性报酬当中不应当归于教育的部分也当作是教育做出的贡献
低估偏差	经济学家们低估了教育尤其是高等教育所产生的私人收益。首先，上大学的收益并不仅表现为较高的生产率，还表现为心理上的收益或非货币收益。其次，在对上大学的收益进行估计的时候，经济学家们通常使用的仅仅是工资性报酬数据，即固定薪酬加上奖金等浮动薪酬部分，这些都是货币性的报酬，但事实上，上大学所获得的超过高中毕业生的货币报酬不仅包括工资性报酬部分，还应包括福利部分
选择性偏差	这里所谓的选择性就是指受教育者的**自我选择性**，即一个人是否选择接受高等教育，实际上是当事人及其家庭根据自己的能力状况所做出的一种理性选择。 上大学的人之所以**选择上大学**，是因为他们“不得不”去上大学，因为如果他们不上大学，而是在高中毕业之后就去工作的话，他们所得到的工资性报酬可能还不如那些实际上没有上大学的高中毕业生。 那些实际上没有上大学的人做出**不上大学**的选择也是很明智的，因为他们即使是上了大学，所获得终身工资性报酬也不大可能像实际上大学的那些人一样多

考点五　高等教育的信号模型

【例题·2021 年·单项选择题】 关于高等教育的信号模型的说法，不正确的是（　　）。

A. 大学文凭可以表明文凭持有者具有较高的生产率

B. 高等教育投资没有为接受高等教育者提供任何有价值的信号

C. 利用高等教育文凭这种信号来筛选员工是有道理的

D. 高等教育投资没有提高高等教育接受者的劳动生产率

【答案】B

【解析】本题考查高等教育的信号模型。目前关于高等教育问题在世界上还存在一些争论，一部分人认为，这种现象的存在使高等教育投资确实提高了被投资者的生产率，另外一部分人则认为，高等教育本身并没有导致生产率的提高，但是它表明了一个受过高等教育的人是一个具有较高生产率的人，即高等教育只不过是一种高生产率的信号而已，它表明，能够完成高等教育的人通常是生产率较高的人。因此，选项 AD 正确。

尽管纯粹将高等教育看成是一种信号的观点值得推敲，但是这种看法对于我们理解企业将是否完成高等教育作为一种筛选求职者的手段来说，却是有一定的意义的。即使企业不采用教育信号作为筛选的依据，也必须寻找其他手段来辨别求职者生产率的高低，但是使用任何一种辨别手段都是要付出一定的成本的，并且每一种手段所得出的结果的准确性也会有高有低。因此，如果高等教育能够以较高的概率表明持有大学毕业文凭者确实比持有高中文凭者的生产率要高，那么，企业利用大学毕业文凭作为筛选工具可能确实是一种既简单明确而且预测准确率也比较高的好方法。因此，选项 C 正确。

因此，本题选项 B 当选。

考点六 在职培训及其基本类型

【例题·2019 年·单项选择题】关于在职培训的说法，正确的是（　　）。

A. 特殊在职培训有助于提高劳动者在任何企业中的劳动生产率

B. 绝大多数在职培训既包括一般在职培训因素也包括特殊在职培训因素

C. 一般在职培训只对劳动者有用，对企业没用

D. 在职培训的成本就是指企业因提供培训而直接支出的全部费用

【答案】B

【解析】本题考查在职培训的类型。

选项 A，特殊在职培训是指培训所产生的技能只对提供培训的企业有用，而对其他企业则没有用处的情况。因此，选项 A 错误。

选项 B，许多在职培训既包括一般培训因素又包括特殊培训因素，因而有时很难将两种训练内容严格区分开来。因此，选项 B 正确。

选项 C，一般在职培训是指培训所带来的技能对所有的行业和企业都有用。因此，选项 C 错误。

选项 D，在职培训的成本包括直接成本开支、受训者参加培训的机会成本、利用机器或有经验的职工从事培训活动的机会成本。因此，选项 D 错误。

因此，本题选项 B 正确。

私教点拨

关于在职培训的类型，要注意一般在职培训和特殊在职培训的区别，在单项选择题和多项选择题中考查频率较高。

在职培训是许多经济学家所强调的除正规教育以外的另一种重要的人力资本投资形式。在职培训可以分成两大类：一般在职培训（简称一般培训）和特殊在职培训（简称特殊培训）。一般培训和特殊培训之间的差别主要在于员工通过培训所学得的职业技能对于向他们提供培训的企业之外的其他企业是否有用。

一般培训是指培训所带来的技能对所有的行业和企业都有用。换言之，一般培训使劳动者对于所有企业的劳动生产率都有所提高，即那些没有提供培训的企业如果得到受到一般培训的员工，那么这些企业的生产率也同样能够得到提高。

特殊培训是指培训所产生的技能只对提供培训的企业有用，而对其他企业则没有用处的培训。也就是说，特殊培训只使劳动者对提供培训的企业的劳动生产率有所提高，那些没有提供培训的企业即使将在其他企业获得过特殊培训的劳动者招收过来，也不会提高生产率。

考点七　在职培训的成本

【例题·2012 年·多项选择题】企业在职培训的机会成本包括（　　）。

A. 在职培训支付的场地费

B. 邀请外部讲师培训的讲课费

C. 受训员工因为参加培训而无法全力工作的损失

D. 企业利用本企业的机器和资深员工提供培训而导致的工作效率损失

E. 购买培训教材的费用

【答案】CD

【解析】本题考查在职培训的成本。企业在职培训的成本主要包括三个方面：在职培训所需要的一些直接成本开支、受训者参加培训的机会成本、利用机器或有经验的职工从事培训活动的机会成本。因此，本题选项 CD 正确。

私教点拨

在职培训的成本与收益，在单项选择题、多项选择题中考查频率较高，要注意理解，具体内容如表 13－3 所示。

表 13－3 在职培训的成本与收益

类别	具体内容
成本	在职培训所需要的一些**直接成本开支**： 例如，企业在举办技术培训班时，不仅要支付受训者的工资及教师的讲课费，而且要支付租用培训场地和培训设备的费用。即使所使用的是本企业的师资、场地、设备，也应该将这些投入计入培训成本
	受训者参加培训的**机会成本**： 在职员工参加培训均需花费一定的时间，有的需要全脱产，有的需要半脱产，还有一些培训虽然是在业余时间进行的，但是受训员工也往往需要提前下班或请假。另外，参加培训的员工常常不能全力工作
	利用机器或有经验的职工从事培训活动的**机会成本**： 例如，在师傅带学徒的培训中，有经验的师傅要给学徒讲授技能，其工作效率必然会降低或受到影响。这种损失也应计入培训的成本之中
收益	在职培训的收益主要表现在受训者**生产率的提高**上。这种收益有时是比较明显的，如各种操作性技术培训；而有些则要经过一段时间才能表现出来，这主要表现在一些技术操作性不太强的培训，如机械工作原理的培训、文化培训等

考点八 在职培训的收益安排

【例题·2021 年·单项选择题】既对企业和员工双方都有约束，又能使双方共同获利，能够满足这种要求的是（　　）。

A. 特殊培训的成本和收益都由企业承担

B. 企业承担培训成本，员工获得培训收益

C. 一般培训的成本和收益都由员工承担

D. 企业和员工共同分担培训成本，分享培训收益

【答案】D

【解析】本题考查在职培训的收益安排。

选项 A，特殊培训的成本和收益实际上是由员工和企业共同分担的。因此，选项 A 错误。

选项 B，如果企业承担培训成本，员工获得培训收益，则对企业和员工的约束性就会降低。因此，选项 B 错误。

选项 C，一般培训的成本由员工自己承担，收益由员工和企业共享。因此，选项 C 错误。

选项 D，特殊培训的成本，一般由企业和员工共同分担，分享培训收益，既对企业和员工双方都有约束，又能使双方共同获利。因此，选项 D 正确。

因此，本题选项 D 正确。

私教点拨

关于在职培训投资的成本及收益安排，容易考查一般培训与特殊培训成本及收益安排的区分，要注意区分二者的不同。

一般培训的成本与收益分摊方式：因为一般培训所赋予员工的技能和知识是可以转移的，即他们可以借此去其他企业谋职并获得一个与其当前技能相称的、较高的工资率。所以，如果由企业来负担一般培训的成本，员工一旦在接受过培训之后转去其他企业就业，则作为投资者的企业便不可能获得投资的收益。而对于员工来说，获得的一般技能无论如何都能给其带来收益。**因此，合理的情况是，由员工自己负担接受一般培训的成本并享有其收益。**

特殊培训的成本和收益安排：员工通过特殊培训所学得的特殊技能是不能转移的或不能转售的。如果员工在经过特殊培训后被解雇或辞退，则这位员工并未得到任何有价值的东西到劳动力市场上去出售，因此，员工不会为这种训练支付费用。因此，在特殊培训的情况下，培训投资的成本和收益安排往往是这样的：在培训期间，受训者因接受培训会导致其生产率比不接受培训时要低，但是这时企业既不完全按员工在接受培训时的较低生产率来支付工资，又不完全按员工不接受培训时的生产率来支付与市场工资率相同的工资率，而是向员工支付一种位于市场工资率和低生产率之间的工资率。这实际上意味着**企业和员工共同分摊了特殊培训的成本**。既然企业和员工分摊了投资的成本，那么他们必然要分享特殊培训的收益才合理。

考点九 劳动力流动及其利弊

【例题·2020 年·单项选择题】关于劳动力流动对企业和员工的影响的说法，错误的是（　　）。

A. 劳动力流动可能会导致企业提供的一部分培训投资损失

B. 劳动力流动对员工来说是收益大于成本的

C. 无论对企业还是劳动者而言，劳动力流动都应有一个合理的限度

D. 劳动力流动可能会使企业增加培训新员工的成本

【答案】B

【解析】本题考查劳动力流动及其利弊。

对企业和整个经济而言，流动可能会支付较高的代价。当一个有经验的员工离职，而企业不得不用一个缺乏经验的员工来填补由此而带来的职位空缺时，企业将承担双重的损失：一是企业向离职者支付的培训费用尤其是特殊培训费用的丧失；二是企业必须重新培训新员工，并且要在一定时期里承担因新员工生产效率低而带来的损失。因此，选项 AD 正确。

劳动力流动应该有个合理的限度。劳动力过度流动同劳动力流动不足一样，都会产生不好的效果。自愿离职的员工不仅要放弃已积累的资历、工作等级的提升机会，而且还要放弃已经培养起来的较为亲密的同事关系等。在新的工作中，他要从低等级工作开始干起，努力去建立新的同事关系，因为没有资历，从而缺乏职业安全感。因此，选项 B 错误，选项 C 正确。

因此，本题选项 B 当选。

私教点拨

关于劳动力流动及其利弊，需要了解劳动力流动及其意义、劳动力流动对企业和员工的影响两个方面。具体如表 13－4 所示。

表 13－4　劳动力流动及其利弊

类别	具体内容
劳动力流动及其意义	劳动力流动一般是指劳动力依据劳动力市场条件变化，在企业间、职业间、产业间以及地区间的移动
	由于劳动力的流动通常能使劳动力得到更有效的利用，从而增加收入，所以人们为劳动力流动所垫支的费用也被视为一种投资
	我们需要适当的劳动力流动来保证整个经济的效率，即促使劳动者从衰落的或发展缓慢的职业、行业（企业）或地区向发展迅速的职业、行业（企业）或地区流动。合理的劳动力流动也是人们实现个人就业选择自由的一个重要手段
劳动力流动对企业和员工的影响	劳动力流动应该有个合理的限度。劳动力过度流动同劳动力流动不足一样，都会产生不好的效果
	对于企业和整个经济而言，流动可能会支付较高的代价。 当一个有经验的员工离职，而企业不得不用一个缺乏经验的员工来填补由此而带来的职位空缺时，企业将承担双重的损失：一是企业向离职者支付的训练费用尤其是特殊培训费用的丧失；二是企业必须重新培训新员工，并且要在一定时期里承担因新员工生产效率低而带来的损失。 同样，一个离职的员工在从事新的工作时，也必须重新接受训练，至少要重新适应新工作的特殊要求及特殊工作氛围。他必须在工作一段时间之后，才能充分发挥作用

考点十　劳动力流动的主要影响因素

【例题·2020 年·单项选择题】关于劳动力流动的说法，错误的是（　　）。

A. 领导风格等非经济因素会对劳动力流动产生影响

B. 劳动力市场越宽松，劳动力流动越频繁

C. 劳动者工资水平越低，流动的可能性越大

D. 女性劳动者离职率相对较高的原因之一是需要考虑家庭角色分工

【答案】B

【解析】本题考查劳动力流动的主要影响因素。

选项 A，领导风格等非经济因素属于影响劳动力流动的企业因素之一，企业的组织文化以及领导风格也是影响企业劳动力流动的因素。因此，选项 A 正确。

选项 B，当劳动力市场处于宽松状态时，即市场上存在明显的供大于求的现象时，劳动者找到新就业机会的概率下降，市场上的失业人数上升，很多人的失业周期延长，这个时候，已经就业的

劳动者的流动机会显然会受到削弱。因此，选项 B 错误。

选项 C，总的来说，流动前后的工资水平差异以及在流动之后找到高工资工作的机会大小是对劳动者流动产生影响的首要因素也是最大因素，其次是会对劳动力流动的各种成本产生影响的因素。因此，选项 C 正确。

选项 D，女性的流动率较高的原因之一是家庭的角色分工，一部分女性为了照顾家庭而牺牲自己的职业发展，在寻找工作以及流动的时候不完全考虑工资性报酬收入，而是考虑如何同时兼顾家庭。这种情况会使女性的工资相对于同等质量的男性而言水平更低一些，同时，她们的流动率也会更高一些。因此，选项 D 正确。

因此，本题选项 B 当选。

私教点拨

劳动力流动的主要影响因素，在单项选择题、多项选择题、案例分析题中均可考查，具体如表 13－5 所示。

表 13－5 劳动力流动的主要影响因素

类别	因素	具体内容
企业因素	企业规模	一般情况下，企业规模越大，则员工流动率越低。一方面是因为大企业往往会提供更高水平的工资，而在其他条件一定的情况下，高工资往往与低流动率联系在一起。另一方面，大企业的工作岗位类型多样化，同时垂直管理的层次也比较多，从而为员工的不断晋升提供了较大的空间
	企业所处的地理位置	如果企业位于企业数量很多的大型都市地区，则在其他条件相同的情况下，员工的流动率会比较高。相反，如果企业位于其他组织数量很少、外部就业机会也很少的偏远地区，那么员工的流动率就会小很多
	企业的组织文化以及领导风格	劳动者尤其是生产率较高、能力较强的劳动者离开一个企业，往往并不一定是因为对自己所得到的工资性报酬感到不满。从经济学的角度来说，劳动者在一个组织中的心理成本过高或者心理收益太低，也会成为导致劳动力流动的一个重要因素
劳动者因素	劳动者的年龄	通常情况下，劳动者在年轻的时候流动的频率会高于他们在中年以后的流动频率，一是工作匹配质量问题；二是人力资本投资动机问题
	劳动者任职年限	在其他条件相同的情况下，劳动者的任职年限越长，通常离职的可能性越低
	劳动者的性别	在许多经济国家，女性员工的离职率比男性员工的离职率高，而在职年限更短。一方面原因是女性员工在传统上因生育行为而造成的职业中断，另一方面是因为家庭的角色分工

续表

类别	具体内容
市场周期因素	当劳动力市场处于**宽松状态**时，即市场上存在明显的供大于求的现象时，劳动者找到新的就业机会的概率下降，市场上的失业人数上升，很多人的失业周期延长，很多企业即使招聘新员工，所提供的工资水平也会下降。在这个时候，已经就业的劳动者的流动动机显然会受到削弱。相反，当劳动力市场处于**紧张状态**时，即劳动力需求大于劳动力供给，很多雇主在雇用劳动者的时候都遇到困难，就业机会增加，而且市场工资率也会出现明显的上升，这时，已经就业的劳动者往往可以利用“跳槽”的手段要求新雇主增加工资，劳动力的流动率自然会上升
社会环境因素	首先，整个社会对于劳动者流动的态度以及流动的传统习惯会影响劳动力的流动率；其次，不同国家的社会制度也会使劳动者的直接流动成本不同

考点十一 劳动力的跨职业流动

【例题·2020 年·单项选择题】关于劳动力跨职业流动的说法，错误的是（　　）。

A. 自愿性职业流动往往是向上流动的

B. 在经济繁荣时期更容易看到自上而下的职业流动

C. 服务业吸引大量劳动力的原因之一是该行业中的就业机会较多

D. 两代人之间的职业差异越明显，则表明劳动力市场上的竞争越充分

【答案】B

【解析】本题考查劳动力的跨职业流动。

劳动力职业流动的方向可按照职业等级差别分为向上流动、向下流动和水平流动。自愿性职业流动基本上属于向上流动，而非自愿性职业流动也会追求向上的目标或要求水平流动，但是会有向下流动的情况（如在经济萧条时期或个人劳动技能相对下降的情况）。因此，选项 A 正确，选项 B 错误。

服务业的就业机会易得，转入服务业的劳动力大多从更低收入职业而来，更重要的是，服务业的发展使它能容纳的劳动力数量越来越多，因而它吸纳劳动力的速度大大超过劳动力流出的速度。因此，选项 C 正确。

职业流动还有一种特殊形式，即家庭两代人之间的职业转移。两代人从事相同职业的比例越多，非竞争性力量对职业选择的决定性越强，劳动力配置中的不合理成分越大。反之，两代人职业差异越明显，竞争对职业选择的作用越大，劳动力资源配置则越趋于合理。因此，选项 D 正确。

因此，本题选项 B 当选。

私教点拨

关于劳动力的跨职业流动，有几个注意点需要理解。具体如表 13－6 所示。

表 13－6 劳动力的跨职业流动

类别	具体内容
劳动力职业流动	劳动力职业流动既是劳动力市场上劳动力供给的调整过程，又是劳动者的职业选择过程
流动方向	劳动力职业流动的方向可按照职业等级差别分为**向上流动**、**向下流动**和**水平流动**。 自愿性职业流动基本上属于向上流动，而非自愿性职业流动也会追求向上的目标或要求水平流动，但是也会有向下流动的情况（如在经济萧条时期或个人劳动技能相对下降的情况）
特殊形式	职业流动的特殊形式，即家庭两代人之间的职业转移。一个社会劳动力资源配置合理与否，能从两代人的职业差异上部分反映出来： 两代人从事相同职业的比例越多，非竞争性力量对职业选择的决定性越强，劳动力配置中的不合理成分越大。反之，两代人职业差异越明显，竞争对职业选择的作用越大，劳动力资源配置则越趋于合理

考点十二 劳动力的跨产业流动及产业内流动

【例题·2017 年·单项选择题】关于产业之间及其产业内部劳动力流动的说法，正确的是（ ）。

A. 劳动力从工业部门流动到农业部门大多会首先进入“蓝领阶层”

B. 产业内部的劳动力流动是企业选择员工的结果

C. 产业内部的劳动力流动是员工选择企业的结果

D. 劳动力在产业内部及产业之间流动时，通常会向就业机会更多、工资水平更高的方向流动

【答案】D

【解析】本题考查劳动力的跨产业流动及产业内流动。

选项 A，从农业流入工业部门的劳动者大多数首先进入“蓝领阶层”。因此，选项 A 错误。

产业内部的劳动力流动是企业选择员工和劳动者选择受雇单位两方面行为共同作用的结果。因此，选项 BC 错误。

选项 D，不同的产业内部劳动力流动的情况不同，一般来说，某个产业部门劳动力工资水平越高，该部门作为就业源泉的吸引力就越强，自动辞职的劳动者就越少。因此，选项 D 正确。

因此，本题选项 D 正确。

私教点拨

关于劳动力的跨产业流动及产业内流动，需要理解农业劳动力向工业部门的流动、非农业部门内部的劳动力流动两个方面。具体如表 13－7 所示。

表 13－7 劳动力的跨产业流动及产业内流动

类别	具体内容
农业劳动力向工业部门的流动	农业劳动力向工业部门转移是排斥力和吸引力共同作用的结果
	劳动力从农业向工业部门流动，不仅取决于工、农业收入差异，而且还取决于获得工业部门就业机会的可能性
	农业劳动力获得工业部门职位的可能性及其所需时间长短与经济周期有密切关系
	从农业流入工业部门的劳动者大多数首先进入“蓝领阶层”
	农业劳动力流动比较普遍的有两种情况：离土又离乡，即与农业生产断绝联系；离土不离乡，即在从事工业部门的同时还从事一些农业劳动。离土又离乡的农业劳动力流动是永久性的，而离土不离乡的流动是暂时性的，这两种方式在一定的时期内可以并存，但到最后，前一种方式会取代后一种方式
非农产业部门内部的劳动力流动	产业内部的劳动力流动是企业选择员工和劳动者选择受雇单位两方面行为共同作用的结果
	一般来说，某个产业部门劳动力工资水平越高，该部门作为就业源泉的吸引力就越强，自动辞职的劳动者就越少
	工资水平与劳动力流出呈相反方向变化，与劳动力流入呈相同方向变化
	产业部门劳动力流动率与该部门失业率也有关系，高失业率说明非自愿性劳动力流动较高，这会对在该部门就业的劳动力施加职位不确定性的压力。高失业率部门劳动力流动率也较高

案例分析题专练

【例题·2019 年·案例分析题】

小马上高中时，父亲让他退学回家务农，理由是上大学没用，因为村里有些孩子虽然上了大学，也没有找到好工作，还不如早早出去打工的同龄人挣钱多。[1] 小马听从父亲安排，在家里干了一年多农活，但收入实在太低。于是，他跟随同村大姐小李从湖南老家来到广东一家电子装配厂工作，虽然工作辛苦，但收入比在农村务农高很多。[2] 几年后，小李惦记家中多病父母没人照顾，于是从广东回到了湖南老家，边干农活边经营一家小超市。[3]	**【审题过程】** [1] 考查高等教育投资决策的几个基本推论： 第一，在其他条件相同的情况下，投资后的收入增量流越长，则上大学的净现值越可能为正，从而上大学的可能性更大； 第二，在其他条件相同的情况下，上大学的成本越低，则愿意上大学的人相对就会越多； 第三，在其他条件相同的情况下，大学毕业生与高中毕业生之间的工资性报酬差距越大，则愿意投资于大学教育的人相对来说就会越多； 第四，在其他条件相同的情况下，折算上大学

而继续留在广东的小马则应聘到了一家集装箱货运公司工作，这家公司有一种自行设计的非常规集装箱吊车，小马经过半年的培训开始独立工作。虽然在培训期间他的工资比在原来的电子厂还少，但独立操作集装箱吊车后，工资水平就比过去高了很多，[4] 小马觉得自己的选择是正确的。	的未来收益时所使用的贴现率越高，则上大学的可能性越小。 [2] 考查劳动力流动。 [3] 考查劳动力跨地区流动的主要考虑因素： (1) 地区间人均收入差别； (2) 工作机会； (3) 迁移距离； (4) 迁移成本； (5) 劳动力迁出地区和迁入地区关系密切程度。 [4] 考查特殊培训。

根据以上资料，回答下列问题：

1. 从经济学的角度来看，小马的父亲不让他在高中阶段继续读书考大学的理由是错误的，可以说服他父亲的道理有（　　）。

A. 上大学的收益体现为大学毕业生的终身工资性报酬超过高中毕业生的那部分

B. 任何人上大学的收益都会超过成本

C. 如果大学给小马免掉学费，则上大学的收益就会超过成本

D. 上大学的收益并不仅仅体现在刚毕业的那段时间

2. 小马从湖南农村到广东电子装配厂工作的情况表明（　　）。

A. 离乡不离土是农村劳动力流动的一种重要形式

B. 农业部门的低工资是推动劳动者从农业部门向工业部门流动的重要原因

C. 就业机会多和收入高的地区往往是劳动力流入的地方

D. 跨地区流动和跨产业流动可能同时发生

3. 关于小李在广东打工一段时间后又回到老家的说法，正确的有（　　）。

A. 这种现象称为回归迁移

B. 这也属于一种跨部门劳动力流动

C. 这种情况表明，劳动力跨地区流动存在心理成本

D. 地区间的人均收入差异是导致劳动力流动的最主要原因

4. 关于小马在集装箱货运公司工作期间的说法，正确的有（　　）。

A. 作为一种人力资本投资形式，在职培训有助于提高劳动者的工资水平

B. 小马接受培训期间的工作比正常工作时收入低，说明小马个人实际上对培训进行了投资

C. 小马接受的是特殊在职培训

D. 特殊在职培训的培训成本都是由企业承担的

1.【答案】AD 【解析】上大学的总收益是指一个人在接受大学教育之后的终身职业生涯中获得的超过高中毕业生的工资性报酬，因此，如果仅仅根据大学刚刚毕业的几年中所得到的工资性报酬状况来判断上大学是否值得就会出现误差，选项 AD 正确。选项 B 表述过于绝对。如果给小马免掉学费，则上大学的收益不一定会超过成本，选项 C 错误。因此，选项 AD 正确。	【答案解读】 本题对人力资本投资相关内容进行综合考查。 [1] 考查高等教育投资决策的几个基本推论： 第一，在其他条件相同的情况下，投资后的收入增量流越长，则上大学的净现值越可能为正，从而上大学的可能性更大； 第二，在其他条件相同的情况下，上大学的成本越低，则愿意上大学的人相对就会越多； 第三，在其他条件相同的情况下，大学毕业生与高中毕业生之间的工资性报酬差距越大，则愿意投资于大学教育的人相对来说就会越多； 第四，在其他条件相同的情况下，折算上大学的未来收益时所使用的贴现率越高，则上大学的可能性越小。
2.【答案】BCD 【解析】根据案例，小马从湖南农村到广东电子装配厂工作，应该属于离乡又离土，选项 A 错误。因此，选项 BCD 正确。	[2] 考查劳动力流动。
3.【答案】AC 【解析】“回归迁移”现象，即许多人从一地区迁移到另一地区，但经过一段工作后，又迁回到原地区，因此小李在广东打工一段时间后又回到老家属于回归迁移，选项 A 正确。回归迁移属于劳动力的跨地区流动，选项 B 错误。迁移的成本包括直接成本、机会成本和心理成本，选项 C 正确。劳动力流动前后的工资水平差异以及在流动之后找到高工资工作的机会大小是对劳动者流动产生影响的首要因素也是最大因素，选项 D 错误。因此，选项 AC 正确。	[3] 考查劳动力跨地区流动的主要考虑因素： (1) 地区间人均收入差别； (2) 工作机会； (3) 迁移距离； (4) 迁移成本； (5) 劳动力迁出地区和迁入地区关系密切程度。
4.【答案】ABC 【解析】在职培训是许多经济学家所强调的除正规教育以外的另一种重要的人力资本投资形式，选项 A 正确。根据材料可知，在培训期间小马的工资比在原来电子厂还少，但独立操作集装箱吊车后，工资水平比过去高了很多，属于特殊培训，选项 C 正确。特殊在职培训的成本由员工和企业共同承担，选项 B 正确，选项 D 错误。因此，选项 ABC 正确。	[4] 考查特殊培训。

真题演练

一、单项选择题

1. （2021 年）某员工签订 5 年的工作合同，公司支付培训费用 5 万元，其工作到第 3 年主动提出离职，则需要支付违约金（　　）万元。

A. 3　　B. 5　　C. 1　　D. 2

2. （2021 年）以下情形中，劳动者离职概率比较大的是（　　）。

A. 劳动力市场紧张

B. 劳动者受过高等教育

C. 劳动者所在的企业薪酬福利较高

D. 劳动者在本企业就职时间很长

3. （2020 年）高等教育信号模型认为（　　）。

A. 从社会角度来说，高等教育投资是没有意义的

B. 企业利用大学文凭对求职者进行筛选是没有意义的

C. 高等教育投资是证明劳动者具有高生产率的信号

D. 即使没有高等教育投资信号，企业也能判断出求职者的实际生产率

4. （2019 年）关于在职培训对企业和员工产生的影响的说法，错误的是（　　）。

A. 接受特殊在职培训较多的员工通常离职动机更强

B. 企业在经济衰退时期也会尽可能避免解雇受过大量特殊在职培训的员工

C. 接受一般在职培训较多的员工更容易在其他企业中找到工作，因为流动更容易

D. 劳动者年纪越大，对在职培训进行投资的意愿往往越弱

5. （2019 年）关于劳动力流动的说法，错误的是（　　）。

A. 劳动力流动是劳动者实现个人就业选择自由的重要手段

B. 劳动力流动是同等质量劳动力的转移，不属于人力资本投资

C. 劳动力流动可以发生在不同的企业、职业、产业和地区之间

D. 劳动力流动有助于劳动力得到更有效的利用

6. （2018 年）关于在职培训的说法，错误的是（　　）。

A. 企业承担在职培训的全部成本，并获得全部收益

B. 在职培训属于人力资本投资的一种

C. 在职培训对企业和劳动者的行为都会产生影响

D. 大多数在职培训都是以非正式的形式完成的

7. （2018 年）通常规模越大的企业劳动力流动率越低，关于产生这种现象原因的说法，错误的是（　　）。

A. 大企业提供的大多是特殊在职培训，这使员工流动到其他企业无利可图

B. 大企业往往提供较高水平的工资，导致员工流动到其他企业的成本较高

C. 大企业能够为劳动者提供较多的工作轮换机会

D. 大企业能够为劳动者提供较多的垂直晋升机会

8.（2018年）关于影响劳动力流动的市场周期因素的说法，错误的是（　　）。

A. 一个国家的住房制度是影响劳动力流动的市场周期因素

B. 解雇率高时往往离职率低

C. 失业率高时往往离职率低

D. 大多数时候劳动力市场周期是与经济周期同步的

9.（2017年）关于能力弱的人和能力强的人在上大学成本方面的说法，错误的是（　　）。

A. 能力强的人比能力弱的人上大学的心理成本更低

B. 能力强的人有精力在上大学时勤工俭学，这有助于降低他们上大学的机会成本

C. 能力强的人比能力弱的人上大学的直接成本更高

D. 能力强的人与能力弱的人在上大学的机会方面存在的差异，主要取决于他们不上大学去工作能够挣到的工资差异

10.（2016年）关于劳动力在产业间流动和产业内部流动的说法，正确的是（　　）。

A. 劳动者因工厂倒闭而回乡务农的情况不属于劳动力跨产业流动

B. 从农业部门流入工业部门的劳动者通常一开始只能从事蓝领工作

C. 在劳动力跨产业流动中，相对工资水平高的产业往往呈现人员净流出状态

D. 失业率较高的产业部门往往面临更低的劳动力流动率

11.（2015年）在其他条件相同的情况下，上大学的成本越低，则愿意上大学的人越多，符合这种推论现象的是（　　）。

A. 在经济衰退时选择上大学的高中毕业生所占的比例更大

B. 在经济繁荣时选择上大学的高中毕业生所占的比例更大

C. 大学毕业后可以工作的年限越长，愿意上大学的人越多

D. 大学毕业生的工资超出高中毕业生越多，愿意上大学的人越多

12.（2013年）教育投资的私人收益表现在（　　）。

A. 教育投资能够带来整个社会财富的增值

B. 教育投资有助于降低失业率和预防犯罪

C. 教育投资有助于提高政策决策的质量和效率

D. 教育投资能够提高被投资者在未来的收入能力

13.（2013年）培训的机会成本包括（　　）。

A. 支付给外部培训时的讲课费

B. 因在郊区度假村租用培训场地而支付的租金

C. 受训者因为参加培训而不能全力以赴地工作而引起的损失

D. 在培训中由于需要实战演练而耗费的原材料

二、多项选择题

1.（2020年）在高等教育投资收益估计中，可能存在选择性偏差的原因有（　　）。

A. 在上大学的收益中还包括无法被计算的心理收益

B. 大学毕业生即使不上大学，也能比高中毕业就工作的人获得更多的工资性报酬

C. 高中毕业就工作的人即使上大学，其工资性报酬可能也比实际的大学毕业生更低

D. 大学毕业生如果不上大学，其工资性报酬可能会比高中毕业就工作的人更低

E. 高中毕业就工作的人如果上了大学，也能获得与大学毕业生相同的工资性报酬

2. （2017 年）在其他条件相同的情况下，促使高中毕业生愿意上大学的情况包括（　　）。

A. 国家法定退休时间延迟

B. 国家针对需要上大学的高中毕业生推出了一项无息贷款计划

C. 大学毕业生和高中毕业生之间的工资差距缩小

D. 经济不景气，导致大学毕业生和高中毕业生找工作的难度都在增加

E. 大学生中延期毕业或拿不到学位的学生比例上升

3. （2015 年）关于劳动力流动的说法，正确的有（　　）。

A. 工、农业之间的收入差异是吸引农村劳动力向工业部门流动的原因之一

B. 回归迁移是一种跨产业劳动力流动现象

C. 自愿性职业流动基本上属于向上流动

D. 一个产业部门的失业率高则意味着该部门的非自愿流动率较高

E. 从农业部门流入工业部门的劳动者大多因所受训练不足进入“蓝领阶层”

三、案例分析题

（2015 年）小罗 2013 年从一所工科大学硕士毕业。刚毕业时没有找到理想的工作，收入比原来本科毕业就参加工作的同学还低。积累了一些工作经验后，小罗在 2014 年换到一家薪酬水平较高的民营公司，但是他很快发现这家公司的文化不是很好。领导对知识型员工比较简单粗暴，不够尊重。于是，他在 2015 年跳槽去了第三家公司，这家公司尽管起薪不如第二家公司高，但重视员工培训，除了正式培训课程之外，工作经验丰富的同事也会在工作中给予小罗很多指导。另外，这家公司还鼓励有潜力的技术型员工在业余时间攻读 MBA 学位。公司规定，只要员工能够顺利拿到 MBA 学位，且承诺继续为公司服务 3 年，公司就会给员工报销一半学费。

根据以上材料，回答下列问题：

1. 关于小罗研究生刚毕业时工资不如本科毕业就业的同学的说法，正确的是（　　）。

A. 攻读研究生的人力资本投资回报率低于攻读本科

B. 攻读研究生的收益体现在长期，而不是短期内

C. 小罗应该本科毕业就直接就业，而不应该攻读研究生

D. 研究生刚毕业时的工资都比有两年工作经验的本科毕业生低

2. 关于小罗从第二家公司离职的说法，正确的有（　　）。

A. 劳动者在决定是否流动时并不把工资水平当成重要考虑因素

B. 决定劳动者流动的最重要因素是工资水平

C. 组织文化会对劳动力流动产生影响

D. 领导风格对劳动力流动会产生影响

3. 关于小罗在第三家公司得到培训的说法，正确的有（　　）。

A. 这家公司提供的正式培训属于特殊培训

B. 公司同事对小罗的工作指导属于在职培训

C. 小罗在业余时间攻读 MBA 学位不属于在职培训

D. 小罗在业余时间攻读 MBA 学位属于人力资本投资

4. 关于第三家公司报销一季 MBA 学费的说法，正确的有（　　）。

A. 公司通过这种方式对员工进行了人力资本投资

B. 这种规定增加了员工读 MBA 的人力资本投资成本

C. 公司和员工共同分担了人力资本投资成本，同时共享了投资收益

D. 报销一半学费后员工必须为公司工作 3 年的规定，有利于降低员工离职率

真题演练答案及解析

一、单项选择题

1. 【答案】D

【解析】本题考查在职培训投资的成本。在管理实践中，企业所进行的一般培训和特殊培训实际上是很难完全区分开的，因此，在企业的各种在职培训活动中，普遍运用先分摊成本然后再分享收益这种双赢的方式。员工与企业签订 5 年合同，支付培训费用 5 万元，平均每年 1 万元。工作到第 3 年主动提出离职，则需要支付违约金 2 万元。因此，本题选项 D 正确。

2. 【答案】A

【解析】本题考查劳动力流动的主要影响因素。

选项 A，当劳动力市场处于紧张状态时，即劳动力需求大于劳动力供给，很多雇主在雇用劳动者的时候都遇到困难，就业机会增加，而且市场工资率也会出现明显的上升，这时，已经就业的劳动者往往可以利用“跳槽”的手段要求新雇主增加工资，劳动力的流动率自然会上升。因此，选项 A 正确。

选项 B，劳动者受过高等教育不一定会离职。因此，选项 B 错误。

选项 C，在其他条件相同的情况下，劳动者所在的企业薪酬福利较高，劳动者离职的概率较小。因此，选项 C 错误。

选项 D，在其他条件相同的情况下，劳动者的任职年限越长，通常离职的可能性越低，因此，选项 D 错误。

因此，本题选项 A 正确。

3. 【答案】C

【解析】本题考查高等教育的信号模型。尽管纯粹将高等教育看成是一种信号的观点值得推敲，但是这种看法对于我们理解企业将是否完成高等教育作为一种筛选求职者的手段来说，却是有一定的意义的。即使企业不采用教育信号作为筛选的依据，也必须寻找其他手段来辨别求职者生产率的高低，但是使用任何一种辨别手段都是要付出一定的成本的，并且每一种手段所得出的结果的准确性也会有高有低。因此，如果高等教育能够以较高的概率表明持有大学毕业文凭者确实比持有高中文凭者的生产率要高，那么，企业利用大学毕业文凭作为筛选工具可能确实是一种既简单明确而且预测准确率也比较高的好方法。因此，本题选项 C 正确。

4.【答案】A

【解析】本题考查在职培训对企业及员工行为的影响。

选项 A，大多数接受过特殊培训的员工可能愿意在本企业中工作较长的时间，他们的流动倾向就会受到削弱。因此，选项 A 错误。

选项 B，在经济衰退时期，企业一般不愿解雇受过特殊培训的员工，这些员工的失业率在整个经济周期内很少变化。因此，选项 B 正确。

选项 C，一般培训所赋予员工的技能和知识是可以转移的，即他们可以借此去其他企业谋职并获得一个与其当前技能相称的、较高的工资率。因此，选项 C 正确。

选项 D，与高等教育投资一样，在职培训投资与人的生命周期也同样具有一定联系。个人的人力资本投资是随着年龄的增加而减少的，因此，随着员工年龄的不断增长，他们进行在职培训投资的意愿会不断降低。因此，选项 D 正确。

因此，本题选项 A 当选。

5.【答案】B

【解析】本题考查劳动力流动。劳动力流动一般是指劳动力依据劳动力市场条件变化，在企业间、职业间、产业间以及地区间的流动。由于劳动力的流动通常能使劳动力得到更有效的利用，从而增加收入，所以人们为劳动力流动所垫支的费用也被视为一种投资，选项 B 错误。

我们需要适当的劳动力流动来保证整个经济的效率，即促使劳动者从衰落的或发展缓慢的职业、行业（企业）或地区向发展迅速的职业、行业（企业）或地区流动。合理的劳动力流动也是人们实现个人就业选择自由的一个重要手段，选项 ACD 正确。

因此，本题选项 B 当选。

6.【答案】A

【解析】本题考查在职培训。

选项 A，在职培训可以分成两大类：一般培训和特殊培训。其中一般培训的成本由员工承担，特殊培训的成本由员工和企业共同承担。因此，选项 A 错误。

选项 B，在职培训是许多经济学家所强调的除正规教育以外的另一种重要的人力资本投资形式。因此，选项 B 正确。

选项 C，大多数接受过特殊培训的员工可能愿意在本企业中工作较长的时间，他们的流动就会受到削弱。同时，劳动力市场上的某些雇佣关系确实可以证明，企业对继续雇用受过特殊训练的员工比继续雇用没有受到过特殊训练的员工更感兴趣。因此，选项 C 正确。

选项 D，劳动者所具有的许多有用的劳动技能都不是在学校里获得的，而是得益于在职培训。有些在职培训比较正规，如劳动者接受一些正式的培训课程或项目，再如正规的学徒计划，该计划使没有受过训练的工人在技术工人的指导下工作。但大多数在职培训都是非正式的，以至于难以衡量甚至难以觉察。因此，选项 D 正确。

因此，本题选项 A 正确。

7.【答案】A

【解析】本题考查影响企业劳动力流动的企业因素。一般情况下，企业的规模越大，则员工的流动率越低。一方面是因为大企业往往会提供更高水平的工资，而在其他条件一定的情况下，高工资往往与低流动率联系在一起。另一方面，大企业的工作岗位类型多样化，同时垂直管理的层次也比较多，从而为员工的不断晋升提供了较大的空间。因此，本题选项 A 正确。

8.【答案】A

【解析】本题考查影响劳动力流动的市场周期因素。一个国家的住房制度是影响劳动力流动的社会环境因素，选项 A 错误。劳动力市场的周期波动对于劳动力流动的影响是显而易见的。当劳动力市场处于宽松状态时，劳动力的流动率下降；当劳动力市场处于紧张状态时，劳动力的流动率上升。失业率和临时解雇率是衡量劳动力市场松紧程度的重要指标，失业率高时离职率低，临时解雇率高时离职率低，选项 BCD 正确。因此，本题选项 A 当选。

9.【答案】C

【解析】本题考查高等教育投资决策的基本推论。上大学的成本主要包括直接成本和机会成本两部分，直接成本与能力的强弱无关，选项 C 错误。接受高等教育投资的人的能力也会影响上大学的机会成本，能力强者不仅有可能用更少的时间完成高等教育，而且有可能在上大学期间从事一些勤工俭学活动，从而降低上大学的机会成本，选项 ABD 正确。因此，本题选项 C 当选。

10.【答案】B

【解析】本题考查劳动力的跨产业流动和产业内流动。

选项 A，劳动者因工厂倒闭而回乡务农的情况属于劳动力跨地区、跨产业流动。因此，选项 A 错误。

选项 B，从农业部门流入工业部门的劳动者大多数首先进入“蓝领阶层”。这可以归因于“蓝领阶层”和农业劳动者一样都是从事体力劳动，两者具有同一性。因此，选项 B 错误。

选项 C，工资水平与劳动力流出呈相反方向变化，与劳动力流入呈相同方向变化。因此，选项 C 错误。

选项 D，高失业率部门劳动力流动率也较高。因此，选项 D 错误。

因此，本题选项 B 正确。

11.【答案】A

【解析】本题考查高等教育投资的基本推论。在其他条件相同的情况下，上大学的成本越低，则愿意上大学的人相对就会越多。从机会成本来看，当经济处于衰退期时，高中毕业生不仅找到工作的可能性更小，而且即使找到工作之后能够赚的收入也会低，这样就会使上大学的机会成本下降，从而有更大比例的高中生愿意上大学。因此，本题选项 A 正确。

12.【答案】D

【解析】本题考查教育投资的收益估计。教育投资对整个社会财富、降低失业率、提高政策决策质量等方面的收益属于社会收益。因此，本题选项 D 正确。

13.【答案】C

【解析】本题考查在职培训的机会成本。在职培训的机会成本主要包括受训者参加培训的机会成本、利用机器或有经验的职工从事培训活动的机会成本。讲课费、租金、原材料属于培训的直接成本。因此，本题选项 C 正确。

二、多项选择题

1.【答案】CD

【解析】本题考查教育投资的私人收益估计偏差。

这里所谓的选择性就是指受教育者的自我选择性，即一个人是否选择接受高等教育，实际上是当事人及其家庭根据自己的能力状况所做出的一种理性选择。

上大学的人之所以选择上大学，是因为他们“不得不”去上大学，因为如果他们不上大学，而是在高中毕业之后就去工作的话，他们所得到的工资性报酬可能还不如那些实际上没有上大学的高中毕业生。

那些实际上没有上大学的人做出不上大学的选择也是很明智的，因为他们即使是上了大学，所获得终身工资性报酬也不大可能像实际上大学的那些人那样多。

因此，本题选项 CD 均正确。

2.【答案】AB

【解析】本题考查高等教育投资决策的推论。高等教育投资决策的基本推论，既适用于高等教育，也适用于培训等其他人力资本投资活动：①在其他条件相同的情况下，投资后的收入增量流越长，则上大学的净现值越可能为正，从而上大学的可能性越大。②在其他条件相同情况下，上大学的成本越低，则上大学的人相对就会越多。③在其他条件相同的情况下，大学毕业生与高中毕业生之间的工资性报酬差距越大，则愿意投资于大学教育的人相对来说就会越多。④在其他条件相同情况下，在折算上大学的未来收益时所使用的贴现率越高，越不会为了获得未来的更大利益而放弃眼前利益，则上大学的可能性就越小。因此，本题选项 AB 均正确。

3.【答案】ACDE

【解析】本题考查劳动力流动。

选项 A，劳动力从农业向工业部门流动，不仅取决于工、农业收入差异，而且还取决于获得工业部门就业机会的可能性。因此，选项 A 正确。

选项 B，回归迁移属于劳动力跨地区流动。因此，选项 B 错误。

选项 C，自愿性职业流动基本上属于向上流动。因此，选项 C 正确。

选项 D，产业部门劳动力流动率与该部门失业率也有关系，高失业率说明非自愿性劳动力流动率较高，这会对在该部门就业的劳动力施加职位不确定性的压力。因此，选项 D 正确。

选项 E，从农业流入工业部门的劳动者大多数首先进入“蓝领阶层”。这可以归因于“蓝领阶层”和农业劳动者一样都是从事体力劳动，两者具有同一性。农业劳动力要进入工业部门的“白领职业”，大都需要经过较长时间的训练，一般都要在下一代才更有可能办到。因此，选项 E 正确。

因此，本题选项 ACDE 均正确。

三、案例分析题

1.【答案】B 【解析】根据上大学的总收益的定义可知，上大学的总收益是指一个人在接受大学教育之后的终身职业生涯中获得的超过高中毕业生的工资性报酬。因此，选项 B 正确。	【答案解读】 本题考查对人力资本投资与劳动力流动的综合运用能力。 ［1］考查高等教育投资收益： 上大学的总收益是指一个人在接受大学教育之后的终身职业生涯中获得的超过高中毕业生的工资性报酬，因此，如果仅根据大学刚刚毕业的几年中所得到的工资性报酬状况来判断上大学是否值得就会出现误差。
2.【答案】CD 【解析】根据案例材料可知，小罗从第二家公司离职，由于这家公司的文化不是很好，领导对知识型员工简单粗暴，不够尊重。该情形属于影响劳动力流动因素中企业组织文化及领导风格对劳动力流动的影响。因此，选项 CD 正确。	［2］考查劳动力流动的主要影响因素： 影响劳动力流动的企业因素包括了企业规模、企业所处的地理位置、企业的组织文化以及领导风格。
3.【答案】BD 【解析】除了小罗在第三家企业获得的培训、指导以外，公司还鼓励有潜力的员工攻读 MBA，并且为公司服务 3 年，公司报销一半学费，这些都属于在职培训，选项 B 正确，选项 C 错误。案例中没有指出培训的成本分担及收益共享相关问题，选项 A 错误。根据人力资本投资的定义可知，各级正规教育和在职培训活动所花费的支出都属于人力资本投资，选项 D 正确。因此，选项 BD 正确。	［3］考查劳动力在职培训。
4.【答案】ACD 【解析】该公司报销一季 MBA 学费并且要求员工为公司服务三年的做法，属于特殊培训，由员工和企业共担成本，选项 B 错误。因此，选项 ACD 正确。	［4］考查在职培训的成本与收益分摊方式。

第十四章　劳动合同管理与特殊用工

本章考情 Q&A

Q：本章的重要性和难度如何?

A：本章属于**重点**章节，学好本章可以为后续章节的学习打好基础。本章学习难度中等。从历年真题来看，每年考查的分值为 11~12 分。

Q：本章在考试中通常以什么形式出现?

A：从历年真题看，本章内容在单项选择题、多项选择题和案例分析题中均有涉及。案例分析题考查的内容较为综合，可以与第十六章的“工伤保险”及第十七章的“劳动争议调解仲裁”等内容结合起来综合考查。

Q：本章 2022 年的内容有改动么?

A：本章内容无实质性改动。

Q：本章考点在历年考试中的分布情况如何?

A：以下是老师们的统计：

考点	2021 年	2020 年	2019 年	2018 年	2017 年	2016 年	2015 年	2014 年	2013 年	2012 年
用人单位与劳动者履行劳动合同的义务						√	√			√
劳动合同解除			√		√	√	√			
竞业限制				√		√				
用人单位劳动规章制度				√			√	√		√
劳务派遣		√		√	√	√		√	√	√
非全日制用工	√				√	√		√	√	√

经典例题

考点一　用人单位与劳动者履行劳动合同的义务

【**例题·2016 年·多项选择题**】关于用人单位义务的说法，错误的是（　　）。

A. 用人单位安排劳动者加班，应当按照本单位规定的标准向劳动者支付加班费

B. 用人单位应当保护劳动者的生命安全和身体健康

C. 用人单位应该按照劳动合同约定和国家规定，向劳动者及时足额支付劳动报酬

D. 用人单位应当严格执行劳动定额标准

E. 用人单位应当按照劳动者要求提供劳动条件和劳动工具

【答案】AE

【解析】本题考查用人单位的义务。用人单位的义务包括以下几个方面：

(1) 用人单位应当按照劳动合同约定和国家规定，向劳动者及时足额支付劳动报酬。如果用人单位拖欠或者未足额支付劳动报酬的，劳动者可以依法向当地人民法院申请支付令，人民法院应当依法发出支付令。

(2) 用人单位应当严格执行劳动定额标准，不得强迫或者变相强迫劳动者加班。用人单位安排加班的，应当按照国家有关规定向劳动者支付加班费。

(3) 用人单位应当保护劳动者的生命安全和身体健康。劳动者拒绝用人单位管理者违章指挥、强令冒险作业的，不视为违反劳动合同。劳动者对危害生命安全和身体健康的劳动条件，也有权对用人单位提出批评、检举和控告。

因此，本题选项 AE 均当选。

私教点拨

本题考查用人单位与劳动者履行劳动合同的义务。要注意区分用人单位的义务和劳动者的义务，具体如表 14－1 所示。

表 14－1　用人单位与劳动者履行劳动合同的义务

义务	具体内容
用人单位的义务	(1) 用人单位应当按照劳动合同约定和国家规定，向劳动者及时足额支付劳动报酬。如果用人单位拖欠或者未足额支付劳动报酬的，劳动者可以依法向当地人民法院申请支付令，人民法院应当依法发出支付令。 (2) 用人单位应当严格执行劳动定额标准，不得强迫或者变相强迫劳动者加班。用人单位安排加班的，应当**按照国家有关规定**向劳动者支付加班费。 (3) 用人单位应当保护劳动者的生命安全和身体健康。劳动者拒绝用人单位管理者违章指挥、强令冒险作业的，不视为违反劳动合同。劳动者对危害生命安全和身体健康的劳动条件，也有权对用人单位提出批评、检举和控告
劳动者的义务	劳动者在履行劳动合同的过程中，除要执行《劳动法》《劳动合同法》相关规定外，还应承担以下义务： (1) 遵守国家法律法规，遵守用人单位的规章制度。 (2) 应当完成劳动合同约定的工作内容，如果从事兼职，不能影响本单位的工作任务。 (3) 遵守劳动合同中约定的特定事项的义务。特定事项义务主要包括约定服务期和约定保守用人单位的商业秘密和与知识产权相关的保密事项

考点二　劳动合同解除

【例题·2019 年·多项选择题】劳动者可以立即通知用人单位解除劳动合同的情形有（　　）。

A. 用人单位未及时足额支付劳动报酬的

B. 用人单位规章制度违反法律法规的规定，损害劳动者权益的

C. 用人单位未按合同约定提供劳动保护的

D. 用人单位合并或者分立的

E. 用人单位安排劳动者加班未与工会协商的

【答案】ABC

【解析】本题考查劳动者解除劳动合同。

《劳动合同法》第三十七条规定，劳动者提前 30 日以书面形式通知用人单位，可以解除劳动合同。劳动者在试用期内提前 3 日通知用人单位，可以解除劳动合同。《劳动合同法》第三十八条规定，用人单位有下列情形之一的，劳动者可以解除劳动合同，且无须提前通知用人单位：

（1）未按照劳动合同约定提供劳动保护或者劳动条件的；

（2）未及时足额支付劳动报酬的；

（3）未依法为劳动者缴纳社会保险费的；

（4）用人单位的规章制度违反法律、法规的规定，损害劳动者权益的；

（5）因用人单位以欺诈、胁迫的手段或者乘人之危，使劳动者在违背真实意思的情况下订立或者变更劳动合同致使劳动合同无效的；

（6）法律、行政法规规定劳动者可以解除劳动合同的其他情形。

用人单位以暴力、威胁或者非法限制人身自由的手段强迫劳动者劳动的，或者用人单位违章指挥、强令冒险作业危及劳动者人身安全的，劳动者可以立即解除劳动合同，不需事先告知用人单位。

因此，本题选项 ABC 均正确。

私教点拨

本题考查劳动合同解除。劳动合同解除一般包括协商解除和法定解除两种情况，具体如表 14－2 所示。

表 14－2　劳动合同解除

情形	具体内容
协商一致解除劳动合同	《劳动合同法》第三十六条规定，用人单位与劳动者协商一致，可以解除劳动合同，即劳动合同当事人双方对解除劳动合同达成一致意见时，劳动合同可以协商解除

续表

<table>
<tr><th>情形</th><th>具体内容</th></tr>
<tr><td rowspan="4">用人单位解除劳动合同</td><td>用人单位因劳动者过失可以随时解除劳动合同。《劳动合同法》第三十九条规定，劳动者有下列情形之一的，用人单位可以解除劳动合同：
（1）在试用期间被证明不符合录用条件的；
（2）严重违反用人单位的规章制度的；
（3）严重失职、营私舞弊，给用人单位造成重大损害的；
（4）劳动者同时与其他用人单位建立劳动关系，对完成本单位的工作任务造成严重影响，或者经用人单位提出，拒不改正的；
（5）因劳动者以欺诈、胁迫的手段或者乘人之危，使用人单位在违背真实意思的情况下订立或者改变劳动合同致使劳动合同无效的；
（6）被依法追究刑事责任的</td></tr>
<tr><td>有下列情形之一的，用人单位提前30日以书面形式通知劳动者本人或者额外支付劳动者一个月工资后，可以解除劳动合同：
（1）劳动者患病或者非因工负伤，在规定的医疗期满后不能从事原工作，也不能从事由用人单位另行安排的工作的；
（2）劳动者不能胜任工作，经过培训或者调整工作岗位，仍不能胜任工作的；
（3）劳动合同订立时所依据的客观情况发生重大变化，致使劳动合同无法履行，经用人单位与劳动者协商，未能就变更劳动合同内容达成协议的；
选择额外支付劳动者一个月工资解除劳动合同的，其额外支付的工资应当按照该劳动者上一个月的工资标准确定</td></tr>
<tr><td>用人单位因实施裁员解除劳动合同。《劳动合同法》第四十一条规定，有下列情形之一，需要裁减人员20人以上或者裁减不足20人但占企业职工总数10%以上的，用人单位提前30日向工会或者全体职工说明情况，听取工会或者职工的意见后，裁减人员方案经向劳动行政部门报告，可以裁减人员：
（1）依照企业破产法规定进行重整的；
（2）生产经营发生严重困难的；
（3）企业转产、重大技术革新或者经营方式调整，经变更劳动合同后，仍需裁减人员的；
（4）其他因劳动合同订立时所依据客观经济情况发生重大变化，致使劳动合同无法履行的</td></tr>
<tr><td>用人单位裁减人员时，应当优先留用下列人员：
（1）与本单位订立较长期限的固定期限劳动合同的；
（2）与本单位订立无固定期限劳动合同的；
（3）家庭无其他就业人员，有需要抚养的老人或者未成年人的。
用人单位依照《劳动合同法》第四十一条第一款规定：裁减人员，在6个月内重新招用人员的，应当通知被裁减的人员，并在同等条件下优先招用被裁减的人员</td></tr>
</table>

续表

情形	具体内容
劳动者解除劳动合同	《劳动合同法》第三十七条规定，劳动者提前30日以书面形式通知用人单位，可以解除劳动合同。劳动者在试用期内提前3日通知用人单位，可以解除劳动合同。《劳动合同法》第三十八条规定，用人单位有下列情形之一的，劳动者可以解除劳动合同，且无须提前通知用人单位： (1) 未按照劳动合同约定提供劳动保护或者劳动条件的； (2) 未及时足额支付劳动报酬的； (3) 未依法为劳动者缴纳社会保险费的； (4) 用人单位的规章制度违反法律、法规的规定，损害劳动者权益的； (5) 因用人单位以欺诈、胁迫的手段或者乘人之危，使劳动者在违背真实意思的情况下订立或者变更劳动合同致使劳动合同无效的； (6) 法律、行政法规规定劳动者可以解除劳动合同的其他情形。 用人单位以暴力、威胁或者非法限制人身自由的手段强迫劳动者劳动的，或者用人单位违章指挥、强令冒险作业危及劳动者人身安全的，劳动者可以立即解除劳动合同，不需事先告知用人单位

考点三　竞业限制

【例题·2018年·多项选择题】可以约定竞业限制的人员包括（　　）。

A. 保洁员　　B. 高级管理人员　　C. 高级技术人员　　D. 门卫

E. 负有保密义务的人员

【答案】BCE

【解析】本题考查竞业限制的人员范围。设置竞业限制的人员范围包括用人单位的高级管理者、高级技术人员和其他负有保密义务的人员。因此，本题选项BCE均正确。

私教点拨

本题考查竞业限制。该考点容易在单项选择题、多项选择题中考查。具体如表14－3所示。

表14－3　竞业限制

类别	具体内容
内涵	用人单位与劳动者可以在劳动合同中约定保守用人单位的商业秘密和与知识产权相关的保密事项。对负有保密义务的劳动者，用人单位可以在劳动合同或者保密协议中与劳动者约定竞业限制条款，并约定在解除或者终止劳动合同后，在竞业限制期限内按月给予劳动者经济补偿。劳动者违反竞业限制约定的，应当按照约定向用人单位支付违约金
人员范围	设置竞业限制的人员范围包括用人单位的高级管理者、高级技术人员和其他负有保密义务的人员

续表

情形	具体内容
内容	竞业限制的内容范围、地域、期限由用人单位与劳动者约定，竞业限制的约定不得违反法律法规的规定
时限	在解除或者终止劳动合同后，约定竞业限制的人员与本单位生产或者经营同类产品、从事同类业务的有竞争关系的其他用人单位，或者自己开业生产或者经营同类产品、从事同类业务的竞业限制期限，不得超过2年。除约定培训服务期和约定竞业限制的情形外，用人单位不得与劳动者约定由劳动者承担违约金

考点四 用人单位劳动规章制度

【例题·2015年·单项选择题】 关于用人单位劳动规章制度的说法，正确的是（　　）。

A. 用人单位制定的劳动规章制度公示后，即对职工具有法律约束力

B. 用人单位制定的劳动规章制度，无需告知职工即可实施

C. 在劳动规章制度实施过程中，工会认为不适当的内容，用人单位应当按工会要求予以修改

D. 用人单位制定的劳动规章制度违反法律规定，则由劳动行政部门责令改正

【答案】 D

【解析】 本题考查用人单位劳动规章制度。

选项A，劳动规章制度要具有法律效力，应满足三个条件：内容合法、经过民主程序制定、要向劳动者公示。因此，选项A错误。

选项B，《劳动合同法》规定，用人单位应当将直接涉及劳动者切身利益的规章制度和重大事项决定公示，或者告知劳动者。因此，选项B错误。

选项C，在规章制度和重大事项决定实施的过程中，工会或者职工认为不适当的，有权向用人单位提出，通过协商予以修改完善。因此，选项C错误。

选项D，按照《劳动合同法》的规定，用人单位制定的劳动规定制度出现违法情形时，有两种处理方式：第一，允许劳动者以此为由随时提出解除劳动合同，并有获得经济补偿的权利；第二，由劳动行政部门责令改正。因此，选项D正确。

因此，本题选项D正确。

私教点拨

关于用人单位劳动规章制度，考查的形式为单项选择题、多项选择题，具体如表14-4所示。

表 14－4　用人单位劳动规章制度

类别	具体内容
程序	用人单位在制定、修改或者决定有关劳动报酬、工作时间、休息休假、劳动安全卫生、保险福利、职工培训、劳动纪律以及劳动定额管理等直接涉及劳动者切身利益的规章制度或者重大事项时，应当经职工代表大会或者全体职工讨论，提出方案和意见，与工会或者职工代表平等协商确定
公示	《劳动合同法》规定，用人单位应当将直接涉及劳动者切身利益的规章制度和重大事项决定公示，或者告知劳动者
效力	劳动规章制度要具有法律效力，应满足三个条件： （1）内容**合法**，不违背有关法律法规及政策； （2）经过**民主**程序制定； （3）要向劳动者**公示**
处理	按照《劳动合同法》的规定，用人单位制定的劳动规定制度出现违法情形时，有以下两种处理方式： （1）允许劳动者以此为由随时提出解除劳动合同，并有获得经济补偿的权利。用人单位的规章制度违反法律、法规的规定，损害劳动者权益的，劳动者可以解除劳动合同，用人单位应当向劳动者支付经济补偿。 （2）由劳动行政部门责令改正。用人单位直接涉及劳动者切身利益的规章制度违反法律、法规规定的，由劳动行政部门责令改正，给予警告；给劳动者造成损害的，应当承担赔偿责任

考点五　劳务派遣

【例题·2020 年·单项选择题】根据我国有关规定，关于劳务派遣的说法，错误的是（　　）。

A. 劳务派遣单位注册资本发生变化，应当向许可机关提出变更申请

B. 经营劳务派遣业务，注册资本不少于 200 万元

C. 劳务派遣许可证有效期限为 3 年

D. 劳务派遣单位与劳动者，用工单位与劳动者之间均建立劳动关系

【答案】D

【解析】本题考查劳务派遣。

选项 A，《劳务派遣行政许可实施办法》规定，劳务派遣单位名称、住所、法定代表人或者注册资本等改变的，应当向许可机关提出变更申请。因此，选项 A 正确。

选项 B，经营劳务派遣业务的条件：注册资本不得少于人民币 200 万元；有与开展业务相适应的固定的经营场所和设施；有符合法律、行政法规规定的劳务派遣管理制度；法律、行政法规规定的其他条件。因此，选项 B 正确。

选项 C，经营劳务派遣业务，应当向劳动行政部门依法申请行政许可，劳务派遣经营许可证有效期为 3 年。因此，选项 C 正确。

选项D，劳务派遣是指劳务派遣单位与被派遣劳动者建立劳动关系后，将该劳动者派遣到用工单位从事劳动的一种特殊用工形式。在这种特殊用工形式下，劳务派遣单位与劳动者建立劳动关系，但是不使用劳动者，即不直接管理和指挥劳动者从事劳动；而用工单位直接管理和指挥劳动者，但是与劳动者之间没有建立劳动关系。因此，选项D错误。

因此，本题选项D当选。

私教点拨

劳务派遣的定义、经营劳务派遣业务的条件、劳动合同、劳务派遣单位的义务与用工单位的义务等内容，在单项选择题、多项选择题和案例分析题中考查频率较高，具体如表14－5所示。

表14－5 劳务派遣

类别	具体内容
定义	劳务派遣是指劳务派遣单位与被派遣劳动者建立劳动关系后，将该劳动者派遣到用工单位从事劳动的一种特殊用工形式。在这种特殊用工形式下，劳务派遣单位与劳动者建立劳动关系，但是不使用劳动者，即不直接管理和指挥劳动者从事劳动；而用工单位直接管理和指挥劳动者，但是与劳动者之间没有建立劳动关系
条件	经营劳务派遣业务，应当向劳动行政部门依法申请行政许可，劳务派遣经营许可证有效期为3年。未经许可，任何单位和个人不得经营劳务派遣业务。同时，应当具备下列条件： （1）注册资本不得少于人民币200万元； （2）有与开展业务相适应的固定的经营场所和设施； （3）有符合法律、行政法规规定的劳务派遣管理制度； （4）法律、行政法规规定的其他条件。但用人单位不得设立劳务派遣单位向本单位或者所属单位派遣劳动者。 《劳务派遣行政许可实施办法》规定，劳务派遣单位名称、住所、法定代表人或者注册资本等的改变，应当向许可机关提出变更申请
劳动合同	劳务派遣单位属于《劳动合同法》调整的用人单位，其应当履行用人单位对劳动者的义务。劳务派遣单位与被派遣劳动者订立的劳动合同，除应当依法载明劳动合同必备的事项外，还应当载明**被派遣劳动者的用工单位以及派遣期限、工作岗位**等情况。 劳务派遣单位应当与被派遣劳动者**订立2年以上的固定期限劳动合同**，按月支付劳动报酬；被派遣劳动者在无工作期间，劳务派遣单位应当按照所在地人民政府规定的最低工资标准，向其按月支付报酬。 此外，劳务派遣单位可以依法与被派遣劳动者约定试用期。劳务派遣单位与同一被派遣劳动者**只能约定一次试用期**
劳务派遣单位的义务	（1）如实告知被派遣劳动者《劳动合同法》第八条规定的事项、应遵守的规章制度以及劳务派遣协议的内容； （2）建立培训制度，对被派遣劳动者进行上岗知识、安全教育培训； （3）按国家规定和劳务派遣协议约定，依法支付被派遣劳动者的劳动报酬和相关待遇； （4）按照国家规定和劳务派遣协议约定，依法**为被派遣劳动者缴纳社会保险费**，并办理社会保险相关手续； （5）督促**用工单位**依法为被派遣劳动者**提供劳动保护和劳动安全卫生条件**；

续表

类别	具体内容
	（6）依法出具解除或者终止劳动合同的证明； （7）协助处理被派遣劳动者与用工单位的纠纷； （8）劳务派遣单位不得克扣用工单位按照劳务派遣协议支付给被派遣劳动者的劳动报酬。劳务派遣单位与被派遣劳动者订立的劳动合同和与用工单位订立的劳务派遣协议，载明或者约定的向被派遣劳动者支付的劳动报酬应当符合同工同酬规定； （9）劳务派遣单位**不得向被派遣劳动者收取费用**； （10）在跨地区派遣劳动者时，劳务派遣单位应当保证被派遣劳动者享有的劳动报酬和劳动条件，符合**用工单位所在地**规定的标准； （11）因劳务派遣单位存在违法行为，给被派遣劳动者造成损害的，劳务派遣单位与用工单位承担连带赔偿责任； （12）劳务派遣单位不得以非全日制用工形式招用被派遣劳动者
用工单位的义务	（1）执行国家劳动标准，提供相应的劳动条件和劳动保护； （2）告知被派遣劳动者工作要求和劳动报酬； （3）支付加班费、绩效奖金，提供与工作岗位相关的福利待遇； （4）对在岗被派遣劳动者进行工作岗位所必需的培训； （5）连续用工的，实行正常的工资调整机制； （6）用工单位不得将被派遣劳动者再派遣到其他用人单位
被派遣劳动者的权利	（1）被派遣劳动者享有与用工单位的劳动者同工同酬的权利。 （2）被派遣劳动者有权在劳务派遣单位或者用工单位依法参加或者组织工会，维护自身的合法权益。 （3）被派遣劳动者可以与劳务派遣单位协商一致解除劳动合同，也可以在劳务派遣单位存在《劳动合同法》第三十八条规定的情形时，与其解除劳动合同。 （4）被派遣劳动者提前30日以书面形式通知劳务派遣单位，可以解除劳动合同。被派遣劳动者在试用期内提前3日通知劳务派遣单位，可以解除劳动合同。劳务派遣单位应当将被派遣劳动者通知解除劳动合同的情况及时告知用工单位
用工单位退回被派遣劳动者与劳务派遣单位解除或终止劳动合同	（1）**被派遣劳动者**有以下情形之一的，用工单位可以将被派遣劳动者退回劳务派遣单位，劳务派遣单位可以依法解除劳动合同： ①在试用期间被证明不符合录用条件的；②严重违反用人单位的规章制度的；③严重失职、营私舞弊，对用人单位造成重大损害的；④劳动者同时与其他用人单位建立劳动关系，对完成本单位的工作任务造成严重影响，或者经用人单位提出，拒不改正的；⑤因劳动者以欺诈、胁迫的手段或者乘人之危，使用人单位在违背真实意思的情况下订立或者变更劳动合同致使劳动合同无效的；⑥被依法追究刑事责任的；⑦劳动者患病或者非因工负伤，在规定的医疗期满后不能从事原工作，也不能从事由用人单位另行安排的工作的；⑧劳动者不能胜任工作，经过培训或者调整工作岗位，仍不能胜任工作的

续表

类别	具体内容
	(2) **用工单位**有下列情形之一的，可以将被派遣劳动者退回劳务派遣单位： ①劳动合同订立时所依据的客观情况发生重大变化，致使劳动合同无法履行，经用人单位与劳动者协商，未能就变更劳动合同内容达成协议的；②依照企业破产法规定进行重整的；③生产经营发生严重困难的；④企业转产、重大技术革新或者经营方式调整，经变更劳动合同后，仍需裁减人员的；⑤其他因劳动合同订立时所依据的客观经济情况发生重大变化，致使劳动合同无法履行的；⑥用工单位被依法宣告破产、吊销营业执照、责令关闭、撤销、决定提前解散或者经营期限届满不再继续经营的；⑦劳务派遣协议期满终止的
	(3) 劳务派遣单位行政许可有效期未延续或者劳务派遣经营许可证被撤销、吊销的，已经与被派遣劳动者依法订立的劳动合同应当履行至期限届满。双方经协商一致，可以解除劳动合同
	(4) 劳务派遣单位被依法宣告破产，吊销营业执照，责令关闭、撤销、决定提前解散或者经营期限届满不再继续经营的，劳动合同终止。用工单位应当与劳务派遣单位协商妥善安置被派遣劳动者
	(5) 劳务派遣单位与被派遣劳动者解除或者终止劳动合同时，应当依法向被派遣劳动者支付经济补偿
	(6) 劳务派遣单位违法解除或终止被派遣劳动者劳动合同，应按照《劳动合同法》规定的经济补偿标准的2倍向劳动者支付赔偿金
劳务派遣岗位的范围和比例	**劳动合同用工**是我国的企业基本用工形式。劳务派遣用工是补充形式，用人单位只能在**临时性**、**辅助性**或者**替代性**的工作岗位上使用被派遣劳动者。其中，**临时性工作岗位**是指存续时间不超过6个月的岗位；**辅助性工作岗位**是指为主营业务岗位提供服务的非主营业务岗位；**替代性工作岗位**是指用工单位的劳动者因脱产学习、休假等原因无法工作的一定期间内，可以由其他劳动者替代工作的岗位

考点六 非全日制用工

【例题·2021年·多项选择题】关于非全日制用工的说法，正确的有（　　）。

A. 薪酬发放周期最长不得超过半年

B. 劳动者可以选择是否约定试用期

C. 劳动者可以在3个用人单位工作

D. 双方可随时终止用工

E. 必须订立书面劳动合同

【答案】CD

【解析】本题考查非全日制用工。

选项 A，非全日制用工劳动报酬结算支付周期最长不得超过 15 日。因此，选项 A 错误。

选项 B，非全日制用工双方当事人不得约定试用期。因此，选项 B 错误。

选项 C，从事非全日制用工的劳动者可以与一个或者一个以上的用人单位订立劳动合同；但是，后订立的劳动合同不得影响先订立的劳动合同的履行。因此，选项 C 正确。

选项 D，非全日制用工双方当事人任何一方都可以随时通知对方终止用工。终止用工，用人单位不向劳动者支付经济补偿。因此，选项 D 正确。

选项 E，非全日制用工双方当事人可以订立口头协议。因此，选项 E 错误。

因此，本题选项 CD 正确。

私教点拨

非全日制用工的定义及其规定，在单项选择题、多项选择题中考查频率较高，要注意理解，具体内容如表 14－6 所示。

表 14－6　非全日制用工

类别	具体内容
定义	非全日制用工是指以小时计酬为主，劳动者在同一用人单位一般平均每日工作时间不超过 4 小时，每周工作时间累计不超过 24 小时的用工形式
特征	与全日制用工相比，非全日制用工的特征有两个： （1）以小时计酬为主； （2）周工作时间累计不能超过 24 小时
规定	《劳动合同法》中有关非全日制用工的规定主要有： （1）从事非全日制用工的劳动者可以与一个或者一个以上的用人单位订立劳动合同；但是，后订立的劳动合同不得影响先订立的劳动合同的履行。 （2）非全日制用工双方当事人可以订立口头协议。 （3）非全日制用工双方当事人不得约定试用期。 （4）非全日制用工双方当事人任何一方都可以随时通知对方终止用工。终止用工，用人单位不向劳动者支付经济补偿。 （5）非全日制用工小时计酬标准不得低于用人单位所在地人民政府规定的最低小时工资标准。 （6）非全日制用工劳动报酬结算支付周期最长不得超过 15 日

案例分析题专练

【例题1·2021年·案例分析题】

甲公司于2009年1月1日与张某签订了无固定期限劳动合同。2019年1月1日起，甲公司与乙公司合并，甲公司要求与张某解除合同，[1] 甲公司未支付补偿金 [2]，并安排其与乙公司签订1年期合同，每月工资为5 000元，约定3个月的试用期，并不缴纳社保费用，禁止谈恋爱。[2] 2019年8月，因经营计划调整，乙公司与张某协商一致解除劳动合同。[4]	【审题过程】 [1] 考查劳动合同的解除。 [2] 考查特殊情形下的劳动合同履行： 《劳动合同法》第三十四条规定，用人单位发生合并或者分立等情况，原劳动合同继续有效，劳动合同由承继其权利和义务的用人单位继续履行。 [3] 考查经济补偿的计算标准： 经济补偿按劳动者在本单位工作的年限，每满1年向劳动者支付1个月工资的经济补偿（6个月以上不满1年的，按1年计算）；不满6个月的，向劳动者支付半个月工资的经济补偿。 [4] 考查用人单位裁减人员应优先录用的人员： (1) 与本单位订立较长期限的固定期限劳动合同的； (2) 与本单位订立无固定期限劳动合同的； (3) 家庭无其他就业人员，有需要抚养的老人或者未成年人的

根据以上资料，回答下列问题：

1. 下列说法正确的是（　　）。

A. 甲公司有权与张某解除合同

B. 乙公司有权与张某解除合同

C. 甲、乙公司均可以与张某解除合同且不用支付赔偿金

D. 张某有权决定与甲、乙公司解除合同

2. 与张某签订的合同中符合法律规定的是（　　）。

A. 月工资为5 000元

B. 约定3个月的试用期

C. 签订1年期的劳动合同

D. 禁止谈恋爱

3. 张某的经济补偿金应为（　　）元。

A. 55 000　　B. 50 000　　C. 5 000　　D. 60 000

4. 若公司裁员，张某因与其签订了无固定期限劳动合同而可以被优先留用，除此之外，优先留用的情形还包括（　　）。

A. 订立较长期限的固定合同

B. 家中无其他就业人员，有需要抚养的老人

C. 家中无其他就业人员，有需要抚养的未成年人

D. 因公司原因给劳动者造成过经济损失

1. **【答案】** BD **【解析】** 根据案例材料可知，甲公司与张某签订的是无固定期限劳动合同，因此，如果张某没有出现《劳动合同法》第三十九条规定出现的情形，甲公司不可以解除合同。乙公司由于经营计划调整，符合《劳动合同法》第四十一条规定出现的情形，可以解除合同。张某根据《劳动合同法》第三十七条规定，可以向甲、乙公司提出解除合同。因此，选项 BD 正确。	**【答案解读】** 本题对劳动合同履行、解除与终止的相关内容进行综合考查。 [1] 考查劳动合同的解除。
2. **【答案】** A **【解析】** 根据《劳动合同法》第三十四条规定，用人单位发生合并或者分立等情况，原劳动合同继续有效，劳动合同由承继其权利和义务的用人单位继续履行。因此，选项 A 正确。	[2] 考查特殊情形下的劳动合同履行： 《劳动合同法》第三十四条规定，用人单位发生合并或者分立等情况，原劳动合同继续有效，劳动合同由承继其权利和义务的用人单位继续履行。
3. **【答案】** A **【解析】** 根据案例材料可知，张某在公司工作的时间从 2009 年 1 月 1 日至 2019 年 8 月，共计 10 年 8 个月。劳动补偿标准计算补偿应为 11 个月，因此一个月 5 000 元，补偿 11 个月为 5.5 万元。因此，选项 A 正确。	[3] 考查经济补偿的计算标准： 经济补偿按劳动者在本单位工作的年限，每满 1 年向劳动者支付 1 个月工资的经济补偿（6 个月以上不满 1 年的，按 1 年计算）；不满 6 个月的，向劳动者支付半个月工资的经济补偿。
4. **【答案】** ABC **【解析】** 用人单位裁减人员时，应优先留用下列人员：与本单位订立较长期限的固定期限劳动合同的；与本单位订立无固定期限劳动合同的；家庭无其他就业人员，有需要抚养的老人或者未成年人的。因此，选项 ABC 正确。	[4] 考查用人单位裁减人员应优先留用的人员： (1) 与本单位订立较长期限的固定期限劳动合同的； (2) 与本单位订立无固定期限劳动合同的； (3) 家庭无其他就业人员，有需要抚养的老人或者未成年人的。

【例题2·2014年·案例分析题】

| 甲投资公司（以下简称甲公司）与乙国有企业（以下简称乙企业）以甲公司出资金乙企业提供场地的方式成立了一家大型超市。超市成立后，与丙劳务派遣公司（以下简称丙公司）订立劳务派遣协议，由丙公司派遣李某到超市工作。[1] 不久，甲公司与乙企业产生纠纷，超市停业。超市于是将李某退回丙公司，[2] 丙公司以李某经过调整工作岗位后不胜任工作为由解除了与李某的劳动合同，[3] 李某认为自己在超市的工作属于法律规定禁止实施劳务派遣的单位，遂向劳动行政部门投诉，要求追究甲、乙、丙三家公司的法律责任。 | 【审题过程】
[1] 考查劳务派遣的定义：
劳务派遣是指劳务派遣单位与被派遣劳动者建立劳动关系后，将该劳动者派遣到用工单位从事劳动的一种特殊用工形式。在这种特殊用工形式下，劳务派遣单位与劳动者建立劳动关系，但是不使用劳动者，即不直接管理和指挥劳动者从事劳动；而用工单位直接管理和指挥劳动者，但是与劳动者之间没有建立劳动关系。

[2] 考查被派遣劳动者退回劳务单位：
劳动合同订立时所依据的客观情况发生重大变化，主要包括以下几种情况：
①劳动合同订立时所依据的客观情况发生重大变化，致使劳动合同无法履行，经用人单位与劳动者协商，未能就变更劳动合同内容达成协议的；②依照企业破产法规定进行重整的；③生产经营发生严重困难的；④企业转产、重大技术革新或者经营方式调整，经变更劳动合同后，仍需裁减人员的；⑤其他因劳动合同订立时所依据的客观经济情况发生重大变化，致使劳动合同无法履行的；⑥用工单位被依法宣告破产、吊销营业执照、责令关闭、撤销、决定提前解散或者经营期限届满不再继续经营的；⑦劳务派遣协议期满终止的。

[3] 考查劳务派遣单位解除或终止劳动合同：
①在试用期间被证明不符合录用条件的；②严重违反用人单位的规章制度的；③严重失职、营私舞弊，对用人单位造成重大损害的；④劳动者同时与其他用人单位建立劳动关系，对完成本单位的工作任务造成严重影响，或者经用人单位提出，拒不改正的；⑤因劳动者以欺诈、胁迫的手段或者乘人之危，使用人单位在违背真实意思的情况下订立或者变更劳动合同致使劳动合同无效的；⑥被依法追究刑事责任的；⑦劳 |

	动者患病或者非因工负伤，在规定的医疗期满后不能从事原工作，也不能从事由用人单位另行安排的工作的；⑧劳动者不能胜任工作，经过培训或者调整工作岗位，仍不能胜任工作的。

根据以上资料，回答下列问题：

1. 李某的用人单位是（　　）。

A. 甲公司　　B. 乙公司　　C. 丙公司　　D. 超市

2. 关于超市将李某退回丙公司的说法，正确的是（　　）。

A. 超市可以因决定提前解散而将李某退回丙公司

B. 超市可以因甲公司拒绝承担出资责任而将李某退回丙公司

C. 超市可以因乙企业收回场地而将李某退回丙公司

D. 超市可以自行决定将李某退回丙公司

3. 丙公司解除与李某的劳动合同，符合法律规定的做法是（　　）。

A. 李某因被超市退回，丙公司在解除与李某的劳动合同时无需支付经济补偿

B. 丙公司解除与李某的劳动合同时，无需考虑李某被退回的原因

C. 李某经调整工作岗位仍不胜任工作而被退回，丙公司可以解除与李某的劳动合同

D. 丙公司只可在与李某协商一致的情况下才能解除劳动合同

4. 超市在（　　）岗位上使用李某不符合劳动合同法的规定。

A. 临时性工作　　B. 辅助性工作

C. 主营业务工作　　D. 替代性工作

1. **【答案】** C **【解析】** 根据劳务派遣定义可知，劳务派遣单位与劳动者建立劳动关系。根据案例材料可知，丙公司派遣李某到超市工作，所以丙公司为李某的用人单位。因此，选项 C 正确。	**【答案解读】** 本题对劳务派遣的相关内容进行综合考查。 [1] 考查劳务派遣的定义： 劳务派遣是指劳务派遣单位与被派遣劳动者建立劳动关系后，将该劳动者派遣到用工单位从事劳动的一种特殊用工形式。在这种特殊用工形式下，劳务派遣单位与劳动者建立劳动关系，但是不使用劳动者，即不直接管理和指挥劳动者从事劳动；而用工单位直接管理和指挥劳动者，但是与劳动者之间没有建立劳动关系。

续表

2.【答案】A 【解析】根据用工单位退回被派遣劳动者的7种情形可知，超市因决定提前解散的情况可以将李某退回丙公司。因此，选项A正确。	[2] 考查被派遣劳动者退回劳务单位： ①劳动合同订立时所依据的客观情况发生重大变化，致使劳动合同无法履行，经用人单位与劳动者协商，未能就变更劳动合同内容达成协议的；②依照企业破产法规定进行重整的；③生产经营发生严重困难的；④企业转产、重大技术革新或者经营方式调整，经变更劳动合同后，仍需裁减人员的；⑤其他因劳动合同订立时所依据的客观经济情况发生重大变化，致使劳动合同无法履行的；⑥用工单位被依法宣告破产、吊销营业执照、责令关闭、撤销、决定提前解散或者经营期限届满不再继续经营的；⑦劳务派遣协议期满终止的。
3.【答案】C 【解析】根据劳务派遣单位解除或终止劳动合同的8种情形可知，李某经调整工作岗位仍不能胜任工作而被退回，丙公司可以解除与李某的劳动合同。劳务派遣单位与被派遣劳动者解除或者终止劳动合同时，应当依法向被派遣劳动者支付经济补偿，选项A错误。因此，选项C正确。	[3] 考查劳务派遣单位解除或终止劳动合同： ①在试用期间被证明不符合录用条件的；②严重违反用人单位的规章制度的；③严重失职、营私舞弊，对用人单位造成重大损害的；④劳动者同时与其他用人单位建立劳动关系，对完成本单位的工作任务造成严重影响，或者经用人单位提出，拒不改正的；⑤因劳动者以欺诈、胁迫的手段或者乘人之危，使用人单位在违背真实意思的情况下订立或者变更劳动合同致使劳动合同无效的；⑥被依法追究刑事责任的；⑦劳动者患病或者非因工负伤，在规定的医疗期满后不能从事原工作，也不能从事由用人单位另行安排的工作的；⑧劳动者不能胜任工作，经过培训或者调整工作岗位，仍不能胜任工作的。
4.【答案】C 【解析】劳动合同用工是我国的企业基本用工形式。劳务派遣用工是补充形式，用人单位只能在临时性、辅助性或者替代性的工作岗位上使用被派遣劳动者。因此，选项C正确。	[4] 考查劳务派遣岗位的范围和比例： 劳动合同用工是我国的企业基本用工形式。劳务派遣用工是补充形式，用人单位只能在临时性、辅助性或者替代性的工作岗位上使用被派遣劳动者。

真题演练

一、单项选择题

1. （2021 年）某人在 1 月 1 日与甲公司签订劳动合同，2 月 1 日正式到岗，8 月解除劳动合同，计算经济补偿的日期是（　　）。

A. 无法确定日期　　B. 2 月 1 日

C. 1 月 1 日　　D. 8 月 1 日

2. （2021 年）一个人的实际工作年限为 20 年，在本单位工作 12 年，那么他可以享受（　　）个月的医疗期。

A. 18　　B. 12　　C. 6　　D. 9

3. （2019 年）关于协商一致解除劳动合同的说法，正确的是（　　）。

A. 只需要当事人达成合意，无需法定原因

B. 用人单位应支付经济补偿

C. 应采取书面形式

D. 用人单位无需支付经济补偿

4. （2017 年）符合法律规定的劳动合同处理方式是（　　）。

A. 甲公司更改名称为乙公司，甲公司为劳动者签订的劳动合同不再有效

B. 甲公司分立为乙公司和丙公司，甲公司与劳动者签订的劳动合同不受分立影响继续履行

C. 甲公司更换法定代表人后，新的法定代表人应与劳动者重新签订劳动合同

D. 甲公司和乙公司合并为丙公司后，丙公司应与甲、乙公司的劳动者重新签订劳动合同

5. （2016 年）甲公司与小张订立的劳动合同期满终止后，甲公司应保存劳动合同文本至少（　　）备查。

A. 2 年　　B. 1 年　　C. 6 个月　　D. 30 日

6. （2016 年）关于竞业限制的说法，正确的是（　　）。

A. 竞业限制的人员限于用人单位的普通管理人员

B. 竞业限制期限应当超过 3 年

C. 竞业限制的范围由用人单位自行确定

D. 劳动者违反竞业限制约定的，应当按照约定向用人单位支付违约金

7. （2016 年）下列情形中属于劳务派遣用工单位义务的是（　　）。

A. 依法出具解除或终止劳动合同的证明

B. 依法支付被派遣劳动者的劳动报酬和相关待遇

C. 依法为被派遣劳动者缴纳社会保险费，并办理社会保险相关手续

D. 支付加班费、绩效奖金

8. （2015 年）关于用人单位解除劳动合同的说法，错误的是（　　）。

A. 用人单位与劳动者协商一致，可以解除劳动合同

B. 用人单位无法缴纳社会保险费时，可以解除劳动合同

C. 劳动者在试用期间被证明不符合录用条件，用人单位可以解除劳动合同

D. 劳动者被依法追究刑事责任，用人单位可以解除劳动合同

9.（2015 年）关于劳动者解除劳动合同的说法，错误的是（　　）。

A. 在劳动者提前 30 日书面通知用人单位，即可解除劳动合同

B. 劳动者在试用期内提前 3 日书面通知用人单位，可解除劳动合同

C. 用人单位未及时足额支付劳动报酬，劳动者可以随时解除劳动合同

D. 未经用人单位批准，劳动者不得解除劳动合同

10.（2015 年）《劳动合同法》规定，用人单位单方解除劳动合同，应当事先通知（　　）。

A. 工会　　B. 劳动者

C. 劳动行政部门　　D. 劳动争议仲裁委员会

11.（2014 年）关于制定劳动规章制度的说法，正确的是（　　）。

A. 劳动规章制度应当由工会制定

B. 劳动规章制度应当经过民主程序制定

C. 劳动规章制度应当在劳动行政部门领导下制定

D. 劳动规章制度必须经劳动者同意方可制定

二、多项选择题

1.（2017 年）劳动派遣单位的法定义务包括（　　）。

A. 依法支付被派遣劳动者的劳动报酬

B. 依法向被派遣劳动者提供相应的劳动条件

C. 依法为被派遣劳动者缴纳社会保险费

D. 不得向被派遣劳动者收取费用

E. 依法向被派遣劳动者支付加班费

2.（2016 年）关于劳务派遣的说法，正确的有（　　）。

A. 劳务派遣单位属于劳动合同法调整的用人单位

B. 劳务派遣单位与同一被派遣劳动者每派遣一次可以约定一次试用期

C. 用人单位可以合资设立劳务派遣单位向本单位派遣劳动者

D. 劳务派遣单位不得向被派遣劳动者收取费用

E. 劳务派遣用工是我国企业基本用工形式

3.（2015 年）关于用人单位义务的说法，正确的有（　　）。

A. 用人单位安排劳动者加班，应当向劳动者支付餐费

B. 用人单位应当保护劳动者的生命安全和身体健康

C. 用人单位应当按照劳动合同约定和国家规定，向劳动者及时足额支付劳动报酬

D. 用人单位应当严格执行劳动定额标准

E. 用人单位应当按照劳动者要求提供劳动条件和劳动工具

4. (2014 年) 关于非全日制用工的说法，错误的有（　　）。

A. 非全日制用工是我国企业基本用工形式

B. 非全日制用工应当订立书面劳动合同

C. 非全日制用工每周工作时间累计不得超过 24 小时

D. 非全日制用工双方当事人应当约定试用期

E. 非全日制用工终止时，用人单位无须向劳动者支付经济补偿

5. (2012 年) 李某与用人单位发生争议，在人民调解委员会主持下达成了调解协议。如用人单位不履行该调解协议，李某可就（　　）事项向人民法院申请支付令。

A. 支付经济赔偿金

B. 支付拖欠劳动报酬

C. 承租单位宿舍

D. 支付工伤医疗费

E. 补偿书面劳动合同

三、案例分析题

(2017 年) 甲公司有职工 500 名，2016 年该公司生产经营发生严重困难，准备裁减人员。同年 6 月 1 日甲公司向职工公布了裁减人员方案，并宣布一周后解除 50 名职工的劳动合同。6 月 2 日，甲公司将方案送给本公司工会征求意见，当地劳动行政部门指出，甲公司裁减人员方案，没有向该部门报告，存在程序问题。公司工会也提出，公司应当在裁员前 30 日向工会说明情况。同时，公司工会反映在收集职工意见时，职工表示，公司在既没有破产也没有转产的情况下，不应当实施裁员，还有职工希望公司遵守劳动合同法，优先留用签订较长期限劳动合同、无固定期限劳动合同、家庭无其他就业人员且有未成年人需要抚养和被评过先进的职工。于是，甲公司重新制定了裁员方案，在经过规定程序后公布了裁员方案，将因裁员被解除劳动合同职工的经济补偿金标准定为在本公司工作每满 1 年支付半个月工资。

根据以上材料，回答下列问题：

1. 关于甲公司裁减人员方案的说法，正确的有（　　）。

A. 甲公司应当在裁减人员前 30 日向工会或全体职工说明情况，听取工会或职工意见

B. 甲公司应当向当地劳动行政部门报告裁减人员方案后，再裁减人员

C. 甲公司裁减人员数未达到职工总人数的 10%，可以随时实施裁员

D. 甲公司裁减人员方案应当经当地劳动行政部门批准方能实施

2. 甲公司依法可以实施裁员的情形包括（　　）。

A. 甲公司生产经营发生严重困难

B. 甲公司可能破产

C. 甲公司决定转产

D. 甲公司富余职工较多

3. 甲公司裁员时应优先留用的职工有（　　）。

A. 与甲公司签订较长期限劳动合同的职工

B. 与甲公司签订无固定期限劳动合同的职工

C. 家庭无其他就业人员且有抚养未成年人需要的职工

D. 曾被评为先进职工的职工

4. 关于甲公司裁减人员的经济补偿标准的说法，正确的是（　　）。

A. 甲公司因生产经营严重困难实施裁员，可以不支付经济补偿金

B. 甲公司应当支付的经济补偿金标准为在本公司工作每满 1 年支付半个月工资

C. 甲公司应当支付的经济补偿金标准为在本公司工作每满 1 年支付 1 个月工资

D. 甲公司应当按本地区上年度职工月平均工资 3 倍的标准支付经济补偿

真题演练答案及解析

一、单项选择题

1. 【答案】B

【解析】本题考查经济补偿按劳动者在本单位工作的年限计算。用人单位于劳动者在用工前订立劳动合同的，劳动关系自用工之日起建立，故经济补偿日期应从 2 月 1 日起计算。因此，本题选项 B 正确。

2. 【答案】B

【解析】本题考查医疗期。实际工作年限为 20 年，在本单位工作 12 年，那么他可以享受 12 个月的医疗期。

因此，本题选项 B 正确。

3. 【答案】A

【解析】本题考查协商一致解除劳动合同。《劳动合同法》第三十六条规定，用人单位与劳动者协商一致，可以解除劳动合同，即劳动合同当事人双方对解除合同达成一致意见时，劳动合同可以协商解除。因此，本题选项 A 正确。

4. 【答案】B

【解析】本题考查特殊情形下的劳动合同履行。《劳动合同法》第三十三条规定，用人单位变更名称、法定代表人、主要负责人或者投资人等事项，不影响劳动合同的履行。《劳动合同法》第三十四条规定，用人单位发生合并或者分立等情况，原劳动合同继续有效，劳动合同由承继其权利和义务的用人单位继续履行。因此，本题选项 B 正确。

5. 【答案】A

【解析】本题考查用人单位解除、终止劳动合同的附随义务。用人单位对已经解除或者终止的劳动合同的文本，至少保存 2 年备查。因此，本题选项 A 正确。

6. 【答案】D

【解析】本题考查竞业限制。

选项 A，设置竞业限制的人员范围包括用人单位的高级管理者、高级技术人员和其他负有保密义务的人员。因此，选项 A 错误。

选项 B，在解除或者终止劳动合同后，约定竞业限制的人员到与本单位生产或者经营同类产品、

从事同类业务的有竞争关系的其他用人单位，或者自己开业生产或者经营同类产品、从事同类业务的竞业限制期限不得超过2年。因此，选项B错误。

选项C，竞业限制的内容范围、地域、期限由用人单位与劳动者约定，竞业限制的约定不得违反法律法规的规定。因此，选项C错误。

选项D，劳动者违反竞业限制约定的，应当按照约定向用人单位支付违约金。因此，选项D正确。

因此，本题选项D正确。

7.【答案】D

【解析】本题考查用工单位的义务。用工单位的义务主要包括以下几个方面：

（1）执行国家劳动标准，提供相应的劳动条件和劳动保护；

（2）告知被派遣劳动者的工作要求和劳动报酬；

（3）支付加班费、绩效奖金，提供与工作岗位相关的福利待遇；

（4）对在岗被派遣劳动者进行工作岗位所必需的培训；

（5）连续用工的，实行正常的工资调整机制。

因此，本题选项D正确。

8.【答案】B

【解析】本题考查用人单位解除劳动合同。用人单位因劳动者过失可以随时解除劳动合同。《劳动合同法》第三十九条规定，劳动者有下列情形之一的，用人单位可以解除劳动合同：

（1）在试用期间被证明不符合录用条件的；

（2）严重违反用人单位的规章制度的；

（3）严重失职、营私舞弊，给用人单位造成重大损害的；

（4）劳动者同时与其他用人单位建立劳动关系，对完成本单位的工作任务造成严重影响，或者经用人单位提出，拒不改正的；

（5）因劳动者以欺诈、胁迫的手段或者乘人之危，使用人单位在违背真实意思的情况下订立或者改变劳动合同致使劳动合同无效的；

（6）被依法追究刑事责任的。

因此，本题选项B正确。

9.【答案】D

【解析】本题考查劳动者解除劳动合同。《劳动合同法》第三十七条规定，劳动者提前30日以书面形式通知用人单位，可以解除劳动合同。劳动者在试用期内提前3日通知用人单位，可以解除劳动合同。《劳动合同法》第三十八条规定，用人单位有下列情形之一的，劳动者可以解除劳动合同，且无须提前通知用人单位：

（1）未按照劳动合同约定提供劳动保护或者劳动条件的；

（2）未及时足额支付劳动报酬的；

（3）未依法为劳动者缴纳社会保险费的；

（4）用人单位的规章制度违反法律、法规的规定，损害劳动者权益的；

（5）因用人单位以欺诈、胁迫的手段或者乘人之危，使劳动者在违背真实意思的情况下订立或者变更劳动合同致使劳动合同无效的；

（6）法律、行政法规规定劳动者可以解除劳动合同的其他情形。

用人单位以暴力、威胁或者非法限制人身自由的手段强迫劳动者劳动的，或者用人单位违章指挥、强令冒险作业危及劳动者人身安全的，劳动者可以立即解除劳动合同，不需事先告知用人单位。

因此，本题选项 D 当选。

10. **【答案】** A

【解析】 本题考查用人单位解除劳动合同的要求。用人单位单方解除劳动合同，应当事先将理由通知工会。因此，本题选项 A 正确。

11. **【答案】** B

【解析】 本题考查劳动规章制度制定的程序。用人单位在制定、修改或者决定有关劳动报酬、工作时间、休息休假、劳动安全卫生、保险福利、职工培训、劳动纪律以及劳动定额管理等直接涉及劳动者切身利益的规章制度或者重大事项时，应当经职工代表大会或者全体职工讨论，提出方案和意见，与工会或者职工代表平等协商确定。因此，本题选项 B 正确。

二、多项选择题

1. **【答案】** ACD

【解析】 本题考查劳务派遣单位的义务。劳务派遣单位的义务包括以下几个方面：

（1）如实告知被派遣劳动者《劳动合同法》第八条规定的事项、应遵守的规章制度以及劳务派遣协议的内容。

（2）建立培训制度，对被派遣劳动者进行上岗知识、安全教育培训。

（3）按国家规定和劳务派遣协议约定，依法支付被派遣劳动者的劳动报酬和相关待遇。

（4）按照国家规定和劳务派遣协议约定，依法为被派遣劳动者缴纳社会保险费，并办理社会保险相关手续。

（5）督促用工单位依法为被派遣劳动者提供劳动保护和劳动安全卫生条件。

（6）依法出具解除或者终止劳动合同的证明。

（7）协助处理被派遣劳动者与用工单位的纠纷。

（8）劳务派遣单位不得克扣用工单位按照劳务派遣协议支付给被派遣劳动者的劳动报酬。劳务派遣单位与被派遣劳动者订立的劳动合同和与用工单位订立的劳务派遣协议，载明或者约定的向被派遣劳动者支付的劳动报酬应当符合同工同酬规定。

（9）劳务派遣单位不得向被派遣劳动者收取费用。

（10）在跨地区派遣劳动者时，劳务派遣单位应当保证被派遣劳动者享有的劳动报酬和劳动条件符合用工单位所在地规定的标准。

（11）因劳务派遣单位存在违法行为，给被派遣劳动者造成损害的，劳务派遣单位与用工单位承担连带赔偿责任。

（12）劳务派遣单位不得以非全日制用工形式招用被派遣劳动者。

因此，本题选项 ACD 均正确。

2. 【答案】AD

【解析】本题考查劳务派遣。

选项 A，劳务派遣单位属于《劳动合同法》调整的用人单位，其应当履行用人单位对劳动者的义务。因此，选项 A 正确。

选项 B，劳务派遣单位与同一被派遣劳动者只能约定一次试用期。因此，选项 B 错误。

选项 C，用人单位不得设立劳务派遣单位向本单位或者所属单位派遣劳动者。因此，选项 C 错误。

选项 D，劳务派遣单位不得向被派遣劳动者收取费用。因此，选项 D 正确。

选项 E，劳动合同用工是我国的企业基本用工形式。因此，选项 E 错误。

因此，本题选项 AD 均正确。

3. 【答案】BCD

【解析】本题考查用人单位的义务。用人单位的义务包括以下几个方面：

（1）用人单位应当按照劳动合同约定和国家规定，向劳动者及时足额支付劳动报酬。如果用人单位拖欠或者未足额支付劳动报酬的，劳动者可以依法向当地人民法院申请支付令，人民法院应当依法发出支付令。

（2）用人单位应当严格执行劳动定额标准，不得强迫或者变相强迫劳动者加班。用人单位安排加班的，应当按照国家有关规定向劳动者支付加班费。

（3）用人单位应当保护劳动者的生命安全和身体健康。劳动者拒绝用人单位管理者违章指挥、强令冒险作业的，不视为违反劳动合同。劳动者对危害生命安全和身体健康的劳动条件，也有权对用人单位提出批评、检举和控告。

因此，本题选项 BCD 均正确。

4. 【答案】ABD

【解析】本题考查非全日制用工。

选项 A，劳动合同用工是我国的企业基本用工形式。因此，选项 A 错误。

选项 B，非全日制用工双方当事人可以订立口头协议。因此，选项 B 错误。

选项 C，非全日制用工有两个特征：以小时计酬为主；周工作时间累计不能超过 24 小时。因此，选项 C 正确。

选项 D，非全日制用工双方当事人不得约定试用期。因此，选项 D 错误。

选项 E，非全日制用工双方当事人任何一方都可以随时通知对方终止用工。终止用工，用人单位不向劳动者支付经济补偿。因此，选项 E 正确。

因此，本题选项 ABD 均当选。

5. 【答案】ABD

【解析】本题考查用人单位的义务。用人单位应当按照劳动合同约定和国家规定，向劳动者及时足额支付劳动报酬。如果用人单位拖欠或者未足额支付劳动报酬的，劳动者可以依法向当地人民法院申请支付令，人民法院应当依法发出支付令。因此，本题选项 ABD 均正确。

三、案例分析题

<table>
<tr><td>1.【答案】AB
【解析】根据《劳动合同法》第四十一条规定，有下列情形之一，需要裁减人员20人以上或者裁减不足20人但占企业职工总数10%以上的，选项C错误。用人单位提前30日向工会或者全体职工说明情况，听取工会或者职工的意见后，裁减人员方案经向劳动行政部门报告，可以裁减人员，选项AB正确。选项D“批准”的表述错误。因此，选项AB正确。
2.【答案】AC
【解析】根据《劳动合同法》第四十一条规定，可以实施裁员的情形包括：
（1）依照企业破产法规定进行重整的；
（2）生产经营发生严重困难的；
（3）企业转产、重大技术革新或者经营方式调整，经变更劳动合同后，仍需裁减人员的；
（4）其他因劳动合同订立时所依据客观经济情况发生重大变化，致使劳动合同无法履行的。
因此，选项AC正确。
3.【答案】ABC
【解析】根据用人单位裁减人员时应当优先留用的人员可知，优先留用人员包括：
（1）与本单位订立较长期限的固定期限劳动合同的；
（2）与本单位订立无固定期限劳动合同的；
（3）家庭无其他就业人员，有需要抚养的老人或者未成年人的。
因此，选项ABC正确。</td><td>【答案解读】
本题考查劳动合同解除与终止。
[1] 考查用人单位因实施裁员解除劳动合同：《劳动合同法》第四十一条规定，有下列情形之一，需要裁减人员20人以上或者裁减不足20人但占企业职工总数10%以上的，用人单位提前30日向工会或者全体职工说明情况，听取工会或者职工的意见后，裁减人员方案经向劳动行政部门报告，可以裁减人员。
[2] 考查用人单位因实施裁员解除劳动合同的情形：
（1）依照企业破产法规定进行重整的；
（2）生产经营发生严重困难的；
（3）企业转产、重大技术革新或者经营方式调整，经变更劳动合同后，仍需裁减人员的；
（4）其他因劳动合同订立时所依据客观经济情况发生重大变化，致使劳动合同无法履行的。
[3] 考查用人单位裁减人员时应当优先留用的人员：
（1）与本单位订立较长期限的固定期限劳动合同的；
（2）与本单位订立无固定期限劳动合同的；
（3）家庭无其他就业人员，有需要抚养的老人或者未成年人的。</td></tr>
</table>

4. **【答案】**C **【解析】**劳动者在劳动合同解除或者终止前12个月的平均工资，高于用人单位所在直辖市、设区的市级人民政府公布的本地区上年度职工月平均工资3倍的，向其支付经济补偿的标准按职工月平均工资3倍的数额支付，向其支付经济补偿的年限最高不超过12年。因此，选项D错误。经济补偿标准按劳动者在本单位工作的年限，每满1年向劳动者支付1个月工资的经济补偿（6个月以上不满1年的，按1年计算）；不满6个月的，向劳动者支付半个月工资的经济补偿。因此，选项C正确。	[4] 考查经济补偿的计算标准： 经济补偿标准按劳动者在本单位工作的年限，每满1年向劳动者支付1个月工资的经济补偿（6个月以上不满1年的，按1年计算）；不满6个月的，向劳动者支付半个月工资的经济补偿。

第十五章　社会保险法律

本章考情 Q&A

Q：本章的重要性和难度如何？

A：本章属于**非重点**章节，目前对本章内容的考查难度较低，学好本章可以为后续章节的学习打好基础。从历年真题来看，每年考查的分值为 2~3 分。

Q：本章在考试中通常以什么形式出现？

A：从历年真题看，考查形式主要为单项选择题、多项选择题，案例分析题的考查可能性较小。

Q：本章 2022 年的内容有改动么？

A：本章内容无实质性改动。

Q：本章考点在历年考试中的分布情况如何？

A：以下是老师们的统计：

考点	2021 年	2020 年	2019 年	2018 年	2017 年	2016 年	2015 年	2014 年	2013 年	2012 年
社会保险法律关系的主体和客体	√		√		√					
社会保险体系的基本框架			√		√					
社会保险制度的覆盖范围		√		√		√		√		

经典例题

考点一　社会保险法律关系的主体和客体

【例题·2021 年·多项选择题】下列属于社会保险法律关系主体的有（　　）。

A. 用人单位

B. 劳动者

C. 商业保险公司

D. 国家

E. 社会保险的管理和经办机构

【答案】ABDE

【解析】本题考查从保险业务划分的社会保险法律关系主体。按社会保险责任划分的社会保险法律关系主体主要包括：国家、社会保险的管理和经办机构、用人单位、劳动者及其家庭。因此，本题选项 ABDE 均正确。

私教点拨

社会保险法律关系的主体和客体是单项选择题和多项选择题考查的重点，要注意区分。具体如表 15－1 所示。

表 15－1 社会保险法律关系的主体、客体及相关内容

<table>
<tr><th colspan="2">主体与客体</th><th>具体包括</th></tr>
<tr><td rowspan="4">按社会保险责任划分的社会保险法律关系主体</td><td>国家</td><td>国家通过参与社会保险活动，对社会保险的运行和实施给予法律和财政上的支持，从而成为社会保险法的特殊主体</td></tr>
<tr><td>社会保险的管理和经办机构</td><td>由其直接承担管理和实施社会保险的责任，依法向用人单位、劳动者征收社会保险费，并向劳动者发放社会保险待遇；同时，社会保险的管理和经办机构还负责社会保险基金的会计核算和日常管理</td></tr>
<tr><td>用人单位</td><td>用人单位承担缴纳社会保险费的义务，是社会保险基金的主要缴纳者</td></tr>
<tr><td>劳动者及其家庭</td><td>劳动者及其家庭是社会保险的受益人，同时劳动者本人还要承担相应的缴费义务</td></tr>
<tr><td rowspan="6">从保险业务划分的社会保险法律关系主体</td><td>保险人</td><td>保险人是指依法收取社会保险费，并按照规定支付保险待遇的主体，在我国，保险人称为社会保险经办机构</td></tr>
<tr><td>投保人</td><td>投保人是为被保险人的利益投保社会保险的主体。投保人一般为用人单位</td></tr>
<tr><td>被保险人</td><td>被保险人是对社会保险标的具有直接保险利益的主体。被保险人一般为在参保单位中就业的劳动者，自谋职业的劳动者在履行缴费义务后，也可以成为被保险人</td></tr>
<tr><td>受益人</td><td>受益人是基于被保险人的一定关系而享有一定保险利益的主体</td></tr>
<tr><td>管理人</td><td>管理人是依法负有管理职责的社会保险行政部门</td></tr>
<tr><td>监督人</td><td>监督人是指依法负有监督职责的机构。社会保险监督人既有专门设立的社会保险监督机构，又包括负有监督职责的社会保险行政主管部门</td></tr>
<tr><td>社会保险法律关系的客体</td><td colspan="2">与社会保险法律关系的主体相对应，社会保险法律关系的客体是社会保险法律关系主体的权利和义务所指向的对象，可以是资金、物，也可以是服务行为。例如，养老保险中缴纳的养老保险费和支付的养老保险待遇，失业保险中的失业保险金、就业服务项目，医疗保险中的医疗津贴、医疗服务等</td></tr>
</table>

考点二 社会保险体系的基本框架

【例题·2017年·多项选择题】下列保险中，属于《社会保险法》规定的基本医疗保险的是（　　）。

A. 工伤保险　　B. 职工基本医疗保险

C. 新型农村合作医疗　　D. 城镇居民基本医疗保险

E. 大病无忧健康保险

【答案】BCD

【解析】本题考查社会保险体系的基本框架。《社会保险法》规定，国家建立基本养老保险、基本医疗保险、工伤保险、失业保险、生育保险等社会保险制度，保障公民在年老、疾病、工伤、失业、生育等情况下依法从国家和社会获得物质帮助的权利。其中，基本医疗保险包括职工基本医疗保险和城乡居民基本医疗保险。因此，本题选项BCD均正确。

私教点拨

《社会保险法》确立了我国社会保险体系的基本框架。《社会保险法》规定，国家建立基本养老保险、基本医疗保险、工伤保险、失业保险、生育保险等社会保险制度，保障公民在年老、疾病、工伤、失业、生育等情况下依法从国家和社会获得物质帮助的权利。在单项选择题、多项选择题中是常考的知识点。具体如表15－2所示。

表15－2　社会保险体系的基本框架

保险	具体内容
基本养老保险	包括城镇职工基本养老保险和城乡居民基本养老保险
基本医疗保险	包括职工基本医疗保险和城乡居民基本医疗保险
工伤保险	《社会保险法》对工伤保险制度的缴费构成、工伤情形、基金支出范围、用人单位支出范围、先行支付等做了比较全面的规定，尤其是工伤保险先行支付制度，是《社会保险法》确立的新制度
失业保险	《社会保险法》对失业保险制度的领取失业保险金条件、失业保险金标准、失业人员死亡后的待遇、停止享受失业保险金条件等进行了比较全面的规定
生育保险	《社会保险法》明确了生育保险的缴费构成、生育医疗费用、生育津贴享受条件等内容

考点三 社会保险制度的覆盖范围

【例题·2018年·单项选择题】关于社会保险覆盖范围的说法，正确的是（　　）。

A. 外国人在我国就业的可以不缴纳社会保险

B. 劳动者在两个单位工作的，可以选择其中一家单位缴纳工伤保险费

C. 非全日制从业人员不能缴纳职工基本医疗保险

D. 无雇工的个体工商户可以参加职工基本养老保险

【答案】D

【解析】本题考查各项社会保险制度的覆盖范围。

选项A，在中国境内就业的外国人，也应当参照《社会保险法》的规定参加我国的社会保险。因此，选项A错误。

选项B，职工（包括非全日制从业人员）在两个或者两个以上用人单位同时就业的，各用人单位应当分别为职工缴纳工伤保险费。职工发生工伤，由职工受到伤害时工作的单位依法承担工伤保险责任。因此，选项B错误。

基本养老保险和基本医疗保险覆盖人群具体包括：应当参加城镇职工基本养老保险和城镇职工基本医疗保险的用人单位及其职工；可以参加城镇职工基本养老保险和城镇职工基本医疗保险的无雇工的个体工商户、未在用人单位参加社会保险的非全日制从业人员以及其他灵活就业人员；可以参加城乡居民基本养老保险和城乡居民基本医疗保险的农村居民；可以参加城乡居民基本养老保险和城乡居民基本医疗保险的城镇未就业居民。因此，选项C错误，选项D正确。

因此，本题选项D正确。

私教点拨

《社会保险法》明确了各项社会保险制度的覆盖范围。《社会保险法》将我国境内所有用人单位和个人都纳入了社会保险制度的覆盖范围，在单项选择题、多项选择题中是常考的知识点。具体如表15－3所示。

表15－3 社会保险制度的覆盖范围

类别	具体内容
基本养老保险和基本医疗保险	基本养老保险和基本医疗保险覆盖人群包括：应当参加城镇职工基本养老保险和城镇职工基本医疗保险的用人单位及其职工；可以参加城镇职工基本养老保险和城镇职工基本医疗保险的无雇工的个体工商户、未在用人单位参加社会保险的非全日制从业人员以及其他灵活就业人员；可以参加城乡居民基本养老保险和城乡居民基本医疗保险的农村居民；可以参加城乡居民基本养老保险和城乡居民基本医疗保险的城镇未就业居民。公务员和参照公务员法管理的工作人员的养老保险办法由国务院规定
工伤保险、失业保险和生育保险	工伤保险、失业保险和生育保险制度覆盖了所有用人单位及其职工
被征地农民	被征地农民按照国务院规定纳入相应的社会保险制度。被征地农民到用人单位就业的，都应当参加全部五项社会保险。对于未就业、转为城镇居民或继续保留农村居民身份的，可以参加城乡居民基本养老保险和城乡居民基本医疗保险
香港、澳门、台湾居民	香港、澳门、台湾居民在内地（大陆）按照规定参加社会保险。用人单位依法聘用、招用港澳台居民的，应当持港澳台居民有效证件，以及劳动合同、聘用合同等证明材料，为其办理社会保险登记。在内地（大陆）依法从事个体工商经营和灵活就业的港澳台居民，按照注册地（居住地）有关规定办理社会保险登记。港澳台居民办理社会保险的各项业务流程与内地（大陆）居民一致。社会保险经办机构或者社会保障卡管理机构应当为港澳台居民建立社会保障号码，并发放社会保障卡。已在香港、澳门、台湾参加当地社会保险，并继续保留社会保险关系的港澳台居民，可以持相关授权机构出具的证明，不在内地（大陆）参加基本养老保险和失业保险

续表

类别	具体内容
外国人	在中国境内就业的外国人，也应当参照《社会保险法》规定参加我国的社会保险。其中，具有与我国签订社会保险缴费双边或多边协议国家国籍的就业人员，在其依法获得在我国境内就业证件3个月内提供协议国出具参保证明的，应按协议规定免除其规定险种在规定期限内的缴费义务。对于依法获得在我国境内就业证件3个月后不能提供协议国出具的参保证明的，应按规定征收社会保险费并收取相应的滞纳金。对于协议之外的险种以及协议规定险种超过规定期限的，应当要求其按规定缴纳社会保险费

真题演练

一、单项选择题

1.（2021年）保险人是指（　　）。

A. 社会保险经办机构　　B. 用人单位

C. 社会保险行政机构　　D. 劳动者

2.（2020年）关于社会保险法律适用的基本规则，错误的是（　　）。

A. 同位法中一般规定优先于特别规定

B. 法律效力高于行政法规

C. 原则上不溯及既往

D. 地方性法规效力高于地方政府规章

3.（2020年）2019年3月1日，迈克尔（K国国籍，K国与中国签订了社保缴费协议）取得中国境内就业证书，迈克尔希望按照协议免除规定险种在规定期限的缴费义务，其应当提供K国参保证明的日期不得晚于（　　）。

A. 2020年9月1日　　B. 2020年6月1日

C. 2019年6月1日　　D. 2019年9月1日

4.（2019年）根据《社会保险法》，不属于社会保险险种的是（　　）。

A. 失业保险　　B. 工伤保险

C. 生育保险　　D. 雇主责任险

5.（2017年）社会保险法律关系主体中不包括（　　）。

A. 承担社会保险费缴纳义务的用人单位

B. 参与社会保险并履行缴纳社会保险费义务的劳动者

C. 依法裁判社会保险争议的人民法院

D. 向劳动者发放社会保险待遇的社会保险经办机构

6. （2016 年）关于社会保险的说法，正确的是（ ）。

A. 在中国境内就业的外国人应当参照社会保险法参加社会保险

B. 社会保险法确立了企业职工参加商业养老保险的基本模式

C.《社会保险法》是依据 1994 年颁布的《劳动法》制定的

D. 职工自愿参加社会保险是社会保险法的一项立法原则

二、多项选择题

1. （2019 年）下列主体中，属于社会保险法律关系主体的有（ ）。

A. 用人单位　　B. 劳动者

C. 人寿保险公司　　D. 国家

E. 社会保险的管理和经办机构

2. （2015 年）下列法律关系中，属于社会保险法律关系的有（ ）。

A. 征收社会保险费的机构与劳动者因征收失业保险费产生的法律关系

B. 企业与劳动者因建立企业年金产生的法律关系

C. 社会保险经办机构与退休职工因支付基本养老金产生的法律关系

D. 社会保险行政部门与企业因认定工伤产生的法律关系

E. 商业保险公司与参加意外伤害险的职工因支付住院津贴产生的法律关系

真题演练答案及解析

一、单项选择题

1. **【答案】**A

【解析】本题考查从保险业务划分的社会保险法律关系主体。保险人是指依法收取社会保险费，并按照规定支付保险待遇的主体。在我国，保险人被称为社会保险经办机构。因此，本题选项 A 正确。

2. **【答案】**A

【解析】本题考查社会保险法律适用的基本规则。

选项 A，同位法中特别规定与一般规定不一致时，适用特别规定。因此，选项 A 错误。

选项 C，原则上不溯及既往。法律规定后，要严格依法执行，但法律的规定不能溯及过去的行为，为了更好地保护公民、法人和其他组织的权利和利益而作的特别规定除外。因此，选项 C 正确。

上位法的效力高于下位法。《中华人民共和国宪法》具有最高的法律效力，法律的效力高于行政法规、地方性法规、规章，地方性法规的效力高于本级和下级政府规章。省、自治区人民政府制定的规章的效力高于本行政区域内较大市的人民政府制定的规章。因此，选项 BD 正确。

因此，本题选项 A 当选。

3. **【答案】**C

【解析】本题考查社会保险制度的覆盖范围。具有与我国签订社会保险缴费双边或多边协议国家国籍的就业人员，在其依法获得在我国境内就业证件3个月内提供协议国出具参保证明的，应按协议规定免除其规定险种在规定期限内的缴费义务。因此，本题选项C正确。

4.【答案】D

【解析】本题考查《社会保险法》的内容。《社会保险法》规定，国家建立基本养老保险、基本医疗保险、工伤保险、失业保险、生育保险等社会保险制度。因此，本题选项D当选。

5.【答案】C

【解析】本题考查社会保险法律关系的概念。社会保险法律关系是指社会保险各主体之间，如国家与劳动者之间、社会保险经办机构与劳动者之间、社会保险经办机构之间、社会保险经办机构与用人单位之间、用人单位与劳动者之间，就社会保险的权利义务所产生的法律关系。因此，本题选项C当选。

6.【答案】A

【解析】本题考查社会保险的相关内容。

选项A，在中国境内就业的外国人，也应当参照《社会保险法》规定参加我国的社会保险。因此，选项A正确。

选项B，《社会保险法》确立了基本养老保险制度（城镇职工基本养老保险和城乡居民基本养老保险）的缴费组成、待遇发放等内容。因此，选项B错误。

选项C，《中华人民共和国社会保险法》由第十一届全国人大常委会第十七次会议审议通过。因此，选项C错误。

选项D，社会保险法律具有国家强制性的特性，并非职工自愿参加。因此，选项D错误。

因此，本题选项A正确。

二、多项选择题

1.【答案】ABDE

【解析】本题考查按社会保险责任划分的社会保险法律关系主体。按社会保险责任划分的社会保险法律关系主体主要包括：国家、社会保险的管理和经办机构、用人单位、劳动者及其家庭。因此，本题选项ABDE均正确。

2.【答案】AC

【解析】本题考查社会保险法律关系。社会保险法律关系是指社会保险各主体之间，如国家与劳动者之间、社会保险经办机构与劳动者之间、社会保险经办机构之间、社会保险经办机构与用人单位之间、用人单位与劳动者之间就社会保险的权利义务所产生的法律关系。因此，本题选项AC均正确。

第十六章　社会保险体系

本章考情 Q&A

Q：本章的重要性和难度如何？

A：本章属于**次重点**章节，可以与前面的章节结合起来考查。本章学习难度中等。从历年真题来看，每年考查的分值为 6~7 分。

Q：本章在考试中通常以什么形式出现？

A：从历年真题看，本章内容在单项选择题、多项选择题和案例分析题中均有涉及。案例分析题考查的内容较为综合，工伤保险相关的知识点可以与第十四章“劳动合同管理与特殊用工”及第十七章“劳动争议调解仲裁”等内容结合起来综合考查。

Q：本章 2022 年的内容有改动么？

A：本章内容无实质性改动。

Q：本章考点在历年考试中的分布情况如何？

A：以下是老师们的统计：

考点	2021 年	2020 年	2019 年	2018 年	2017 年	2016 年	2015 年	2014 年	2013 年	2012 年
基本养老保险制度		√		√			√	√		
劳动者退休条件及基本养老保险待遇	√					√				√
基本医疗保险费的缴纳	√					√				
基本医疗保险基金的支付			√	√		√	√	√		
工伤保险	√				√	√	√			
工伤认定	√			√		√		√	√	
劳动能力鉴定	√				√					
伤残待遇			√			√				

经典例题

考点一　基本养老保险制度

【例题·2020 年·单项选择题】关于基本养老保险制度的说法，错误的是（　　）。

A. 养老保险待遇只能在达到法定退休年龄后才能享受

B. 灵活就业人员参加基本养老保险，由当地政府和个人共同缴纳

C. 实行社会统筹和个人账户相结合的模式

D. 基本养老保险基金主要由用人单位和个人缴费以及政府补贴等组成

【答案】 B

【解析】 本题考查基本养老保险制度。

选项 A，基本养老保险是国家通过立法，保障劳动者在达到法定退休年龄后，从基本养老保险基金获得一定的经济补偿、物质帮助和服务，以保证晚年基本生活的一项社会保险制度。因此，选项 A 正确。

选项 B，无雇工的个体工商户、未在用人单位参加基本养老保险的非全日制从业人员以及其他灵活就业人员可以参加基本养老保险，由个人缴纳基本养老保险费。因此，选项 B 错误。

选项 C，我国基本养老保险实行社会统筹与个人账户相结合的模式。因此，选项 C 正确。

选项 D，基本养老保险基金由用人单位和个人缴费以及政府补贴等组成。因此，选项 D 正确。

因此，本题选项 B 当选。

私教点拨

对于基本养老保险相关的知识点，要了解其定义及基本内容，具体如表 16－1 所示。

表 16－1　基本养老保险制度

类别	具体内容
定义	基本养老保险是国家通过立法，保障劳动者在达到法定退休年龄后，从基本养老保险基金获得一定的经济补偿、物质帮助和服务，以保证晚年基本生活的一项社会保险制度
模式与组成	我国基本养老保险实行社会统筹与个人账户相结合的模式。基本养老保险基金由用人单位和个人缴费以及政府补贴等组成
缴费	**职工**应当参加基本养老保险，由**用人单位和职工**共同缴纳基本养老保险费。无雇工的个体工商户、未在用人单位参加基本养老保险的**非全日制从业人员**以及其他**灵活就业人员**可以参加基本养老保险，由**个人缴纳**基本养老保险费。公务员和参照公务员法管理的工作人员，按照《国务院关于机关事业单位工作人员养老保险制度改革的决定》有关要求，参加基本养老保险制度

考点二　劳动者退休条件及基本养老保险待遇

【例题·2021 年·单项选择题】 基本养老保险应满足的基本缴费年限是（　　）年。

A. 20　　B. 10　　C. 5　　D. 15

【答案】 D

【解析】 本题考查享受基本养老保险待遇的条件。享受按月领取基本养老金待遇必须具备两个条件：达到法定退休年龄；累计缴纳基本养老保险费满 15 年。因此，本题选项 D 正确。

私教点拨

历年真题对劳动者退休条件及基本养老保险待遇的考查，一般为记忆性题目，因此要记忆其具体内容，具体如表16－2所示。

表16－2 劳动者退休条件及基本养老保险待遇

类别	具体内容
基本养老保险待遇	基本养老金由**统筹养老金**和**个人账户养老金**组成
	退休时的**基础养老金**月标准以当地上年度在岗职工月平均工资和本人指数化月平均缴费工资的平均值为基数，缴费每满1年发给1%
	个人账户养老金标准为个人账户储存额除以计发月数，计发月数根据职工退休时城镇人口平均预期寿命、本人退休年龄、利息等因素确定
	参加基本养老保险的个人，因病或者非因工死亡的，其遗属可以领取丧葬补助金和抚恤金；在未达到法定退休年龄时因病或者非因工致残完全丧失劳动能力的，可以领取病残津贴，所需资金从基本养老保险基金中支付
享受基本养老保险待遇的条件	享受按月领取基本养老金待遇必须具备两个条件：**达到法定退休年龄；累计缴纳基本养老保险费满15年**
对于**缴费不足15年**的处理	参加基本养老保险的个人，达到法定退休年龄时累计缴费不足15年的，可以缴费至满15年，按月领取基本养老金；也可以转入城乡居民基本养老保险，按照国务院规定享受相应的养老保险待遇。《社会保险法》实施前参保、延长缴费5年后仍不足15年的，可以一次性缴费至满15年

考点三 基本医疗保险费的缴纳

【例题·2021年·单项选择题】甲的月收入为5 000元，其基本医疗保险个人缴纳金额为（　　）元。

A. 500　　B. 200　　C. 100　　D. 300

【答案】C

【解析】本题考查基本医疗保险费的缴纳。用人单位缴费水平为职工工资总额的6%左右，个人缴费一般为本人工资收入的2%。所以甲的基本医疗保险个人缴纳金额为5 000×2%＝100元。因此，本题选项C正确。

私教点拨

历年真题对基本医疗保险费缴纳的考查，容易以计算题的形式出现，要了解具体的数额比例。基本医疗保险费由**用人单位**和**个人**共同缴纳。**用人单位**缴费水平为职工工资总额的**6%**左右，**个人**缴费一般为本人工资收入的**2%**。

考点四 基本医疗保险基金的支付

【例题·2019年·单项选择题】下列费用中，属于基本医疗保险基金支付范围的是（　　）。

A. 境外就医的费用

B. 应当由公共卫生负担的费用

C. 应当从工伤保险基金中支付的费用

D. 急诊、抢救的医疗费用

【答案】D

【解析】本题考查基本医疗保险基金的支付。下列医疗费用**不纳入**基本医疗保险基金支付范围：

（1）应当从工伤保险基金中支付的（选项C）；

（2）应当由第三人负担的；

（3）应当由公共卫生负担的（选项B）；

（4）在境外就医的（选项A）。

因此，本题选项D正确。

私教点拨

历年真题对基本医疗保险基金支付的考查，大多数为记忆性题目，因此需要了解相关知识点，具体如表16－3所示。

表16－3 基本医疗保险基金的支付

类别	具体内容
规定	《社会保险法》规定，符合基本医疗保险药品目录、诊疗项目、医疗服务设施标准以及急诊、抢救的医疗费用，按照国家规定从基本医疗保险基金中支付
支付顺序	医疗费用依法应当由**第三人负担**，第三人不支付或者无法确定第三人的，由**基本医疗保险基金先行支付**。基本医疗保险基金先行支付后，**有权向第三人追偿**
支付范围	下列医疗费用**不纳入**基本医疗保险基金支付**范围**： （1）应当从工伤保险基金中支付的； （2）应当由第三人负担的； （3）应当由公共卫生负担的； （4）在境外就医的

考点五 工伤保险原则和覆盖范围

【例题·2017年·多项选择题】关于用人单位工伤保险责任的说法，正确的是（　　）。

A. 职工在两个用人单位同时就业的，由职工受到伤害时的工作单位承担工伤保险责任

B. 用人单位应当将参加工伤保险的有关情况，在本单位内公示

C. 职工被派遣出境工作的，其国内工伤保险关系依法终止

D. 非全日制从业人员可以自愿参加工伤保险，其用人单位无工伤保险责任

E. 用人单位在转让前，职工发生工伤的，由承继的单位承担工伤保险责任

【答案】ABE

【解析】本题考查工伤保险的原则和覆盖范围内容中用人单位的责任。

选项 A，职工（包括非全日制从业人员）在两个或者两个以上用人单位同时就业的，各用人单位应当分别为职工缴纳工伤保险费。职工发生工伤，由职工受到伤害时工作的单位依法承担工伤保险责任。因此，选项 A 正确。

选项 B，《工伤保险条例》规定，用人单位应当将参加工伤保险的有关情况在本单位内公示。因此，选项 B 正确。

选项 C，职工被派遣出境工作，依据前往国家或者地区的法律应当参加当地工伤保险的，参加当地工伤保险，其国内工伤保险关系中止；不能参加当地工伤保险的，其国内工伤保险关系不中止。因此，选项 C 错误。

选项 D，目前，按照现行法律规定，工伤保险是国家唯一强制用人单位为非全日制从业人员缴纳的社会保险。因此，选项 D 错误。

选项 E，用人单位分立、合并、转让的，承继单位应当承担原用人单位的工伤保险责任。因此，选项 E 正确。

因此，本题选项 ABE 正确。

私教点拨

工伤保险的原则和覆盖范围等知识点，在单项选择题、多项选择题和案例分析题中容易考查，具体如表 16－4 所示。

表 16－4　工伤保险的原则和覆盖范围

类别	具体内容
原则	无过失责任原则；损害补偿原则；预防、补偿和康复相结合原则
覆盖范围	《工伤保险条例》规定，我国境内的企业、事业单位、社会团体、民办非企业单位、基金会、律师事务所、会计师事务所等组织和有雇工的个体工商户（以下简称用人单位）应当依照本条例规定参加工伤保险，为本单位全部职工或者雇工（以下简称职工）缴纳工伤保险费。公务员和参照公务员法管理的事业单位、社会团体的工作人员因工作遭受事故伤害或者患职业病的，由所在单位支付费用。具体办法由国务院社会保险行政部门会同国务院财政部门规定

续表

类别	具体内容
用人单位的责任	《工伤保险条例》规定，用人单位应当将参加工伤保险的有关情况在本单位内**公示**。职工发生工伤时，用人单位应当采取措施使工伤职工得到及时救治
	用人单位**分立**、**合并**、**转让**的，**承继单位**应当**承担**原用人单位的工伤保险责任；原用人单位已经参加工伤保险的，承继单位应当到当地经办机构办理工伤保险变更登记。用人单位实行承包经营的，工伤保险责任由职工劳动关系所在单位承担。职工在被**借调期间**受到工伤事故伤害的，由**原用人单位承担**工伤保险责任，但原用人单位与借调单位可以约定补偿办法。企业破产的，在破产清算时依法拨付应当由单位支付的工伤保险待遇费用
	职工**被派遣出境**工作，依据前往国家或者地区的法律应当参加当地工伤保险的，参加当地工伤保险，其国内工伤保险关系中止；不能参加当地工伤保险的，其国内工伤保险关系不中止
	职工（包括非全日制从业人员）在**两个或者两个以上用人单位**同时就业的，各用人单位应当**分别为职工缴纳**工伤保险费。职工发生工伤，由职工**受到伤害时工作的单位**依法承担工伤保险责任

考点六 工伤认定

【例题·2021 年·单项选择题】下列不属于工伤认定情况的是（　　）。

A. 甲在上班路上造成了因本人主要责任的交通事故

B. 甲在工作中被楼上的灯砸了

C. 甲在工作中触电了

D. 甲在下班时做收尾工作受到伤害

【答案】A

【解析】本题考查工伤认定范围。《工伤保险条例》规定，职工有下列情形之一的，应当认定为工伤：

（1）在工作时间和工作场所内，因工作原因受到事故伤害的。

（2）工作时间前后在工作场所内，从事与工作有关的预备性或者收尾性工作受到事故伤害的。

（3）在工作时间和工作场所内，因履行工作职责受到暴力等意外伤害的。

（4）患职业病的。

（5）因工外出期间，由于工作原因受到伤害或者发生事故下落不明的。“因工外出”的认定，应当考虑职工外出是否属于用人单位指派的因工外出，遭受的事故伤害是否因工作原因所致。

(6) 在上下班途中，受到非本人主要责任的交通事故或者城市轨道交通、客运轮渡、火车事故伤害的“非本人主要责任”的认定，应当以有关机关出具的法律文书或者人民法院的生效裁决为依据。

(7) 法律、行政法规规定应当认定为工伤的其他情形。

因此，本题选项A正确。

私教点拨

对于工伤认定这一知识点，需要区分工伤认定及视同工伤的情形，要注意理解，具体内容如表16-5所示。

表16-5 工伤认定

类别	具体内容
工伤认定	(1) 在**工作时间**和**工作场所内**，因**工作原因**受到**事故伤害**的。 (2) 工作时间前后在工作场所内，从事与工作有关的预备性或者收尾性工作受到事故伤害的。 (3) 在工作时间和工作场所内，因履行工作职责受到**暴力等意外伤害**的。 (4) 患**职业病**的。 (5) 因工外出期间，由于工作原因受到伤害或者发生事故下落不明的。“因工外出”的认定，应当考虑职工外出是否属于用人单位指派的因工作外出，遭受事故伤害是否因工作原因所致。 (6) 在上下班途中，受到**非本人**主要责任的交通事故或者城市轨道交通、客运轮渡、火车事故伤害的。“非本人主要责任”的认定，应当以有关机关出具的法律文书或者人民法院的生效裁决为依据。 (7) 法律、行政法规规定应当认定为工伤的其他情形
视同工伤	(1) 在工作时间和工作岗位，**突发疾病死亡**或者在**48小时之内经抢救无效死亡**的。 (2) 在抢险救灾等维护国家利益、公共利益活动中受到伤害的。 (3) 职工原在军队服役，因战、因工负伤致残，已取得残疾军人证，到用人单位后旧伤复发的。 职工有前2项情形的，按照《工伤保险条例》的有关规定享受工伤保险待遇；职工有前款最后一项情形的，按照《工伤保险条例》的有关规定享受除一次性伤残补助金以外的工伤保险待遇
不认定工伤的范围	《工伤保险条例》规定，职工符合认定工伤或者视同工伤的条件，但是有下列情形之一的，**不得认定为工伤或者视同工伤**： (1) **故意犯罪的**。 (2) **醉酒或者吸毒的**。“醉酒或者吸毒”的认定，应当以有关机关出具的法律文书或者人民法院的生效裁决为依据。无法获得上述证据的，可以结合相关证据认定。 (3) **自残或者自杀的**

考点七 劳动能力鉴定

【例题·2021年·多项选择题】关于劳动能力鉴定的说法，正确的有（　　）。

A. 劳动能力鉴定可以由用人单位、工伤职工或其近亲属提出申请

B. 劳动功能障碍分为10个伤残等级

C. 生活自理障碍分为5个等级

D. 劳动能力鉴定委员会建立医疗卫生专家库

E. 劳动能力鉴定结论应当及时送达申请鉴定的单位和个人

【答案】 ABDE

【解析】 本题考查劳动能力鉴定。

选项A，劳动能力鉴定由用人单位、工伤职工或者其近亲属向设区的市级劳动能力鉴定委员会提出申请，并提供工伤认定和职工工伤医疗的有关资料。因此，选项A正确。

选项B，劳动功能障碍分为10个伤残等级，最重的为一级，最轻的为十级。因此，选项B正确。

选项C，生活自理障碍分为3个等级，即生活完全不能自理、生活大部分不能自理和生活部分不能自理。因此，选项C错误。

选项D，省、自治区、直辖市劳动能力鉴定委员会和设区的市级劳动能力鉴定委员会分别由省、自治区、直辖市和设区的市级社会保险行政部门、卫生行政部门、工会组织、经办机构代表以及用人单位代表组成。劳动能力鉴定委员会建立医疗卫生专家库。因此，选项D正确。

选项E，设区的市级劳动能力鉴定委员会应当自收到劳动能力鉴定申请之日起60日内作出劳动能力鉴定结论，必要时，作出劳动能力鉴定结论的期限可以延长30日。劳动能力鉴定结论应当及时送达申请鉴定的单位和个人。因此，选项E正确。

因此，本题选项ABDE正确。

私教点拨

对于劳动能力鉴定这一知识点，要注意记忆相关数字，具体内容如表16-6所示。

表16-6　劳动能力鉴定

类别	具体内容
等级	职工发生工伤，经治疗伤情相对稳定后存在残疾、影响劳动能力的，应当进行劳动能力鉴定。劳动能力鉴定是指**劳动功能障碍程度**和**生活自理障碍程度**的等级鉴定。 **劳动功能障碍**分为**10个伤残等级**，最重的为一级，最轻的为十级。 **生活自理障碍**分为**3个等级**，即生活完全不能自理、生活大部分不能自理和生活部分不能自理。 劳动能力鉴定由用人单位、工伤职工或者其近亲属向设区的市级劳动能力鉴定委员会提出申请，并提供工伤认定决定和职工工伤医疗的有关资料
时间	设区的市级劳动能力鉴定委员会应当自收到劳动能力鉴定申请之日起**60日**内作出劳动能力鉴定结论，必要时，作出劳动能力鉴定结论的期限可以**延长30日**。劳动能力鉴定结论应当及时送达申请鉴定的单位和个人

续表

类别	具体内容
复查鉴定	申请鉴定的单位或者个人**对**设区的市级劳动能力鉴定委员会作出的**鉴定结论不服**的，可以在收到该鉴定结论之日起 **15 日**内向省、自治区、直辖市劳动能力鉴定委员会提出再次鉴定申请。 省、自治区、直辖市劳动能力鉴定委员会做出的劳动能力鉴定结论为**最终结论**。 自劳动能力鉴定结论作出之日起 **1 年后**，工伤职工或者其近亲属、所在单位或者经办机构认为伤残情况发生变化的，可以申请**劳动能力复查鉴定**

考点八 伤残待遇

【例题 · 2019 年 · 多项选择题】 关于工伤保险待遇的说法，正确的有（　　）。

A. 一次性伤残补助金按照本省城镇居民人均可支配收入来确定

B. 劳动者因工伤住院期间，伙食补助费由用人单位承担

C. 停工留薪期满后，劳动者仍需治疗的，继续享受工伤医疗待遇

D. 停工留薪期内，劳动者工资福利由所在单位按月支付

E. 劳动者因工伤被鉴定为一至五级伤残的，退出工作岗位

【答案】 CD

【解析】 本题考查伤残待遇。

选项 A，一次性工伤医疗补助金和一次性伤残就业补助金的具体标准由省、自治区、直辖市人民政府规定。因此，选项 A 错误。

选项 B，职工住院治疗工伤的伙食补助费，以及经医疗机构出具证明，报经办机构同意，工伤职工到统筹地区以外就医所需的交通、食宿费用从工伤保险基金支付，基金支付的具体标准由统筹地区人民政府规定。因此，选项 B 错误。

选项 C，工伤职工在停工留薪期满后仍需治疗的，继续享受工伤医疗待遇。因此，选项 C 正确。

选项 D，职工因工作遭受事故伤害或者患职业病需要暂停工作接受工伤治疗的，在停工留薪期内，原工资福利待遇不变，由所在单位按月支付。因此，选项 D 正确。

选项 E，职工因工致残被鉴定为一级至四级伤残的，保留劳动关系，退出工作岗位。因此，选项 E 错误。

因此，本题选项 CD 正确。

私教点拨

对于伤残待遇这一知识点，要注意理解不同级别的待遇，具体内容如表 16－7 所示。

表 16－7 伤残待遇

等级	具体内容
一至四级	职工因工致残被鉴定为**一级至四级**伤残的，**保留劳动关系，退出工作岗位**，享受以下待遇： （1）从工伤保险基金按伤残等级支付一次性伤残补助金； （2）从工伤保险基金按月支付伤残津贴； （3）工伤职工达到退休年龄并办理退休手续后，停发伤残津贴，按照国家有关规定享受基本养老保险待遇
五至六级	职工因工致残被鉴定为**五级、六级**伤残的，享受以下待遇： （1）从工伤保险基金按伤残等级支付一次性伤残补助金； （2）保留与用人单位的劳动关系，由用人单位安排适当工作；难以安排工作的，由用人单位按月发放伤残津贴，并由用人单位按照规定为其缴纳应缴纳的社会保险费。 经工伤职工本人提出，该职工可以与用人单位解除或者终止劳动关系，由工伤基金支付一次性工伤医疗补助金，由用人单位支付一次性伤残就业补助金。一次性工伤医疗补助金和一次性伤残就业补助金的具体标准由省、自治区、直辖市人民政府规定
七至十级	职工因工致残被鉴定为七级至十级伤残的，享受以下待遇： （1）从工伤保险基金按伤残等级支付一次性伤残补助金； （2）劳动、聘用合同期满终止，或者职工本人提出解除劳动、聘用合同的，由工伤保险基金支付一次性工伤医疗补助金，由用人单位支付一次性伤残就业补助金。 一次性工伤医疗补助金和一次性伤残就业补助金的具体标准由省、自治区、直辖市人民政府规定

案例分析题专练

【例题·2021 年·案例分析题】

从 2014 年 1 月 1 日起，李某一直在甲公司工作，月工资为 8 000 元，后来甲公司分立为乙公司和丙公司。2017 年 1 月 1 日，李某在乙公司工作，仍在原岗位，月工资为 8 000 元，另外，甲公司向李某依法支付了经济补偿金。2018 年 5 月 15 日，李某上班期间受伤，被认定为工伤十级伤残。[2] 2018 年 12 月 31 日，劳动合同期满，未再续签。[1]	**【审题过程】** [1] 考查经济补偿的计算标准： 经济补偿按劳动者在本单位工作的年限，每满 1 年向劳动者支付 1 个月工资的经济补偿（6 个月以上不满 1 年的，按 1 年计算）；不满 6 个月的，向劳动者支付半个月工资的经济补偿。

	[2] 考查工伤认定申请： 职工发生事故伤害或者按照职业病防治法规定被诊断、鉴定为职业病，所在单位应当自事故伤害发生之日或者被诊断、鉴定为职业病之日起30日内，向统筹地区社会保险行政部门提出工伤认定申请。

根据以上资料，回答下列问题：

1. 乙公司应依法向李某支付的经济补偿金为（ ）万元。

A. 1.2　　B. 1.6　　C. 2.0　　D. 0.8

2. 乙公司应在（ ）前提出工伤认定申请。

A. 2018年6月15日　　B. 2018年10月15日

C. 2018年7月15日　　D. 2018年8月15日

3. 如乙公司拒绝为李某申请工伤认定，李某应在（ ）前提出工伤认定申请。

A. 2018年6月15日　　B. 2018年7月15日

C. 2019年5月15日　　D. 2019年10月15日

4. 李某与乙公司的劳动合同终止时，除经济补偿外，李某还可以从乙公司或工伤保险基金获得（ ）。

A. 没有任何待遇　　B. 一次性居家安置费

C. 一次性伤残就业补助金　　D. 一次性工伤医疗补助金

1. **【答案】** B **【解析】** 劳动者非因本人原因从原用人单位被安排到新用人单位工作的，劳动者在原用人单位的工作年限合并计算为新用人单位的工作年限。原用人单位已经向劳动者支付经济补偿的，新用人单位在依法解除、终止劳动合同计算支付经济补偿的工作年限时，不再计算劳动者在原用人单位的工作年限。 根据案例材料可知，甲公司向李某支付了经济补偿，因此乙公司按照经济补偿的计算标准来补偿，李某2017年1月1日在乙公司工作，2018年12月31日，劳动合同期满，共计2年，月工资为8 000元，经济补偿2个月工资，为1.6万元。因此，选项B正确。	**【答案解读】** 本题对劳动合同履行、解除与终止及工伤保险等相关内容进行综合考查。 [1] 考查经济补偿的计算标准： 经济补偿按劳动者在本单位工作的年限，每满1年向劳动者支付1个月工资的经济补偿（6个月以上不满1年的，按1年计算）；不满6个月的，向劳动者支付半个月工资的经济补偿。

2.【答案】A 【解析】职工发生事故伤害或者按照职业病防治法规定被诊断、鉴定为职业病，所在单位应当自事故伤害发生之日或者被诊断、鉴定为职业病之日起 30 日内，向统筹地区社会保险行政部门提出工伤认定申请，李某 2018 年 5 月 15 日受伤，乙公司应于 30 日内提出工伤认定申请。因此，选项 A 正确。	[2] 考查工伤认定申请： 职工发生事故伤害或者按照职业病防治法规定被诊断、鉴定为职业病，所在单位应当自事故伤害发生之日或者被诊断、鉴定为职业病之日起 30 日内，向统筹地区社会保险行政部门提出工伤认定申请。
3.【答案】C 【解析】根据案例材料可知，李某 2018 年 5 月 15 日受伤，用人单位未按规定提出工伤认定申请的，工伤职工或者其近亲属、工会组织在事故伤害发生之日或者被诊断、鉴定为职业病之日起 1 年内，可以向用人单位所在地统筹地区社会保险行政部门提出工伤认定申请。因此，选项 C 正确。	[3] 考查工伤认定申请： 用人单位未按规定提出工伤认定申请的，工伤职工或者其近亲属、工会组织在事故伤害发生之日或者被诊断、鉴定为职业病之日起 1 年内，可以向用人单位所在地统筹地区社会保险行政部门提出工伤认定申请。
4.【答案】CD 【解析】劳动、聘用合同期满终止，或者职工本人提出解除劳动、聘用合同的，由工伤保险基金支付一次性工伤医疗补助金，由用人单位支付一次性伤残就业补助金。因此，选项 CD 正确。	[4] 考查伤残待遇： 劳动、聘用合同期满终止，或者职工本人提出解除劳动、聘用合同的，由工伤保险基金支付一次性工伤医疗补助金，由用人单位支付一次性伤残就业补助金。

真题演练

一、单项选择题

1.（2021 年）甲公司将员工借调到乙公司，该员工发生工伤，其工伤保险由（　　）承担。

A. 甲公司　　B. 员工自己　　C. 无人负责　　D. 乙公司

2.（2018 年）关于基本养老保险说法，正确的是（　　）。

A. 缴纳基本养老保险的个人死亡的，其个人账户余额由其他参保人分享

B. 发放待遇可以委托社区现有机构

C. 参保人享受待遇的前提是年满 60 周岁

D. 基金仅由用人单位缴费和个人缴费组成

3.（2018 年）《失业保险条例》规定，城镇企事业单位职工按照个人工资的（　　）缴纳失业保险费。

A. 1%　　B. 2%　　C. 3%　　D. 5%

4.（2017 年）关于工伤保险费缴纳的说法，正确的是（　　）。

A. 职工无需缴纳工伤保险费

B. 用人单位和职工共同缴纳工伤保险费

C. 用人单位代替职工缴纳工伤保险费

D. 工伤保险费由国家承担

5.（2016 年）下列情形中，属于领取基本养老保险病残津贴条件的是（　　）。

A. 因工伤部分丧失劳动能力　　B. 因工伤完全丧失劳动能力

C. 因病部分丧失劳动能力　　D. 因病完全丧失劳动能力

6.（2016 年）城镇职工基本医疗保险基金的筹集方式是（　　）。

A. 国家与用人单位共同负担

B. 用人单位负担

C. 用人单位和劳动者共同负担

D. 劳动者负担

7.（2015 年）关于工伤保险待遇的说法，正确的是（　　）。

A. 职工在停工留薪期内，原工资福利待遇不变，由工伤保险基金按月支付

B. 职工拒不接受劳动能力鉴定，将停止享受工伤保险待遇

C. 职工符合领取基本养老金条件时，可同时领取伤残津贴和基本养老金

D. 职工因工死亡，其近亲家属可以从养老保险基金领取亲属抚恤金

8.（2014 年）参加基本医疗保险的职工的医疗费用依法应由第三人负担，但第三人不支付或者无法确定第三人的，由（　　）先行支付。

A. 基本医疗保险基金　　B. 用人单位

C. 职工个人　　D. 医疗机构

二、多项选择题

1.（2018 年）下列医疗费用不纳入基本医疗保险基金支付范围的有（　　）。

A. 在境外就医的

B. 由社会保险经办机构支付的

C. 应当由第三人负担的

D. 应当由公共卫生负担的

E. 应当从工伤保险基金中支付的

2.（2018 年）《工伤保险条例》规定，不得认定为工伤或者视同工伤的情形包括（　　）。

A. 职工因故意犯罪遭受事故伤害的

B. 职工因醉酒遭受事故伤害的

C. 职工因操作失误遭受事故伤害的

D. 职工因自残遭受事故伤害的

E. 职工因工作疲劳遭受事故伤害的

3.（2016 年）下列对因工致残职工劳动关系的处理中，不符合法律规定的是（　　）。

A. 职工因工致残被鉴定为一级至六级伤残的，终止劳动关系，退出工作岗位

B. 职工因工致残被鉴定为一级至四级伤残的，保留劳动关系，退出工作岗位

C. 职工因工致残被鉴定为五级至六级伤残的，解除劳动关系，由单位支付经济补偿

D. 职工因工致残被鉴定为七级至十级伤残的，劳动合同期满可以终止

E. 职工因工致残被鉴定为五级至十级伤残的，用人单位可以随时提出解除劳动合同

三、案例分析题

（2018 年）小孙下班收工关闭车床时，因与同事聊天未遵守操作规程，导致手指被车床挤伤，花去医疗费 2 000 元，两个月无法上班。小孙要求所在单位承担赔偿责任，单位认为小孙因个人过失导致受伤，因此不愿承担赔偿责任。双方一直自行沟通，均未向工伤认定机构申请工伤认定。8 个月后，小孙向工伤认定机构申请工伤认定，被认定为工伤，单位不服。小孙伤情稳定后被鉴定为伤残 9 级，经查明，单位并未为小孙缴纳工伤保险费。

根据以上材料，回答下列问题：

1. 关于工伤认定的说法，正确的是（　　）。

A. 小孙是在下班收工关闭车床时受伤，所以不能认定工伤

B. 小孙在手指受伤的事故中存在过错，所以不应认定工伤

C. 单位未为小孙缴纳工伤保险费，所以小孙不能认定工伤

D. 小孙符合认定工伤的条件，应当认定工伤

2. 关于工伤认定申请程序的说法，错误的是（　　）。

A. 如果单位未按期为小孙申请工伤认定，小孙本人可以申请工伤认定

B. 如果单位未按规定申请工伤认定，工会组织可以申请工伤认定，且没有申请时间限制

C. 小孙发生事故后，单位应在 30 天内申请工伤认定

D. 如果单位未按期为小孙申请工伤认定，在事故伤害发生之日或被诊断、鉴定为职业病之日起一年内可以直接向劳动保险行政部门提出工伤认定申请

3. 关于单位对工伤认定结果不服的程序的说法，正确的是（　　）。

A. 单位可以向劳动能力鉴定委员会申请复查

B. 单位可以提起行政复议或直接向人民法院提起行政诉讼

C. 行政复议是工伤认定争议处理的前置程序

D. 单位可以向劳动争议仲裁委员会申请仲裁

4. 如果小孙可以享受工伤保险待遇，则下列说法中错误的是（　　）。

A. 小孙停工留薪期内的原工资福利待遇由该单位支付

B. 小孙提出解除劳动合同的情况下，工伤保险基金要支付一次性工伤医疗补助金

C. 小孙可以领取 9 个月的本人工资作为一次性伤残补助金

D. 劳动合同到期终止后，工伤保险基金向小孙支付一次性伤残就业补助金

真题演练答案及解析

一、单项选择题

1.【答案】A

【解析】本题考查用人单位的责任。职工被借调期间受到工伤事故伤害的，由原用人单位承担工伤保险责任，但原用人单位于借调单位可以约定补偿办法。因此，本题选项 A 正确。

2.【答案】B

【解析】本题考查基本养老保险制度。

选项 A，参保人死亡，个人账户资金余额可以依法继承。因此，选项 A 错误。

选项 B，养老金社会化发放的内容主要有：委托银行发放；通过邮局寄发；社会保险机构直接发放；依托设区发放；设立派出所机构发放。因此，选项 B 正确。

选项 C，享受按月领取基本养老金待遇必须具备两个条件：达到法定退休年龄；累计缴纳基本养老保险费满 15 年。因此，选项 C 错误。

选项 D，基本养老保险基金由用人单位和个人缴费以及政府补贴等组成。因此，选项 D 错误。

因此，本题选项 B 正确。

3.【答案】A

【解析】本题考查失业保险费的缴纳。《失业保险条例》规定，城镇企事业单位职工按照个人工资的 1%缴纳失业保险费；用人单位缴纳的失业保险费不超过本单位工资总额的 2%。因此，本题选项 A 正确。

4.【答案】A

【解析】本题考查工伤保险费的缴纳。《社会保险法》规定，职工应当参加工伤保险，由用人单位缴纳工伤保险费，职工不缴纳工伤保险费。因此，本题选项 A 正确。

5.【答案】D

【解析】本题考查基本养老保险待遇。参加基本养老保险的个人，因病或者非因工死亡的，其遗属可以领取丧葬补助金和抚恤金；在未达到法定退休年龄时因病或者非因工致残完全丧失劳动能力的，可以领取病残津贴。因此，本题选项 D 正确。

6.【答案】C

【解析】本题考查基本医疗保险制度。职工应当参加职工基本医疗保险，由用人单位和职工按照国家规定共同缴纳基本医疗保险费。因此，本题选项 C 正确。

7.【答案】B

【解析】本题考查工伤保险待遇。

选项 A，职工因工作遭受事故伤害或者患职业病需要暂停工作接受工伤医疗的，在停工留薪期内，原工资福利待遇不变，由所在单位按月支付。因此，选项 A 错误。

选项 B，工伤职工有下列情形之一的，停止享受工伤保险待遇：丧失享受待遇条件的；拒不接受劳动能力鉴定的；拒绝接受治疗的。因此，选项 B 正确。

选项 C，工伤职工达到退休年龄并办理退休手续后，停发伤残津贴，按照国家有关规定享受基本养老保险待遇。因此，选项 C 错误。

选项 D，参加基本养老保险的个人，因病或者非因工死亡的，其遗属可以领取丧葬补助金和抚恤金。因此，选项 D 错误。

因此，本题选项 B 正确。

8. **【答案】** A

【解析】 本题考查基本医疗保险基金的支付。医疗费用依法应当由第三人负担，第三人不支付或者无法确定第三人的，由基本医疗保险基金先行支付。基本医疗保险基金先行支付后，有权向第三人追偿。因此，本题选项 A 正确。

二、多项选择题

1. **【答案】** ACDE

【解析】 本题考查不纳入基金医疗保险基金支付范围。下列医疗费用不纳入基本医疗保险基金支付范围：

(1) 应当从工伤保险基金中支付的；

(2) 应当由第三人负担的；

(3) 应当由公共卫生负担的；

(4) 在境外就医的。

因此，本题选项 ACDE 均正确。

2. **【答案】** ABD

【解析】 本题考查不认定工伤的范围。《工伤保险条例》规定，职工符合认定工伤或者视同工伤的条件，但是有下列情形之一的，不得认定为工伤或者视同工伤：

(1) 故意犯罪的。

(2) 醉酒或者吸毒的。“醉酒或者吸毒”的认定，应当以有关机关出具的法律文书或者人民法院的生效裁决为依据。无法获得上述证据的，可以结合相关证据认定。

(3) 自残或者自杀的。

因此，本题选项 ABD 均正确。

3. **【答案】** ACE

【解析】 本题考查伤残待遇。

职工因工致残被鉴定为一级至四级伤残的，保留劳动关系，退出工作岗位。选项 A 错误，选项 B 正确。

职工因工致残被鉴定为五级、六级伤残的，保留与用人单位的劳动关系，由用人单位安排适当工作。难以安排工作的，由用人单位按月发给伤残津贴，并由用人单位按照规定为其缴纳应缴纳的各项社会保险，选项 CE 错误。

职工因工致残被鉴定为七级至十级伤残的，劳动、聘用合同期满终止，或者职工本人提出解除劳动、聘用合同的，由工伤保险基金支付一次性工伤医疗补助金，由用人单位支付一次性伤残就业补助金，选项 D 正确。

因此，本题选项 ACE 当选。

三、案例分析题

1.【答案】D 【解析】所谓无过失责任原则是指劳动者在各种伤害事故中只要不是受害者本人故意行为所致，就应该按照规定标准对其进行伤害赔偿。因此，选项 D 正确。	【答案解读】 本题综合考查工伤保险与劳动争议调解仲裁相关内容。 [1] 考查工伤保险的原则： (1) 无过失责任的原则； (2) 损害补偿原则； (3) 预防、补偿和康复相结合的原则。
2.【答案】B 【解析】职工发生事故伤害或者按照职业病防治法规定被诊断、鉴定为职业病，所在单位应当自事故伤害发生之日或被诊断、鉴定为职业病之日起 30 内，向统筹地区社会保险行政部门提出工伤认定申请。选项 C 正确。用人单位未按规定提出工伤认定申请的，工伤职工或者其近亲属、工会组织在事故伤害发生之日或者被诊断、鉴定为职业病之日起 1 年内，可以直接向用人单位所在地统筹地区社会保险行政部门提出工伤认定申请。选项 AD 正确，选项 B 错误。因此，选项 B 当选。	[2] 考查用工伤认定申请： 职工发生事故伤害或者按照职业病防治法规定被诊断、鉴定为职业病，所在单位应当自事故伤害发生之日或被诊断、鉴定为职业病之日起 30 内，向统筹地区社会保险行政部门提出工伤认定申请。 用人单位未按规定提出工伤认定申请的，工伤职工或者其近亲属、工会组织在事故伤害发生之日或者被诊断、鉴定为职业病之日起 1 年内，可以直接向用人单位所在地统筹地区社会保险行政部门提出工伤认定申请。
3.【答案】B 【解析】申请工伤认定的职工或其近亲属，该职工所在单位对工伤认定结论不服的，可以依法申请行政复议或提出行政诉讼。因此，选项 B 正确。	[3] 考查劳动能力鉴定及劳动争议调解仲裁相关内容。
4.【答案】D 【解析】职工因工致残被鉴定为七级至十级伤残的，劳动、聘用合同期满终止，或者职工本人提出解除劳动、聘用合同的，由工伤保险基金支付一次性工伤医疗补助金，由用人单位支付一次性伤残就业补助金，选项 D 错误。因此，选项 D 当选。	[4] 考查工伤保险待遇。

第十七章　劳动争议调解仲裁

本章考情 Q&A

Q：本章的重要性和难度如何？

A：本章属于**次重点**章节，可以与前面的章节结合起来考查。本章学习难度中等。从历年真题来看，每年考查的分值为 5~6 分。

Q：本章在考试中通常以什么形式出现？

A：从历年真题看，本章内容在单项选择题、多项选择题和案例分析题中均有涉及。案例分析题考查的内容较为综合，劳动争议调解仲裁知识点可以与第十四章“劳动合同管理与特殊用工”及第十六章中的“工伤保险”等内容结合起来综合考查。

Q：本章 2022 年的内容有改动么？

A：本章内容无实质性改动。

Q：本章考点在历年考试中的分布情况如何？

A：以下是老师们的统计：

考点	2021 年	2020 年	2019 年	2018 年	2017 年	2016 年	2015 年	2014 年	2013 年	2012 年
劳动争议的基本特征					√	√				
不属于劳动争议的情形	√		√							√
确定申请仲裁的时效期间				√	√			√		
劳动争议当事人的举证责任	√				√		√		√	

经典例题

考点一　劳动争议的基本特征

【例题·2017 年·单项选择题】下列争议中，属于劳动争议的是（　　）。

A. 小王与社会保险经办机构因发放养老金引起的争议

B. 小张与用人单位因公有住房转让引起的争议

C. 小李与其雇用的家政服务员因报酬标准引起的争议

D. 小赵与用人单位因办理人事档案转移引起的争议

【答案】D

【解析】本题考查劳动争议的基本特征。劳动关系的特点决定了劳动争议具有以下特征：

(1) 劳动争议的当事人是特定的。劳动争议的主体一方为用人单位，另一方必须是劳动者。“用人单位与劳动者”具有特定含义，是指彼此存在劳动关系的“用人单位和劳动者”，即用人单位是职工所在的用人单位，劳动者是用人单位通过签订劳动合同形成的劳动关系的职工。选项AC错误。

(2) 劳动争议主体之间必须存在劳动关系。劳动者与用人单位有隶属性劳动关系，而劳动争议是在这种劳动关系存续期间发生的。

(3) 劳动争议的内容必须与劳动权利义务有关。引起劳动争议的内容主要是劳动就业、劳动合同、劳动报酬、工作时间和休息时间、劳动安全与卫生、社会保险与福利、培训、奖惩等。选项B错误，选项D正确。

因此，本题选项D正确。

私教点拨

对于劳动争议的基本特征，应结合其定义进行理解，具体如表17-1所示。

表17-1 劳动争议定义及其基本特征

类别	具体内容
定义	劳动争议又称劳动纠纷，是指**劳动关系当事人之间因劳动权利和义务**产生**分歧**而引起的争议。但用人单位之间、劳动者之间、用人单位与没有与之建立劳动关系的劳动者、国家机关与公务员之间产生的争议，都不属于劳动争议
特征	劳动关系的特点决定了劳动争议具有以下**特征**： (1) **劳动争议的当事人是特定的**。劳动争议的主体一方为用人单位，另一方必须是劳动者。“用人单位与劳动者”具有特定含义，是指彼此存在劳动关系的“用人单位和劳动者”，即用人单位是职工所在的用人单位，劳动者是用人单位通过签订劳动合同形成劳动关系的职工。 (2) **劳动争议主体之间必须存在劳动关系**。劳动者与用人单位有隶属性劳动关系，而劳动争议是在这种劳动关系存续期间发生的。 (3) **劳动争议的内容必须与劳动权利义务有关**。引起劳动争议的内容主要是劳动就业、劳动合同、劳动报酬、工作时间和休息时间、劳动安全与卫生、社会保险与福利、培训、奖惩等

考点二 不属于劳动争议的情形

【例题·2021年·单项选择题】下列不属于劳动争议范围的是（　　）。

A. 员工要求企业支付加班费的

B. 劳动者认为职业病诊断结论有问题的

C. 员工要求公司补齐工资差额的

D. 员工认为企业解除劳动合同违法的

【答案】B

【解析】本题考查不属于劳动争议的情形。不属于劳动争议的情形主要包括以下几个方面：

(1) 劳动者请求社会保险经办机构发放社会保险金的纠纷；

(2) 劳动者与用人单位因住房制度改革产生的共有住房转让纠纷；

(3) 劳动者对劳动能力鉴定委员会的伤残等级鉴定结论或者对职业病诊断鉴定委员会的职业病诊断鉴定结论的异议纠纷；

(4) 家庭或者个人与家政服务人员之间的纠纷；

(5) 个体工匠与帮工、学徒之间的纠纷；

(6) 农村承包经营户与受雇人之间的纠纷。

因此，本题选项 B 正确。

私教点拨

对于《劳动争议调解仲裁法》的适用范围及不属于劳动争议的情形，要注意区分其适用范围及不属于劳动争议的情形，具体如表 17－2 所示。

表 17－2 《劳动争议调解仲裁法》的适用范围及不属于劳动争议的情形

《劳动争议调解仲裁法》的适用范围	《劳动争议调解仲裁法》第二条规定，中华人民共和国境内的用人单位与劳动者发生的下列劳动争议，**适用**本法： (1) 因确认劳动关系发生的争议； (2) 因订立、履行、变更、解除和终止劳动合同发生的争议； (3) 因除名、辞退和辞职、离职发生的争议； (4) 因工作时间、休息休假、社会保险、福利、培训以及劳动保护发生的争议； (5) 因劳动报酬、工伤医疗费、经济补偿或者赔偿金等发生的争议； (6) 法律、法规规定的其他劳动争议
不属于劳动争议的情形	(1) 劳动者请求社会保险经办机构发放社会保险金的纠纷； (2) 劳动者与用人单位因住房制度改革产生的公有住房转让纠纷； (3) 劳动者对劳动能力鉴定委员会的伤残等级鉴定结论或者对职业病诊断鉴定委员会的职业病诊断鉴定结论的异议纠纷； (4) 家庭或者个人与家政服务人员之间的纠纷； (5) 个体工匠与帮工、学徒之间的纠纷； (6) 农村承包经营户与受雇人之间的纠纷

考点三 确定申请仲裁的时效期间

【例题·2018 年·单项选择题】关于劳动争议仲裁时效的说法，错误的是（ ）。

A. 发生不可抗力导致无法申请仲裁的，仲裁时效中止

B. 因解除劳动关系产生的争议，用人单位不能证明劳动者收到解除通知书时间的，劳动者主张权利之日即为劳动争议发生之日

C. 对方当事人同意履行义务的，仲裁时效重新起算

D. 因拖欠劳动报酬发生的争议不受仲裁时效限制

【答案】D

【解析】本题考查确定申请仲裁的时效期间。《劳动争议调解仲裁法》规定，劳动争议申请仲裁的时效期间为 1 年，仲裁时效期间从当事人知道或者应当知道其权利被侵害之日起计算，选项 D 错误。因此，本题选项 D 当选。

私教点拨

对于确定申请仲裁的时效期间，具体要区分仲裁时效中断、仲裁时效中止、劳动报酬争议的仲裁时效，具体如表 17－3 所示。

表 17－3 确定申请仲裁的时效期间

类别	具体内容
时间	《劳动争议调解仲裁法》规定，劳动争议申请仲裁的时效期间为 **1 年**，仲裁时效期间从**当事人知道或者应当知道其权利被侵害之日起计算**
三项规定	《劳动争议调解仲裁法》还对仲裁申请时效期间补充三项规定： （1）**仲裁时效中断**。在争议申请仲裁的时效期间内，有下列情形之一的，仲裁时效中断；从中断时起，仲裁时效期间重新计算：①一方当事人通过协商、申请调解等方式向对方当事人主张权利的；②一方当事人通过向有关部门投诉，向劳动人事争议仲裁委员申请仲裁，向人民法院起诉或者申请支付令等方式请求权利救济的；③对方当事人同意履行义务的。 （2）**仲裁时效中止**。因不可抗力，或者有无民事行为能力或者限制民事行为能力劳动者的法定代理人未确定等其他正当理由，当事人不能在法定 1 年的仲裁时效期间申请仲裁的，仲裁时效中止。从中止时效的原因消除之日起，仲裁时效期间继续计算。 （3）**劳动报酬争议的仲裁时效**。劳动关系存续期间因拖欠劳动报酬发生争议的，劳动者申请仲裁不受 1 年仲裁时效期间的限制；但是，劳动关系终止的，应当自劳动关系终止之日起 1 年内提出

考点四 劳动争议当事人的举证责任

【例题·2021 年·多项选择题】在劳动争议中，用人单位需要提供的材料包括（ ）。

A. 员工身份证　　B. 考勤记录

C. 工资发放记录　　D. 个人简历

E. 完税凭证

【答案】BC

【解析】本题考查用人单位的举证责任。《劳动争议调解仲裁法》规定，发生劳动争议，当事人对自己提出的主张，有责任提供证据。但考虑到用人单位作为用工主体方掌握和管理着劳动者的档案、工资发放、社会保险费缴纳、劳动保护提供等情况和材料，劳动者一般无法取得和提供，因此对用人单位提供证据又作出了特别规定，与争议事项有关的证据属于用人单位掌握管理的，用人单位应当提供；用人单位不提供的，应当承担不利后果。

因此，本题选项 BC 均正确。

私教点拨

对于劳动争议当事人的举证责任，要注意区分举证责任，具体如表 17-4 所示。

表 17-4 劳动争议当事人的举证责任

类别	具体内容
原则	在劳动争议仲裁或诉讼活动中，既实行“**谁主张，谁举证**”的举证责任原则，又实行“谁做决定，谁举证”的举证责任原则
用人单位举证责任	《劳动争议调解仲裁法》规定，发生劳动争议，当事人对自己提出的主张，有责任提供证据。但考虑到用人单位作为用工主体方掌握和管理着劳动者的**档案、工资发放、社会保险费缴纳、劳动保护提供等情况和材料**，劳动者一般无法取得和提供，因此对用人单位提供证据又作出了特别规定，与争议事项有关的证据属于用人单位掌握管理的，用人单位应当提供；用人单位不提供的，应当承担不利后果
仲裁庭确定举证责任	在法律没有具体规定举证责任承担时，仲裁庭可以根据公平原则和诚实信用原则，综合当事人举证能力等因素确定举证责任的承担。承担举证责任的当事人应当在劳动人事争议仲裁委员会指定的期限内提供有关证据。当事人在指定期限内不提供的，应当承担不利后果
诉讼中的用人单位举证责任	诉讼活动中，因用人单位作出的开除、除名、辞退、解除劳动合同、减少劳动报酬、计算劳动者工作年限等决定而发生的劳动争议，用人单位负举证责任

案例分析题专练

【例题·2020 年·案例分析题】

自 2010 年起，张某在甲商贸公司工作 2017 年 3 月，甲商贸公司分立为甲贸易公司、乙贸易公司和丙贸易公司，分立协议明确由甲贸易公司承受分立前甲商贸公司的所有劳务权利义务，并明确张某继续在甲贸易公司工作，甲贸易公司登记地一直在江北区；张某的实际工作所在地一直在江东区，[2] 另外，张某户籍在江西区，常住地在江南区。 2018 年 5 月 7 日，张某离开甲商贸公司，2018 年 8 月 7 日，张某向调解组织提出书面申请，希望解决 2012 年 2 月至 2017 年 2 月之间甲商贸公司拖欠其工资的问题，后因调解未果，张某就上述拖欠工资问题向劳动争议仲裁委员会申请劳动仲裁，[1] 劳动争议仲裁过程中，	**【审题过程】** [1] 考查对当事人的界定： 《劳动争议调解仲裁法》规定，在仲裁活动中，发生劳动争议的劳动者和用人单位为劳动争议仲裁案件的双方当事人。但存在以下特殊情形： (1) 劳务派遣单位或者用工单位与劳动者发生劳动争议，劳务派遣单位和用工单位为共同当事人。 (2) 用人单位与其他单位合并的，合并前发生的劳动争议，由合并后的单位为当事人；用人单位分立为若干单位的，其分立前发生的劳动争议，由分立后的实际用人单位为当事人。用人单位分立为若干单位后，对承受劳动权利义务的单位不明确的，分立后的单位均为当事人。

劳动争议仲裁委员会要求张某提供工资发放明细表、社保缴纳情况证明。[3]	(3) 发生争议的用人单位被吊销营业执照、责令关闭、撤销以及用人单位决定提前解散、歇业，不能承担相关责任的，依法将其出资人、开办单位或主管部门作为共同当事人。 (4) 劳动者与个人承包经营者发生争议，依法向仲裁委员会申请仲裁的，应当将发包的组织和个人承包经营者作为当事人。 [2] 考查仲裁管辖中的申请人选择： 劳动争议由劳动合同履行地或者用人单位所在地的劳动人事争议仲裁委员会管辖。也就是说，发生劳动争议，申请人可以选择向劳动合同履行地或者用人单位所在地的劳动人事争议仲裁委员会中任何一个劳动人事争议仲裁委员会提起仲裁申请。 [3] 考查劳动争议当事人的举证责任： 在劳动争议仲裁或诉讼活动中，既实行“谁主张，谁举证”的举证责任原则，又实行“谁做决定，谁举证”的举证责任原则。《劳动争议调解仲裁法》规定，发生劳动争议，当事人对自己提出的主张，有责任提供证据。但考虑到用人单位作为用工主体方掌握和管理着劳动者的档案、工资发放、社会保险费缴纳、劳动保护提供等情况和材料，劳动者一般无法取得和提供，因此对用人单位提供证据又作出了特别规定，与争议事项有关的证据属于用人单位掌握管理的，用人单位应当提供；用人单位不提供的，应当承担不利后果。

根据以上材料，回答下列问题：

1. 在张某提起的劳动争议仲裁中，被申请人应是（　　）。

A. 乙贸易公司

B. 丙贸易公司

C. 甲贸易公司、乙贸易公司或丙贸易公司

D. 甲贸易公司

2. 张某可以向（　　）劳动争议仲裁委员会申请劳动争议仲裁。

A. 江东区　　B. 江南区　　C. 江西区　　D. 江北区

3. 在张某提起的仲裁程序中，举证责任分配正确的是（　　）。

A. 工资发放明细表、社保费缴纳情况证明均由张某提供

B. 工资发放明细表由公司提供，社保费缴纳情况证明由张某提供

C. 工资发放明细表由张某提供，社保费缴纳情况证明由公司提供

D. 工资发放明细表和社保费缴纳情况证明都应由公司提供

4. 下列情形中，人民法院应当认定仲裁时效中断的有（　　）。

A. 张某向调解组织书面申请调解其工资争议的行为

B. 甲商贸公司分立为三家公司的行为

C. 张某申请劳动争议仲裁的行为

D. 张某离开甲商贸公司的行为

<table>
<tr>
<td>1. 【答案】D
【解析】根据《劳动争议调解仲裁法》，用人单位分立为若干单位的，其分立前发生的劳动争议，由分立后的实际用人单位为当事人。
根据案例材料可知，甲商贸公司分立为甲贸易公司、乙贸易公司和丙贸易公司，分立协议明确由甲贸易公司承受分立前甲商贸公司的所有劳务权利义务，并明确张某继续在甲贸易公司工作。因此，选项 D 正确。</td>
<td>【答案解读】
本题对劳动争议调解仲裁相关内容进行综合考查。
[1] 考查对当事人的界定：
《劳动争议调解仲裁法》规定，在仲裁活动中，发生劳动争议的劳动者和用人单位为劳动争议仲裁案件的双方当事人。但存在以下特殊情形：
(1) 劳务派遣单位或者用工单位与劳动者发生劳动争议，劳务派遣单位和用工单位为共同当事人。
(2) 用人单位与其他单位合并的，合并前发生的劳动争议，由合并后的单位为当事人；用人单位分立为若干单位的，其分立前发生的劳动争议，由分立后的实际用人单位为当事人。用人单位分立为若干单位后，对承受劳动权利义务的单位不明确的，分立后的单位均为当事人。
(3) 发生争议的用人单位被吊销营业执照、责令关闭、撤销以及用人单位决定提前解散、歇业，不能承担相关责任的，依法将其出资人、开办单位或主管部门作为共同当事人。
(4) 劳动者与个人承包经营者发生争议，依法向仲裁委员会申请仲裁的，应当将发包的组织和个人承包经营者作为当事人。</td>
</tr>
</table>

2.【答案】AD 【解析】发生劳动争议，申请人可以选择向劳动合同履行地或者用人单位所在地的劳动人事争议仲裁委员会中任何一个劳动人事争议仲裁委员会提起仲裁申请。根据案例材料可知，甲贸易公司登记地一直在江北区，张某的实际工作所在地一直在江东区。因此，选项 AD 正确。	[2] 考查仲裁管辖中申请人的选择： 劳动争议由劳动合同履行地或者用人单位所在地的劳动人事争议仲裁委员会管辖。也就是说，发生劳动争议，申请人可以选择向劳动合同履行地或者用人单位所在地的劳动人事争议仲裁委员会中任何一个劳动人事争议仲裁委员会提起仲裁申请。
3.【答案】D 【解析】《劳动争议调解仲裁法》规定，发生劳动争议，当事人对自己提出的主张，有责任提供证据。但考虑到用人单位作为用工主体方掌握和管理着劳动者的档案、工资发放、社会保险费缴纳、劳动保护提供等情况和材料，劳动者一般无法取得和提供，因此对用人单位提供证据又作出了特别规定，与争议事项有关的证据属于用人单位掌握管理的，用人单位应当提供；用人单位不提供的，应当承担不利后果。因此，选项 D 正确。	[3] 考查劳动争议当事人的举证责任： 在劳动争议仲裁或诉讼活动中，既实行“谁主张，谁举证”的举证责任原则，又实行“谁做决定，谁举证”的举证责任原则。《劳动争议调解仲裁法》规定，发生劳动争议，当事人对自己提出的主张，有责任提供证据。但考虑到用人单位作为用工主体方掌握和管理着劳动者的档案、工资发放、社会保险费缴纳、劳动保护提供等情况和材料，劳动者一般无法取得和提供，因此对用人单位提供证据又作出了特别规定，与争议事项有关的证据属于用人单位掌握管理的，用人单位应当提供；用人单位不提供的，应当承担不利后果。
4.【答案】AC 【解析】在争议申请仲裁的时效期间内，有下列情形之一的，仲裁时效中断；从中断时起，仲裁时效期间重新计算： （1）一方当事人通过协商、申请调解等方式向对方当事人主张权利的； （2）一方当事人通过向有关部门投诉，向劳动人事争议仲裁委员申请仲裁，向人民法院起诉或者申请支付令等方式请求权利救济的； （3）对方当事人同意履行义务的。 因此，选项 AC 正确。	[4] 考查仲裁时效中断： 在争议申请仲裁的时效期间内，有下列情形之一的，仲裁时效中断；从中断时起，仲裁时效期间重新计算： （1）一方当事人通过协商、申请调解等方式向对方当事人主张权利的； （2）一方当事人通过向有关部门投诉，向劳动人事争议仲裁委员申请仲裁，向人民法院起诉或者申请支付令等方式请求权利救济的； （3）对方当事人同意履行义务的。

真题演练

一、单项选择题

1.（2020 年）当事人对劳动争议仲裁管辖的异议，应当在（ ）前提出。

A. 案件开庭审理　B. 裁决作出　C. 辩论终结　D. 答辩期满

2.（2019 年）下列不属于劳动争议处理的基本原则的是（ ）。

A. 透明的原则　B. 公正的原则　C. 及时的原则　D. 合法的原则

3.（2019 年）下列纠纷中，属于《劳动争议调解仲裁法》受案范围的是（ ）。

A. 用人单位与劳动者因工伤医疗费发生的争议

B. 劳动者与社会保险经办机构因发放社会保险金发生的争议

C. 农村承包经营户与受雇人之间的纠纷

D. 劳动者对劳动能力鉴定委员会伤残等级鉴定结论的异议纠纷

4.（2014 年）劳动争议仲裁时效期间从（ ）起计算。

A. 劳动关系终止之日

B. 劳动者主张权利之日

C. 当事人知道或者应当知道其权利被侵害之日

D. 劳动争议仲裁委员会受理仲裁申请之日

二、多项选择题

1.（2019 年）下列情形中，劳动争议仲裁员应当回避的情形有（ ）。

A. 仲裁员是本案代理人的近亲属的

B. 仲裁员与本案当事人有其他关系，可能影响公正裁决的

C. 仲裁员私自会见当事人的

D. 仲裁员与本案有利害关系的

E. 仲裁员属于非本地户籍的

2.（2017 年）关于劳动争议仲裁时效的说法，正确的有（ ）。

A. 因不可抗力导致当事人不能在法定时效期间申请仲裁的，仲裁时效中止

B. 劳动争议对方当事人在时效期间内同意履行义务的，仲裁时效中断

C. 申请劳动争议仲裁的时效期间为 1 年

D. 劳动关系存续期间，因拖欠劳动报酬发生争议的，应当在劳动关系终止前提出仲裁申请

E. 仲裁时效期间从当事人申请仲裁之日起计算

3.（2015 年）关于劳动争议仲裁举证责任的说法，正确的有（ ）。

A. 劳动争议当事人因客观原因不能自行收集的证据，劳动争议仲裁委员会认为有必要时可以依法予以收集

B. 因工资发放而发生的劳动争议，用人单位负有举证责任

C. 在劳动争议仲裁活动中，劳动者没有责任提供证据

D. 与劳动争议事项有关的证据属于用人单位掌握管理的，如果用人单位不提供，应当承担不利后果

E. 承担举证责任的当事人应当在劳动争议仲裁委员会指定的期限内提供证据

三、案例分析题

（2018 年）2015 年 1 月 1 日，小李与位于 S 市的某单位，签订劳动合同约定日薪 200 元，合同期限截至 2017 年 12 月 31 日。之后，小李由单位安排到 G 市工作，工作期间，小李周末共加班 70 天，上周加班有单位考勤记录为证，但考勤记录由单位保管。2017 年 12 月 31 日劳动合同到期后，劳动关系终止。2018 年 8 月，小李向该单位主张加班费，单位认为 2015 年和 2016 年的加班费已过仲裁时效，同时主张曾向小李支付过 5 000 元的加班费。仲裁委员会支持了小李的仲裁请求，单位表示不服。据悉，S 市和 G 市 2017 年、2018 年月最低工资均为 3 000 元。

根据以上材料，回答下列问题：

1. 关于本案仲裁管辖的说法，错误的是（　　）。

A. 如果小李和单位同时分别向 S 市和 G 市的仲裁委员会仲裁，从方便劳动者角度出发应当由 S 市仲裁委员会管辖

B. S 市和 G 市的仲裁委员会都有权管辖

C. 如果在 S 市仲裁委员会仲裁过程中，单位搬迁到 G 市，此时仲裁管辖不发生变更

D. 在答辩期满前，当事人可以书面提出管辖异议

2. 关于本案举证责任的说法，错误的是（　　）。

A. 举证是当事人的义务，仲裁委员会没有收集证据的权限

B. 如果用人单位主张已经向小李支付过加班费，应就该事实承担举证责任

C. 小李主张加班费的，应就加班的事实承担举证责任

D. 用人单位应出示考勤表，否则应承担不利后果

3. 关于本案加班费仲裁时效的说法，正确的是（　　）。

A. 小李离职未满一年，可以主张离职前的全部加班费

B. 小李离职之后八个月才主张加班费，已有八个月的加班费超过仲裁时效

C. 主张加班费的仲裁时效是两年

D. 单位可以提起行政复议

4. 关于本案裁决的说法，错误的是（　　）。

A. 因执行国家劳动标准在工作时间方面发生的争议，属于一裁终局

B. 仲裁裁决被撤销后，中级人民法院可以直接作出判决

C. 劳动者隐瞒足以影响公正裁决的证据时，法院可以撤销仲裁裁决

D. 本案裁决属于一裁终局

真题演练答案及解析

一、单项选择题

1.【答案】D

【解析】本题考查仲裁管辖。当事人提出管辖异议的，应当在答辩期满前书面提出。因此，本题选项 D 正确。

2.【答案】A

【解析】本题考查劳动争议处理的基本原则。劳动争议处理的基本原则包括合法原则、公正原则、及时原则、着重调解原则。因此，本题选项 A 正确。

3.【答案】A

【解析】本题考查《劳动争议调解仲裁法》的适用范围。劳动者与用人单位因劳动报酬、工伤医疗费、经济补偿或者赔偿金等发生的争议属于劳动争议范畴。选项 BCD 不属于劳动争议的情形。因此，本题选项 A 正确。

4.【答案】C

【解析】本题考查劳动争议仲裁程序。劳动争议申请仲裁的时效期间为 1 年。仲裁时效期间从当事人知道或应当知道其权利被侵害之日起计算。因此，本题选项 C 正确。

二、多项选择题

1.【答案】ABCD

【解析】本题考查劳动争议仲裁中的开庭、裁决与回避。仲裁员有下列情形之一的，应当回避：①是本案当事人或者当事人、代理人的近亲属的；②与本案有利害关系的；③与本案当事人、代理人有其他关系，可能影响公正裁决的；④私自会见当事人、代理人，或者接受当事人、代理人的请客送礼的。因此，本题选项 ABCD 均正确。

2.【答案】ABC

【解析】本题考查劳动争议仲裁的时效期间。劳动关系存续期间因拖欠劳动报酬发生争议的，劳动者申请仲裁不受 1 年仲裁时效期间的限制；但是，劳动关系终止的，应当自劳动关系终止之日起 1 年内提出。选项 D 错误。劳动争议申请仲裁的时效期间为 1 年，仲裁时效期间从当事人知道或应当知道其权利被侵害之日计算。超过申请时效期间，劳动争议仲裁机构将不受理仲裁申请。选项 E 错误。因此，本题选项 ABC 均正确。

3.【答案】ABDE

【解析】本题考查劳动争议当事人的举证责任。在劳动争议仲裁或诉讼活动中，既实行“谁主张，谁举证”的举证责任原则，又实行“谁做决定，谁举证”的举证责任原则。也就是说，一般情况下，劳动争议双方当事人应对自己的请求事项和主张事由负有提供证据的责任。选项 C 说法错误。因此，本题选项 ABDE 均正确。

三、案例分析题

1.【答案】A 【解析】双方当事人分别向劳动合同履行地和用人单位所在地的劳动人事争议仲裁委员会申请仲裁的，由劳动合同履行地的劳动人事争议仲裁委员会管辖。根据案例材料可知，如果小李和单位同时分别向 S 市和 G 市的仲裁委员会仲裁，应当由 G 市仲裁委员会管辖，选项 A 错误。因此，选项 A 当选。	【答案解读】 本题综合考查劳动争议调解仲裁相关内容。 [1] 考查仲裁管辖。 (1) 实行地域管辖。《劳动争议调解仲裁法》规定，劳动人事争议仲裁委员会负责管辖本区域内发生的劳动争议。 (2) 申请人选择。发生劳动争议，申请人可以选择向劳动合同履行地或者用人单位所在地的劳动人事争议仲裁委员会中的任何一个劳动人事争议仲裁委员会提起仲裁申请。 (3) 劳动合同履行地管辖。双方当事人分别向劳动合同履行地和用人单位所在地的劳动人事争议仲裁委员会申请仲裁的，由劳动合同履行地的劳动人事争议仲裁委员会管辖；案件受理后，劳动合同履行地和用人单位所在地发生变化的，不改变争议仲裁的管辖。 (4) 移送管辖。劳动人事争议仲裁委员会发现已受理案件不属于其管辖范围的，应当移送至有管辖权的劳动人事争议仲裁委员会，并书面通知当事人。 (5) 管辖异议。当事人提出管辖异议的，应当在答辩期满前书面提出。
2.【答案】A 【解析】在劳动争议仲裁或诉讼活动中，既实行“谁主张，谁举证”的举证责任原则，又实行“谁做决定，谁举证”的举证责任原则。当事人因客观原因不能自行收集的证据，劳动争议仲裁委员会可以根据当事人的申请，参照《民事诉讼法》有关规定予以收集；劳动人事争议仲裁委员会认为有必要的，也可以决定参照《民事诉讼法》有关规定予以收集，选项 A 错误。因此，选项 A 当选。	[2] 考查劳动争议当事人的举证责任。

3.【答案】A 【解析】《劳动争议调解仲裁法》规定，劳动争议申请仲裁的时效期间为 1 年，仲裁时效期间从当事人知道或者应当知道其权利被侵害之日起计算。另外，劳动关系存续期间因拖欠劳动报酬发生争议的，劳动者申请仲裁不受 1 年仲裁时效期间的限制；但是，劳动关系终止的，应当自劳动关系终止之日起 1 年内提出。选项 A 正确，选项 BC 错误。劳动人事争议仲裁委员会的仲裁、调解等行为属于劳动争议，不可以进行行政复议，选项 D 错误。因此，选项 A 正确。	[3] 考查确定申请仲裁的时效期间。
4.【答案】B 【解析】仲裁裁决被人民法院裁定撤销的，当事人可以自收到裁定书之日起 15 日内就该劳动争议事项向人民法院提起诉讼，选项 B 错误。因此，选项 B 当选。	[4] 考查终局裁决。 下列劳动争议，仲裁裁决一般为终局裁决，裁决书自作出之日起发生法律效力：①追索劳动报酬、工伤医疗费、经济补偿或者赔偿金，不超过当地月最低工资标准 12 个月金额的争议；②因执行国家的劳动标准在工作时间、休息休假、社会保险等方面发生的争议。 在两种情形下，以上仲裁裁决不是终局裁决。一是劳动者对以上仲裁裁决不服的，可以自收到仲裁裁决书之日起 15 日内向人民法院提起诉讼。二是用人单位有证据证明以上仲裁裁决有下列情形之一的，可以自收到仲裁裁决书之日起 30 日内向劳动人事争议仲裁委员会所在地的中级人民法院申请撤销裁决：①适用法律、法规确有错误的；②劳动人事争议仲裁委员会无管辖权的；③违反法定程序的；④裁决所根据的证据是伪造的；⑤对方当事人隐瞒了足以影响公正裁决的证据的；⑥仲裁员在仲裁该案时有索贿受贿、徇私舞弊、枉法裁决行为的。

第十八章　法律责任与行政执法

本章考情 Q&A

Q：本章的重要性和难度如何？

A：本章属于**非重点**章节，本章内容是对前面章节内容的延续，整体而言较为综合。从历年真题来看，每年考查的分值为 2~3 分。

Q：本章在考试中通常以什么形式出现？

A：从历年真题看，考查形式主要为单项选择题、多项选择题，案例分析题考查的可能性较小。

Q：本章 2022 年的内容有改动么？

A：本章内容无实质性改动。

Q：本章考点在历年考试中的分布情况如何？

A：以下是老师们的统计：

考点	2021 年	2020 年	2019 年	2018 年	2017 年	2016 年	2015 年	2014 年	2013 年	2012 年
劳动法律责任形式			√							
用人单位违反劳动法律的责任					√					
劳动者违反劳动法律的责任					√					
劳动保障监察的形式和处罚方式				√						
人力资源和社会保险行政争议范围			√						√	

经典例题

考点一　劳动法律责任形式

【例题·2019 年·单项选择题】关于劳动法律责任形式的说法，正确的是（　　）。

A. 吊销执照属于刑事责任　　B. 责令改正属于民事责任

C. 开除属于民事责任　　D. 查封属于行政责任

【答案】D

【解析】本题考查劳动法律责任形式。行政责任一般分为行政处罚和行政处分两种方式。违反劳动法的行政处罚是指由国家行政管理部门依法对有关单位及其责任人员、劳动者实施的行为制裁，具体形式包括警告、责令改正、责令停止、查封、吊销执照、行政拘留等。行政处分一般是指行政管理机关对其公务人员或用人单位给予其职工的惩戒，具体形式包括警告、记过、记大过、降级、撤职、留用察看、开除等。因此，本题选项 D 正确。

私教点拨

对于劳动法律责任形式，要注意区分劳动法律责任的三种形式，即行政责任、民事责任和刑事责任，具体如表 18－1 所示。

表 18－1 劳动法律责任形式

责任形式	具体内容
行政责任	是指行为人因违反劳动法律规定、不履行法律规定时，依法应当承担，并由有关行政机关或行为人所在单位以行政制裁方式予以追究的法律责任，一般分为行政处罚和行政处分两种方式
	违反劳动法的**行政处罚**是指由国家行政管理部门依法对有关单位及其责任人员、劳动者实施的行为制裁，具体形式包括警告、责令改正、责令停止、查封、吊销执照、行政拘留等
	行政处分一般是指行政管理机关对其公务人员或用人单位给予其职工的惩戒，具体形式包括警告、记过、记大过、降级、撤职、留用察看、开除等
民事责任	是指违反劳动法的民事责任，即劳动关系一方当事人违反了劳动法的规定或劳动合同的约定而应承担的民事责任
	违反《劳动法》的民事责任一般分为两种：一种是违反劳动合同及有关劳动合同的法律规定所应承担的民事责任；另一种是损害劳动者或用人单位权利的民事责任
刑事责任	是指对违法行为人的人身进行制裁的法律责任，是最严厉的一种法律责任，具有**强制性**
	在劳动领域中，主要对那些严重侵犯人身权利、财产权利，侵占国家财产或给国家财产造成重大损失的行为人，予以追究刑事责任。刑事责任**只能由国家司法机关**追究，任何单位和个人都无权对他人实施，否则也将被追究法律责任

考点二 用人单位违反劳动法律的责任

【例题·2017 年·多项选择题】用人单位应当承担违反劳动法律责任的情形，包括（ ）。

A. 用人单位扣押劳动者身份证

B. 劳动者依法解除劳动合同后，用人单位扣押劳动者档案

C. 劳动者因参加工会活动而被解除劳动合同

D. 用人单位未对未成年工定期进行健康检查

E. 用人单位与劳动者订立劳动合同时未约定试用期

【答案】ABCD

【解析】本题考查用人单位违反劳动法律的责任。

选项 A，用人单位违反《劳动合同法》规定，扣押劳动者居民身份证等证件的，由劳动行政部门责令限期退还劳动者本人，并依照有关法律规定给予处罚。因此，选项 A 正确。

选项 B，用人单位违反《劳动合同法》规定，以担保或者其他名义向劳动者收取财务或者劳动者依法解除或者终止劳动合同而用人单位扣押劳动者档案或者其他物品的，由劳动行政部门责令限期退还劳动者本人，并以每人 500 元以上 2 000 元以下的标准处以罚款。因此，选项 B 正确。

选项 C，用人单位违反《工会法》，有下列行为之一的，由劳动行政部门责令改正：①阻挠劳动者依法参加和组织工会，或者阻挠上级工会帮助、指导劳动者筹建工会的；②无正当理由调动依法履行职责的工会工作人员的工作岗位，进行打击报复的；③劳动者因参加工会活动而被解除劳动合同的；④工会工作人员因依法履行职责被解除劳动合同的。因此，选项 C 正确。

选项 D，用人单位未对未成年工定期进行健康检查属于侵害女职工及未成年工权益的法律责任。因此，选项 D 正确。

选项 E，用人单位违反《劳动合同法》规定与劳动者预定试用期的，由劳动行政部门责令改正；违法约定的试用期已经履行的，由用人单位以劳动者试用期满月工资为标准，按已经履行的超过法定试用期的期间向劳动者支付赔偿金。因此，选项 E 错误。

因此，本题选项 ABCD 均正确。

私教点拨

对于用人单位违反劳动法律的责任，考生需要了解，具体如表18－2 所示。

表 18－2　用人单位违反劳动法律的责任

类别	具体内容
具体责任	（1）侵害女职工及未成年工权益的法律责任； （2）规章制度违法的法律责任； （3）未订立书面劳动合同的法律责任； （4）未依法订立无固定期限劳动合同的法律责任； （5）未依法提供劳动合同文本的法律责任； （6）违法约定试用期的法律责任； （7）违法解除或终止劳动合同的法律责任； （8）未出具解除或终止劳动合同证明的法律责任； （9）招用与其他用人单位存在劳动关系劳动者的法律责任； （10）违法延长劳动者工作时间的法律责任； （11）违反工资支付规定的法律责任； （12）违反劳动安全规定的法律责任； （13）非法招用未满 16 周岁未成年人的法律责任； （14）违反《工会法》的法律责任； （15）违反劳动监察规定的法律责任； （16）违反职业培训、职业介绍规定的法律责任； （17）违法扣押证件的法律责任

考点三 劳动者违反劳动法律的责任

【例题·2017年·单项选择题】关于劳动者应当承担的违反劳动法律责任的说法，正确的是（　　）。

A. 劳动者违法解除劳动合同，无须承担法律责任

B. 劳动者违反劳动合同中约定的保密义务，应当承担赔偿责任

C. 劳动者解除约定有服务期的劳动合同，应当向用人单位支付赔偿金

D. 劳动者违反劳动合同中有关竞业限制的约定，且给用人单位造成了损失，应当承担赔偿责任

【答案】D

【解析】本题考查劳动者违反劳动法律的责任。《劳动合同法》规定，劳动者违反本法规定解除劳动合同，或者违反劳动合同中约定的保密义务或者竞业限制，给用人单位造成损失的，应当承担赔偿责任。因此，本题选项D正确。

私教点拨

对于劳动者违反劳动法律的责任，考生需要了解，具体如表18－3所示。

表18－3 劳动者违反劳动法律的责任

类别	具体内容
规定	《劳动合同法》规定，劳动者**违反本法**规定解除劳动合同，或者**违反**劳动合同中约定的**保密义务**或者**竞业限制**，**给用人单位造成损失**的，应**当承担赔偿责任**
劳动者向用人单位支付违约金	有下列情形之一的，用人单位可以与劳动者解除约定服务期的劳动合同，**劳动者应当按照劳动合同约定向用人单位支付违约金**： （1）劳动者严重违反用人单位的规章制度的； （2）劳动者严重失职，营私舞弊，给用人单位造成重大损害的； （3）劳动者同时与其他用人单位建立劳动关系，对完成本单位的工作任务造成严重影响的，或者经用人单位提出，拒不改正的； （4）劳动者以欺诈、胁迫的手段或者乘人之危，使用人单位在违背真实意思的情况下订立或者变更劳动合同的； （5）劳动者被依法追究刑事责任的

考点四 劳动保障监察的形式和处罚方式

【例题·2018年·单项选择题】劳动监察机构不可以采取的措施是（　　）。

A. 吊销许可证　　B. 警告

C. 罚款　　D. 拘留

【答案】D

【解析】本题考查劳动保障监察的形式和处罚方式。劳动保障监察处罚的方式主要有责令用人单位改正，警告，罚款，没收违法所得和吊销许可证。因此，本题选项D正确。

私教点拨

历年真题对劳动保障监察的形式和处罚方式的考查，需要理解性记忆。具体如表18－4所示。

表18－4 劳动保障监察的形式和处罚方式

类型	具体内容
劳动保障监察的形式	(1) 主动到用人单位及其工作场所进行的日常巡视检查； (2) 通过任何组织和个人举报、投诉对用人单位可能存在的违法行为进行的专案查处； (3) 针对一定时期问题比较集中或重要的事项开展的专项大检查； (4) 审查用人单位按照要求报送的遵守劳动和社会保险法律法规的书面材料
处罚方式	责令用人单位改正，警告，罚款，没收违法所得，吊销许可证

考点五 人力资源和社会保险行政争议范围

【例题·2019年·多项选择题】 下列事项中，不能申请行政复议的事项有（ ）。

A. 劳动争议仲裁裁决

B. 工伤认定结论

C. 工伤保险待遇审核决定

D. 劳动能力鉴定结论

E. 行政处分

【答案】 ADE

【解析】 本题考查不能申请行政复议的范围。公民、法人或者其他组织对下列事项不能申请行政复议：

(1) 人力资源社会保障部门作出的行政处分或者其他人事处理决定；

(2) 劳动者与用人单位之间发生的人力资源争议；

(3) 劳动能力鉴定委员会的行为；

(4) 劳动人事争议仲裁委员会的仲裁、调解等行为；

(5) 已就同一事项向其他有权受理的行政机关申请行政复议的；

(6) 向人民法院提起行政诉讼，人民法院已经依法受理的。

因此，本题选项ADE均正确。

私教点拨

对于人力资源和社会保险行政争议范围的考查，尤其要注意申请行政复议的范围，具体如表18－5所示。

表 18－5 人力资源和社会保险行政争议范围

类别	具体内容
人力资源行政争议范围	(1) 对人力资源社会保障部门作出的警告、罚款、没收违法所得、依法予以关闭、吊销许可证等行政处罚决定不服的； (2) 对人力资源社会保障部门作出的行政处理决定不服的； (3) 对人力资源社会保障部门作出的行政许可、行政审批不服的； (4) 对人力资源社会保障部门作出的行政确认不服的； (5) 认为人力资源社会保障部门不履行法定职责的； (6) 认为人力资源社会保障部门违法收费或者违法要求履行义务的； (7) 认为人力资源社会保障部门作出的其他具体行政行为侵犯其合法权益的
社会保险行政争议范围	《社会保险法》规定，用人单位或者个人认为社会保险费征收机构的行为侵害自己合法权益的，可以依法申请行政复议或者提起行政诉讼
	《工伤保险条例》规定，有下列情形之一的，有关单位或者个人可以依法申请行政复议，也可以依法向人民法院提起行政诉讼： (1) 申请工伤认定的职工或者其近亲属、该职工所在单位对工伤认定申请不予受理的决定不服的； (2) 申请工伤认定的职工或者其近亲属、该职工所在单位对工伤认定结论不服的； (3) 用人单位对经办机构确定的单位缴费费率不服的； (4) 签订服务协议的医疗机构、辅助器具配置机构认为经办机构未履行有关协议或者规定的； (5) 工伤职工或者其近亲属对经办机构核定的工伤保险待遇有异议的。 此外，用人单位对社会保险经办机构作出先行支付的追偿决定不服或者对社会保险行政部门作出的划拨决定不服的，可以依法申请行政复议或者提起行政诉讼
不能申请行政复议的范围	公民、法人或者其他组织对下列事项不能申请行政复议： (1) 人力资源社会保障部门作出的行政处分或者其他人事处理决定； (2) 劳动者与用人单位之间发生的人力资源争议； (3) 劳动能力鉴定委员会的行为； (4) 劳动人事争议仲裁委员会的仲裁、调解等行为； (5) 已就同一事项向其他有权受理的行政机关申请行政复议的； (6) 向人民法院提起行政诉讼，人民法院已经依法受理的

真题演练

一、单项选择题

1. (2019 年) 行政复议申请人不服人力资源和社会保障行政部门作出的复议决定的，可以在收到复议决定书之日起（　　）日内向人民法院提起诉讼。

A. 10　　B. 15　　C. 20　　D. 35

2. （2017 年）用人单位违法阻挠劳动者参加工会的，由（　　）责令改正。

A. 上级工会组织

B. 工商行政管理部门

C. 人民法院

D. 劳动行政部门

3. （2013 年）依法订立的集体合同对（　　）具有约束力。

A. 用人单位

B. 劳动行政部门

C. 行业性工会组织

D. 劳动争议仲裁委员会

4. （2013 年）关于社会保险行政复议的说法，错误的是（　　）。

A. 用人单位认为社会保险费征收机构的行为侵害自己合法权益，可以申请行政复议

B. 用人单位对社会保险经办机构不依法办理社会保险登记的行为，可以申请行政复议

C. 用人单位对社会保险行政部门作出的工伤认定不服，可以申请行政复议

D. 用人单位对劳动争议仲裁委员会作出的涉及社会保险内容的仲裁裁决不服，可以申请行政复议

真题演练答案及解析

一、单项选择题

1. 【答案】B

【解析】本题考查诉讼的期限。行政复议申请人不服人力资源社会保障行政部门作出的复议决定的，可以在收到复议决定书之日起 15 日内向人民法院提起诉讼。复议机关逾期不做决定的，申请人可以在复议期满之日起 15 日内向人民法院提起诉讼。因此，本题选项 B 正确。

2. 【答案】D

【解析】本题考查用人单位违反劳动法律的责任。用人单位违反《工会法》，有下列行为之一的，由劳动行政部门责令改正：

（1）阻挠劳动者依法参加和组织工会，或者阻挠上级工会帮助、指导劳动者筹建工会的；

（2）无正当理由调动依法履行职责的工会工作人员的工作岗位，进行打击报复的；

（3）劳动者因参加工会活动而被解除劳动合同的；

（4）工会工作人员因依法履行职责被解除劳动合同的。

因此，本题选项 D 正确。

3. 【答案】A

【解析】本题考查集体合同的法律效力。集体合同的法律效力表现在以下两方面：

（1）企业处理劳动关系的劳动条件和各项劳动标准均不得违背集体合同中的规定。国家通过

《劳动法》对劳动条件和各项劳动标准作出了规定，而集体合同则根据企业自身条件又作出了更具体的规定。

（2）企业与全体职工应当履行集体合同所规定的义务。

因此，本题选项 A 正确。

4. **【答案】**D

【解析】本题考查人力资源和社会保险行政争议范围。《社会保险法》规定，用人单位或者个人认为社会保险费征收机构的行为侵害自己合法权益的，可以依法申请行政复议或者提起行政诉讼。用人单位或者个人对社会保险经办机构不依法办理社会保险登记、核定社会保险费、支付社会保险待遇、办理社会保险转移接续手续或者侵害其他社会保险权益的行为，可以依法申请行政复议或者提起行政诉讼。因此，选项 AB 正确。《社会保险条例》规定，申请工伤认定的职工或者其近亲属、该职工所在单位对工伤认定结论不服的，有关单位或者个人可以依法申请行政复议，也可以依法向人民法院提起行政诉讼。因此，选项 C 正确。劳动人事争议仲裁委员会的仲裁、调解等行为不属于行政复议的范围。因此，本题选项 D 当选。

第十九章　人力资源开发政策

本章考情 Q&A

Q：本章的重要性和难度如何？

A：本章属于 2020 年**新增章节**。从近两年真题来看，2020 年考查的分值约为 12 分，2021 年考查的分值约为 4 分。

Q：本章在考试中通常以什么形式出现？

A：从历年真题看，考查形式主要为单项选择题、多项选择题，案例分析题考查的可能性较小。

Q：本章 2022 年的内容有改动么？

A：本章内容无实质性改动。

Q：本章考点在历年考试中的分布情况如何？

A：以下是老师们的统计：

考点	2021 年	2020 年	2019 年	2018 年	2017 年	2016 年	2015 年	2014 年	2013 年	2012 年
职称制度	√	√								
创新创业激励		√								
公务员管理	√									
事业单位聘用管理		√								
专业技术人员继续教育		√								
人力资源的国际流动	√	√								

经典例题

考点一　职称制度

【例题 · 2021 年 · 多项选择题】下列关于职称申报审核的说法，正确的有（　　）。

A. 针对海外高层次人才可以合理放宽资历、年限等条件限制

B. 退休 2 年内的专业技术人才可以申报职称

C. 长期在基层一线的专业技术人才，侧重考查其实际工作业绩，可适当放宽学历要求

D. 受处分期间的专业技术人员可以申报职称

E. 具有重大技术研究突破的专业技术人才可以直接申报高级职称

【答案】ACE

【解析】本题考查职称申报审核。

选项 A，对引进的海外高层次人才和急需紧缺人才，可以合理放宽资历、年限等条件限制。因此，选项 A 正确。

选项 B，申报人应当为本单位在职的专业技术人才，离退休人员不得申报参加职称评审。因此，选项 B 错误。

选项 C，对长期在艰苦边远地区和基层一线工作的专业技术人才，侧重考查其实际工作业绩，适当放宽学历和任职年限要求。因此，选项 C 正确。

选项 D，事业单位工作人员受到记过以上处分的，在受处分期间不得申报参加职称评审。因此，选项 D 错误。

选项 E，申报人一般应当按照职称层级逐级申报职称评审。取得重大基础研究和前沿技术突破、解决重大工程技术难题，在经济社会各项事业发展中做出重大贡献的专业技术人才，可以直接申报高级职称评审。因此，选项 E 正确。

因此，本题选项 ACE 均正确。

私教点拨

关于职称制度的考查，可以涉及多个方面，应注意区分。具体如表 19－1 所示。

表 19－1 职称制度

<table>
<tr><th>类别</th><th>具体内容</th></tr>
<tr><td>职称</td><td>职称是专业技术人才学术技术水平和专业能力的主要标志</td></tr>
<tr><td rowspan="3">职称评审标准</td><td>职称评审是按照评审标准和程序，对专业技术人才品德、能力、业绩的评议和认定</td></tr>
<tr><td>国务院人力资源社会保障行政部门负责全国的职称评审统筹规划和综合管理工作</td></tr>
<tr><td>职称评审标准分为国家标准、地区标准和单位标准</td></tr>
<tr><td rowspan="2">职称评审委员会</td><td>各地区、各部门以及用人单位等按照规定开展职称评审，应当申请组建职称评审委员会。国家对职称评审委员会实行核准备案管理制度。职称评审委员会备案有效期不得超过 3 年，有效期届满应当重新核准备案</td></tr>
<tr><td>职称评审委员会分为高级、中级、初级职称评审委员会。申请组建高级职称评审委员会应当具备下列条件：
（1）拟评审的职称系列或者专业为职称评审委员会组建单位主体职称系列或者专业；
（2）拟评审的职称系列或者专业在行业内具有重要影响力，能够代表本领域的专业发展水平；
（3）具有一定数量的专业技术人才和符合条件的高级职称评审专家；
（4）具有开展高级职称评审的能力</td></tr>
</table>

续表

类别	具体内容
	申请组建中级、初级职称评审委员会的条件以及核准备案的具体办法，按照职称评审管理权限由国务院各部门、省级人力资源社会保障行政部门以及具有职称评审权的用人单位制定
	职称评审委员会组成人员应当是单数，根据工作需要设主任委员和副主任委员。按照职称系列组建的高级职称评审委员会评审专家不少于25人，按照专业组建的高级职称评审委员会评审专家不少于11人。各地区组建的高级职称评审委员会的人数，经省级人力资源社会保障行政部门同意，可以适当调整。评审专家每届任期不得超过3年
职称申报审核	职称评审的人员应当遵守宪法和法律，具备良好的职业道德，符合相应的职称系列或者专业、相应级别职称评审规定的申报条件
	申报人应当为本单位在职的专业技术人才，离退休人员不得申报参加职称评审。事业单位工作人员受到记过以上处分的，在受处分期间不得申报参加职称评审
	申报人一般应当按照职称层级逐级申报职称评审。取得重大基础研究和前沿技术突破、解决重大工程技术难题，在经济社会各项事业发展中做出重大贡献的专业技术人才，**可以直接申报高级职称评审**
	对引进的海外高层次人才和急需紧缺人才，可以合理放宽资历、年限等条件限制。对长期在艰苦边远地区和基层一线工作的专业技术人才，侧重考查其实际工作业绩，适当放宽学历和任职年限要求
	申报人应当在规定期限内提交申报材料，对其申报材料的真实性负责。凡是通过法定证照、书面告知承诺、政府部门内部核查或者部门间核查、网络核验等能够办理的，不得要求申报人额外提供证明材料
	申报人所在工作单位应当对申报材料进行审核，并在单位内部进行公示，公示期不少于5个工作日，对经公示无异议的，按照职称评审管理权限逐级上报
	非公有制经济组织的专业技术人才申报职称评审，可以由所在工作单位或者人事代理机构等履行审核、公示、推荐等程序。自由职业者申报职称评审，可以由人事代理机构等履行审核、公示、推荐等程序
	职称评审委员会组建单位按照申报条件对申报材料进行审核。申报材料不符合规定条件的，职称评审委员会组建单位应当一次性告知申报人需要补正的全部内容。逾期未补正的，视为放弃申报

续表

类别	具体内容
组织职称评审	职称评审委员会组建单位组织召开评审会议。评审会议由主任委员或者副主任委员主持，出席评审会议的专家人数应当不少于职称评审委员会人数的2/3。职称评审委员会经过评议，采取少数服从多数的原则，通过无记名投票表决，同意票数达到出席评审会议的评审专家总数2/3以上的即为评审通过。未出席的会议评审专家不得委托他人投票或者补充投票
	根据评审工作需要，职称评审委员会可以按照学科或者专业组成若干评议组，每个评议组评审专家不少于3人，负责对申报人提出书面评议意见；也可以不设评议组，由职称评审委员会3名以上评审专家按照分工，提出评审意见
	评审会议实行封闭管理，评审专家名单一般不对外公布
	评审专家与评审工作有利害关系或者其他关系可能影响客观公正的，应当申请回避
	职称评审委员会组建单位对评审结果进行公示，公示期不少于5个工作日
	不具备职称评审委员会组建条件的地区和单位，可以委托经核准备案的职称评审委员会代为评审
	专业技术人才跨区域、跨单位流动时，其职称按照职称评审管理权限重新评审或者确认，国家另有规定的除外

考点二 创新创业激励

【例题·2020年·单项选择题】下列措施中，不利于科技人员开展创新活动的是（　　）。

A. 简化科研项目资金的预算编制科目

B. 建立学术助理制度

C. 进一步提高财政项目中直接费用的比例

D. 将项目聘用人员的社会保险补助纳入劳务费科目列支

【答案】C

【解析】本题考查创新创业激励。

选项A，简化科研项目资金的预算编制科目，属于科技项目资金管理中的下放预算调剂权限，有利于科技人员开展创新活动。因此，选项A正确。

选项B，建立学术助理制度属于科技管理权限下放中的项目过程管理权。项目管理专业机构和承担单位要简化报表及流程，加快建立健全学术助理和财务助理制度，允许通过购买财会等专业服务，把科研人员从报表、报销等具体事务中解脱出来。因此，选项B正确。

选项C，为了激发科技人员开展创新活动，应提高间接费用比重。因此，选项C错误。

选项 D，将项目聘用人员的社会保险补助纳入劳务费科目列支，属于科技项目资金管理中的结转结余资金留用处理。因此，选项 D 正确。

因此，本题选项 C 当选。

私教点拨

创新创业激励容易在单项选择题和多项选择题中考查，具体如表 19－2 所示。

表 19－2　创新创业激励

类别	具体内容
科技成果转化激励	**下放科技成果处置权**。国家设立的研究开发机构、高等院校对其持有的科技成果，可以自主决定转让、许可或者作价投资，除涉及国家秘密、国家安全外，不需审批或者备案
	激励科技人员创新创业。依法对职务科技成果完成人和为成果转化做出重要贡献的其他人员给予奖励时，按照以下规定执行： （1）以技术转让或者许可方式转化职务科技成果的，应当从技术转让或者许可所取得的净收入中提取不低于 50% 的比例用于奖励职务科技成果完成人和为成果转化做出重要贡献的其他人员。 （2）以科技成果作价投资实施转化的，应当从作价投资取得的股份或者出资比例中提取不低于 50% 的比例用于奖励职务科技成果完成人和为成果转化做出重要贡献的其他人员。 （3）在研究开发和科技成果转化中做出主要贡献的人员，获得奖励的份额不低于奖励总额的 50%。 （4）对科技人员在科技成果转化工作中开展技术开发、技术咨询、技术服务等活动给予的奖励，可按照《中华人民共和国促进科技成果转化法》执行
	科技人员兼职和离岗创业。国家设立的研究开发机构、高等院校科技人员在履行岗位职责、完成本职工作的前提下，经征得单位同意，可以兼职从事科技成果转化活动，或者离岗创业，原则上离岗 3 年内保留人事关系。研究开发机构、高等院校应当建立制度规定或者与科技人员约定兼职、离岗从事科技成果转化活动期间和期满后的权利和义务。离岗创业期间，科技人员所承担的国家科技计划和基金项目原则上不得中止，确需中止的应当按照有关管理办法办理手续
	担任领导职务的科技人员的科技成果转化奖励。担任领导职务的科技人员获得科技成果转化奖励，按照分类管理的原则执行： （1）国务院部门、单位和各地方所属研究开发机构、高等院校等事业单位（不含内设机构）正职领导，以及上述事业单位所属具有独立法人资格单位的正职领导，是科技成果的主要完成人或者对科技成果转化做出重要贡献的，可以按照《促进科技成果转化法》的规定获得现金奖励，原则上不得获取股权激励。其他担任领导职务的科技人员，是科技成果的主要完成人或者对科技成果转化做出重要贡献的，可以按照《促进科技成果转化法》的规定获得现金、股份或者出资比例等奖励和报酬。 （2）对担任领导职务的科技人员的科技成果转化收益分配实行公开公示制度，不得利用职权侵占他人科技成果转化奖励

续表

类别	具体内容
科技项目资金管理	**下放预算调剂权限**。在项目总预算不变的情况下，将直接费用中的材料费，测试化验加工费，燃料动力费，出版、文献、信息传播、知识产权事务费及其他支出预算调剂权下放给项目承担单位。**简化预算编制科目**，合并会议费、差旅费、国际合作与交流费科目，由科研人员结合科研活动实际需要编制预算并按规定统筹安排使用，其中不超过直接费用10%的，不需要提供预算测算依据
	提高间接费用比重。中央财政科技计划（专项、基金等）中实行公开竞争方式的研发类项目，均要设立间接费用，核定比例可以提高到不超过直接费用扣除设备购置费的一定比例：500 万元以下的部分为20%，500 万元至 1 000 万元的部分为 15%，1 000 万元以上的部分为 13%
	劳务费开支不设比例限制。参与项目研究的研究生、博士后、访问学者以及项目聘用的研究人员、科研辅助人员等，均可开支劳务费。项目聘用人员的劳务费开支标准，参照当地科学研究和技术服务业从业人员平均工资水平，根据其在项目研究中承担的工作任务情况确定，其社会保险补助纳入劳务费科目列支。劳务费预算不设比例限制，由项目承担单位和科研人员据实编制
	结转结余资金留用处理。项目实施期间，年度剩余资金可结转下一年度继续使用。项目完成任务目标并通过验收后，结余资金按规定留归项目承担单位使用，在 2 年内由项目承担单位统筹安排用于科研活动的直接支出；2 年后未使用完的，按规定收回
科技管理权限下放	**科研项目经费管理使用自主权**。直接费用中除设备费外，其他科目费用调剂权全部下放给项目承担单位。项目承担单位应完善管理制度，及时为科研人员办理调剂手续
	科研人员的技术路线决策权。科研人员具有自主选择和调整技术路线的权利，科研项目申报期间，以科研人员提出的技术路线为主进行论证，科研项目实施期间，科研人员可以在研究方向不变、不降低申报指标的前提下自主调整研究方案和技术路线，报项目管理专业机构备案
	项目过程管理权。国家科技管理信息系统按权限向项目承担单位、项目管理专业机构、行业主管部门等相关主体开放，凡是国家科技管理信息系统已有的材料或已要求提供过的材料，不得要求重复提供。项目管理专业机构和承担单位要简化报表及流程，加快建立健全学术助理和财务助理制度，允许通过购买财会等专业服务，把科研人员从报表、报销等具体事务中解脱出来

考点三 公务员管理

【例题·2021 年·单项选择题】关于公务员录用资格条件的说法，正确的是（　　）。

A. 设区的市级公务员主管部门规定的拟任职位所要求的资格条件

B. 外国人不能报考公务员

C. 年龄在40周岁以下

D. 具备本科以上学历

【答案】 B

【解析】 本题考查公务员管理。报考公务员，应当具备下列资格条件：

（1）具有中华人民共和国国籍；

（2）年龄为18周岁以上，35周岁以下；

（3）拥护中华人民共和国宪法，维护中国共产党领导和社会主义制度；

（4）具有良好的政治素质和道德品行；

（5）具有正常履行职责的身体条件和心理素质；

（6）具有符合职位要求的工作能力；

（7）具有大学专科以上文化程度；

（8）省级以上公务员主管部门规定的拟任职位所要求的资格条件；

（9）法律、法规规定的其他条件。

因此，本题选项B正确。

私教点拨

公务员录用这一知识点，容易在单项选择题、多项选择题中考查，具体如表19-3所示。

表19-3　公务员录用

类别	具体内容
录用	**录用原则：** （1）党管干部； （2）公开、平等、竞争、择优； （3）德才兼备、以德为先，五湖四海、任人唯贤； （4）事业为上、公道正派，人岗相适、人事相宜； （5）依法依规办事
	录用程序： （1）发布招考公告； （2）报名与资格审查； （3）考试； （4）体检； （5）考察； （6）公示； （7）审批或者备案。 省级以上公务员主管部门可以对上述程序进行调整

续表

类别	具体内容
	录用计划： (1) 招录机关根据队伍建设需要和职位要求，提出招考的职位、名额和报考资格条件，拟定录用计划。 (2) 中央机关及其直属机构的录用计划，由中央公务员主管部门审定。省级机关及其直属机构的录用计划，由省级公务员主管部门审定。设区的市级以下机关录用计划的申报程序和审批权限，由省级公务员主管部门规定。 (3) 省级以上公务员主管部门依据有关法律、法规、规章和政策，制定招考工作方案。设区的市级公务员主管部门经授权组织本辖区公务员录用，其招考工作方案应当报经省级公务员主管部门审核同意
	招考公告应当载明以下内容： (1) 招录机关、招考职位、名额和报考资格条件； (2) 报名方式方法、时间和地点； (3) 报考需要提交的申请材料； (4) 考试科目、时间和地点； (5) 其他须知事项
	资格条件： (1) 具有中华人民共和国国籍； (2) 年龄为 18 周岁以上，35 周岁以下； (3) 拥护中华人民共和国宪法，维护中国共产党领导和社会主义制度； (4) 具有良好的政治素质和道德品行； (5) 具有正常履行职责的身体条件和心理素质； (6) 具有符合职位要求的工作能力； (7) 具有大学专科以上文化程度； (8) 省级以上公务员主管部门规定的拟任职位所要求的资格条件； (9) 法律、法规规定的其他条件
考核	考核方式： 公务员的考核分为**平时考核**、**专项考核**和**定期考核**等方式。定期考核以平时考核、专项考核为基础
	平时考核： 公务员平时考核程序：个人小结、审核评鉴、结果反馈。 公务员平时考核结果分为好、较好、一般和较差四个等次。好等次公务员人数原则上掌握在本机关参加平时考核的公务员总人数的 40%以内。评定为好等次的公务员，应当在本机关范围内公开。好等次名额应当向基层一线和艰苦岗位公务员倾斜
	定期考核： (1) 非领导职务公务员的定期考核采取年度考核的方式。 (2) 定期考核的结果分为优秀、称职、基本称职和不称职 4 个等次。定期考核的结果应当以书面形式通知公务员本人。 (3) 定期考核的结果作为调整公务员职位、职务、职级、级别、工资以及公务员奖励、培训、辞退的依据

续表

类别	具体内容
职务与职级的任免和升降	(1) 公务员领导职务实行选任制、委任制和聘任制。公务员职级实行委任制和聘任制。领导成员职务按照国家规定实行任期制。 (2) 选任制公务员在选举结果生效时即任当选职务；任期届满不再连任的，任期内辞职、被罢免、被撤职的，其所任职务即终止。 (3) 委任制公务员试用期满考试合格，职务、职级发生变化，以及其他情形需要任免职务、职级的，应当按照管理权限和规定的程序任免。 (4) 公务员任职应当在规定的编制限额和职数内进行，并有相应的职位空缺。 (5) 公务员因工作需要在机关外兼职，应当经有关机关批准，并不得领取兼职报酬。 职务、职级**升降**： 公务员晋升领导职务，按照下列程序办理： (1) 动议； (2) 民主推荐； (3) 确定考察对象，组织考察； (4) 按照管理权限讨论决定； (5) 履行任职手续
处分	**处分的种类**： (1) 警告； (2) 记过； (3) 记大过； (4) 降级； (5) 撤职； (6) 开除
	受处分的期间： (1) 警告，6个月； (2) 记过，12个月； (3) 记大过，18个月； (4) 降级、撤职，24个月
	处分的内容： (1) 行政机关公务员在受处分期间不得晋升职务和级别，其中，受记过、记大过、降级、撤职处分的，不得晋升工资档次；受撤职处分的，应当按照规定降低级别。 (2) 行政机关公务员受开除处分的，自处分决定生效之日起，解除其与单位的人事关系，不得再担任公务员职务。 (3) 行政机关公务员受开除以外的处分，在受处分期间有悔改表现，并且没有再发生违法违纪行为的，处分期满后，应当解除处分。解除处分后，晋升工资档次、级别和职务不再受原处分的影响。但是，解除降级、撤职处分的，不视为恢复原级别、原职务

考点四 事业单位聘用管理

【例题·2020年·多项选择题】关于事业单位岗位设置的说法，正确的有（　　）。

A. 管理岗位是担负领导职责或管理任务的工作岗位

B. 事业单位可以设置特设岗位，用于聘用急需的高层次人才

C. 对专业技术岗位实行最高岗位等级控制和结构比例控制

D. 事业单位岗位分为管理岗位、专业技术岗位、工勤技能岗位三类

E. 工勤技能岗位没有最高岗位等级控制和结构比例控制

【答案】ABCD

【解析】本题考查事业单位聘用管理中的岗位设置。

选项A，管理岗位是担负领导职责或管理任务的工作岗位。管理岗位的设置要适应增强单位运转效能、提高工作效率、提升管理水平的需要。因此，选项A正确。

选项B，根据事业发展和工作需要，经批准，事业单位可设置特设岗位，主要用于聘用急需的高层次人才等特殊需要。因此，选项B正确。

选项C，专业技术岗位的最高等级和结构比例按照单位的功能、规格、隶属关系和专业技术水平等因素综合确定。因此，选项C正确。

选项D，事业单位岗位分为管理岗位、专业技术岗位和工勤技能岗位三种类别。因此，选项D正确。

选项E，工勤技能岗位的最高等级和结构比例按照岗位等级规范、技能水平和专业技术水平等因素综合确定。因此，选项E错误。

因此，本题选项ABCD均正确。

私教点拨

事业单位聘用管理中岗位设置的内容，容易在单项选择题、多项选择题中考查，具体如表19-4所示。

表19-4 岗位设置

类别	具体内容
岗位类别	事业单位岗位分为**管理岗位**、**专业技术岗位**和**工勤技能岗位**三种类别： （1）管理岗位指担负领导职责或管理任务的工作岗位。管理岗位的设置要适应增强单位运转效能、提高工作效率、提升管理水平的需要。 （2）专业技术岗位指从事专业技术工作，具有相应专业技术水平和能力要求的工作岗位。专业技术岗位的设置要符合专业技术工作的规律和特点，适应发展社会公益事业与提高专业水平的需要。 （3）工勤技能岗位指承担技能操作和维护、后勤保障、服务等职责的工作岗位。工勤技能岗位的设置要适应提高操作维护技能，提升服务水平的要求，满足单位业务工作的实际需要。 （4）根据事业发展和工作需要，经批准，事业单位可设置特设岗位，主要用于聘用急需的高层次人才等特殊需要

续表

类别	具体内容
岗位等级	(1) 根据岗位性质、职责任务和任职条件，对事业单位管理岗位、专业技术岗位、工勤技能岗位分别划分通用的岗位等级。 (2) 特设岗位的等级根据实际需要，按照规定的程序和管理权限确定
岗位结构比例及等级确定	(1) 根据不同类型事业单位的职责任务、工作性质和人员结构特点，实行不同的岗位类别结构比例控制。 (2) 对事业单位管理岗位、专业技术岗位、工勤技能岗位实行最高等级控制和结构比例控制。 (3) 管理岗位的最高等级和结构比例根据单位的规格、规模、隶属关系，按照干部人事管理有关规定和权限确定。 (4) 专业技术岗位的最高等级和结构比例（包括高级、中级、初级之间的结构比例以及高级、中级、初级内部各等级之间的比例）按照单位的功能、规格、隶属关系和专业技术水平等因素综合确定。 (5) 工勤技能岗位的最高等级和结构比例按照岗位等级规范、技能水平和工作需要确定。 (6) 特设岗位的设置须经主管部门审核后，按程序报地区或设区的市以上政府人事行政部门核准
岗位设置程序	(1) 制定岗位设置方案，填写岗位设置审核表。 (2) 按程序报主管部门审核、政府人事行政部门核准。 (3) 在核准的岗位总量、结构比例和最高等级限额内，制定岗位设置实施方案。 (4) 广泛听取职工对岗位设置实施方案的意见。 (5) 岗位设置实施方案由单位负责人员集体讨论通过。 (6) 组织实施

考点五 专业技术人员继续教育

【例题 · 2020 年 · 单项选择题】按照国家相关政策，关于专业技术人员继续教育的说法，正确的是（　　）。

A. 每年累计总学时应不少于 120 学时

B. 内容包括公共科目、基础科目和专业科目

C. 专业科目内容包括从事专业工作所需要的新理论、新知识、新技术、新方法等

D. 专业科目一般不低于总学时的二分之一

【答案】C

【解析】本题考查专业人员继续教育的相关知识点。

选项 A，专业技术人员参加继续教育的时间，每年累计应不少于 90 学时。因此，选项 A 错误。

选项 B，继续教育的内容包括公需科目和专业科目。因此，选项 B 错误。

选项 C，专业科目包括专业技术人员从事专业工作应当掌握的新理论、新知识、新技术、新方法等专业知识。因此，选项 C 正确。

选型 D，专业技术人员参加继续教育的时间，每年累计应不少于 90 学时，其中，专业科目一般不少于总学时的 2/3。因此，选项 D 错误。

因此，本题选项 C 正确。

私教点拨

继续教育的内容包括公需科目和专业科目，容易在单项选择题、多项选择题中考查，具体如表 19－5 所示。

表 19－5 继续教育的内容

科目及学时	具体类别
公需科目	包括专业技术人员应当普遍掌握的法律法规、理论政策、职业道德、技术信息等基本知识
专业科目	包括专业技术人员从事专业工作应当掌握的新理论、新知识、新技术、新方法等专业知识
学时	专业技术人员参加继续教育的时间，每年累计应不少于 **90** 学时，其中，专业科目一般不少于总学时的 **2/3**

考点六 人力资源的国际流动

【例题·2021 年·单项选择题】 关于外国人来华工作的说法，不正确的是（　　）。

A. 省级人民政府的外国人工作管理部门可以授予外国人工作许可

B. 经政府认定的外国高层次人才可以申请 Z 字签证

C. 外国人在中国境内工作应当取得工作许可和工作类居留证件

D. 外国高端人才申请工作许可没有年龄、学历限制

【答案】 B

【解析】 本题考查外国人来华工作许可。

选项 A，外国人来华工作许可的受理机构为省级人民政府和新疆生产建设兵团外国人工作管理部门及其授权的地方人民政府外国人工作管理部门及委托的机构。因此，选项 A 正确。

选项 B，在中华人民共和国境内依法设立的用人单位聘用外国人，必须申请和办理外国人来华工作许可，许可对象为聘用外国人的用人单位和外国人。申请 Z 字签证，应当按照规定提交工作许可等证明材料。因此，选项 B 错误。

选项 C，《中华人民共和国出境入境管理法》第四十一条规定，外国人在中国境内工作，应当按照规定取得工作许可和工作类居留证件。因此，选项 C 正确。

选项 D，外国高端人才是指符合"高精尖缺"和市场需求导向，中国经济社会发展需要的科学家、科技领军人才、国际企业家、专门特殊人才等，以及符合计点积分外国高端人才标准的人才。外国高端人才可不受年龄、学历和工作经历限制。因此，选项 D 正确。

因此，本题选项 B 当选。

私教点拨

外国人来华工作许可容易在单项选择题、多项选择题中考查，具体如表 19－6 所示。

表 19－6　外国人来华工作许可

类别	具体内容
许可依据	《中华人民共和国出境入境管理法》第四十一条规定，外国人在中国境内工作，应当按照规定取得工作许可和工作类居留证件。任何单位和个人不得聘用未取得工作许可和工作类居留证的外国人
	《中华人民共和国外国人入境出境管理条例》第七条、第十六条规定，申请 R 字签证，应当符合中国有关主管部门确定的外国高层次人才和急需紧缺专门人才的引进条件和要求，并按照规定提交相应的证明材料。申请 Z 字签证，应当按照规定提交工作许可等证明材料。申请工作类居留证件，应当提交工作许可等证明材料；属于国家需要的外国高层次人才和急需紧缺专门人才的，应当按照规定提交有关证明材料
受理和决定机构	**受理机构**。省级人民政府和新疆生产建设兵团外国人工作管理部门及其授权的地方人民政府外国人工作管理部门及委托的机构
	决定机构。省级人民政府和新疆生产建设兵团外国人工作管理部门及其授权的地方人民政府外国人才工作管理部门
数量限制	外国高端人才（A 类）无数量限制，外国专业人才（B 类）根据市场需求限制，其他外国人员（C 类）数量限制按国家有关规定执行
申请条件	用人单位基本条件包括： （1）依法设立，无严重违法失信记录；聘用外国人从事的岗位应是有特殊需要，国内暂缺适当人选，且不违反国家有关规定的岗位；支付所聘用外国人的工资、薪金不得低于当地最低工资标准。 （2）法律法规规定应由行业主管部门前置审批的，需经过批准
	申请人基本条件包括： （1）应年满 18 周岁，身体健康，无犯罪记录，境内有确定的用人单位，具有从事其工作所必需的专业技能或相适应的知识水平。 （2）所从事的工作符合我国经济社会发展需要，为国内急需紧缺的专业人员。 （3）法律法规对外国人来华工作另有规定的，从其规定
	外国高端人才（A 类）： 外国高端人才是指符合"高精尖缺"和市场需求导向，中国经济社会发展需要的科学家、科技领军人才、国际企业家、专门特殊人才等，以及符合计点积分外国高端人才标准的人才。外国高端人才可不受年龄、学历和工作经历限制
	外国专业人才（B 类）： 外国专业人才是指符合外国人来华工作指导目录和岗位需求，属于经济社会发展急需的人才，具有学士及以上学位和 2 年及以上相关工作经历，年龄不超过 60 周岁；对确有需要，符合创新创业人才、专业技能类人才、优秀外国毕业生、符合计点积分外国专业人才标准的以及执行政府间协议或协定的，可适当放宽年龄、学历或工作经历等限制

续表

类别	具体内容
申请条件	其他外国人员（C类）： 其他外国人员是指满足国内劳动力市场需求，符合国家政策规定的其他外国人员
批准条件	具备如下条件的，**予以批准**： （1）属于外国人工作管理部门职权范围的； （2）符合上述来华工作外国人条件的； （3）申请材料真实、齐全、符合要求的
	有如下情形之一的，**不予批准**： （1）申请材料不齐全的； （2）申请材料不符合要求的； （3）申请材料虚假的； （4）申请人不符合来华工作条件的； （5）不适宜发给外国人来华工作许可的其他情况

真题演练

一、单项选择题

1.（2020 年）国家规定，工程技术领域的技能人员参评工程技术系列专业技术职称，必须具有（　　）以上的职业资格。

A. 技师　　B. 初级工

C. 中级工　　D. 高级工

2.（2020 年）关于党政领导干部在企业（社会团体）兼职，说法正确的是（　　）。

A. 不担任现职的党政领导干部，可以在企业兼职

B. 经批准到企业兼职的党政领导干部，可以在企业领取报酬

C. 已退休的党政领导干部，最多可以在 1 个社会团体兼职

D. 辞去公职的党政领导干部到企业兼职，无需经过组织人事部门的审批备案

二、多项选择题

1.（2020 年）关于职称评审的说法，错误的有（　　）。

A. 专业技术人员跨单位流动后，必须重新评审或认定职称

B. 不具备职称评审条件的单位，可以委托其他单位的经核准备案的职称评审委员会评审

C. 民营企业中的专业技术人员不可以参评专业技术职称

D. 符合条件的专业技术人员可以直接申报高级职称评审

E. 自由职业者不可以参评专业技术职称

2. （2020 年）人力资源服务机构包括（　　）。

A. 公共人力资源服务机构

B. 经营性人力资源服务机构

C. 其他人力资源服务机构

D. 民营类人力资源服务机构

E. 外资人力资源服务机构

3. （2020 年）关于拥有中国永久居留资格的外籍人员的权利义务的说法，正确的有（　　）。

A. 在中国居留没有时间期限限制

B. 在中国境内工作的，有权依法参加社会保险

C. 在购房、子女入学等方面，享受中国公民同等的待遇

D. 在中国境内工作的，必须办理外国人来华工作许可证

E. 可以在中国境内申领驾照

真题演练答案及解析

一、单项选择题

1. **【答案】**D

【解析】本题考查职业技能等级与职称的贯通。在工程技术领域生产一线岗位，从事技术技能工作，具有高超技艺和精湛技能，能够进行创造性劳动，并做出贡献的技能劳动者，符合国家规定的工程技术人才职称评价基本标准条件，遵守单位规章制度和生产操作规程，具有高级工以上职业资格或职业技能等级，在现工作岗位上近 3 年年度考核合格，突出高技能人才工作特点，坚持把职业道德放在评审的首位，要以职业能力和工作业绩评定为重点，改变唯身份、唯论文等倾向，向高技能领军人才倾斜，对做出突出贡献的高技能人才可破格申报专业技术职称评审。因此，本题选项 D 正确。

2. **【答案】**C

【解析】本题考查党政领导干部在企业兼职（任职）。

选项 A，现职和不担任现职但未办理退（离）休手续的党政领导干部不得在企业兼职（任职）。因此，选项 A 错误。

选项 B，按规定经批准到企业任职的党政领导干部，不得在企业领取薪酬、奖金、津贴等报酬，不得获取股权和其他额外利益。因此，选项 B 错误。

选项 C，退（离）休领导干部在社会团体兼任职务，须按干部管理权限规定审批或备案后方可兼职。确因工作需要，本人又无其他兼职，且所兼职社会团体的业务与原工作业务或特长相关的，经批准可兼任一个社会团体职务。因此，选项 C 正确。

选项 D，对辞去公职或者退（离）休的党政领导干部到企业兼职（任职）必需从严掌握、从严把关，确因工作需要到企业兼职（任职）的，应当按照干部管理权限规定严格审批。因此，选项 D 错误。

因此，本题选项 C 正确。

二、多项选择题

1. 【答案】ACE

【解析】本题考查组织职称评审。

选项 A，专业技术人员跨区域、跨单位流动时，其职称按照职称评审管理权限重新评审或者确认，国家另有规定的除外。因此，选项 A 错误。

选项 B，不具备职称评审委员会组建条件的地区和单元，可以委托经核准备案的职称评审委员会代为评审。因此，选项 B 正确。

选项 C，非公有制经济组织的专业技术人才申报职称评审，可以由所在工作单位或者人事代理机构等履行审核、公示、推荐等程序。因此，选项 C 错误。

选项 D，申报人一般应当按照职称层级逐级申报职称评审。取得重大基础研究和前沿技术突破、解决重大工程技术难题，在经济社会各项事业发展中做出重大贡献的专业技术人才，可以直接申报高级职称评审。因此，选项 D 正确。

选项 E，自由职业者申报职称评审，可以由人事代理机构等履行审核、公示、推荐等程序。因此，选项 E 错误。

因此，本题选项 ACE 当选。

2. 【答案】AB

【解析】本题考查人力资源服务机构。人力资源服务机构包括公共人力资源服务机构和经营性人力资源服务机构。公共人力资源服务机构是指县级以上人民政府设立的公共就业和人才服务机构。经营性人力资源服务机构是指依法设立的从事人力资源服务经营活动的机构。因此，本题选项 AB 均正确。

3. 【答案】ABCE

【解析】本题考查外国人永久居留服务管理。

选项 A，永久居留证是外国人在中国境内居留的身份证件，可以单独使用。外国人可持证在中国境内办理金融、教育、医疗、交通、通信、就业和社会保险、财产登记、诉讼等事务。持证人在中国居留期限不受限制，可以凭本人护照和永久居留证出境入境。因此，选项 A 正确。

选项 B，在中国境内工作的，依法参加相应社会保险，缴存和使用公积金。因此，选项 B 正确。

选项 C，在购房、办理金融业务、申领驾照、子女入学、交通出行、住宿登记等方面依法享受中国公民同等待遇。因此，选项 C 正确。

选项 D，永久居留外国人在中国境内工作免办外国人工作许可，可按规定参加技术职务任职资格和职业资格考试。因此，选项 D 错误。

选项 E，永久居留外国人在购房、办理金融业务、申领驾照、子女入学、交通出行、住宿登记等方面依法享受中国公民同等待遇。因此，选项 E 正确。

因此，本题选项 ABCE 均正确。